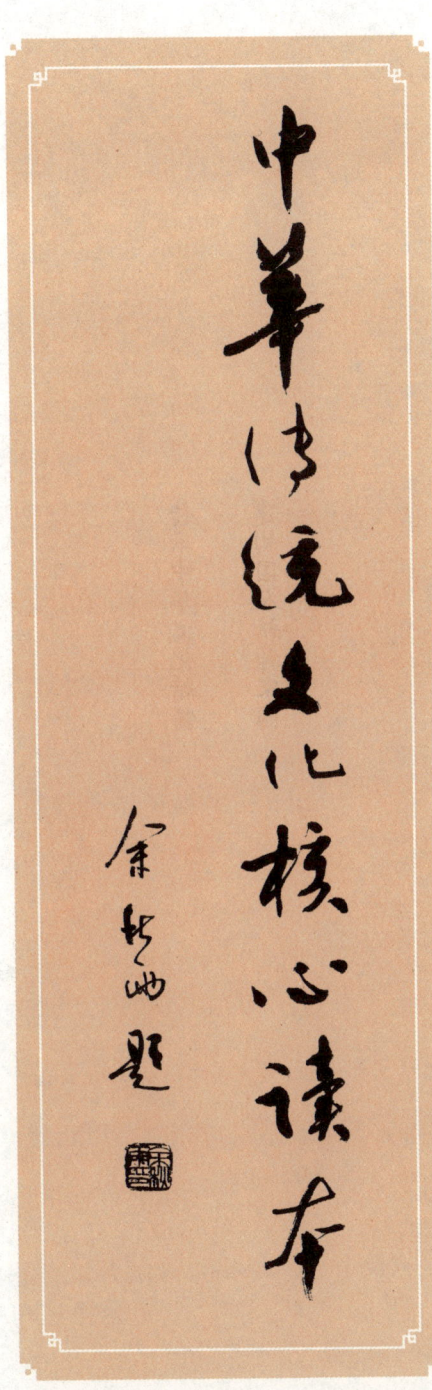

传承中华文化精髓

建构国人精神家园

曾国藩家书
精粹

原著 【清】曾国藩
注译 唐浩民
主编 唐品

天地出版社 TIANDI PRESS

图书在版编目（CIP）数据

曾国藩家书精粹/唐品主编.—成都：天地出版社，2017.4（2018年重印）

（中华传统文化核心读本）

ISBN 978-7-5455-2387-4

Ⅰ.①曾… Ⅱ.①唐… Ⅲ.①曾国藩（1811—1872）—书信集②《曾国藩家书》—通俗读物 Ⅳ.①K827=52

中国版本图书馆CIP数据核字（2016）第283070号

曾国藩家书精粹

出 品 人	杨 政
主 编	唐 品
责任编辑	张秋红
封面设计	思想工社
电脑制作	思想工社
责任印制	葛红梅

出版发行	天地出版社 （成都市槐树街2号　邮政编码：610014）
网　　址	http://www.tiandiph.com http://www.天地出版社.com
电子邮箱	tiandicbs@vip.163.com
经　　销	新华文轩出版传媒股份有限公司

印　　刷	河北鹏润印刷有限公司
版　　次	2017年4月第1版
印　　次	2018年11月第6次印刷
成品尺寸	170mm×230mm　1/16
印　　张	30
字　　数	506千字
定　　价	39.80元
书　　号	ISBN 978-7-5455-2387-4

版权所有◆违者必究

咨询电话：（028）87734639（总编室）
购书热线：（010）67693207（市场部）

本版图书凡印刷、装订错误，可及时向我社发行部调换

序言

上下五千年悠久而漫长的历史，积淀了中华民族独具魅力且博大精深的文化。中华传统文化是中华民族无数古圣先贤、风流人物、仁人志士对自然、人生、社会的思索、探求与总结，而且一路下来，薪火相传，因时损益。它不仅是中华民族智慧的凝结，更是我们道德规范、价值取向、行为准则的集中再现。千百年来，中华传统文化融入每一个炎黄子孙的血液，铸成了我们民族的品格，书写了辉煌灿烂的历史。

中华传统文化与西方世界的文明并峙鼎立，成为人类文明的一个不可或缺的组成部分。中华民族之所以历经磨难而不衰，其重要一点是，源于由中华传统文化而产生的民族向心力和人文精神。可以说，中华民族之所以是中华民族，主要原因之一乃是因为其有异于其他民族的传统文化！

概而言之，中华传统文化包括经史子集、十家九流。它以先秦经典及诸子之学为根基，涵盖两汉经学、魏晋玄学、隋唐佛学、宋明理学和同时期的汉赋、六朝骈文、唐诗宋词、元曲与明清小说并历代史学等一套特有而完整的文化、学术体系。观其构成，足见中华传统文化之广博与深厚。可以这么说，中华传统文化是华夏文明之根，炎黄儿女之魂。

从大的方面来讲，一个没有自己文化的国家，可能会成为一个大国甚至富国，但绝对不会成为一个强国；也许它会强盛一时，但绝不能永远屹立于世界强国之林！而一个国家若想健康持续地发展，则必然有其凝聚民众的国民精神，且这种国民精神也必然是在自身漫长的历史发展中由本国人民创造形成的。中华民族的伟大复兴，中华巨龙的跃起腾飞，离不开中华传统文化的滋养。从小处而言，继承与发扬中华传统文化对每一个炎黄子孙来说同样举足轻重，迫在眉睫。中华传统文化之用，在于"无用"之"大用"。一个人的成败很大程度上取决于他的思维方式，而一个人的思维能力的成熟亦绝非先天注定，它是在一定的文化氛围中形成的。中华传统文化作为涵盖经史子集的庞大思想知识体系，恰好能为我们提供一种氛围、一个平台。潜心于中华传统文化的学习，人们就会发现其蕴含的无穷尽的智慧，并从中领略到恒久的治世之道与管理之智，也可以体悟到超脱的人生哲学与立身之术。在现今社会，崇尚中华传统文化，学习中华传统文化，更是提高个人道德水准和构建正确价值观念的重要途径。

近年来，学习中华传统文化的热潮正在我们身边悄然兴起，令人欣慰。欣喜之余，我们同时也对中国现今的文化断层现象充满了担忧。我们注意到，现今的青少年对好莱坞大片趋之若鹜时却不知道屈原、司马迁为何许人；新世纪的大学生能考出令人咋舌的托福高分，但却看不懂简单的文言文……这些现象一再折射出一个信号：我们现代人的中华传统文化知识十分匮乏。在西方大搞强势文化和学术壁垒的同时，国人偏离自己的民族文化越来越远。弘扬中华传统文化教育，重拾中华传统文化经典，已迫在眉睫。

本套"中华传统文化核心读本"的问世，也正是为弘扬中华传统文化而添砖加瓦并略尽绵薄之力。为了完成此丛书，我们从搜集整理到评点注译，历时数载，花费了一定的心血。这套丛书涵盖了读者应知必知的中华传统文化经典，尽量把艰难晦涩的传统文化予以通俗化、现实化的解读和点评，并以大量精彩案例解析深刻的文化内核，力图使中华传统文化的现实意义更易彰显，使读者阅读起来能轻松愉悦并饶有趣味，能古今结合并学以致用。虽然整套书尚存瑕疵，但仍可以负责任地说，我们是怀着对中华传统文化的深情厚谊和治学者应有的严谨态度来完成该丛书的。希望读者能感受到我们的良苦用心。

前言

生平简介

曾国藩，字伯涵，号涤生。1811年出生于湖南湘乡（今双峰县荷叶镇），卒于1872年。6岁开始读书，28岁中进士。后入翰林院，拜在军机大臣穆彰阿的门下，留京后10年7迁，并连升十级，37岁就官至礼部侍郎，升为二品重臣，后又担任署兵、工、刑、吏部侍郎。他与大学士倭仁、徽宁道何桂珍等为密友，以"实学"相砥砺。曾国藩因丧母返乡守孝，恰逢1852年洪秀全领导的太平天国运动以摧枯拉朽之势夺取了东南大部分省份。翻腾的巨澜横扫湘湖大地，直逼湖南长沙。1853年1月，曾国藩以在籍侍郎的身份被清廷任命为团练大臣，负责湖南的团练招募、训练和自保，他便因势在家乡成功地组建了一支特别的民团——湘军。他以封建宗法关系为纽带，不招游杂、城镇市民，只招募青年农民，挑选同乡、同学、师生和亲友当军官，并先聘营官，由营官自己招募士兵，整个湘军只服从曾国藩一人。他要求将士"忠义血性""书生以忠诚相期奖"，与同僚左宗棠、弟弟曾国荃、弟子李鸿章率领这支军队转战10年，1860年湘军总数已达到30万人，并最终平定了太平天国运动。之后曾国藩被加封为兵部尚书衔，授两江总督，并以钦差大臣的身份督办江南军务。从此，曾国藩不但拥有兵权，而且掌握地方大权。不过自打下天京（南京）后，为消除朝廷的疑忌，曾国藩主动收敛羽翼，亲自裁减湘军，在朝中赢得了极好的口碑。后被封为一等勇毅侯，成为清代以文人而封武侯的第一人。

1865年5月，曾国藩奉命督办直隶（约今河北）、山东、河南三省军务，镇压捻军。他驻营徐州，先后采取重点设防、凭河筑墙、查办民圩的方略，欲在黄河、淮河之间，运河以西，沙河、贾鲁河以东的区域歼灭捻军。后因师久无功，次年冬清廷改派李鸿章接替，命其回两江总督本任。1867年，曾国藩调任直隶总督。1870年，曾国藩被清廷命令处理"天津教案"，十分惊恐，出发前甚至立下遗嘱。曾国藩深知当时中国远非西方列强对手，因此对外一直主张让步，到天津后发布《谕天津士民》的告示，对天津人民多方指责，诫其勿再起事端，随后释放犯法教民和涉案拐犯，引起天津绅民的不满。"天津教案"不少人骂他是卖国贼，全国舆论大哗，"自京师及各省皆斥为谬论，坚不肯信"，以致后来曾国藩也觉得"内咎神明，外咎清议"。他自己也承认："敝处六月二十三日一疏，庇护天主教本乖正理""物论沸腾，至使人不忍闻"。曾国藩变成"谤讥纷纷，举国欲杀"的汉奸、卖国贼，"积年清望几于扫地以尽矣"。1870年9月，两江总督马新贻被平民张汶祥刺杀于总督府后，朝廷命曾国藩再任两江总督，前往南京审理该案。同治十一年（1872年）二月初四在南京两江总督府病逝，终年62岁。朝廷赠太傅，谥文正。

治国大略

曾国藩作为近代著名的政治家，对"乾嘉盛世"后清王朝的腐败衰落洞若观火。他说："国贫不足患，唯民心涣散，则为患甚大。"曾国藩认为，"吏治之坏，由于群幕，求吏才以剔幕弊，诚为探源之论"。基于此，曾国藩提出，"行政之要，首在得人"，危急之时需用德才兼备之人，要倡廉正之风，行礼治之仁政，反对暴政、扰民，对于那些贪赃枉法、渔民肥己的官吏，一定要予以严惩。至于关系国运民生的财政经济，曾国藩认为，理财之道，全在酌盈剂虚，脚踏实地，洁己奉公，"渐求整顿，不在于求取速效"。曾国藩将农业提到国家经济中基础性的战略地位，他认为，"民生以穑事为先，国计以丰年为瑞"。他要求"今日之州县，以重农为第一要务"。受两次鸦片战争的冲击，曾国藩对中西邦交有自己的看法，一方面他十分痛恨西方人侵略中国，认为卧榻之旁，岂容他人鼾睡，并反对借师助剿，以借助外国力量为深愧；另一方面又不盲目排外，主张向西方学习其先进的科学技术。

军事成就

曾国藩以编练湘军起家，书生治国，镇压了中国历史上规模最大的农民起义——太平天国运动，其军事思想内涵极丰，确有过人之处。他认为，兵不在多而在于精，"兵少而国强"，"兵愈多，则力愈弱；饷愈多，则国愈贫"。主张军政分理，各负其责。他购买洋枪、洋炮、洋船，推进中国军队武器的近代化。治军以严明军纪为先，同时着意培养"合气"，将士同心，他认为"将军有死之心，士卒无生之气"。选择将领有四点要求："一曰知人善任，二曰善觇敌情，三曰临阵胆实识，四曰营务整齐。"曾国藩军事思想中最丰富并值得今人借鉴的是其战略战术，如"用兵动如脱兔,静如处女",主客奇正之术,"扎硬寨,打死仗",水师不可顺风进击,善择营地,"先自治,后制敌",深沟高垒,地道攻城之术,水陆配合,以静制动,"先拔根本,后翦枝叶",等等。

曾国藩除了治军有法之外,还非常重视采用外国军火,主张"师夷智以造炮制船"。1861年,设立安庆内军械所,制造"洋枪洋炮",后又试制小火轮船。1863年,造成"黄鹄"号轮船,并派容闳赴美国购买机器。1865年至1866年,与李鸿章在上海创办江南制造总局等军事工业,并为之积极筹措经费,派遣学童赴美留学,成为清末兴办洋务事业的首创者。曾国藩是中国历史上"睁眼看世界"并积极实践的第一人。在他的指导下,建造了中国第一艘轮船,开启了近代制造业的先声;建立了第一所兵工学堂,肇始中国近代高等教育;第一次翻译印刷西方书籍,不仅奠定了近代中国科技的基础,而且极大地开阔了中国人的眼界;安排第一批赴美留学生,为国家培养了大批栋梁之才,民国第一任总理唐绍仪、中国"铁路之父"詹天佑、清华大学第一任校长唐国安等就是这些人中的成就突出者。

儒学思想

曾国藩一生奉行程朱理学,但对于程朱之学并未盲目地崇拜,事实上,他对于宋明儒学其他支派之思想亦有许多的汲取。宋明理学实际上分为气学、理学和心学三个学术派别。

曾国藩在政治实践和军事斗争中也渐渐地看到了程朱理学"指示之语,或失于隘"、或"病于琐"、或"偏于静"的局限。在这种情形下,曾国藩对心学表现出了宽容的学术姿态。对于程朱理学与陆王心学之学术争讼,他认为对于两家之争应取其同,避其异,扬其长,共同推进儒学的发展。

曾国藩还转而诉求于气学在生成论方面的资源,来弥补理学之局限,谓"张子之《正蒙》,醇厚正大,邈焉寡俦"。依着气学的思路,曾国藩认为,天地万物均因禀气而生,气是构成天地万物的最终基元。在禀气而生这个意义上,天地万物是"同体"的。

不过,曾国藩同时认为,虽太和絪缊之气流行不止,天地万物最初所得之气"均耳",但人与物、圣人与常人实所禀有之气并不相同。就人与物相对而言,人得气之全,物却仅得气之偏;故人有知性,而物仅得物性。就人类而言,圣人所禀之气清且厚,常人所禀之气却浊而薄。

"自其初而言之,太和絪缊流行而不息,人也,物也,圣人也,常人也,始所得者均耳。人得其全,物得其偏,圣人者,既得其全,而其气质又最清且厚……"

文学流派

曾国藩认为,"盖真能读书者,良亦贵乎强有力也",要有"旧雨三年精化碧,孤灯五夜眼常青"的精神。写字或阳刚之美,"着力而取险劲之势";或阴柔之美,"着力而得自然之味"。文章写作,需在气势上下功夫,"气能挟理以行,而后虽言理而不灰"。要注意详略得当,详人所略,略人所详,而"知位置者先后,翦裁之繁简",又"为文家第一要也"。为文贵在自辟蹊径,"文章之道,以气象光明俊伟为最难而可贵"。"清韵不匮,声调铿锵,乃文章第一妙境"。

曾国藩继承桐城派方苞、姚鼐而自立风格，创立晚清古文的"湘乡派"，他论古文，讲求声调铿锵，以包蕴不尽为能事；所为古文，深宏骏迈，能运以汉赋气象，故有一种雄奇瑰伟的意境，能一振桐城派枯淡之弊，为后世所称。曾氏宗法桐城，但有所变化、发展，又选编了一部《经史百家杂钞》以作为文的典范，非桐城所可囿，世称为湘乡派。清末及民初严复、林纾，以至谭嗣同、梁启超等均受他文风影响。著有《曾文正公全集》。

处世交友

曾国藩对交友之道颇有见地，他认为交友贵雅量，要"推诚守正，委曲含宏，而无私意猜疑之弊""凡事不可占人半点便宜，不可轻取人财"。要集思广益，兼听而不失聪。"观人之法，以有操守而无官气、多条理而少大言为主"。处世方面，曾国藩认为，"处此乱世，愈穷愈好"。身居高官，"总以钱少产薄为妙""居官以耐烦为第一要义""德以满而损，福以骄而减矣"。为人须在一"淡"字上着意，"不特富贵功名及身家之顺逆，子姓之旺否悉由天定，即学问德行之成立与否，亦大半关乎天事，一概笑而忘之""功不必自己出，名不必自己成""功成身退，愈急愈好"。曾国藩写有格言十二条，基本上概括了他的处世交友之道。这十二条是：

一、主敬：（整齐严肃，清明在躬，如日之升。）

二、静坐：（每日不拘何时，静坐四刻，正位凝命，如鼎之镇。）

三、早起：（黎明即起，醒后勿沾恋。）

四、读书不二：（一书未完，不看他书。）

五、读史：（廿三史每日圈点十页，虽有事不间断。）

六、谨言：（刻刻留心，第一工夫。）

七、养气：（气藏丹田，无不可对人言之事。）

八、保身：（节劳、节欲、节饮食。）

九、日知其所无：（每日读书，记录心得语。）

十、月无忘其所能：（每月作诗文数首，以验积理的多寡，养气之盛否。）

十一、作字：（早饭后作字。凡笔墨应酬，当作自己功课。）

十二、夜不出门：（旷功疲神，切戒切戒。）

持家教子

著名历史学家钟书河先生说过，曾国藩教子成功是一个事实，无法抹杀，也无须抹杀。曾国藩认为持家教子主要应注意以下十事：

一、勤理家事，严明家规。

二、尽孝悌，除骄逸。

三、"以习劳苦为第一要义"。

四、居家之道，不可有余财。

五、联姻"不必定富室名门"。

六、家事忌奢华，尚俭。

七、治家八字：考、宝、早、扫、书、疏、鱼、猪。

八、亲戚交往宜重情轻物。

九、不可厌倦家常琐事。

十、择良师以求教。

后世评价

曾国藩是中国近代史上最为显赫且最有争议的人物，他享有"中兴第一名臣"的美名，又兼"曾剃头""卖国贼"的骂名，毁誉如此悬殊，在中国古代历史中可说是绝无仅有的。他的门生故吏把他称为"德比诸葛，功过萧曹，文章无愧于韩、柳，实为近百年来难得的圣贤"。

梁启超在《曾文正公嘉言钞》序内指曾国藩"岂唯近代，盖有史以来不一二睹之大人也已；岂唯我国，抑全世界不一二睹之大人也已。然而文正固非有超群绝伦之天才，在并时诸贤杰中，称最钝拙；其所遭值事会，亦终生在指逆之中；然乃立德、立功、立言三不朽，所成就震古烁今而莫与竞者，其一生得力在立志自拔于流俗，而困而知，而勉而行，历百千艰阻而不挫屈，不求近效，铢积寸累，受之以虚，将之以勤，植之以刚，贞之以恒，帅之以诚，勇猛精进，坚苦卓绝……"

著名革命家章太炎对曾国藩的评价最为客观，称曾国藩"誉之则为圣相，谳之则为元凶"。

曾国藩以一介儒生，由科举入仕途，青云直上，出将入相，成为大清的一根柱石。他一生致力于修身、齐家、治国、平天下，严于治军、治家，实践了立功、立言、立德的封建士大夫的最高追求，被后世视为道德修养的楷模。然而他率军镇压太平天国，对外国列强割地赔款等所作所为，却是罪名昭著。"天津教案"使曾国藩声名一落千丈，转而成了"卖国贼"。

无论何种评价，至少有一点可以肯定，曾国藩对他所处的历史时期和后世的中国社会，都产生过重要的影响。

"立德立功立言三不朽，为师为将为相一完人。"就当时而言，用"忠君报国，文武兼备，兴学清廉"作为他的注解，最能够体现曾国藩的现实含义。

《曾国藩家书》的成书及影响

太平天国运动失败后，清廷对权重势大的曾国藩极度猜忌，曾国藩为表明心迹，作出了有违个人性格的事，刊印《家书》。

《曾国藩家书》的首次编刊，是在光绪五年由传忠书局印行。据查考，编校者为曹耀湘。曹耀湘对家书中涉及的家庭琐事、训斥言词与政治密谋诸端删落殆尽。

《曾国藩家书》记录了曾国藩在清道光三十年至同治十年前后达30年的翰苑和从武生涯，近1500封，是历史上家书保存下来最多的一个，基本包含了曾国藩一生的主要思想。就对象而言，上由祖父母至父母，中对兄弟，下及儿辈；就内容而言，有家务，有劝导，有国事，有政务，有军事指示，有人物评论，还有文学理念，是一部真实生动的生活宝鉴。曾氏家书行文从容镇定，形式自由，随想而到，挥笔自如，在平淡家常中蕴涵真知良言，具有极强的说服力和感召力。

《曾国藩家书》是研究曾国藩和清朝社会末期的重要资料。曾国藩的家教思想对很多人、很多家庭产生了积极的影响，可以说，《曾国藩家书》是与《颜氏家训》相媲美的仕宦家训的成熟典范。尽管曾国藩留传下来的著作很少，但曾国藩的著作和思想仍然影响深远、泽被后人。对后世启迪最大的首推他的家书，仅一部家书就可以体现他的学识造诣和道德修养，其影响至今不衰。

本书简介

为了更深入地研究曾国藩的学术和其思想上的影响，对他的理论进行更好地承接和扬弃，汲取其中的精华，应用于今天社会的各个方面，我们精心编著了这本《曾国藩家书精粹》。本书以清光绪三年的《曾文正公全集》为底本，从一千余万字的"全集"中选取了172篇对后世影响最深远、最能体现曾国藩思想精髓的"家书"，按时间顺序分为：养心之道、自勉之道、成事之道、为学之道、交往之道、理财之道、为政之道、养生之道共八个方面。还将每封书信的重要文字和名言警句摘录于标题之下，不仅美观，而且宜于收藏。

"精神愈用而愈出，智慧愈苦而愈明。"愿以此与读者共勉。

目录

第一章 养心之道

- 勉在孝悌上用功 …………… 002
- 除骄傲习气，勿夜郎自大 … 005
- 进德修业全由自主 ………… 007
- 贤肖不在高位而在谨朴 …… 010
- 勤俭自持，习劳习苦 ……… 014
- 以息心忍耐为要 …………… 016
- 总宜平心静气，稳稳办去 … 018
- 做人要有气量 ……………… 020
- 心无愧悔，襟怀坦然 ……… 023
- 讲求将略、品行、学术 …… 025
- 大者得正，小者包荒 ……… 027
- 切忌骄矜之气、悖谬之语 … 029
- 满招损，谦受益 …………… 032
- 切忌骄傲之气 ……………… 034
- 骄则满，满则倾 …………… 036
- 不宜非议讥笑他人 ………… 038
- 傲为凶德，惰为衰气 ……… 040
- 拼命报国，侧身修行 ……… 042
- 人生唯有常是第一美德 …… 044
- 刚柔互用，不可偏废 ……… 046
- 豁达光明，才有恬淡冲融 … 048
- 只问积劳，不问成名 ……… 050
- 慎独、主敬、求仁、习劳 … 052
- 不贪财、不失信、不自是 … 057

第二章 自勉之道

- 大器晚成，不必忧虑 ……… 062
- 满则招损，亢则有悔 ……… 065
- 须和睦、奉勤为先 ………… 067
- 对盈虚自然之理，不必抑郁 …………… 070
- 牢骚太甚者，其后必多抑塞 …………… 074
- 每日有常，自有进境 ……… 078
- 读书当勤勉，做人需忠恕 … 082
- 须勤谦，切戒骄奢淫佚 …… 085
- 时时自惕劳、谦、廉 ……… 087
- 不宜过露痕迹 ……………… 090
- 盛时常作衰时想 …………… 092

- 危急之时，
  只有在己者靠得住 …………… 094
- 去忿欲以养体，
  存倔强以励志 ………………… 096
- 得宽闲岁月，
  切莫错过好光阴 ……………… 098
- 不宜过于菲薄，近于自弃 …… 100
- 谨记修身三戒，
  力除傲、惰二弊 ……………… 104
- 受挫之时，乃长进之机 …… 106
- 力守悔字、硬字两诀，
  以求挽回 ……………………… 108

第三章 成事之道

- 力行格物、诚意 ……………… 112
- 一生之成败，
  皆关乎朋友之贤否 …………… 118
- 自立志，不必借助于人 …… 128
- 专心致志，并心一往 ……… 130
- "勤敬"二字须臾不可离 …… 134
- 成大事者须兼顾
  规模远大与综理密微 ………… 136
- 首尾不懈，不可见异思迁 …… 139
- 致败者约有二端：
  常傲、多言 …………………… 142

- 宜力持不懈，有始有卒 …… 145
- 人生适意之时当尽心竭力 …… 149
- 专求怡悦，不存郁损之怀 …… 153
- 凡作一事，皆宜有始有终 …… 155
- 无论行坐，均须重厚 ……… 159
- 古今庸人皆以惰败，
  才人皆以傲败 ………………… 161
- 办大事者，须多选替手 …… 163
- 衣食起居，勿沾富贵习气 …… 164
- 积劳而使人不知其劳 ……… 166
- 担当大事全在
  "明强"二字 ………………… 168
- 艰危之时，
  坚持硬字、悔字二诀 ……… 170

第四章 为学之道

- 读书要有志、有识、有恒 …… 174
- 为学最要虚心，
  切勿恃才自傲 ………………… 179
- 学问之道，总以有恒为主 …… 181
- 事事应勤思善问 ……………… 184
- 读书有难解者，
  不必遽求甚解 ………………… 187
- 一刻千金，
  切不可浪掷光阴 ……………… 190

- 读古文之要义 ………… 192
- 读书须能涵泳体察 ……… 195
- 每日用功，自有进步 …… 197
- 学书法不可迷于所往 …… 200
- 看书不可不知所择 ……… 202
- 读经要胸怀博大活泼，
  不可无恒 ………………… 205
- 读书宜求个明白 ………… 207
- 作文写字，
  应以珠圆玉润为主 ……… 209
- 为学全靠自己扎挣发愤，
  扬长避短 ………………… 211
- 须读唐宋诗，作五言诗 … 214
- 唯读书可变化气质 ……… 217
- 手抄与摹仿宜并进 ……… 219
- 多加涉猎而探讨之 ……… 222
- 好文章须熟读成诵 ……… 224
- 文笔宜从"简当"
  二字上着力 ……………… 227
- 每日参学，自有进益 …… 229
- 好文字必气、识、
  情、趣中有一长 ………… 231
- 作文须在气势上下功夫 … 233

第五章　交往之道

- 交友拜师以专一为要 …… 236
- 必信必诚，侠义之士 …… 239
- 交友须勤加来往 ………… 241
- 不可占人便益 …………… 245
- 非道义可得者，
  不可轻易接受 …………… 248
- 与人不合，办事多不能成 … 251
- 用人之道：奖之以好言 … 253
- 人以巧诈来，我以诚愚应 … 255
- 不可动辄笑人之鄙陋 …… 259
- 观人之法：有操守无官气、
  多条理少大言 …………… 262
- 负人不惮改过 …………… 264
- 坚忍、言明、不贪
  乃选将之要 ……………… 266
- 交往总以谦谨为主 ……… 270
- 高明之地，唯倍增敬慎 … 272
- 交友须择志趣远大者 …… 274
- 好而知其恶，恶而知其美 … 276
- 与他人交际，
  须省己之不是 …………… 278
- 于忍气二字加倍用功 …… 280
- 交友切记
  "久而敬之"四字 ……… 282

- 保人荐贤宜谨慎 …… 284
- 自身检点以杜小人之口 …… 286

第六章　理财之道

- 家和则福自生 …… 290
- 补品慎用，银两安排得当 …… 292
- 赠人乃保持盈泰之道 …… 294
- 洗心涤虑力挽家运 …… 296
- 诸事不可不尽心 …… 299
- 治家八事，缺一不可 …… 302
- 努力读书，不可积钱买田 …… 305
- 勤劳之家多兴旺 …… 307
- 居家之道，
  唯崇俭可以长久 …… 309
- 勤俭乃持家之道 …… 311
- 俭朴之风不可尽改 …… 313
- 凡事不可过于奢华 …… 315
- 时刻牢记
  "勤""俭"二字 …… 317
- 惜福贵乎勤俭 …… 319
- 俭而奢易，奢而俭难 …… 321
- 勤俭自勉以长保盛美 …… 323
- 撑持门户，宜自端内教始 …… 325
- 有紧有松，有发有收 …… 327

- 爱惜器物，条理有序 …… 330
- 居家以习劳苦为第一要义 …… 332

第七章　为政之道

- 为官亦不忘勤奋好学 …… 338
- 做官常存谦虚敬畏之心 …… 340
- 情愿吃亏，
  万不可与人构讼 …… 343
- 以做官发财为可耻 …… 345
- 凡行公事，须深谋远虑 …… 350
- 不可以为有损架子而不为 …… 354
- 谨慎谦虚，时时省惕 …… 357
- 力尽人事，
  不存丝毫侥幸之心 …… 359
- 居官以耐烦为第一要义 …… 362
- 戒骄傲、多言二弊 …… 365
- 以勤字报君，以爱民报亲 …… 367
- 爱民必去害民之吏，
  治军必去蠹军之将 …… 369
- 愿死疆场，不愿死于牖下 …… 372
- 怀见危授命之志 …… 375
- 极盛之后应加倍小心 …… 379
- 投身到报国的大业中 …… 381
- 责任重大，如履薄冰 …… 383

- ⊙ 推诚相与，
  吏治或可渐有起色……… 385
- ⊙ 安危之际，
  不可为一己之身名计……… 387
- ⊙ 为政以国事为重……… 389
- ⊙ 服官以耐劳忍气为要……… 390
- ⊙ 无形之功不宜形诸奏牍…… 392
- ⊙ 不可惊动官长，烦人应酬…… 394
- ⊙ 构怨太多影响仕途……… 395
- ⊙ 生平以享大名为忧……… 397
- ⊙ 公事馈赠宜节俭……… 400

第八章　养生之道

- ⊙ 谨记节劳、节欲、节饮食… 404
- ⊙ 身体如常，即为如天之福… 406
- ⊙ 读书不求强记亦养身之道… 408
- ⊙ 早起乃养生千金妙方……… 411
- ⊙ 宜戒酒、起早、勤洗脚…… 413
- ⊙ 毋滥服药、
  饭后散步乃养生要诀……… 415
- ⊙ 保养之法在慎食节欲……… 417
- ⊙ 读书作字陶写性情……… 419
- ⊙ 治身以不药二字为药……… 421
- ⊙ 以早起、务农、
  疏医、远巫为要……… 423
- ⊙ 放心静养，不可怀忿怼气… 425
- ⊙ 恼怒如蝮蛇，
  去之不可不勇……… 427
- ⊙ 保养以莫生肝病为要……… 429
- ⊙ 不可过劳，须心平气和…… 431
- ⊙ 食蔬亦养生之宜……… 433
- ⊙ 养生以少恼怒为本……… 436
- ⊙ 体弱宜清静调养……… 438
- ⊙ 养生家唯恐出汗……… 441
- ⊙ 养身之法有五事……… 444
- ⊙ 切记养生六事……… 447

第一章 养心之道

求速效必助长，
非徒无益，
而又害之。
于孝弟两字上尽一分，
便是一分学，
尽十分便是十分学。

勉在孝悌上用功

求速效必助长，非徒无益，而又害之。

于孝弟两字上尽一分便是一分学，尽十分便是十分学。

【原文】

澄侯、叔淳、季洪三弟左右：

五月底连接三月一日、四月十八两次所发家信。

四弟之信，具见真性情，有困心横虑、郁积思通之象。此事断不可求速效。求速效必助长，非徒无益，而又害之。只要日积月累，如愚公之移山，终久必有豁然贯通之候；愈欲速则愈锢蔽矣。来书往往词不达意，我能深谅其苦。

今人都将学字看错了。若细读"贤贤易色"一章，则绝大学问即在家庭日用之间。于孝弟两字上尽一分便是一分学，尽十分便是十分学。今人读书皆为科名起见，于孝弟伦纪之大，反似与书不相关。殊不知书上所载的，作文时所代圣贤说的，无非要明白这个道理。若果事事做得，即笔下说不出何妨！若事事不能做，并有亏于伦纪之大，即文章说得好，亦只算个名教中之罪人。贤弟性情真挚，而短于诗文，何不日日在孝弟两字上用功？《曲礼》《内则》所说的，句句依他做出，务使祖父母、父母、叔父母无一时不安乐，无一时不顺适；下而兄弟妻子皆蔼然有恩、秩然有序，此真大学问也。若诗文不好，此小事，不足计；即好极，亦不值一钱。不知贤弟肯听此语否？

科名之所以可贵者，谓其足以承堂上之欢也，谓禄仕可以养亲也。今吾已得之矣，即使诸弟不得，亦可以承欢，可以养亲，何必兄弟尽得哉？贤弟若细思此理，但于孝弟上用功，不于诗文上用功，则诗文不期进而自进矣。

凡作字总须得势，务使一笔可以走千里。三弟之字，笔笔无势，是以局促不能远纵。去年曾与九弟说及，想近来已忘之矣。九弟欲看余白折。余所写折子甚少，故不付。大铜尺已经寻得。付笔回南，目前实无妙便，俟秋间定当付还。

　　去年所寄牧云信未寄去，但其信前半劝牧云用功，后半劝凌云莫看地，实有道理。九弟可将其信抄一遍，仍交与他，但将纺棉花一段删去可也。地仙为人主葬，害人一家，丧良心不少，未有不家败人亡者，不可不力阻凌云也。至于纺棉花之说，如直隶之三河县、灵寿县，无论贫富男妇，人人纺布为生，如我境之耕田为生也。江南之妇人耕田，犹三河之男人纺布也。湖南如浏阳之夏布、祁阳之葛布、宜昌之棉布，皆无论贫富男妇，人人依以为业。此并不足为骇异也。第风俗难以遽变，必至骇人听闻，不如删去一段为妙。书不尽言。

兄国藩手草
道光二十三年六月初六日

【译文】

澄侯、叔淳、季洪三弟左右：

　　五月底接连收到三月一日、四月十八日所发的两封家信。

　　四弟的信，真情实意漫溢于字里行间，有苦闷忧虑之心过重而需要发泄疏通的迹象。只是这样的事绝不可以求速效，求速效必如揠苗助长，有百害而无一利。只要日积月累，好似愚公移山，终究会有豁然开朗的时候，急于求成则会永无出头之日。至于你的来信中有多处词不达意，我深深谅解你的苦处。

　　现在的人对"学"字的理解都有些偏颇。如果细读"贤贤易色"一章，可见绝大部分学问都可以体现在家庭日常生活之中。在"孝悌"两字上尽力一分便是一分学问，尽力十分便是十分学问。现在的人读书都是为了科举功名，对于孝悌伦纪这些大道理，好像觉得与读书做学问没什么关系。殊不知古书的记载，做文章时代圣贤所说的，无非是要阐明这个道理。如果行动时时符合孝悌，即使笔下说不出又有何妨？如果时时违背孝悌，甚至有愧于伦理纲纪这些大道理，即使文章写得再出色，也只算是个名教中的罪人。贤弟性情真挚，诗文并不见长，何不天天在"孝悌"两字上用功？若按《礼记》中《曲礼》《内则》章所说的句句照做，一定使祖父母、父母、叔父母无一时不安乐，无一时不顺心；对下则兄弟妻儿都和蔼有恩，家庭井然有序，这才是大学问。像诗文不好的小事，不足以计较；即使写得再好，也不值一文。不知贤弟肯听这话不？

科举功名之所以可贵，是因为得到后足以使长辈高兴，是因为拿了奉禄可以侍奉双亲。现在我已得了功名，即使各位兄弟得不到功名，也可以让长辈满足，可以供奉双亲，何必大家都要得功名呢？贤弟如果仔细想一下这个道理，就在孝悌上用功，不在诗文上用功，那么诗文也会不指望它进步却自然进步的。

每每写字之时，总要有气势，务必做到一笔下去可走千里。三弟的字，笔笔无势，是因为太拘束不能放开的原因。去年曾和九弟说到这个问题，想来近日已淡忘了吧。九弟在来信中说想看我写的白折，只是最近所写的折子很少，暂时就不寄了。大铜尺现已找到。至于寄笔之事，目前实在没有合适的机会，待秋天一定寄回。

去年写给牧云的信没有寄去，信中的前半部分是对牧云进行劝勉，后半部分劝凌云莫找地仙看风水，这是有道理在其中的。九弟可将此信重抄一遍，仍交给他，不过要将纺棉花一段删去。地仙为人主持丧葬之事，害人一家，简直丧尽天良，导致家破人亡的更不在少数，为此不可不尽力劝阻凌云。至于纺棉花一事，像直隶的三河县、灵寿县，无论男女老少、富贵贫穷，人人靠纺布为生，如同我们家乡人人以耕田为生一样。江南妇人种地，如同三河男人纺布一样，湖南如浏阳的夏布、祁阳的葛布、宜昌的棉布，也都是不论贫富男女，人人以此为业，不值得为之惊奇。各地的风俗难以一时就有改变，肯定有的是骇人听闻，不如删去这一段为妙。文字难以一一表达我内心的想法。

兄国藩手书
道光二十三年六月初六日

除骄傲习气,勿夜郎自大

大抵第一要除骄傲气习。中无所有而夜郎自大,此最坏事。

【原文】

男国藩跪禀:

父母亲大人万福金安。六月二十三日男发第七号信交折差,七月初一日发第八号交王仕四手,不知已收到否?六月二十日接六弟五月十二日书,七月十六接四弟、九弟五月二十九日书,皆言忙迫之至,寥寥数语,字迹潦草,即县试案首前列皆不写出。同乡有同日接信者,即考古老先生,皆已详载。同一折差也。各家发信,迟十余日而从容;诸弟发信,早十余日而忙迫,何也?且次次忙迫,无一次稍从容者,又何也?

男等在京大小平安,同乡诸家皆好。惟汤海秋于七月八日得病,初九日未刻即逝。六月二十八考教习,冯树堂、郭筠仙、朱啸山皆取。湖南今年考差,仅何子贞得差,余皆未放,惟陈岱云光景最苦。男因去年之病,反以不放为乐。王仕四已善为遣回。率五大约在粮船回,现尚未定。渠身体平安,二妹不必挂心。叔父之病,男累求详信直告,至今未得,实不放心。甲三读《尔雅》,每日二十余字,颇肯率教。

六弟今年正月信,欲从罗罗山处附课,男甚喜之!后来信绝不提及,不知何故?所付来京之文,殊不甚好。在省读书二年,不见长进,男心实忧之而无如何,只恨男不善教诲而已。大抵第一要除骄傲气习。中无所有而夜郎自大,此最坏事。四弟、九弟虽不长进,亦不自满。求大人教六弟,总期不自满足为要。余俟续呈。男谨禀。

道光二十四年七月二十日

【译文】

儿子国藩跪着禀告：

父母亲大人万福金安。儿于六月二十三日将第七封信交给信差，于七月初一将第八封信交给王仕四，让他顺便带回去，不知是否已经收到？我于六月二十日收到六弟写于五月十二日的信，七月十六日，又接到四弟、九弟写于五月二十九日的信。这些信中都说自己非常忙，整篇不过寥寥几句话而已，而且字迹也潦草不堪，甚至连县里考试的头名和前几名，都没有在信中告知。同乡中有同一天接到家信的，即使是考古的老先生，也都一一详细地叙述。同是一个信差，各家也是同一时间发信，迟十多天也从容不迫，而弟弟们早十多天却如此忙碌无序，这是什么原因？况且每次信中都说很忙，没有一次悠闲从容的时候，这又是为什么？

儿等在京城生活安定，大小都很平安。同乡的各家情况也都不错，唯有汤海秋在七月初八生病，初九日未刻便离世了。六月二十八日考教习，冯树堂、郭筠仙、朱啸山都被录取了。湖南今年的考差，只有何子贞得了，其余的都没有放，只有陈岱云的情形最苦。儿子因去年的病，反而为不外放而高兴。王仕四已经妥善地遣送回去。率五大约乘粮船回，现在还没有定。他们身体平安，二妹不必挂念。叔父的病，儿子多次请求将详情据实告诉我，至今没有收到，实在不放心。甲三读《尔雅》，每天二十多字，颇肯受教。

六弟今年正月的信里说，想从罗罗山处学习，儿子很高兴。然而后来的信绝不提这件事，不知为什么？所寄来的信，写得不好。他在省读书两年，看不见进步，儿子心里很忧虑，但又无计可施，只恨儿子不善于教诲。要有所进步，首先要去掉骄傲气习。腹中空空，又夜郎自大，这个最坏事。四弟、九弟虽说不长进，但不自满，求双亲大人教导六弟，要以不自满自足为紧要。其余下次再呈告。儿子谨禀。

道光二十四年七月二十日

进德修业全由自主

吾人只有进德、修业两事靠得住。进德，则孝弟仁义是也；修业，则诗文作字是也。此二者由我作主，得尺则我之尺也，得寸则我之寸也。今日进一分德，便算积了一升谷；明日修一分业，又算余了一文钱；德业并增，则家私日起。

【原文】

四位老弟左右：

昨二十七日接信，快畅之至，以信多而处处详明也。四弟七夕诗甚佳，已详批诗后。从此多作诗亦甚好，但须有志有恒，乃有成就耳。余于诗亦有工夫，恨当世无韩昌黎及苏、黄一辈人可与发吾狂言者。但人事太多，故不常作诗；用心思索，则无时敢忘之耳。

吾人只有进德、修业两事靠得住。进德，则孝弟仁义是也；修业，则诗文作字是也。此二者由我作主，得尺则我之尺也，得寸则我之寸也。今日进一分德，便算积了一升谷；明日修一分业，又算余了一文钱；德业并增，则家私日起。至于功名富贵，悉由命定，丝毫不能自主。昔某官有一门生为本省学政，托以两孙，当面拜为门生。后其两孙岁考临场大病，科考丁艰，竟不入学。数年后两孙乃皆入，其长者仍得两榜。此可见早迟之际，时刻皆有前定，尽其在我，听其在天，万不可稍生妄想。六弟天分较诸弟更高，今年受黜，未免愤怨，然及此正可困心横虑，大加卧薪尝胆之功，切不可因愤废学。

九弟劝我治家之法，甚有道理，喜甚慰甚。自荆七遣去之后，家中亦甚整齐，待率五归家便知。《书》曰："非知之艰，行之维艰。"九弟所言之理，亦我所深知者，但不能庄严威厉，使人望若神明耳。自此后，当以九弟言书诸绅，而刻刻警省。季弟天性笃厚，诚如四弟所云"乐何如"。求我示读书之法及进德之道，另纸开示。作不具。

国藩手草
道光二十四年八月二十九日

【译文】

四位老弟左右：

昨天接到二十七日的来信，我欣喜不已，因为信写得多，所写之事又很详细明白。四弟的七夕诗写得很好，我已在后面批注了意见。以后最好多作些诗，只要有恒心，就一定会有所成就的。

我在作诗上也下了不少功夫，可惜今天没有韩昌黎、苏东坡、黄庭坚这些人在世，与我一同直抒胸臆。我的人事应酬太多，不能经常作诗；用心思索，就时刻不敢忘。

我们这些人只有进德、修业这两件事靠得住。进德是孝、悌、仁、义的品德，修业则是写文章、作诗、写字。这两件事我们可以自己做主，得一尺就进一尺，得一寸就进一寸。今天要是进了一分德，就当是积了一升米；明天要是修了一分业，就当是余出了一文钱。这样，德业一起并进下去，家业就会一天天兴起。功名富贵都是命中注定的，自己一点也不能做主。从前有一个做官的人，他有一个学生做了他那个省的学政，他就把两个孙子托付给这个学政，认作门生。后来，这两个孙子在岁考的时候患了大病没有参加考试，到了科考的时候，又因有孝在身不能入学。几年之后，两个孙子入了学，长孙还考中了两榜。可见事情成功的早晚都是命定的，使多大的力气由自己决定，能不能有成效则由天决定，一点也不能妄想。六弟的天分比几个弟弟都高，今年没有考取，不免气愤埋怨，但可趁此艰难痛苦之际，静下心来好好思虑一番，拿出卧薪尝胆的勇气和决心来，切不可因为气愤而废弃学习。

九弟劝我治家的方法很有道理，我深感欣慰。自从打发走了荆七以后，家中整齐了，率五回去后你们就会知道的。《尚书》上说："非知之艰，行之维艰。"九弟所言之理，我亦深有同感，但为人不能太严肃、太厉害了，使人见了就像看到神似的。自此以后，当将九弟的话告知诸位绅士，以便时时警惕。季弟天性忠实厚道，就像四弟说的"是何等的快乐"。要我说说读书的方法和进德的途径，我在别的纸上一一列出。其余的便不再赘述了。

国藩手书

道光二十四年八月二十九日

贤肖不在高位而在谨朴

商贾之家，勤俭者能延三四代；耕读之家，谨朴者能延五六代；孝友之家，则可以绵延十代八代。

【原文】

澄侯、温甫、子植、季洪足下：

四月十四日接到己酉三月初九所发第四号来信，次日又接到二月二十三所发第三号来信，其二月初四所发第二号信则已于前次三月十八接到矣，惟正月十六七所发第一号信则至今未接到。

京寓今年寄回之家书：正月初十发第一号（折弁），二月初八发第二号（折弁），二十六发第三号（折弁），三月初一发第四号（乔心农太守），大约五月初可到省；十九发第五号（折弁），四月十四发第六号（由陈竹伯观察），大约五月底可到省。《岳阳楼记》，竹伯走时尚未到手，是以未交渠。然一两月内，不少妥便，亦必可寄到家也。

祖父大人之病，日见日甚如此，为子孙者远隔数千里外，此心何能稍置！温弟去年若未归，此时在京，亦刻不能安矣。诸弟仰观父、叔纯孝之行，能人人竭力尽劳，服事堂上，此我家第一吉祥事。我在京寓，食膏粱而衣锦绣，竟不能效半点孙子之职；妻子皆安坐享用，不能分母亲之劳。每一念及，不觉汗下。

吾细思凡天下官宦之家，多只一代享用便尽。其子孙始而骄佚，继而流荡，终而沟壑，能庆延一二代者鲜矣。商贾之家，勤俭者能延三四代；耕读之家，谨朴者能延五六代；孝友之家，则可以绵延十代八代。我今赖祖宗之积累，少年早达，深恐其以一身享用殆尽，故教诸弟及儿辈，但愿其为耕读孝友之家，不愿其为仕宦之家。诸弟读书不可不多，用功不可不勤，切不可时时为科第仕宦起见。若不能看透此层道理，则虽巍科显宦，终算不得祖父之贤肖、我家之功臣。若能看透此道理，则我钦佩之至。

澄弟每以我升官得差，便谓我是肖子贤孙，殊不知此非贤肖也。如以此为贤肖，则李林甫、卢怀慎辈，何尝不位极人臣，焄奕一时，讵得谓之贤肖哉？余自问学浅识薄，谬膺高位，然所刻刻留心者，此时虽在宦海之中，却时作上岸之计。要令罢官家居之日，己身可以淡泊，妻子可以服劳，可以对祖父兄弟，可以对宗族乡党，如是而已。诸弟见我之立心制行与我所言有不符处，望时时切实箴规。至要至要。

鹿茸一药，我去腊甚想买就寄家，曾请漱六、岷樵两人买五六天，最后买得一架，定银九十两。而请人细看，尚云无力。其有力者，必须百余金，到南中则直二百余金矣，然至少亦须四五两乃可奏效。今澄弟来书，言谭君送四五钱便有小效，则去年之不买就急寄，余之罪可胜悔哉！近日拟赶买一架付归。以父、叔之孝行推之，祖大人应可收药力之效。叔母之病，不知宜用何药？若南中难得者，望书信来京购买。

安良会极好。地方有盗贼，我家出力除之，正是我家此时应行之事。细毛虫之事，尚不过分，然必须到这田地方可动手。不然，则难免恃势欺压之名。既已惊动官长，故我特作书谢施梧冈，到家即封口送县可也。去年欧阳家之事，今亦作书谢伍仲常，送阳凌云，属其封口寄去可也。

澄弟寄俪裳书，无一字不合，蒋祝三信已交渠。兹有回信，家中可专人送至渠家，亦免得他父母悬望。余因身体不旺，生怕得病，万事废弛，抱疚之事甚多。本想诸弟一人来京帮我，因温、沅乡试在迩，澄又为家中必不可少之人，洪则年轻，一人不能来京；且祖大人未好，岂可一人再离膝下？只行俟明年再说。

希六之事，余必为之捐从九品。但恐秋间乃能上兑，乡试后南旋者乃可带照归耳。书不能详，余俟续寄。

国藩手草

道光二十九年四月十六日

【译文】

澄侯、温甫、子植、季洪足下：

四月十四日收到己酉年三月初九所寄出的第四封家信，第二天又收到二月二十三日所寄出的第三封来信，至于二月初四所寄出的第二封信也已于三月十八日收到了。只有正月十六七所寄出的第一封信直到现在还未接到。

今年我自京城家中寄回的家信，有正月初十寄出的第一封（由信差带）、二月初八寄出的第二封（由信差带）、二月二十六日寄出的第三封（由信差带）、三月初一寄出的第四封（由乔心农太守带），大约五月初便可以到省城，三月十九日寄出的第五封（由信差带），四月十四日寄出的第六封（由陈竹伯观察带），大约五月底可到省城。竹伯走时，《岳阳楼记》还没有拿到手，所以没有托付他捎带回去。以后一两个月里，还有很多方便的机会，一定可以将其送回家的。

祖父大人的身体一日不如一日，身为孙子，却远在千里之外，这颗心如何能放得下？如果去年温弟留在京城不回去，此时也一定是时刻都不得安宁了。各位兄弟敬仰父亲、叔父的纯孝行为，时刻以他们为榜样，因此人人竭尽全力地服侍孝敬祖父，这是我们家第一等的好事。我身在京城家中，享受着佳肴美味、锦衣绸缎，却尽不到半点做孙子的责任，妻室儿女也都坐享其成，不能替母亲分担劳苦。每次想到这些，就不由得直冒冷汗，满怀愧疚之意。

我经过认真思考和总结之后发现，凡是天下官宦人家，多数都只能挥霍一代，很快就将其财富享用殆尽。他们的子孙开始骄奢淫逸，后来又放荡不羁，最后身陷欲望的沟壑不能自拔，能够延续一两代旺盛之势的实属罕见；商贾人家，勤俭的能延续三四代；耕读人家，谨慎淳朴的能延续五六代人；孝悌人家，则可以绵延十代八代。如今我仰仗着祖宗积下的德行，年纪尚轻便身居高位，深怕我一人将一生的财富享用完了，所以在此教导各位兄弟和孩子们，宁愿成为耕读孝友的人家，也不要成为仕宦人家。各位兄弟要尽量多读书，尽力做到用功勤奋，千万不能为了单纯的应试科举做官，一心求取功名。如果看不透这一层道理，即使科举高中，仕宦显赫，也算不得祖父的贤肖子孙，算不上是我曾家的有功之人；如果能看透这层道理，那我自然对你们深表钦佩。

如今我承蒙皇恩，得以升官受任，所以澄弟常因此就说我是贤肖子孙，其实不然。如果这样就可称为贤肖，那么李林甫、卢怀慎这样的人，位极人臣、显赫一时，岂不是最大的贤肖之人了？我扪心自问，学识浅薄，却有幸谬居高位，因此我常常留心提醒自己，目前虽然人在宦海之中，却时时要作好上岸的准备。要让我罢官回乡的时候，可以淡泊无求。到那时，妻子可以亲身从事劳动，可以对得起祖父兄弟，可以对得起宗族乡人，就这些也就足够了。各位兄弟如果发现我所想和所做的与我的实际行动有不相符合的地方，希望时刻实事求是地规劝我，这对我来说是很重要的。

鹿茸这一味药，去年腊月我很想买好就寄回家中。曾经请漱六、岷樵两人买了五六天，最后买到一架，说好的价钱是九十两银子。后来又请人仔细看了看，说药力不够。凡是有药效的，至少要一百多两银子，到了南方就价值二百多两银子了。不过最少也要吃四五两鹿茸才可能见效。现在澄弟来信说，谭君送来的四五钱，吃下去了就有点效果。那么去年没有买下来及时寄回去，真是我的罪过，如今后悔也无济于事了！现在只想尽快买一架寄回家，以弥补我的过失。以父亲、叔父的纯孝行为推断，祖父大人的病体定可以收到药力的效果的。至于叔母的病，不知道应该用什么药，如果南方买不到药效明显的药物，希望尽快写信告知，以便在京城购买。

组织"安良会"这件事办得很好。地方上盗贼横行，我家出力剿灭他们，为百姓造福，正是最应该做的事。"细毛虫"之类的事，并不算过分，但必须到了不能忍受的地步方可动手。不然，就会落得仗势欺人的罪名。既然此事已经惊动了地方官员，所以我特意写信感谢施梧冈，寄到家后就封上信口送到县里即可。去年欧阳家的事情，现在也写了信去感谢伍仲常，请送给阳凌云，叮嘱他封好信口寄去。

澄弟寄给俪裳的信，字字合理恰当。日前蒋祝三的信已交给他，现在已有回信，家里可专门派专人送到他家，免得让他的父亲总担心挂念。因为我身体不太舒服，总是害怕得病，很多事情都荒废了，因此深感抱歉内疚。本打算请兄弟中一人到京城来协助我处理各项事宜，但因为温弟、沅弟最近要参加乡试了，澄弟在家中有重任担当，不可或缺，而洪弟年纪尚小，所以目前找不到合适的人到京。更何况祖父大人病体未愈，人人在旁侍奉，这样的情况下哪里能够再有人离开他身边呢？此事只好等明年再议。

关于希六的事，我已经有了打算，一定要尽力为他谋求一个从九品的官职。不过也许要等到秋天才能将此事办妥。待乡试之后，才可托付南归之人将执照带回去。信中不能详细述说，其他的事等以后来信时再谈吧。

国藩手书
道光二十九年四月十六日

勤俭自持，习劳习苦

勤俭自持，习劳习苦，可以处乐，可以处约，此君子也。

无论大家小家、士农工商，勤苦俭约，未有不兴，骄奢倦怠，未有不败。

【原文】

字谕纪鸿儿：

家中人来营者，多称尔举止大方，余为少慰。凡人多望子孙为大官，余不愿为大官，但愿为读书明理之君子。勤俭自持，习劳习苦，可以处乐，可以处约。此君子也。

余服官二十年，不敢稍染官宦习气，饮食起居，尚守寒素家风，极俭也可，略丰也可，太丰则吾不敢也。凡仕宦之家，由俭入奢易，由奢返俭难。尔年尚幼，切不可贪爱奢华，不可惯习懒惰。无论大家小家、士农工商，勤苦俭约，未有不兴，骄奢倦怠，未有不败。尔读书写字不可间断，早晨要早起，莫坠高曾祖考以来相传之家风。吾父吾叔，皆黎明即起，尔之所知也。

凡富贵功名，皆有命定，半由人力，半由天事。惟学做圣贤，全由自己作主，不与天命相干涉。吾有志学为圣贤，少时欠居敬工夫，至今犹不免偶有戏言戏动。尔宜举止端庄，言不妄发，则入德之基也。九月二十九夜手谕，时在江西抚州门外。

咸丰六年九月二十九日夜

【译文】

字谕纪鸿儿：

从家中到军营来的人，都称赞你举止大方，我心里稍觉宽慰。别人大多希望自己的子孙做大官，但我不愿自己的子孙做大官，只愿他们成为读书明理的君子。勤俭自持，习惯劳苦，可以享受安乐，也可适应俭约。这就是君子。

我为官已二十年有余，从不敢沾染半点官场习气，饮食起居，还恪守贫寒朴素的家风，特别节俭可以，稍为丰裕也行，而过分丰裕我就不敢享用了。凡是官宦家庭，由俭入奢易，由奢入俭难。你年纪尚小，切不可贪慕奢靡的享受，不可养成懒惰的习惯。无论大家庭还是小家庭，士农工商，只要勤苦节俭，没有不兴盛的；若骄奢倦怠，没有不衰败的。你读书写字不能间断，早晨要早起，不要丢掉曾高祖以来历代承袭的家风。我的父亲叔父，都是黎明就起，这些你都是很清楚的。

富贵功名之类的得失，命里皆有定数，一半在人力，一半在天命。只有学做圣贤，才全靠自己努力，与天命没有什么相干。我有志师从圣贤，可小时候忽视了居家恭谨的修为，所以直到现在还免不了时有戏言和戏谑的行为。你应该举止端庄，言语谨慎，如此才能打好道德修养的基础。九月二十九日夜手谕，时在江西抚州门外。

咸丰六年九月二十九日夜

以息心忍耐为要

弟性褊激似余，恐拂郁或生肝疾，幸息心忍耐为要！

【原文】

沅甫九弟左右：

十二日申刻代一自县归，接弟手书，具审一切。

十三日未刻文辅卿来家，病势甚重，自醴陵带一医生偕行，似是瘟疫之症。两耳已聋，昏迷不醒，间作谵语，皆惦记营中。余将弟已赴营、省城可等半饷等事告之四五次，渠已醒悟，且有喜色。因嘱其"静心养病，不必挂念营务，余代为函告南省、江省"等语，渠亦即放心，十四日由我家雇夫送之还家矣。若调理得宜，半月当可痊愈，复元则尚不易易。

陈伯符十二日来我家，渠因负疚在身，不敢出外酬应，欲来乡为避地计。七十侄女十二上来。亦山先生十四归去，与临山皆朝南岳。临山以二十四归馆，亦山二十二夕至。科四读《上孟》至末章，明日可毕。科六读《先进》三页，近只耽搁一日也。彭莘庵表叔十一日仙逝，二十四日发引。尧阶之母十月初二日发引，请叔父题主。黄子春官声极好，听讼勤明，人皆畏之。

弟到省之期，计在十二日，余日内甚望弟信，不知金八、佑九何以无一人归来，岂因饷事未定，不遽遣使归与？弟性褊激似余，恐拂郁或生肝疾，幸息心忍耐为要！

二十二日郴州首世兄凌云专丁来家，求荐至弟营。据称弟已于十七日起程赴吉矣。兹趁便寄一缄，托黄宅转递，弟接到后，望专人送信一次，以慰悬悬。

家中大小平安。晰箸事暂不提。诸小儿读书，余自能一一检点，弟不必挂心。

兄国藩手草

咸丰七年九月二十二日

【译文】

沅甫九弟左右：

十二日申时，代一从县里回来，收到你的信，一切都知道了。

十三日未时文辅卿到我家来，病势很重，同行的还有一位醴陵的医生。他好像是染上了瘟疫，两耳已聋，昏迷不醒，有时还说胡话，不过都是挂念营中的事情。我把你已到营中，省城可以筹一半饷银等事对他说了四五次，他醒后很是欢喜。我叫他静心养病，不必挂念营里的事，并说愿代他写信去湖南、江西，他才放下心来。十四日我家的几个佣人护送他回家去了。如果调理得好，有半个月的时间，他的病就可以痊愈，但要康复如初看来不太容易。

陈伯符十二日到我家来，因负咎在身，不敢外出应酬，想到乡下来避一避。七十侄女十二日也到我家来了。亦山先生十四日回去，和临山一起都朝拜南岳去了。二十日临山回到学馆，亦山是二十二日晚上到的。科四读《上孟》到最后一章，明日可读完。科六读《先进》三页，最近只耽搁了一天。彭莘庵表叔十一日仙逝，二十四日发葬。尧阶的母亲十月二日发葬，请叔父题神主名。黄子春做官的声望颇高，审案辛勤谨慎、明察秋毫，百姓都很敬畏他。

你到省城的时间，估计在二十日。这几天我很想收到你的来信，弄清金八、佑九为什么一个也不回来，会不会是因为饷源没有定准，才不急着派人回来？你的性格偏激，很像我。我真担心你因忧郁而患肝病，要注意息心忍耐为要。

二十二日郴州首世兄凌云专门派人到我家，请求我推荐他到弟的营中。听他说弟已在十七日起程赴吉安了。现趁便寄一封信给你，托黄家转送，你接到后，我希望你派专人送来你的回信，以免我挂念。

家中大小都平安。分家的事暂时不提。孩子们读书，我也能安排，你不必挂念。

兄国藩手书

咸丰七年九月二十二日

总宜平心静气，稳稳办去

一经焦躁，则心绪少佳，办事不能妥善。

【原文】

沅弟左右：

昨信书就未发，初五夜玉六等归，又接弟信，报抚州之复，他郡易而吉州难，余固恐弟之焦灼也。一经焦躁，则心绪少佳，办事不能妥善。余前年所以废弛，亦以焦躁故尔。总宜平心静气，稳稳办去。

余前言弟之职以能战为第一义，爱民第二，联络各营将士、各省官绅为第三。今此天暑困人，弟体素弱，如不能兼顾，则将联络一层少为放松，即第二层亦可不必认真，惟能战一层，则刻不可懈。目下壕沟究有几道？其不甚可靠者尚有几段？下次详细见告，九江修壕六道，宽深各二丈，吉安可仿为之否？

弟保同知花翎，甚好甚好。将来克复府城，自可保升太守。吾不以弟得升阶为喜，喜弟之吏才更优于将才，将来或可勉作循吏，切实做几件施泽于民之事，门户之光也，阿兄之幸也。

龙翰臣方伯与弟信，内批胡中丞奏折，言有副本，勿与他人看。是何奏也？并问，余续具。

兄国藩

咸丰八年五月初六日

【译文】

沅弟左右：

昨天信写好了，没有发。初五夜里，玉六自外面返回，又接到了弟弟的来信，信中报告抚州已经被收复，其他各郡也很容易收复，只有收复吉安的难度较大，我唯恐弟弟心中过于焦虑。若焦躁不安，则心绪不宁，办事就会纷乱无序，自然不够妥当。前些年我虚度了光阴，浪费了很多大好机会，都要归因于焦躁。无论发生了多大的变故，总还是要平心静气、稳妥地办事。

我前次说弟弟的职责，以能战斗为第一要义，爱民第二，联络各营将士、各省官绅为第三。现在天气暑热，弟弟身体素来虚弱，如不能兼顾，那么可以把联络这一点略为放松。爱民也可不必认真。只有能战斗一点，那是时刻不能放松的。现在壕沟究竟有几道？其中不可靠的还有几段？下次来信详细告诉我。九江修了六道壕沟，宽深各两丈，不知道吉安可不可以仿照九江的做法？

弟弟保举了同知花翎，真是可喜可贺之事。将来攻下府城，一定可以保升太守。我并不认为弟弟得到升阶为喜事，喜的是弟弟做官的才能更优于统兵的才能，将来定能成为一个廉洁公正的称职官吏，切实做几件对老百姓有益处的善事，那将是我曾家门户的光荣、为兄的幸运。

龙翰臣方伯在给弟的信中，有胡中丞的奏折，说另有副本，而且不能让他人看见。到底是什么内容的奏折要如此保密呢？顺便问一下，详情以后再谈。

兄国藩
咸丰八年五月初六日

做人要有气量

常存休戚一体之念，无怀彼此歧视之见，则老辈内外必器爱尔，后辈兄弟姊妹必以尔为榜样，日处日亲，愈久愈敬。

【原文】

字谕纪泽：

闻尔至长沙已逾月余，而无禀来营，何也？少庚讣信百余件，闻皆尔亲笔写之，何不发刻？或请人帮写？非谓尔宜自惜精力，盖以少庚年未三十，情有等差，礼有隆杀，则精力亦不宜过竭耳。

近想已归家度岁。今年家中因温甫叔之变，气象较之往年迥不相同。余因去年在家，争辩细事，与乡里鄙人无异，至今深抱悔憾。故虽在外，亦恻然寡欢。尔当体我此意，于叔祖各叔父母前尽些爱敬之心。常存休戚一体之念，无怀彼此歧视之见，则老辈内外必器爱尔，后辈兄弟姊妹必以尔为榜样，日处日亲，愈久愈敬。若使宗族乡党皆曰纪泽之量大于其父之量，则余欣然矣。

余前有信教尔学作赋，尔复禀并未提及。又有信言涵养二字，尔复禀亦未之及。嗣后我信中所论之事，尔宜一一禀复。

余于本朝大儒，自顾亭林之外，最好高邮王氏之学。王安国以鼎甲官至尚书，谥文肃，正色立朝，生怀祖先生。念孙经学精卓，生王引之，复以鼎甲官尚书，谥文简，三代皆好学深思，有汉韦氏、唐颜氏之风。余自憾学问无成，有愧王文肃公远甚，而望尔辈为怀祖先生，为伯申氏，则梦寐之际，未尝须臾忘也。怀祖先生所著《广雅疏证》《读书杂志》家中无之。伯申氏所著《经义述闻》《经传释词》，《皇清经解》内有之。尔可试取一阅。其不知者，写信来问。本朝穷经者，皆精小学，大约不出段、王两家之范围耳。余不一一。

父涤生示
咸丰八年十二月三十日

【译文】

字谕纪泽：

听说你抵达长沙已经一月有余，为什么至今没有写信到军营中来？少庚的讣告信件有一百多封，据说都是你亲自写的，为什么不拿去让工匠刻写？或者请人帮写呢？我的意思并不是让你惜力，而是因为少庚生前未满三十，我们和他不是至亲，礼节也不适宜太隆重，而且你也不能太劳累。

想来你也回家过年了吧？今年因为温甫叔在战场牺牲，家里的气氛和往年相比迥然不同。去年我在家中，因为一些鸡毛蒜皮的小事和温甫叔发生了矛盾，简直跟那些粗鄙的乡下人无异，现在想来，依然深感悔恨。如今虽然身在异乡，还是不免会郁郁寡欢，心生愧疚。你应该理解我的心意，在叔祖和各位叔父、叔母面前多些敬爱之心。平常做事的时候，要谨记全家就是一个不可分割的整体，万不可怀有相互歧视之心，这样家中老辈、内外亲戚必然会器重、喜爱你，后辈的兄弟姐妹们也必以你为榜样，对你更加亲近尊敬。如果能让宗族、乡党们都认为纪泽的度量跟他的父亲相比，有过之而无不及，那就是我莫大的欣慰了。

以前我在信中曾教你学作赋，你的回信中却没有提及此事；后来我又写信教导你"涵养"二字，你的回信中同样也没有提到，不知到底是什么原因。以后我在信中议论的事，你回信时要逐一作出回应。

历数本朝大儒，除了顾亭林（顾炎武）以外，我最喜欢的要数高邮王氏的学问。王安国早年以科举鼎甲进入仕途，官至尚书，追谥文肃，以严正之名被朝中官员推崇。他的儿子王怀祖，学问精绝；王怀祖的儿子王引之又以鼎甲入仕，官至尚书，追谥文简。祖孙三代都好学深思，沿袭了汉韦氏、唐颜氏的风范。我遗憾自己学问没有什么成就，与王文肃公相差如此之远，如今只希望你能成为怀祖先生，成为伯申氏，这是我做梦都没有忘记的事。怀祖先生的著作《广雅疏证》《读书杂志》家里没有，不过伯申氏的著作《经义述闻》《经传释词》，在《皇清经解》中都有，你可以找出来仔细研读。若碰到不懂之处，可以写信问我。本朝研究经学的人，都精通小学，但大致都没有超越段、王两家的水平。其余的就不一一说了。

父涤生手示
咸丰八年十二月三十日

心无愧悔，襟怀坦然

于往年未了之事概无甚愧悔，可东可西，可生可死，襟怀甚觉坦然。

【原文】

澄侯四弟左右：

接弟闰月二十四夜手缄，得悉五宅平安。魏承祉之事，吾家尽可不管，别人家信本不应拆阅也。孙大人名昌国号栋臣，系衡州协兵丁。吾调出保至副将向导营之官。上年雪琴将伊营官革去，派管船厂。曹级珊名禹门，广西知县，船厂委员也。吾将彼信已焚化，以后弟不必提及。

金陵大营于闰月十六日溃退镇江，旋复退守丹阳。二十九日丹阳失守，和春、何桂清均由常州退至苏城外之浒关。张国梁不知下落。苏州危如累卵，杭州亦恐再失。大局决裂，殊不可问。

余此次出外两年，于往年未了之事概无甚愧悔，可东可西，可生可死，襟怀甚觉坦然，吾弟尽可放心。前述祖父之德，以"书、蔬、鱼、猪、早、扫、考、宝"八字教弟，若不能尽行，但能行一早字，则家中子弟有所取法，是厚望也。顺问近好。

国藩手草

咸丰十年四月十四日

【译文】

澄侯四弟左右：

收到弟弟于闰月二十四所写的信，从信中得知五宅平安。至于魏承祉的事，我家完全可以不过问，而且别人的家信本来不该私自拆阅。孙大人名昌国，号栋臣，是衡州协兵丁，我把他调出来，并保举为向导营的副将。去年雪琴将他的营官革除，派去管理船厂。曹级珊，名禹门，乃广西知县，本是船厂委员。现在我已将回信烧掉，以后此事不必再提及。

闰月十六日，金陵大营溃退至镇江，之后又退守丹阳。二十九日，丹阳失守，和春、何桂清二人已从常州退到苏州城外的浒墅关。张国梁下落不明。苏州已危如累卵，恐怕杭州也会在不久后再次失陷。现在大局已成崩溃之势，没什么可说的了。

我外出已两年有余，对于往年未了却的事，也没有什么惭愧悔恨的了。万事可东可西，一切可生可死，已能够做到襟怀坦然，弟尽可以放心。上次在论及祖父的德行时，以"书、蔬、鱼、猪、早、扫、考、宝"八字来教导弟弟。如果不能一一做到，即使单单做到一"早"字，则家中子弟也有可以效法的榜样了，这就是为兄的厚望。顺问近好。

国藩手书
咸丰十年四月十四日

讲求将略、品行、学术

品学二者，亦宜以余力自励。

【原文】

季弟左右：

顷接沅弟信，知弟接行知，以训导加国子监学正衔，不胜欣慰。官阶初晋，虽不足为吾季荣，惟弟此次出山，行事则不激不随，处位则可高可卑，上下大小，无人不翕然悦服，因而凡事皆不拂意，而官阶亦由之而晋。或者前数年抑塞之气，至是将畅然大舒乎？《易》曰："天之所助者顺也，人之所助者信也。"我弟若常常履信思顺，如此名位岂可限量？

吾湖南近日风气蒸蒸日上。凡在行间，人人讲求将略，讲求品行，并讲求学术。弟与沅弟既在行间，望以讲求将略为第一义，点名看操等粗浅之事必躬亲之，练胆料敌等精微之事必苦思之。品学二者，亦宜以余力自励。目前能做到湖南出色之人，后世即推为天下罕见之人矣。大哥岂不欣然哉！哥做几件衣道贺。

沅弟以陈米发民夫挑壕，极好极好！此等事弟等尽可作主，兄不吝也。

咸丰十年六月二十七日

【译文】

季弟左右：

我刚刚收到沅弟寄来的信，知道弟弟已接到训导加国子监学正衔的任命，心中不胜欣慰。刚刚晋升官阶，虽然不足以作为我们的荣耀，但弟弟此次出仕为官，做事毫不偏激，也不随波逐流，所处地位可高可低，上上下下、大大小小的官员，没有一个人不钦佩赞叹的。因此凡事都称心如意，官阶也由此得以晋升。或许前些年抑郁不畅的怨气，现在都得以畅然舒展了吧？《易经》中说："天之所助者顺也，人之所助者信也。"若弟弟能够常常想到"顺信"二字，难道今后的功名是可以限量的吗？

　　近些年来，我们湖南的风气蒸蒸日上。凡是在军中，人人都讲求将略，讲求品行，而且讲求学术。你与沅弟既然在军中，希望你们能将讲求将略列为第一要务，甚至连点名看操之类的粗浅之事，也务必亲自处理，至于磨炼胆略、预料敌情等精微事情更要亲身经历，用心思索。品行、学识这两方面，必须时时自勉自励。只要现在能成为湖南出色的人物，日后定可成为后世推崇的天下罕见之人。大哥我怎能不高兴万分呢？哥哥特地为你做了几件衣服以示庆贺。

　　沅弟用陈米作为挖壕（的工钱），发放给劳作的民夫，这件事做得非常好！以后类似这样的事情你们尽可以自己拿主意，我不会在意的。

咸丰十年六月二十七日

大者得正，小者包荒

大抵天下无完全无间之人才，亦无完全无隙之交情。

大者得正，而小者包荒，斯可耳。

【原文】

沅、季两弟左右：

十一日接沅弟初六日信，是夕又接两弟初八日信，知有作一届公公之喜。初七家信尚未到也。应复事，条列如左：

一、进驻徽州，待胜仗后再看，此说甚是。目下池州之贼思犯东、建，普营之事均未妥协，余在祁门不宜轻动，已派次青赴徽接印矣。

一、僧邸之败，沅弟去年在抚州之言皆验，实有当验之理也。余处高位，蹈危机，观陆、何与僧覆辙相寻，弥深悚惧，将有何道可以免于大戾？弟细思之而详告我。吾恐诒先人羞，非仅为一身计。

一、癸冬屏绝颇严，弟可放心。周之翰不甚密迩，或三四日一见。若再疏，则不能安其居矣。吴退庵事，断不能返汉，且待到后再看。文士之自命过高，立论过亢，几成通病。吾所批其硬在嘴、其劲在笔，此也。然天分高者，亦可引之一变而至道。如罗山、璞山、希庵皆极高亢后乃渐归平实。

即余昔年亦失之高亢，近日稍就平实。周之翰、吴退庵，其弊亦在高亢，然品行究不卑污。如此次南坡禀中胡镛、彭汝琮等，则更有难言者。余虽不愿，而不能不给札，以此衡之，亦未宜待彼太宽而待此太褊也。大抵天下无完全无间之人才，亦无完全无隙之交情。大者得正，而小者包荒，斯可耳。

一、浙江之贼之退，一至平望，一至石门，当不足虑，余得专心治皖南之事。春霆尚未到，殊可怪也。

咸丰十年八月十二日

【译文】

沅、季两弟左右：

我于十一日接到沅弟于本月初六寄来的一封信，晚上又接到两弟于本月初八的来信，知道自己当了爷爷，真是天大的喜事。本月初七的家信还没有收到。现将应答复的事情，逐条排列如下：

一、关于进驻徽州之事，等打了胜仗再另行商谈，这个建议很对。如今池州的敌军正准备进攻东、建等地，普营的事也还没办好，我在祁门不宜轻举妄动，已经派次青赶赴徽州接管印信。

二、僧王的失败，说明沅弟去年在抚州的预言得到了应验，可见沅弟的见解确实很有道理。我现在身居要位，常蹈危机，如今又看到陆、何与僧相继战败的厄运，心中更是恐惧，怎样才能够让我免除大难呢？请你深思熟虑之后，详细地告知于我。我这样做不仅仅是为了自己的前途安危考虑，而是害怕自己的过失会使先人蒙受羞辱。

三、对癸冬我摒绝得很严格，你大可放心。对周之翰也不再亲密，有时隔三四天才会与他约见一次，如果过于疏远他，就无法使他安心了。目前绝不可让吴退庵返汉，暂且等到以后再说。文人大多自认为很了不起，不免言辞狂傲，这几乎成了文人的通病。我曾批评他口气强硬、文笔刚劲，说的就是这个意思。不过天赋高的人，若适当引导，也可变成得道之士。如罗山、璞山、希庵原本都是非常高傲的人，后来才慢慢磨炼得归于平实。

我过去也是如此，错在高傲，直到近些年来才逐渐变得平淡朴实。周之翰、吴退庵的缺点也是太过高傲，但是他们的品行终究不卑污。像这次南坡信中说的胡镛、彭汝琮等人，就更不可枉下断论了。虽然我心中也不愿如此，但却不得不下公文，用这个来平衡一下，才不至于厚此薄彼。总的来看，天下没有一点缺陷都没有的完美之人，也没有完全没有摩擦和矛盾的友谊。只要在大的方面能够做得正直，一些小瑕疵也可以包容，这样也就过得去了。

四、浙江的敌军已逐渐败退，一部分到了平望，一部分去了石门，都已经不足为虑了。这样我就可以静心治理皖南的军务了。春霆现在竟然还没有到，真有些奇怪，不知道到底怎么回事。

咸丰十年八月十二日

切忌骄矜之气、悖谬之语

不忘君，谓之忠；不失信于友，谓之义。

【原文】

沅弟左右：

初九夜接初五日一缄，初十早又接初八日巳、午刻二缄，具悉一切。

初九夜所接弟信，满纸骄矜之气，且多悖谬之语。天下之事变多矣，义理亦深矣，人情难知，天道亦难测，而吾弟为此一手遮天之辞、狂妄无稽之语，不知果何所本？恭亲王之贤，吾亦屡见之而熟闻之，然其举止轻浮，聪明太露，多谋多改。若驻京太久，圣驾远离，恐日久亦难尽惬人心。僧王所带蒙古诸部在天津、通州各仗，盖已挟全力与逆夷死战，岂尚留其有余而不肯尽力耶？皇上又岂禁制之而故令其不尽力耶？力已尽而不胜，皇上与僧邸皆浩叹而莫可如何。而弟屡次信来，皆言宜重用僧邸，不知弟接何处消息，谓僧邸见疏见轻，敝处并未闻此耗也。

分兵北援以应诏，此乃臣子必尽之分。吾辈所以忝窃虚名，为众所附者，全凭忠义二字。不忘君，谓之忠；不失信于友，谓之义。令銮舆播迁，而臣子付之不闻不问，可谓忠乎？万一京城或有疏失，热河本无银米，从驾之兵难保其不哗溃。根本倘拔，则南服如江西、两湖三省又岂能支持不败？庶民岂肯完粮？商旅岂肯抽厘？州县将士岂肯听号令？与其不入援而同归于尽，先后不过数月之间，孰若入援而以正纲常以笃忠义？纵使百无一成，而死后不自悔于九泉，不诒讥于百世。弟谓切不可听书生议论，兄所见即书生迂腐之见也。

至安庆之围不可撤，兄与希庵之意皆是如此。弟只管安庆战守事宜，外间之事不可放言高论毫无忌惮。孔子曰："多闻阙疑，慎言其余。"弟之闻本不多，而疑则全不阙，言则尤不慎。捕风捉影，扣槃扪烛，遂欲硬断天下之事。天下事果如是之易了乎？

大抵欲言兵事者，须默揣本军之人才，能坚守者几人，能陷阵者几人；欲言经济，须默揣天下之人才，可保为督抚者几人，可保为将帅者几人。试令弟开一保单，未必不窘也。弟如此骄矜，深恐援贼来扑或有疏失。此次复信，责弟甚切。嗣后弟若再有荒唐之信如初五者，兄即不复信耳。

咸丰十年九月初十日

【译文】

沅弟左右：

初九晚上接到初五寄来的一封信，初十早上又接到初八巳时、午时的两封信，从信中得悉一切。

初九晚接到的信中，字里行间满是骄矜之气，还有诸多荒谬的话。世间万事变幻莫测，义理玄奥，人情难以通晓，天道也难以预测，而你写出这样一手遮天、狂妄无稽的言辞，不知究竟是凭借什么？恭亲王的贤明，我曾多次亲眼目睹，但他平常的行为举止太过轻浮、聪明太露，虽然多谋，但却多变。如果让他在京城过久，而远离圣上，恐怕时间长了也难以让人满意。僧王所带领的蒙古诸军在天津、通州各地的战斗中，竭尽全力与洋夷拼死作战，又怎么会留有余力而不肯尽力呢？皇上又怎么会下令禁止他们死拼而有意命令他们不尽全力作战呢？只要将士们不遗余力地奋勇杀敌，即使不能取得胜利，皇上与僧王都只有仰天长叹而毫无办法。以前你多次来信都说应该重用僧王，现在不知你从哪里听到的消息，说僧王被皇上疏远，可我这里并没听说关于这方面的消息。

做臣子的应该积极地响应皇上的诏令，分兵北上救援，这是我们应尽的义务，现在我们之所以拥有虚名，为众人推崇，都要归因于我们对皇上和朝廷的忠义。不忘朝廷和皇上叫作忠，不失信于朋友叫作义。任凭圣驾远离京城，身为臣子，若不闻不问，难道还能称为忠吗？万一京城重地有什么闪失，热河本来就没有充足的银两和粮食，一旦情势危急，护驾军兵难保不会出现哗变溃散的动乱。如果大清的京师重地丧失，那么即使收复了南方的江西、两湖三省，又岂能保大清不败呢？若果真如此，百姓怎么会主动完粮纳税？商旅怎么会情愿缴纳厘金？各州县的将士又怎么肯听从命令呢？与其不北援京师，而在数月之内同归于尽，还不如挥军北上救援京师，以匡正纲常、弘扬忠义。即使最终百无一成，死后也不至于悔恨于九泉，不至于被后世非议。弟弟曾说千万不可听从书生的议论，我的见解恐怕就是书生的迂腐之见。

安庆城的围兵绝不可撤，关于此事，我与希庵的意见是一致的。你只要负责处理好安庆的战守事务，其余的事无须你肆无忌惮地乱发议论。孔圣人说过："多闻阙疑，慎言其余。"你阅历尚浅，平生的听闻本来就不够丰富，心中的疑问却是一个接着一个，以致言谈疏漏狂妄，不够谨慎。仅靠捕风捉影，扣槃扪烛，便主观武断地议论天下之事。你以为天下之事当真如此容易了解吗？

大体上讲，若要领兵打仗，对本军的人才必须心中有数，擅长坚守的是哪些人，善于冲锋陷阵的是哪些人；若要治国安邦，必须对天下的人才做到心中有数，可以保举做督抚的是哪些人，可以保举做将帅的是哪些人。现在若让你立即列出一个保举的奏单，恐怕你会感到很为难吧。像你现在这样恃才骄狂，我担心援敌前来进攻，你会有疏失。这次的回信，对你的批评和指责都很恳切。今后你若再有像类似初五那天所寄的荒唐的信来，我便不会再给你回信了。

咸丰十年九月初十日

满招损，谦受益

大约军事之败，非傲即惰，二者必居其一；巨室之败，非傲即惰，二者必居其一。

【原文】

沅弟、季弟左右：

恒营专人来，接弟各一信，并季所寄干鱼，喜慰之至。久不见此物，两弟各寄一次，从此山人足鱼矣。

沅弟以我切责之缄，痛自引咎，惧蹈危机而思自进于谨言慎行之路，能如是，是弟终身载福之道，而吾家之幸也。季弟信亦平和温雅，远胜往年傲岸气象。

吾于道光十九年十一月初二日进京散馆，十月二十八早侍祖父星冈公于阶前，请曰："此次进京，求公教训。"星冈公曰："尔的官是做不尽的，尔的才是好的，但不可傲。满招损，谦受益，尔若不傲，更好全了。"遗训不远，至今尚如耳提面命。今吾谨述此语告诫两弟，总以除傲字为第一义。唐虞之恶人曰丹朱，傲；曰象，傲；桀纣之无道，曰"强足以拒谏，辩足以饰非"，曰"谓已有天命，谓敬不足行"，皆傲也。吾自八年六月再出，即力戒惰字以儆无恒之弊，近来又力戒傲字。昨日徽州未败之前，次青心中不免有自是之见，既败之后，余益加猛省。大约军事之败，非傲即惰，二者必居其一；巨室之败，非傲即惰，二者必居其一。

余于初六日所发之折，十月初可奉谕旨。余若奉旨派出，十日即须成行。兄弟远别，未知相见何日。惟愿两弟戒此二字，并戒各后辈当守家规，则余心大慰耳。

咸丰十年九月二十四日

【译文】

沅弟、季弟左右：

恒营派专人送来两弟各一封信，还有季弟寄来的干鱼，很是高兴。很久没有见过这样的东西了，现在两位弟弟各寄一次，从此我这山人也有足够的鱼可以吃了。

沅弟接到我寄去的劝勉之信，便自我反省，引咎自责，害怕陷入危机，进而走向谨言慎行之路，沅弟能这样做，乃是终生受益之道，也是家门的幸事。季弟的信也是平和温雅，比往年的傲慢之气好多了。

道光十九年十一月二日，我当时就要进京散馆供职，十月二十八日早上，在台阶前侍陪祖父星冈公，垂首请示说："此次进京，恳求您给予教导训示。"星冈公说："你的官途无尽，才能也是好的，但不可骄傲自满。要记住'满招损，谦受益'的道理。你如果能做到不骄傲，那什么都好了。"祖父虽已去世，但遗训至今仍如耳提面命，回响不断。今天我谨以此语来告诫两位弟弟，无论何时要以戒除傲字为第一要务。唐虞有个叫丹朱的恶人，傲慢；有个叫象的，也是傲慢；桀纣无道，自以为是，说"能力强足以拒绝别人的劝谏，能言善辩，足以掩饰过错"，说"已拥有天命，敬则没必要实行"，这些都是傲的体现。自从咸丰八年六月复出以来，我一直在尽力戒惰字，以戒除自己没有恒心的毛病，近来又力戒傲字。徽州战役没有战败以前，次青心中不免有点自以为是；失败之后，我更加深入地反省。军事上的失败，傲或惰二者必居其一；大家族的衰败，也是非傲即惰，二者必居其一。

我初六所发的奏折，估计十月初可接到圣旨的批复，我如果奉圣旨调往外地，十日内就必须起程。此次兄弟远别，不知何日可以相见。只愿二弟戒除这两个字，并训诫各后辈子孙应遵守家规，那对我来说，就是最大的安慰了。

咸丰十年九月二十四日

第一章 养心之道

切忌骄傲之气

后辈子弟，全未见过艰苦模样，眼孔大，口气大，呼奴喝婢，习惯自然，骄傲之气入于膏肓而不自觉。

【原文】

沅弟、季弟左右：

朱祖贵来，接沅弟信，强中营勇回，接沅、季二信，皆二十五六日所发。自二十七日以后，弟处发信，想皆因中途有警折回矣。日内不知北岸贼情何如，至为系念。此间鲍、张初二三并未开仗，唐桂生赴祁、建交界之区，亦未见贼也。

季弟赐纪泽途费太多。余给以二百金，实不为少。余在京十四年，从未得人二百金之赠，余亦未尝以此数赠人，虽由余交游太寡，而物力艰难亦可概见。

余家后辈子弟，全未见过艰苦模样，眼孔大，口气大，呼奴喝婢，习惯自然，骄傲之气入于膏肓而不自觉，吾深以为虑。前函以傲字箴规两弟，两弟不深信，犹能自省自惕；若以傲字告诫子侄，则全然不解。盖自出世以来，只做过大，并未做过小，故一切茫然，不似两弟做过小，吃过苦也。

咸丰十年十月初四夜

【译文】

沅弟、季弟左右：

朱祖贵抵达营中，带回了沅弟的来信。强中营的士兵回来，又接到了沅弟、季弟所写的两封信，都是二十五六日发出的。自从二十七日以后，你们寄来的信都可能因路上有警又折回去了。近日不知北岸上的敌情如何，特别挂念。这里鲍春霆、张运兰军初二、初三并未开战，唐桂生去祁县、建州交界的地方，也未遭遇敌人。

　　季弟赐给纪泽的路费太多，事先我已经给了他二百两银子，已经不少了。我在京城为官十四年，从未得到别人二百两银子相赠，我也从没有赠送别人如此大的数目。这其中的原因固然是由于我交往太少，但物力财力的艰难，也由此可见一斑。

　　我家的后辈子弟，全都没有经历过艰苦贫困的生活，以致自视甚高，口气过硬，整日呼奴喝婢，最终形成习惯。最让人忧虑的是他们的骄傲之气，已经病入膏肓还未觉察到。上次我写信以"傲"字告诫你们两位兄弟，虽然你们不深信，但能反省警惕；而以"傲"字告诫子侄，他们则无动于衷。大概是他们自出生以来，只做过颐指气使的"娇儿"，从未做过低贱的事务，所以一切艰苦没有经过亲身的体会，显得很茫然，不像两位弟弟做过低贱的事务，吃过一些苦。

咸丰十年十月初四夜

骄则满，满则倾

天地间惟谦谨是载福之道，骄则满，满则倾矣。

欲去骄字，总以不轻非笑人为第一义；欲去惰字，总以不晏起为第一义。

【原文】

澄侯四弟左右：

腊底由九弟处寄到弟信并纪泽十一月十五七日等语，具悉一切。

弟于世事阅历渐深，而信中不免有一种骄气。天地间惟谦谨是载福之道，骄则满，满则倾矣。凡动口动笔，厌人之俗，嫌人之鄙，议人之短，发人之覆，皆骄也。无论所指未必果当，即使一一切当，已为天道所不许。

吾家子弟满腔骄傲之气，开口便道人短长，笑人鄙陋，均非好气象。贤弟欲戒子侄之骄，先须将自己好议人短、好发人覆之习气痛改一番，然后令后辈事事警改。

欲去骄字，总以不轻非笑人为第一义；欲去惰字，总以不晏起为第一义。弟若能谨守星冈公之八字（考、宝、早、扫、书、蔬、鱼、猪），三不信（不信僧巫、不信医药、不信地仙），又谨记愚兄之去骄去惰，则家中子弟日趋于恭谨而不自觉矣。

此间军事如常。左、鲍二军在鄱阳、建德交界之区尚未开仗，贼数太多，未知能否得手？祁门、黟县、渔亭等处尚属平安。余身体无恙，惟齿痛耳。顺问近好。

兄国藩手草
咸丰十一年正月初四日

【译文】

澄侯四弟左右：

十二月底收到从九弟处寄来的你的信，还有纪泽十一月十五、十七日等话语，知道了一切。

弟弟对于世事阅历的认识逐渐加深了，但信里不免有一种骄气。天地之间，只有谦虚谨慎才是得到幸福的方法，一骄傲就满足，一满足就倾倒。凡属动口动笔的事，讨厌人家太俗气，嫌弃人家太鄙陋，议论人家的短处，指斥人家的失败，都是骄傲。不管所指所议是否正当，就是正当切中要害，也是天道所不许可的。

我家的子弟，满腔的骄傲习气，开口便说人家短长，讥笑别人这个鄙俗那个粗陋，这不是好现象。你要告诫子弟除去骄傲，先要把自己喜欢议论人家的短处，讥讽人家的失败的习气，彻底改正过来，这样才可叫子弟们事事处处警惕改正。

想去掉"骄"字，以随时随地不轻易非难讥笑别人为第一要义；想要去掉"惰"字，以起早为第一要义。你要是能够谨慎遵守星冈公的"八字诀"（考、宝、早、扫、书、蔬、鱼、猪）和"三不信"（不信僧巫、不信医药、不信地仙），又注意记住我说的去骄去惰，那么，家中的子弟便会不知不觉一天比一天近于恭敬、谨慎了。

这段时间的军事状况一如往常，左、鲍二军在鄱阳和建德的交界处还没有发动战事，因为敌军的数量过多，所以没有得手的把握。祁门、黟县、渔亭这些地方依然平静无事。我的身体没有问题，只是间或牙齿痛而已。顺问近好。

兄国藩手书
咸丰十一年正月初四日

不宜非议讥笑他人

凡畏人，不敢妄议论者，谦谨者也，凡好讥评人短者，骄傲者也。戒骄字，以不轻非笑人为第一义；戒惰字，以不晏起为第一义。

【原文】

澄侯四弟左右：

二月初一日唐长山等来，接正月十四日弟发之信，在近日可谓极快者。

弟言家中子弟无不谦者，此却未然，余观弟近日心中即甚骄傲。凡畏人，不敢妄议论者，谦谨者也；凡好讥评人短者，骄傲者也。弟于营中之人，如季高、次青、作梅、树堂诸君子，弟皆有信来讥评其短，且有讥至两次三次者。营中与弟生疏之人，尚且讥评，则乡间之与弟熟识者，更鄙睨嘲斥可知矣。弟尚如此，则诸子侄之藐视一切，信口雌黄可知矣。

谚云："富家子弟多骄，贵家子弟多傲。"非必锦衣玉食，动手打人，而后谓之骄傲也，但使志得意满，毫无畏忌，开口议人短长，即是极骄极傲耳。余正月初四信中言戒骄字，以不轻非笑人为第一义；戒惰字，以不晏起为第一义。望弟弟常猛省，并戒子侄也。

此间鲍军于正月二十六大获胜仗，去年建德大股全行退出，风波三月，至此悉平矣。余身体平安，无劳系念。

咸丰十一年二月初四日

【译文】

澄侯四弟左右：

二月初一这天唐长山等人到来，收到了正月十四日弟弟寄出的信，在近些日子到达的信件中，速度也算是很快的了。

弟弟说家里子弟没有一个不谦和的，我看事实并非如此，我观察弟弟近日就开始心生傲气了。凡是敬畏别人、不敢对人妄加评论的，都是恭谨谦和的人；凡是喜欢讥笑评论他人短处的，都是骄傲的人。对于营中的人，如季高、次青、作梅、树堂诸位君子，弟弟都在来信中讥笑评论了他们短处，而且有两三次之多。对于营中与你比较生疏的人，你都要毫不留情地讥笑评论，那乡里间与你熟悉认识的人，你对他们的睥睨和斥责，更是可想而知了。弟弟尚且如此，那其余的子侄们目中无人、藐视一切、信口雌黄的行径想必并不在少数。

谚语说："富家子弟多骄，贵家子弟多傲。"并非只有锦衣玉食、动人打人，才称得上是骄傲，其实言语间流露出的意得志满、毫无顾忌，开口闭口议人短长，这就是极骄傲的体现。我正月初四的信中说戒除"骄"字，就是以不轻易非议嘲笑人为第一要义；戒除"惰"字，就是以不晚起为第一要义。望弟弟常以这两点来反省自己，并时时告诫子侄们谨守。

此间鲍军于正月二十六日大获全胜，去年建德大股敌军全部退出，三个月的风波，至此终于全部平息了。我近来身体无恙，健康平安，无须挂念。

咸丰十一年二月初四日

傲为凶德，惰为衰气

傲为凶德，惰为衰气，二者皆败家之道。

【原文】

澄侯四弟左右：

十三日刘德四、王厚一来，接弟信并纪泽儿信，具悉家中五宅平安。弟以捐事赴娄底一带，尚未集事否？

此间军事，四眼狗纠同五伪王救援安庆，其打先锋者十二已至集贤关。九弟屡信皆言坚守后壕，可保无虞。但能坚持十日半月之久，城中粮米必难再支，可期克复矣。徽州六属俱平安，欠饷多者（凯）七个月，少者（左、朱、唐、沅、鲍）四五六月不等，幸军心尚未涣散。江西省城戒严。附近二三十里处处皆贼。余派鲍军往救，十一二应可到省。湖北之南岸已无一贼，北岸德安、随州等处有金、刘与成大吉三军，必可日有起色。

余癣疾未痊，日来天气亢燥，甚以为苦。幸公事勉强能了，近日无积搁之弊。总督关防、盐政印信于初四日到营，余即于初六日开用。

家中雇长沙园丁已到否？菜蔬茂盛否？诸子侄无傲气否？傲为凶德，惰为衰气，二者皆败家之道。戒惰莫如早起，戒傲莫如多走路、少坐轿，望弟时时留心儆戒。如闻我有傲惰之处，亦写信来规劝。即问近好。

国藩手草

咸丰十一年七月十四日

【译文】

澄侯四弟左右：

　　十三日刘德四、王厚一到了我这里，收到了弟弟和纪泽儿写的信，得知家中五宅平安。弟弟赴娄底一带进行筹捐一事，不知结果如何，是否已开始筹集？

　　下面我简单地介绍一下这里的军事状况。"四眼狗"（指李秀成）纠集五个伪王救援安庆，其前锋已于十二日到达集贤关。九弟几次来信都说坚守原来的壕沟，可以保证没有事。但能坚守十天半个月之久，城中粮食就一定难以支持，攻克安庆便有很大的希望。徽州六个属县都很平安，欠饷多的（凯军）七个月，欠饷少的（左、朱、唐、沅、鲍）四五六个月不等，幸而军心尚未涣散。江西省城戒严，附近二三十里，处处是敌人。我派鲍军去救。湖北南岸，已没有一个敌人。北岸德安、随州等处，有金、刘与成大吉三军，一定可以一天天有起色。

　　我的癣疾还没有好，近来天气极其干燥，很不好受。幸亏公事勉强可以处理，没有积压的公文。总督关防、盐政印信于初四到达营中，我打算初六那天开始启用。

　　家中雇佣的长沙园丁不知是否已经到达家中？菜蔬的长势还好吗？各位子侄是否还有傲气？傲是凶德，惰为衰败气象，这两个东西都是败家之道。戒掉懒惰最好是早起，戒掉傲气最好是多走路、少坐轿，希望弟弟时刻留心训诫子侄。如果听到别人议论我也有傲惰之处，务必要写信规劝。即问近好。

国藩手书
咸丰十一年七月十四日

拼命报国，侧身修行

惟当同心努力，仍就"拼命报国，侧身修行"八字上切实做去。

【原文】

沅弟左右：

十七日钦奉谕旨，兄拜协办大学士之命，弟拜浙江按察使之命。一门之内，迭被殊恩，无功无能，忝窃至此，惭悚何极！惟当同心努力，仍就"拼命报国，侧身修行"八字上切实做去。前奉旨赏头品顶戴，尚未谢恩，此次一并具折叩谢。

到省后，或将新营交杏南等带来，而弟坐轻舟先行，兼程赴营，筹商一切，俾少荃得以速赴上海，至要至要。少荃现有四千五百人，望弟再拨一二营与之，便可独当一路。渠所部淮扬水师，余嘱其留两营在上游归弟调遣。弟将来若另造炮船，自增水师，此二营仍退还黄、李，弟自有水师两营。其余大处仍请杨、彭协同防剿，庶几分可合，不伤和气。

同治元年正月十八日

【译文】

沅弟左右：

我十七日接到谕旨，得知自己被任命为协办大学士，弟弟被任命为浙江按察使。一家之内，接连受到朝廷特殊的恩宠，何德何能，竟能占据如此高位，心中实在有愧，惶恐不安！我们应当同心努力，继续在"拼命报国，侧身修行"八个字上切切实实地去做。不久前奉旨赏头品顶戴，还没有谢恩，这次一并写奏折叩谢吧。

你抵达省城后，可以将新营交给杏南等人带领前来，你要只身坐轻舟提前来，最好是日夜兼程来营，以便来营后筹商一切，这样少荃也可以迅速赶赴上海，此事至关重要！少荃手下现有四千五百人，希望弟弟再另外调配一两个营由他统领，那样他就可以独当一面。他所率领的淮扬水师，我已嘱咐他留下两个营在上游由弟弟调遣。弟弟将来如果另造炮船，自己增设水师，这两个营就仍退还给黄、李，弟弟自己有两个营的水师。其他地方的防守和清剿仍命杨、彭协同作战，也许可分可合，不会伤了和气。

同治元年正月十八日

人生唯有常是第一美德

人生惟有常是第一美德。

可见年无分老少,事无分难易,但行之有恒,自如种树畜养,日见其大而不觉耳。

【原文】

字谕纪泽儿:

连接尔十四、二十二日在省城所发禀,知二女在陈家,门庭雍睦,衣食有资,不胜欣慰。

尔累月奔驰酬应,犹能不失常课,当可日进无已。人生惟有常是第一美德,余早年于作字一道,亦尝苦思力索,终无所成。近日朝朝摹写,久不间断,遂觉月异而岁不同。可见年无分老少,事无分难易,但行之有恒,自如种树畜养,日见其大而不觉耳。

尔之短处在言语欠钝讷,举止欠端重,看书能深入而作文不能峥嵘。若能从此三事上下一番苦功,进之以猛,持之以恒,不过一二年,自尔精进而不觉。言语迟钝,举止端重,则德进矣;作文有峥嵘雄快之气,则业进矣。尔前作诗,差有端绪,近亦常作否?李、杜、韩、苏四家之七古,惊心动魄,曾涉猎及之否?

此间军事,近日极得手。鲍军连克青阳、石埭、太平、泾县四城。沅叔连克巢县、和州、含山三城暨铜城闸、雍家镇、裕溪口、西梁山四隘。满叔连克繁昌、南陵二城暨鲁港一隘。现仍稳慎图之,不敢骄矜。

余近日疮癣大发,与去年九十月相等。公事丛集,竟日忙冗,尚多积搁之件。所幸饮食如常,每夜安眠或二更三更之久,不似往昔彻夜不寐,家中可以放心。此信并呈澄叔一阅，不另致也。

涤生手示

同治元年四月初四日

【译文】

字谕纪泽儿：

　　最近连续收到了你于十四日、二十二日在省城发出的信，信中说二女儿嫁入陈家之后，全家和睦，衣食无忧，心中备感欣慰。

　　连日来你都忙于奔走应酬，不过功课也没有一时的懈怠，想来每天都会有所进步。人生中只有"常"是第一美德。对于习字之道，早年我也曾经冥思苦想，但最终还是一无所成。直到今年来，我日日不断地摹写，从未间断，渐渐感到日新月异，年年都有新的进步和体悟。可见，无论年龄的老少、事情的难易，只要能够持之以恒，自然就像种树和畜养牲畜一样，每天都见其长大，却没有察觉出来。

　　你的缺点在于说话欠稳重，举止欠端庄，能深入进去研究文章，但却写不出好的文章来。如果能从这三件事上下一番苦功夫，锐意进取、持之以恒，那么不过一两年，即使自己不易察觉，事实上自然也会有重大的进步。言语稳重，举止端庄，德行自然也就显得高尚；一旦所作文章有了峥嵘雄快之气，你的学业也就跟着上进了。你前些日子写的诗，已经有些头绪了，近来还时常写诗吗？李、杜、韩、苏四家的七言古诗，其惊心动魄之处，你是否已经有所领略了呢？

　　近日的军事状况都在掌控之中，很是顺利。鲍军连续攻克青阳、石埭、太平、泾县四座城池。你沅叔连续攻克巢县、和州、含山三个城池及铜城闸、雍家镇、裕溪口、西梁山四个要塞。你满叔连克繁昌、南陵两城及鲁港要塞。目前我们仍在慎重地制订稳妥的军事计划，对敌军不敢有丝毫的松懈，不敢骄傲。

　　近日我的疥癣又再次发作，而且病情非常严重，与去年九十月的程度无异。公事丛集，即使整日繁忙不堪，仍积搁了许多公事。所幸饮食还比较正常，每天夜里可安睡到二更或三更，不像过去那样彻夜难以入睡，家中亲人尽可以放心。这封信你呈给澄叔看看，不另给他写了。

父涤生手示

同治元年四月初四日

刚柔互用，不可偏废

趋事赴公，则当强矫，争名逐利，则当谦退；开创家业，则当强矫，守成安乐，则当谦退。出与人物应接，则当强矫；入与妻孥享受，则当谦退。

【原文】

沅、季弟左右：

沅于人概天概之说，不甚厝意，而言及势利之天下，强凌弱之天下。此岂自今日始哉？盖从古以然矣。

从古帝王将相，无人不由自立自强做出，即为圣贤者，亦各有自立自强之道，故能独立不惧，确乎不拔。昔余往年在京，好与诸有大名大位者为仇，亦未始无挺然特立、不畏强御之意。近来见得天地之道，刚柔互用，不可偏废，太柔则靡，太刚则折。刚非暴虐之谓也，强矫而已；柔非卑弱之谓也，谦退而已。

趋事赴公，则当强矫；争名逐利，则当谦退。开创家业，则当强矫；守成安乐，则当谦退。出与人物应接，则当强矫；入与妻孥享受，则当谦退。若一面建功立业，外享大名，一面求田问舍，内图厚实，二者皆有盈满之象，全无谦退之意，则断不能久。此余所深信，而弟宜默默体验者也。

同治元年五月二十八日

【译文】

沅、季弟左右：

沅弟对于人刮平、天刮平的说法，不以为然，而说"势利的天下，强凌弱的天下"，这难道从今天才开始的吗？自古以来就是这样。

　　古时的帝王将相，无一不是从自强自立中成长起来的，就是圣贤也各有自立自强的方法。所以他们能够独立、不惊慌、不害怕，坚强得不可动摇。我过去在京城时，喜欢与有声名、有地位的人作对，也并不是没有挺然自立、不畏强暴的意思。近来看到天地的规律是刚柔互用的，两个都不能偏废，太柔就会烂垮，太刚就会折断。刚不是暴虐，是坚强；柔不是低下软弱，是谦逊退让。

　　办公事、赴公差，要强矫；争名逐利的事，要谦逊退让。开创家业，要强矫；守成享乐时要谦逊退让。出外与别人应酬接触，要强矫；回到家里和妻儿享受时，要谦逊退让。若一边建功立业，声名远扬；一边置田建屋，贪图舒适，这两种情况都有盈满的迹象，没有一点谦退的意思，那么肯定不会长久。这是我深信不疑的，两位弟弟最好能默默地去体验。

同治元年五月二十八日

豁达光明，才有恬淡冲融

系处功利场中，宜刻刻勤劳，如农之力穑，如贾之趋利，如篙工之上滩，早作夜思，以求有济。

【原文】

沅弟左右：

二十三日张成旺归，接十八日来缄，旋又接十九日专人一缄，具悉一切。

弟读邵子诗，领得恬淡冲融之趣，此是襟怀长进处。自古圣贤豪杰、文人才士，其志事不同，而其豁达光明之胸大略相同。以诗言之，必先有豁达光明之识，而后有恬淡冲融之趣。如李白、韩退之、杜牧之则豁达处多，陶渊明、孟浩然、白香山则冲淡处多。杜、苏二公无美不备，而杜之五律最冲淡，苏之七古最豁达。邵尧夫虽非诗之正宗，而豁达、冲淡二者兼全。吾好读《庄子》，以其豁达足益人胸襟也。去年所讲"生而美者，若知之，若不知之；若闻之，若不闻之"一段，最为豁达。推之即舜禹之有天下而不与，亦同此襟怀也。

吾辈现办军务，系处功利场中，宜刻刻勤劳，如农之力穑，如贾之趋利，如篙工之上滩，早作夜思，以求有济。而治事之外，此中却须有一段豁达冲融气象，二者并进，则勤劳而以恬淡出之，最有意味。余所以令刻"劳谦君子"印章与弟者，此也。

无为之贼十九日围扑庐江后，未得信息。捻匪于十八日陷宿松后，闻二十一日至青草塥。庐江吴长庆、桐城周厚斋均无信来，想正在危急之际。成武臣亦无信来。春霆二十一日尚在泥汊，顷批令速援庐江。祁门亦无信来，不知若何危险。少荃已克复太仓州，若再克昆山，则苏州可图矣。吾但能保沿江最要之城隘，则大局必日振也。顺问近好。

国藩手草

同治二年三月二十四日

【译文】

沅弟左右：

二十三日张成旺回来了，接到十八日的来信，然后又收到十九日派专人送来的信，已获悉信中一切情况。

弟弟读邵子的诗，领悟了恬淡、冲融的旨趣，这是你襟怀有了长进。自古以来的圣贤豪杰、文人才士，他们的志向和事业虽不相同，但他们通达光明的胸怀却是大致相同的。拿诗来说，就一定要先有通达光明的认识，才会有恬淡、冲融的旨趣。如李白、韩愈、杜牧的诗通达的韵味多；陶渊明、孟浩然、白香山的诗恬淡的韵味多。杜、苏二公，可以说无美不备。可是，杜的五言律诗最恬淡，苏的七言古诗最通达。邵尧夫虽然不是诗的正宗，但是他的诗通达恬淡兼有。我喜欢读《庄子》，就是因为写得豁达，能开阔人的胸襟。去年你讲的"生而美者，若知之，若不知之；若闻之，若不闻之"这一段最为通达。推而广之，舜、禹拥有天下却像没有一样，也是这种襟怀。

我们现在都在办理军务，身处功利场中，最好每时每刻都要勤劳，就像农民勤劳种地，商人勤劳谋利，又像船工撑船上滩一样卖力，没日没夜，就为谋求一个好结果。在治理事务的时候，需要有一种豁达、冲融的气质，让两者并进。这样才能从恬淡中看到勤劳是最有意味的。我所以要刻一方"劳谦君子"的印章给你，就是这个意思。

无为的敌人十九日围攻庐江后，到现在还没有任何消息。十八日，捻军攻陷宿松后，听说已经于二十一日到了青草塌。庐江吴长庆、桐城周厚斋至今仍没有来信，估计正处危急之中。成武臣也没有信来。春霆二十一日还在泥汊，我马上命令他火速前往庐江增援。祁门也不见来信，不知到底有多大的危险。少荃已经克复太仓州，如果再攻克昆山，那么就可以考虑去攻打苏州。我只要能保住沿江最重要的城市和关隘，大局一定会一天天好起来。顺问近好。

国藩手书

同治二年三月二十四日

只问积劳，不问成名

吾兄弟但在积劳二字上着力，成名二字则不必问及，享福二字则更不必问矣。

一曰天怀淡定，莫求速效；二曰谨防援贼、城贼内外猛扑，稳慎御之！

【原文】

沅弟左右：

接初四、初六日两次来信，知初五夜地道轰陷贼城十余丈，被该逆抢堵，我军伤亡三百余人，此盖意中之事。城内多百战之寇，阅历极多，岂有不能抢堵缺口之理？苏州先复，金陵尚遥遥无期，弟切不必焦急。

古来大战争，大事业，人谋仅占十分之三，天意恒居十分之七。往往积劳之人非即成名之人，成名之人非即享福之人。此次军务，如克复武汉九江、安庆，积劳者即是成名之人，在天意已算十分公道，然而不可恃也。吾兄弟但在积劳二字上着力，成名二字则不必问及，享福二字则更不必问矣。

厚庵坚请回籍养亲侍疾，只得允准，已于今日代奏。苗逆于二十六夜擒斩，其党悉行投诚。凡寿州、正阳、颍上、下蔡等城一律收复，长、淮指日肃清，真堪庆幸！

弟近日身体健否？吾所嘱者二端：一曰天怀淡定，莫求速效；二曰谨防援贼、城贼内外猛扑，稳慎御之！

同治二年十一月十二日

【译文】

沅弟左右：

　　接到你初四、初六两次寄来的信，得知初五夜晚我军用地道轰陷敌城十余丈，但被敌人抢先堵塞，以致我军伤亡三百多人，这是意料之中的事情。城里的敌人都身经百战，阅历丰富，岂有不去抢堵缺口的道理？苏州已经被攻克，只是攻克金陵的日子还遥遥无期，不过弟弟切不可过于焦急。

　　古来大战争、大事业，人的谋划只占十分之三，天意占十分之七，往往劳累日久的人不是成名的人，成名的人却又不是享福的人。这次军务，如克复武汉、九江、安庆，积劳的人就是成名的人，就天意而论，已经算是十分公道的了，但是却不能单纯地倚仗天意。我们兄弟在积劳二字上下功夫，"成名"两个字不必问及，至于"享福"二字，更不必去问及。

　　厚庵坚决要求回家养亲侍疾，我只好答应，并且今天已经代他奏告朝廷。苗逆已在二十六日晚被擒斩首，他的党徒全部投降。寿州、正阳、颍上、下蔡诸城，一律收复，长、淮也在日内可以肃清，真值得庆幸！

　　弟弟近日身体好吗？我要嘱咐的是两条：一是胸怀淡定，不要贪图速成；二是谨防援敌，避免城内外敌人一起猛扑，要稳妥慎重地加以防御！

同治二年十一月十二日

慎独、主敬、求仁、习劳

慎独则心安。主敬则身强。求仁则人悦。习劳则神钦。

【原文】

纪泽纪鸿书：

一曰慎独则心安。

自修之道莫难于养心。心既知有善，知有恶，而不能实用其力，以为善去恶，则谓之自欺。方寸之自欺与否，盖他人所不及知，而己独知之，故《大学》之《诚意》章两言慎独。果能"好善如好好色，恶恶如恶恶臭"，力去人欲，以存天理，则《大学》之所谓"自谦"，《中庸》之所谓"戒慎恐惧"，皆能切实行之。即曾子之所谓"自反而缩"，孟子之所谓"仰不愧，俯不怍"，所谓"养心莫善于寡欲"，皆不外乎是。

故能慎独，则内省不疚，可以对天地，质鬼神，断无"行有不慊于心则馁"之时，人无一内愧之事，则天君泰然，此心常快足宽平，是人生第一自强之道，第一寻乐之方，守身之先务也。

二曰主敬则身强。

敬之一字，孔门持以教人，春秋士大夫亦常言之，至程朱则千言万语不离此旨。内而专静纯一，外而整齐严肃，敬之工夫也；出门如见大宾，使民如承大祭，敬之气象也；修己以安百姓，笃恭而天下平，敬之效验也。程子谓上下一于恭敬，则天地自位，万物自育，气无不和，四灵毕至。聪明睿智，皆由此出，以此事天飨帝。盖谓敬则无美不备也。吾谓敬字切近之效，尤在能固人肌肤之会、筋骸之束。庄敬日强，安肆日偷，皆自然之征应。虽有衰年病躯，一遇坛庙祭献之时，战阵危急之际，亦不觉神为之悚，气为之振，斯足知敬能使人身强矣。若人无众寡，事无大小，一一恭敬，不能懈慢，则身体之强健，又何疑乎？

三曰求仁则人悦。

凡人之生，皆得天地之理以成性，得天地之气以成形，我与民物，其大本乃同出一源。若但知私己而不知仁民爱物，是于大本一源之道，已悖而失之矣。至于尊官厚禄，高居人上，则有拯民溺、救民饥之责。读书学古，粗知大义，即有觉后知、觉后觉之责。若但知自了，而不知教养庶民，是于天之所以厚我者，辜负甚大矣。

孔门教人，莫大于求仁，而其最切者，莫要于"欲立立人""欲达达人"数语。立者，自立不惧，发富人百物有余，不假外求；达者，四达不悖，如贵人登高一呼，群山四应。人孰不欲己立己达，若能推以立人达人，则与物同春矣。后世论求仁者，莫精于张子之《西铭》。彼其视民胞物与，宏济群伦，皆事天者性分当然之事。必如此乃可谓之人，不如此，则曰悖德，曰贼。诚如其说，则虽尽立天下之人，尽达天下之人，而曾无善劳之足言，人有不悦而归之者乎？

四曰习劳则神钦。

凡人之情，莫不好逸而恶劳，无论贵贱智愚老少，皆贪于逸而惮于劳，古今之所同也。人一日所着之衣，所进之食，与一日所行之事、所用之力相称，则旁人韪之，鬼神许之，以为彼自食其力也。若农夫织妇终岁勤动，以成数石之粟数尺之布，而富贵之家，终岁逸乐，不营一业，而食必珍馐，衣必锦绣，酣豢高眠，一呼百诺，此天下最不平之事，鬼神所不许也，其能久乎？古之圣君贤相，若汤之昧旦丕显，文王日昃不遑，周公夜以继日，坐以待旦，盖无时不以勤劳自励。《无逸》一篇，推之于勤则寿考，逸则夭亡，历历不爽。为一身计，则必操习技艺，磨炼筋骨，困知勉行，操心危虑，而后可以增智慧而长才识。为天下计，则必己饥己溺，一夫不获，引为余辜。大禹之周乘四载，过门不入，墨子之摩顶放踵，以利天下，皆极俭以奉身，而极勤以救民。故荀子好称大禹、墨翟之行，以其勤劳也。军兴以来，每见人有一材一技，能耐艰苦者，无不见用于人，见称于时。其绝无材技，不惯作劳者，皆唾弃于时，饥冻就毙。故勤则寿，逸则夭；勤则有材而见用，逸则无能而见弃；勤则博济斯民，而神祇钦仰，逸则无补于人，而神鬼不歆。是以君子欲为人神所凭依，莫大于习劳也。

余衰年多病，目疾日深，万难挽回，汝及诸侄辈身体强壮者少，古之君子修己治家，必能心安身强，而后有振兴之象，必使人悦神钦，而后有骈集之祥。今书此四条，老年用自儆惕，以补昔岁之愆；并令二子各自勖勉，每夜以此四条相课，每月终以此四条相稽。仍寄诸侄共守，以期有成焉。

同治十年金陵节署中日记

【译文】

纪泽纪鸿书：

第一点是要慎独，慎独心里自然就会安心平静。

提升自我修养的方法，最难的莫过于养心了。虽然心里知道有善有恶，却不能尽自己的力量去行善除恶，这样的做法就是自欺。是否自欺，别人无从知晓，只有自己心里明白。所以《大学》的"诚意"一章，两次说到慎独的重要。若真的能够做到喜好善如同喜好美色，厌恶恶事就像厌恶恶臭一样，尽力去掉人欲而存天理，那么《大学》中所说的自觉满足而心安理得，《中庸》所说的戒除恐惧的境界，就都能够实现了。这就是曾子所说的自我反省而收敛，孟子所说的上无愧于老天，下无愧于内心。所谓养心，没有比清心寡欲更高的境界了。以上所说的各种境界都是这个道理。

所以，若能慎独，那么自我反省时便不会有自满自足之感，可以无愧于天地鬼神，绝不会有行为不合心意而导致不安。如果一个人没有做过感到愧疚的事，那他面对天地时，自然是神色泰然、镇定自若，这样的心就会是快乐、满足、宽厚、平和的，这就是人生自强的首要之道，也是寻乐的最好方法，更是守身的第一件要事。

第二是要求敬，敬身体自然愈加强健。

"敬"这个字，孔门圣人靠它来教育后人，春秋的大夫也经常提及此字，到了程颐、朱熹的千言万语，都离不开"敬"这个主旨。保持内心的专一纯静、外貌的整齐严肃，这是达到敬所要做的必要的功夫；每次出门都像要去会见贵宾，即使是役使百姓也像举行大祭祀一样庄重，这是敬的气象；自我修养以安天下百姓，忠实恭顺而使天下太平，这是敬的效验。程颐说，若上下致力于恭敬，那么天地就自然运行有序，万物就会发育成长，气数和谐有致，四灵一齐到来，聪明睿智自会产生，以此敬事上天，使天子感到满意。所以说敬则一切美事都会齐备。我认为敬字最贴近我们的功用，尤其在于能使人肌肤筋骨得到锻炼。庄重端敬则日益强健，安逸放纵则日渐怠惰，这都是自然而然的事情。即使年老体弱之人，一旦参加了坛庙祭祀之事，或在战场上遇到危急时刻，也会在不自觉间变得精神抖擞、意气风发，这些足以说明敬能强身健体。若不论多少人，不论大小事，我们都以恭敬之心相待，无懈怠之心，那么身体必然强健，还有什么值得怀疑的呢？

第三是要求仁，求仁自然可使人喜悦。

大凡人的出生，都得到天地之理，以成各自的心性，得天地之气而成形体，所以我与众民、万物一样，从根本上说是同出一源。如果只知道求一己的私利，而不知道对百姓宽仁，爱护万物，这等于是违逆了同出本源的道理。至于做大官，享受优厚的俸禄，高居于百姓之上，就有拯救人民于水火、饥饿之中的责任。读书学习，效仿古人，自然对大义有了大致粗浅的认识，就有使后知后觉的人觉悟起来的责任。如果只是自己知晓，而不知要教化百姓，这就大大辜负了天地厚待我的本心。

孔门教人，最重要的就是教育人们要追求仁，而其中最为切要的，就是"欲立立人""欲达达人"几句话。已经成就事业的人，对自己能否成功不用担心，如同富人原本就很富裕，并不需要去向别人借；已显达的人，继续显达的途径很多，好比是身份尊贵的人，登高一呼，四面响应的人就很多。有谁会不愿意自立自达？如果能推而广之到使人立、使人达，那就可以与万物媲美共辉了。后代论求仁的文章，要数张载的《西铭》最为精辟。他认为推仁于百姓与世间万物，广济天下苍生，都是敬事上天的人理所应当做的事。只有这样做，才能称为人；不这样做，就是违背了做人的准则，只能算贼。如果人们真的如张载所说的那样，那么使天下的人都能成就事业，都能够显达，自己却任劳任怨，天下还有谁能不心悦诚服地拥戴他呢？

第四要说的是务必做到习惯于劳苦，劳则鬼神都会敬重。

世人的性情，都是好逸恶劳的。无论贵贱、智愚、老少，大多贪图安逸，逃避劳苦，古今都是如此。如果一个人每天的穿衣饮食与他所做的事所出的力相称，那么别人就会敬重他，连鬼神也会加以赞许，认为他是自食其力的人。农夫、织妇终年勤勤恳恳，收获几石粟粮，织成几尺家布，但富贵之家从不亲力亲为，终年只知安逸享乐，而食必佳肴美味，穿必绫罗绸缎，高枕而卧，一呼百应，这是天下最不公平的事，鬼神也不会称许，这样的情况又如何能长久呢？古代的圣君贤相时刻以勤劳自勉，如商汤，天还没亮就开始操劳，整日不闲；如文王，太阳偏西，还不见有一刻闲暇；如周公，更是夜以继日、通宵达旦。《天逸》一篇，推论到勤劳就可增寿，安逸则早亡，此规律屡试不爽。若要为自身的一生打算，就一定要练习技艺，磨炼筋骨，在困境中奋勉前行，操心竭虑，之后才能增智慧、长才识。若为天下着想，一定要做到忘我，即使自己饥渴、自己身落水中，也要先想着拯救别人，若有一人未获得救护，也要当作自己的罪恶。大禹治水四年，过家门而不入；墨子为了推行兼爱，身心俱是损伤，以使天下得利，都是严于律己，奉献自身，只想着勤劳地助救百姓的，所以荀子会对大禹、墨翟的行为赞不绝口，原因就是他们的勤勉。自从军队兴建以来，凡有人身怀一才一技，又能耐艰苦，没有不被别人重用，也没有不受到时人称颂的。而那些既无才能技艺，又不习惯勤劳的，都被时人所唾弃，最终的下场大多是挨饿受冻而死。所以勤劳使人长寿，安逸使人早亡；勤劳有才华而被人举用，安逸无能而被人唾弃；勤劳则能够广济百姓，神灵敬仰，安逸则于人无益，鬼神也不会庇佑。因此君子如果要担起人神所赋予的重任，勤奋劳作应该是第一要事。

我老年多病，眼病也日益严重，无法再挽回了。各位子侄的身体都不是很强壮，古代的君子修身治家，一定要先使自己身体强壮，而后才有振兴的能力，一定要使别人高兴，鬼神敬重，然后才会出现吉祥之兆。今天写下了这四条，一方面是我年老时用来自我激励，并尽量弥补以往的过失，同时也要勉励两个儿子每夜用这四条作为功课答问，每个月底都用这四条来相互检验，并将此文重复寄给各侄子，以期望他们都能有所成就。

同治十年金陵节署中日记

不贪财、不失信、不自是

总之不贪财、不失信、不自是，有此三者，自然鬼服神钦，到处人皆敬重。

危行言孙，蠖屈存身。

【原文】

澄侯、子植、季洪三弟左右：

五月二十四发第八号家信，由任梅谱手寄去。高丽参二两、回生丸一颗、眼药数种、膏药四百余张，并白菜、大茄种，用大木匣（即去年寄镜来京之匣）盛好寄回，不知已收到否？六月十六日接到家信，系澄侯五月初七在县城所发，具悉一切。

月内京寓大小平安。余癣疾上身已好，惟腿上未愈。六弟在家已一月，诸事如常。内人及儿女辈皆好。郭雨三之大女许配黄莆卿之次子，系余作伐柯人，亦因其次女欲许余次女故，并将大女嫁湖南。此婚事似不可辞，不知堂上大人之意如何？

澄侯在县和八都官司，忠信见孚于众人，可喜之至。朱岚轩之事，弟虽二十分出力，尚未将银全数取回。渠若以钱来谢，吾弟宜斟酌行之，或受或不受，或辞多受少，总以不好利为主。此后近而乡党，远而县城省城，皆靠澄弟一人与人相酬酢。总之不贪财、不失信、不自是，有此三者，自然鬼服神钦，到处人皆敬重。此刻初出茅庐，尤宜慎之又慎。若三者有一，则不为人所与矣。

李东崖先生来信要达天听，余置之不论，其诰轴，则杜兰溪即日可交李笔峰。刘东屏先生常屈身讼庭，究为不美。澄弟若见之，道余寄语，劝其"危行言孙，蠖屈存身"八字而已。

墓石之地，其田野颇开爽（若过墓石而至胡起三所居一带尤宽敞），余喜其扩荡眼界，可即并田买之，要钱可写信来京。凡局面不开展、眼鼻攒集之地，我皆不喜，可以此意告尧阶也。

何子贞于六月十二丧妻，今年渠家已丧三人，家运可谓乖舛。

季弟考试万一不得，亦不必牢骚。盖余既忝窃侥幸，九弟去年已进，若今年又得，是极盛，则有盈满之惧，亦可畏也。

同乡诸家，一切如常。凌荻舟近已移居胡光伯家，不住我家矣。书不一一，余俟续具。

兄国藩手草
道光二十八年六月十七日

【译文】

澄侯、子植、季洪三弟左右：

五月二十四日发出第八封家信，是通过任梅谱之手寄去的。二两高丽参、一颗回生丸、几种眼药、四百多张膏药，还有白菜种、大茄种，用大木匣（就是去年寄镜到京的匣子）装好寄回，不知是不是已经收到？六月十六接到家信，是澄侯五月七日在县城发出的，一切已经知道。

本月京城家里大小平安。我的癣病上半身已经好了，只有腿上没有痊愈。六弟在家中已经一个月，诸事如常。内人和儿女们都好。郭雨三的大女儿许配给了黄莘卿的次子，是我当的媒人，也是因为他的二女儿要许配给我二儿的原因，一同把大女儿嫁给湖南人。这婚事好像不能推辞，不知道堂上大人的意见是怎样的？

澄侯在县和八都官司，忠信能让众人信服，十分可喜。朱岚轩的事情，弟虽然出了二十分的力，还是没有把银子全部取回。他如果用银钱来感谢，我弟要斟酌着办，要么接受要么不接受；要么推辞多的接受少的，总是要以不好利为原则。此后近到乡党远到县城省城，都靠澄弟一个人的应酬。总之不贪财、不失信、不自是，有这三样，自然神鬼钦服，到处都受人敬重。你这时初出茅庐，更要慎之又慎。如果三样有一样，那就不被人信任了。

李东崖先生来信，有事想通过我禀奏皇上，我置之不理。他的诰封卷轴，杜兰溪今天可交给李笔峰。刘东屏先生经常委屈自己到公堂上去，卷入讼事，终究不是好事。澄弟如果见到他，转述我嘱托的话，劝他"危行言孙，蠖屈存身"八个字而已。

墓石之地，那一带田野很开阔（若过墓碑而到胡起三住的地方那一片更为宽敞），我喜欢这地方视野开阔，可以连田一起买，要钱可以写信来京。凡是地势不开阔，眼睛鼻子挤在一起的狭窄地段，我都不喜欢，可以将这个意思告诉尧阶。

何子贞妻子六月十二日去世，今年他家中已经过世三人，家运可真是不顺。

季弟考试万一考不中，也不必发牢骚。我已暗自觉得侥幸，九弟去年已进学，如果今年又考中，是很盛的气势，那么就有盈满则亏的畏惧感了，这也是可怕的。

同乡各家，一切如常。凌荻舟近来已搬迁到胡光伯家居住，不住在我家了。

其余不一一说了，以后再续。

兄国藩手书
道光二十八年六月十七日

第二章 自勉之道

盖天下之理，
满则招损，
亢则有悔，
日中则昃，
月盈则亏，
至当不易之理也。

大器晚成，不必忧虑

然大器晚成，堂上不必以此置虑。

【原文】

孙男国藩跪禀祖父母大人万福金安：

九月十三日接到家信，系七月父亲在省所发，内有叔父信及欧阳牧云函，知祖母于七月初三日因感冒致恙，不药而愈，可胜欣幸。高丽参足以补气，然身上稍有寒热，服之便不相宜，以后务须斟酌用之，若微觉感冒，即忌用此物。平日康强时，和入丸药内服最好。然此时家中想已无多，不知可供明年一单丸药之用否？若其不足，须写信来京，以便觅便寄回。

四弟、六弟考试又不得志，颇难为怀，然大器晚成，堂上不必以此置虑。闻六弟将有梦熊之喜，幸甚！近叔父为婶母之病劳苦忧郁，有怀莫宣。今六弟一索得男，则叔父含饴弄孙，瓜瓞日蕃，其乐何如？唐镜海先生德望为京城第一，其令嗣极孝，亦系兄子承继者，先生今年六十五岁，得生一子，人皆以为盛德之报。

英夷在江南，抚局已定。盖金陵为南北咽喉，逆夷既已扼吭而据要害，不得不权为和戎之策，以安民而息兵，去年逆夷在广东曾经就抚，其费去六百万两。此次之费，外间有言二千一百万者，又有言此项皆劝绅民捐输，不动帑藏，皆不知的否？现在夷船已全数出海，各处防海之兵陆续撤回，天津亦已撤退。议抚之使系伊里布、耆英及两江总督牛鉴三人。牛鉴有失地之罪，故抚局成后即革职拿问。伊里布去广东代奕山为将军，耆英为两江总督。自英夷滋扰，已历二年，将不知兵，兵不用命，于国威不无少损。然此次议抚，实出于不得已，但使夷人从此永不犯边，四海晏然安堵，则以大事小，乐天之道，孰不以为上策哉？

　　孙身体如常，孙妇及曾孙兄妹并皆平安。同县黄晓潭鉴荐一老妈吴姓来，渠在湘乡苦请她来，而其妻凌虐婢仆，百般惨酷，黄求孙代为开脱。孙接至家住一日，转荐至方夔卿太守（宗钧）处，托其带回湖南，大约明春可到湘乡。

　　今年进学之人，孙见题名录，仅认识彭惠田一人，不知二十三四都进人否？谢宽仁、吴光煦取一等，皆少年可慕。一等第一，题名录刻黄生平，不知即黄星平否？孙每接家信，常嫌其不详，以后务求详明。虽乡间田宅婚嫁之事，不妨写出，使游子如仍在里门。各族戚家，尤须一一示知，幸甚！

　　敬请祖父母大人万福金安。余容后呈。

孙谨禀
道光二十二年九月十七日

【译文】

孙儿国藩跪禀祖父母大人万福金安：

　　我于九月十三日接到七月间父亲在省城发的家信，信中还附有叔父和欧阳牧云的信函，我从信中知道祖母在七月初三不小心着凉感冒，没有服药便自然康复，真是令人欣慰。高丽参足以补气，但如果身上稍微有点寒热，吃了就不合适，所以以后一定要反复斟酌后才可以服用。若稍觉感冒，就忌用此药。平日身体健康无恙时，可将它和在丸药里吃。现在家里想必也没有多少剩余了，不知是否还够供应明年一个单子的丸药用量？如果不够，就写信到京城，以便我找人顺便带回家。

　　信中说四弟、六弟考试又没有考中，很是难为情，但是古人云大才往往是晚年成就，堂上大人不必为了这件事而过多费心焦虑。听说六弟家有即将生儿子的喜兆，真是我家的大幸！近来叔父为了婶母的病辛苦又忧郁，心里有苦也无处诉说，整日郁郁寡欢。如今六弟家第一胎便怀了男孩，那么叔父便可含饴弄孙，子孙满堂的晚景该是如何快乐啊！唐镜海先生在京城里有着首屈一指的品德威望，他的儿子对他十分恭顺孝敬，也是从兄长处过继过来的。先生今年六十五岁，又喜得贵子，人家都说这是他一贯积德行善所得到的报偿。

　　英国人在江南一带，当局已经制定了安抚的决策。因金陵是北面的咽喉之地，英国人既然已经扼住这个要害，所以我方不得不从权变而采取和戎的策略，以安定百姓，平息战火。去年英国人曾经接受安抚，花了六百万两银子。这次的费用，外面传闻是二千一百万两，又传说这项费用都是劝导绅士和百姓捐款，不动用国库，不知道消息是否准确？现在洋船已经全部出海，各处防海的兵陆续撤回，天津也已撤回。和谈的使节是伊里布、耆英以及两江总督牛鉴三个人。牛鉴有守地失守的罪过，所以和谈以后，马上要革职拿问。伊里布去广东，代替奕山为将军，耆英为两江总督。自从英国人寻衅滋事至今已有两年的时间，这两年内，我朝军中带兵的不懂得如何打仗，当兵的不努力作战，甚至不听号令，这些现象大大有损我朝的威望。这次议和，实在是情非得已，但若此次举动能够让洋人从此不侵犯边境，四海太平，那么大事化小，乐天之道，又何尝不是上策呢？

孙儿近来身体如常，孙媳妇及曾孙兄妹都平安无恙。同县黄晓潭推荐一位吴老妈子来，他在湘乡苦苦请这位老妈子前来，但是其妻虐待下人，十分残忍无道，因此黄求孙替他想个办法，孙儿便接她在家里住了一天，转荐到方夔卿太守家，托他带回湖南，大约明年春天就能够抵达湘乡。

今年进学的人，孙儿看见题名录，只认识彭惠田一人，不知道我乡二十三、二十四的人有人进学没有？谢宽仁、吴光煦取一等，都是年少得志，真是让人眼羡。一等一名，题名录刻黄生平，不知道是不是黄星平？孙儿每次接到家中的来信，总是感觉信写得不详细，以后务必请写得详细明白，乡间田地房屋、婚姻嫁娶的事，不妨都写上，使在外的游子如同仍在家乡一样。尤其是各族亲戚家的事，一定要一一告知！

敬请祖父母大人万福金安，其余容以后再禀告。

孙儿谨禀
道光二十二年九月十七日

满则招损，亢则有悔

盖天下之理，满则招损，亢则有悔；日中则昃，月盈则亏，至当不易之理也。

【原文】

男国藩跪禀父母亲大人万福金安：

九月十七日接读第五、六两号家信。喜堂上各老人安康，家事顺遂，无任欢慰。

男今年不得差，六弟乡试不售，想堂上大人不免内忧；然男则正以不得为喜。盖天下之理，满则招损，亢则有悔；日中则昃，月盈则亏，至当不易之理也。男毫无学识而官至学士，频邀非分之荣，祖父母、父母皆康强，可谓极盛矣。现在京官翰林中无重庆下者，惟我家独享难得之福。是以男悚悚恐惧，不敢求非分之荣，但求堂上大人眠食如常，阖家平安，即为至幸。万望祖父母、父母、叔父母无以男不得差、六弟不中为虑，则大慰矣。况男三次考差，两次已得；六弟初次下场，年纪尚轻，尤不必挂心也。

同县黄正斋，乡试当外帘差，出闱即患痰病，时明时昏，近日略愈。

男癣疾近日大好，头面全看不见，身上亦好了九分。十八生女，男妇极平安，惟体太弱，满月当大补养。在京一切，男自知谨慎。

八月二十三日，折差处发第十四号信。二十七日，周缦云处寄寿屏，发十五号信。九月十二日，善化郑七处寄封卷六十本，发第十六号信。均求查收。

男谨禀
道光二十六年九月十九日

【译文】

男国藩跪禀父母亲大人万福金安：

九月十七日接到并拜读第五封、第六封家信。高兴地知道堂上各位老人安康、家事顺利，真是无限欣慰。

儿今年没得到官差，六弟乡试没有考取，想来堂上大人不免内心忧虑，然而儿以为没有得是件好事。天下的道理是太满就会招致损失，位子太高容易遭致败亡；太阳升到顶就会西落，月亮圆了就会阴缺，这是千古不变的道理。儿毫无学识而当了学士，频频得到不该得到的荣誉，祖父母、父母又都健康，可以说是极盛了。现在京城当官的和翰林中没有谁喜事频传，只有我家独享这种难得的福泽。因此，儿战战兢兢，不敢追求过分的荣誉，只求堂上大人睡眠、饮食如常，全家平安，就是万幸了。千万希望祖父母、父母、叔父母不要因为儿没得到官差、六弟没考中而忧虑，那我就大为宽慰了。何况三次儿考官差，已经得到两次；六弟第一次参加考试，年纪还小，尤其不必挂在心上。

同县黄正斋，乡试时在外当帘差，出了考场就得了痰病，神志一会儿清醒，一会儿昏浊，最近已有所好转。

儿的癣病最近大为好转，头上脸上都看不到了，身上的也好了九分。十八日儿的妻子生了一个女儿，妻子很平安，只是身体太弱，满月后应当大补。在京的一切，儿自知谨慎行事。

八月二十三日，折差那里发出第十四封家信。二十七日，周缦云那里托他带回寿屏，并发第十五封家信。九月十二日，托善化人郑七带回六十本诰封和第十六封家信。都希望家中查收。

儿谨禀

道光二十六年九月十九日

须和睦、奉勤为先

家中蒙祖父厚德余荫，我得忝列卿贰，若使兄弟姐娌不和睦，后辈子女无法则，则骄奢淫佚，立见消败。虽贵为宰相，何足取哉？

【原文】

四弟、九弟、季弟足下：

六月二十八日发第九号家信，想已收到。七月以来，京寓大小平安。癣疾虽头面微有痕迹，而于召见已绝无妨碍。从此不治，听之可也。

丁士元散馆，是诗中"皓月"误写"浩"字。胡家玉是赋中"先生"误写"先王"。

李竹屋今年在我家教书三个月，临行送他俸金，渠坚不肯受。其人知情知义，余仅送他褂料被面等物，竟未送银。渠出京后来信三次。余有信托立夫先生为渠荐馆。昨立夫先生信来，已请竹屋在署教读矣，可喜可慰。

耦庚先生革职，同乡莫不嗟叹。而渠屡次信来，绝不怪我，尤为可感可敬。

《岳阳楼记》，大约明年总可寄到。家中《五种遗规》，四弟须日日看之，句句学之。我所望于四弟者，惟此而已。

家中蒙祖父厚德余荫，我得忝列卿贰，若使兄弟姐娌不和睦，后辈子女无法则，则骄奢淫佚，立见消败。虽贵为宰相，何足取哉？我家祖父、父亲、叔父三位大人规矩极严，榜样极好，我辈踵而行之，极易为力。别家无好榜样者，亦须自立门户，自立规条；况我家祖父现样，岂可不遵行之而忍令堕落之乎？现在我不在家，一切望四弟作主。兄弟不和，四弟之罪也；姐娌不睦，四弟之罪也；后辈骄恣不法，四弟之罪也。我有三事奉劝四弟：一曰勤，二曰早起，三曰看《五种遗规》。四弟能信此三语，便是爱兄敬兄；若不信此三语，便是弁髦视兄。我家将来气象之兴衰，全系乎四弟一人之身。

六弟近来气性极和平，今年以来未曾动气，自是我家好气象。惟兄弟俱懒。我以有事而懒，六弟无事而亦懒，是我不甚满意处。若二人俱勤，则气象更兴旺矣。

吴、彭两寿文及小四书序、王待聘之父母家传，俱于八月付回，大约九月可到。

袁漱六处，余意已定将长女许与他，六弟已当面与他说过几次矣，想堂上大人断无不允。余意即于近日订庚，望四弟禀告堂上。陈岱云处姻事，余意尚有迟疑。前日四弟信来，写堂上允诺欢喜之意。筠仙已经看见，此书信告岱云矣。将来亦必成定局，而余意尚有一二分迟疑。

岱云丁艰，余拟送奠仪，多则五十，少则四十，别有对联之类，家中不必另致情也。余不尽言。

兄国藩手草
道光二十七年七月十八日

【译文】

四弟、九弟、季弟足下：

我于六月二十八日寄出的第九封家信，估计现在已经收到了。从七月以来，京城家中大小都平安无事。我的癣病虽然在脸上头上还残留些痕迹，但面对皇上的召见看来已无伤大雅了。所以从此不再刻意费心治疗，顺其自然即可。

丁士元在翰林院学习完毕，但是将诗中的"皓月"之"皓"误写成"浩"字。胡家玉的赋中的"先生"也误写成了"先王"。

今年，李竹屋在我家任教有三个月的时间，临行前我给他俸金的时候，他坚持不受，可见此人乃重情重义之人。我也没有勉强，最后只送给他褂子布料和被面等生活用品，没有坚持送他银钱。离开京城后，他共写了三次信来。我对他一直牵挂在心，所以写信拜托立夫先生为他另外推荐教书的地方。昨天立夫先生来信说，已请竹屋在署中教书了，这件事真是可喜可贺，让人又庆幸又欣慰。

不过耦庚先生被撤职一事，引起了同乡人的感叹。但是耦庚先生几次来信，都没有因此事怪罪于我，真是让人不由得感动和敬佩。

《岳阳楼记》估计到明年总是可以寄达的。家中的《五种遗规》，四弟必须每天翻看，逐句学习。我对四弟所期望的，也就是这个了。

家中承蒙祖父德高望重，我得以暂居高位，如果兄弟妯娌不和睦，晚辈子女无规矩，就会骄奢淫逸，衰败便会接踵而至。到时即使贵为宰相，又有何用处呢？我家祖父、父亲、叔父三位大人的要求甚严，堪称我辈的榜样，我们只要照着他们的样子去做就行了，这是极容易、极省力的事情。别的人家没有这样的好榜样，也要自立门户，自立规矩，何况我家有祖父现成的榜样，难道愿意弃先辈的榜样不去遵照，而忍心目睹家道衰落吗？现在我不在家，一切须四弟做主。兄弟之间不和睦，是四弟的罪过；妯娌之间不团结，是四弟的过失；晚辈们骄横放纵不知礼仪，是四弟的过错。我有三件事忠告四弟：一是勤奋，二是早起，三是看《五种遗规》。四弟若能记住这三句话，就是对我的敬重；如果不信这三句话，就是看不起我这个当兄长的。我们家以后的家业是兴旺还是衰败，全看四弟你的作为了。

近日来，六弟的脾气性格渐趋平和，这一年来也没动过气，这自然是我家的好气象。只是几位兄弟的缺点都是懒惰，这一点很是让人烦心。我是因为有很多事情牵累而显懒惰，而六弟整日无事可做，也时常犯懒惰的毛病，这是我很不满意的地方。如果两人都很勤劳，那家中气象自然愈加旺盛。

吴、彭处两幅寿文和小四书序言，王待聘的父母家传等文章，八月都已托人带回，估计九月就可以发到。

我已经打定主意把大女儿许配给袁漱六家，六弟也已当面和他谈过几次了，想来家中大人也不会有什么不同的意见。我打算尽快让他们定亲，望四弟将我的意思转告给家中的各位长辈。陈岱云处的婚事，我至今仍犹豫不决。前段时间四弟来信说，家中大人已同意了这门亲事，而且皆大欢喜。筠仙已经看到了这封信，事后便写信将此事告知岱云。看来这门亲事将来也必成定局，只是我心里还有几分犹豫。

近日岱云家中老人去世，正筹备丧事。我准备送点奠礼钱，多则五十两，少则四十两，另外还有挽联等物。如此一来，家中就不必另外再送东西了。其他的就不多说了。

兄国藩手书

道光二十七年七月十八日

第二章 自勉之道

对盈虚自然之理，不必抑郁

来书想发财捐官云云，犹是浮躁气习。洗尽浮华，朴实谙练，上承祖父，下型子弟，吾于澄实有厚望焉。

【原文】

澄侯、子植、季洪三弟左右：

澄侯在广东前后共发信七封，至郴州、耒阳又发二信，三月十一到家以后又发二信，皆已收到。植、洪二弟今年所发三信，亦俱收到。

澄弟在广东处置一切甚有道理。易念园、庄生各处程仪，尤为可取。其办朱家事，亦为谋甚忠，虽无济于事，而朱家必可无怨。《论语》曰："言忠信，行笃敬，虽蛮貊之邦行矣。"吾弟出外，一切如此，吾何虑哉！

贺八爷、冯树堂、梁俪裳三处，吾当写信去谢，澄弟亦宜各寄一书。即易念园处，渠既送有程仪，弟虽未受，亦当写一谢信寄去。其信即交易宅，由渠家书汇封可也。若易宅不便，即托岱云觅寄。

洪弟考试不利，区区得失，无足介怀。补发之案有名，不去复试，甚为得体。今年院试若能得意，固为大幸；即使不遽获售，去年家中既隽一人，则今岁小挫，亦盈虚自然之理，不必抑郁。

植弟书法甚佳，然向例未经过岁考者不合选拔，弟若去考拔，则同人必指而目之。及其不得，人不以为不合例而失，且以为写作不佳击黜。吾明知其不合例，何必受人一番指目乎？弟书问我去考与否，吾意以科考正场为断。若正场能取一等补廪，则考拔之时，已是廪生入场矣；若不能补廪，则附生考拔，殊可不必，徒招人妒忌也。

我县新官加赋，我家不必多言，任他加多少，我家依而行之。如有告官者，我家不必入场，凡大员之家，无半字涉公庭，乃为得体。为民除害之说，为所辖之属言之，非谓去本地方官也。

排山之事尚未查出，待下次折弁付回。欧阳之二十千及柳衙叔之钱，望澄弟先找一项垫出，待彭大生还来即行归款。

彭山屺之业师任千总（名占魁）现在京引见，六月即可回到省。九弟及牧云所需之笔及叔父所嘱之膏药、眼药均托任君带回。

曹西垣教习报满引见，以知县用，七月动身还家。母亲及叔父之衣并阿胶等项，均托西垣带回。

去年内赐衣料袍褂，皆可裁三件。后因我进闱考教习，家中叫裁缝做，渠裁之不得法，又窃去整料，遂仅裁祖父、父亲两套。本思另办好料为母亲制衣寄回，因母亲尚在制中，故未遽寄。叔父去年四十晋一，本思制衣寄祝，亦因在制，未遽寄也。兹准拟托西垣带回，大约九月可以到家，腊月服阕，即可着矣。

纪梁读书，每日百二十字，与泽儿正是一样，只要有恒，不必贪多。

澄弟虽不读书，亦须常看《五种遗规》及《呻吟语》。来书想发财捐官云云，犹是浮躁气习。洗尽浮华，朴实谙练，上承祖父，下型子弟，吾于澄实有厚望焉。

兄国藩手草

道光二十八年五月初十日

【译文】

澄侯、子植、季洪三弟左右：

澄侯在广东先后共发出七封信，到郴州、耒阳又发了两封信，三月十一日到家以后又发了两封信，都已经收到。植、洪两弟今年所发的三封信，也都收到了。

澄弟在广东办理一切事务，都比较合理。易念园、庄生几处送上路的财物，尤其办得好。办理朱家的事情，也考虑得很好，虽然不能解决问题，但朱家必定不会有怨言。《论语》云："言忠信，行笃敬，虽蛮貊之邦行矣。"我弟在外面，一切像这样，我还有什么顾虑呢？

贺八爷、冯树堂、梁俪裳处，我要写信去感谢，澄弟也要各寄一封信。既然易念园那里，他送了路费，弟虽然没有接受，也要写一封感谢信寄去。这封信就交到易宅，由他家一起封寄。如果易宅有不方便，就委托岱云设法寄去。

季洪考试不顺利，小小的得失，不值得挂怀。补发的案卷上有名字，不去复试，很是得体。今年院试若能得意，固然是大好事；就是没有考好，去年家中既然已有一人考上，那么今年受些小挫折，也是有盈有亏的道理，用不着心情抑郁。

植弟书法很好，然而一向的惯例是没有经过年考的不参加选拔，弟如果去参加选拔，那么同人必会指指点点。等你没得到，别人不会认为你是不合惯例而未录取，而是因为写作不好而落榜。我们明知道这不合惯例，何必受到人家的指指点点呢？弟来信问我参加不参加考试，我认为应以科场考试的情况来判断。如果正场能取得一等增补廪生，并且马上选拔，那已经取得廪生资格了；如果不能增补廪生，只是以附生的身份去考核选拔，大可不必，白白招人忌妒。

我县新官加重了赋税，我家不必出面答话，任他加多少，我家依照执行。如果有人告官，我家不能参与。凡是大官的家庭，一点也不涉及公庭，这才合适。为民除害的说法，是指除掉地方官管辖地域内所属之害，不是说除掉地方官。

排山的事还没有查出，等到下次折差再带回去。欧阳的二十千和柳衙叔的钱，希望澄弟先找出款项垫上，等到彭大生回来就马上还钱。

彭山屺的业师任千总（名占魁）现在京等候皇上的诏见，六月里就能回到省城。九弟和牧云所需要的笔以及叔父所嘱咐的膏药、眼药都委托任君带回。

曹西垣教习任职期满，引见之后，任命为知县，七月动身回家。母亲和叔父的衣服连同阿胶等东西，都委托西垣带回。

去年宫里赏赐的衣料袍褂，可以裁剪三件。后来因为入考场选拔教习，家中叫裁缝做，他裁剪不得法，又偷走一整块布料，于是只裁剪出给祖父、父亲的两套。本想另外置办好布料为母亲制成衣服寄回家，因为母亲还在穿丧服，就没有马上寄。叔父去年四十晋一，本想做衣服寄回，也是因为还在穿丧服就没有寄。现在打算委托西垣带回，大约九月里可以到家，腊月守制期满，就可以穿了。

纪梁读书，每天一百二十字，与泽儿正好一样，只需有恒心，不必贪多。

澄弟也必须经常看《五种遗规》和《呻吟语》。来信说想发财、想拿钱捐官等等，这还是浮躁习气。要洗尽浮华、朴实老练，上可继承祖风，下可作为子弟的楷模，我对于澄弟是寄予厚望的。

兄国藩手书

道光二十八年五月初十日

牢骚太甚者，其后必多抑塞

凡遇牢骚欲发之时，则反躬自思：吾果有何不足而蓄此不平之气？猛然内省，决然去之。盖无故而怨天，则天必不许；无故而尤人，则人必不服。感应之理，自然随之。

【原文】

澄侯、温甫、子植、季洪四弟足下：

日来京寓大小平安。癣疾又已微发，幸不为害，听之而已。湖南榜发，吾邑竟不中一人。沅弟书中言温弟之文典丽矞皇，亦尔被抑。不知我诸弟中将来科名究竟何如？以祖宗之积累及父亲、叔父之居心立行，则诸弟应可多食厥报。以诸弟之年华正盛，即稍迟一科，亦未遽为过时。特兄自近年以来事务日多，精神日耗，常常望诸弟有继起者，长住京城，为我助一臂之力。且望诸弟分此重任，余亦欲稍稍息肩。乃不得一售，使我中心无倚。

盖植弟今年一病，百事荒废，场中又患眼疾，自难见长。温弟天分本甲于诸弟，惟牢骚太多，性情太懒。前在京华不好看书，又不作文，余心即甚忧之。近闻还家以后，亦复牢骚如常，或数月不搦管为文。吾家之无人继起，诸弟犹可稍宽其责，温弟则实自弃，不得尽诿其咎于命运。

吾尝见友朋中牢骚太甚者，其后必多抑塞，如吴檥台、凌荻舟之流，指不胜屈。盖无故而怨天，则天必不许；无故而尤人，则人必不服。感应之理，自然随之。温弟所处，乃读书人中最顺之境，乃动则怨尤满腹，百不如意，实我之所不解。以后务宜力除此病，以吴檥台、凌荻舟为眼前之大戒。凡遇牢骚欲发之时，则反躬自思：吾果有何不足而蓄此不平之气？猛然内省，决然去之。不惟平心谦抑，可以早得科名，亦且养此和气，可以消减病患。万望温弟再三细想，勿以吾言为老生常谈，不值一哂也。

王晓林先生在江西为钦差，昨有旨命其署江西巡抚。余署刑部，恐须至明年乃能交卸。袁漱六昨又生一女，凡四女已殇其二，又丧其兄，又丧其弟，又一差不得。甚矣，穷翰林之难当也！黄麓西由江苏引见入京，迥非昔日初中进士时气象，居然有经济才。王衡臣于闰月初九引见，以知县用。后于月底搬寓下洼一庙中，竟于九月初二夜无故遽卒。先夕与同寓文任吾谈至二更，次早饭时，讶其不起，开门视之，则已死矣。死生之理，善人之报，竟不可解。

邑中劝捐弥补亏空之事，余前已有信言之，万不可勉强勒派。我县之亏，亏于官者半，亏于书吏者半，而民则无辜也。向来书吏之中饱，上则吃官，下则吃民，名为包征包解，其实当征之时，则以百姓为鱼肉而吞噬之；当解之时，则以官为雌媒而播弄之。官索钱粮于书吏之手，犹索食于虎狼之口，再四求之，而终不肯吐。所以积成巨亏，并非实欠在民，亦非官之侵蚀入己也。

今年父亲大人议定粮饷之事，一破从前包征包解之陋风，实为官民两利，所不利者仅书吏耳。即见制台留朱公，亦造福一邑不小。诸弟皆宜极力助父大人办成此事。惟捐银弥亏则不宜操之太急，须人人愿捐乃可。若稍有勒派，则好义之事反为厉民之举。将来或翻为书吏所藉口，必且串通劣绅，仍还包征包解之故智，万不可不预防也。

梁侍御处银二百，月内必送去。凌宅之二百亦已兑去。公车来，兑六七十金，为送亲族之用，亦必不可缓。但京寓近极艰窘，此外不可再兑也。

邑令既与我家商办公事，自不能不往还，然诸弟苟可得已，即不宜常常入署。陶、李二处，容当为书。本邑亦难保无假名请托者，澄弟宜预告之。

书不详尽。余俟续具。

兄国藩手草

咸丰元年九月初五日

【译文】

澄侯、温甫、子植、季洪四弟足下：

近日京城家里大小平安，我的癣疾又已复发，幸亏病情还不是很严重，顺其自然。湖南的科考榜单已经发布，但是我们县竟然一个也没有中。沅弟在来信中说，温弟的文章典丽矞皇，同样也被压抑，不知道各位弟弟中将来在科考中能取得何种功名？以祖宗的积德，父亲、叔父的居心立行，各位弟弟应该可以少受些挫折。各位弟弟现在风华正茂，即使稍微迟考一科，也不晚。只是为兄近年来公务日益繁忙，精神日益耗损，所以心中希望各位弟弟中能有继我而起的人，可长住京城，助我一臂之力。我一心希望各位弟弟能够为我卸去一些重担，以使我能稍微休息一下，但这个愿望却一直未能实现，以致我心里孤苦无靠。

植弟今年一病，以致百事俱废，再加上在考场中又患目疾，学问自然难以见长。温弟的天分，在各位弟弟中首屈一指，只是牢骚太多，性情太懒。前些日子在京城不用心看书，也不作文章，我就开始担心了。近来听说他回家后，性情还是如此，经常空发牢骚，甚至一连几个月不动笔。我家中之所以无人继起，无法对其他各位弟弟苛责，唯独温弟无法推卸责任，实在是自暴自弃，不能把责任全都归于命运。

我常常看见朋友中有整日发牢骚的人，结果必定历尽坎坷，一生受挫，如吴櫺台、凌荻舟等人便是如此，这样的例子不可计数。无缘无故而怨天，天必定不会应允；无缘无故而尤人，人也不会服。天人感应之理，只有顺其自然。温弟现在所处的境遇，正是对读书人最有利的境遇，但是动不动就满腹怨言，处处不如意，这实在让我无法理解。我希望他以后务必努力改掉这个毛病，以吴櫺台、凌荻舟为前车之鉴，时时告诫自己，每每想发牢骚时，就反躬自思，到底因哪些不足而积蓄了这些不平之气，猛然内省，决然去掉。若真能如此，不仅可以平心谦抑，可以早得科名，还可以养此和气，稍微减轻病痛。万望温弟再三细想，不要以为这些话又是老生常谈，不值得理会。

王晓林先生在江西担任钦差，昨日有圣旨下达，命他担任江西巡抚，我主管刑部，这份差事恐怕要到明年才能交卸。袁漱六家昨天又生了一个女儿，现在一共四个女儿，不过早已死了两个，再加上丧兄丧弟，而且一个差事也没有谋得，翰林真是难当啊！黄麓西近日由江苏引见入京，他与过去初中进士时的气象迥然不同，现在居然有经济才能。王衡臣在闰月初九引见，用为知县，后来于月底搬到下洼一个庙里住，竟在九月初二晚无缘无故死了。前一天晚上，还和同住的文任吾谈到二更。第二天早饭时，见他不起床，打开门一看，已经死了。生与死的道理，好人的这种报应，真不可解。

家乡劝捐弥补亏空的事，我前不久有信说到，万万不可以勉强勒派。我县的亏空，亏于官员的占一半，亏于书吏的占一半，老百姓是无辜的。从来书吏都是中间得利，上面吃官，下面吃民，名义上是包征包解，其实当征的时候，便把百姓做鱼肉而吞吃；当解送的时候，又把官员当作招引的雉媒而从中播弄。官员从书吏手上索取钱粮，好比从虎狼口里讨食，再四请求，还是不肯吐出来。之所以积累成大亏，并不是民众拖欠，也不是官员自己侵吞了。

今年父亲议定粮饷的事，一破从前包征包解的陋风，实在是官民两利，所不利的只是书吏。就是见制台留朱公，也造福桑梓不小，各位弟弟都应该帮父亲大人办成这件事。只是捐钱补亏空，不要操之过急，一定要人人自愿捐才行。如果稍微有勒派，那么一件好事反而成了厉民之举，将来可能反而被书吏找到借口，并且必然串通劣绅，闹着要恢复包征包解的旧律，千万不可不早为防备。

梁侍御处银二百两，月内一定要送去。凌宅的二百两，也已经汇兑过去。官车来，兑六七十两，为送亲族之用，也一定不能延缓了。但京城家里近来艰难窘迫，除上述几处不可再兑。

县令既然与我家商办公事，自然不能不往来应酬，然而诸弟如果可能，就不应常常入县衙。陶、李两处，容我稍后回信。本县难保没有假借他人名字请托的，澄弟应预先告诉我。

信写得不详细，其余容以后再写。

兄国藩手书
咸丰元年九月初五日

每日有常,自有进境

季弟看书不必求多,亦不必求记,但每日有常,自有进境,万不可厌常喜新,此书未完,忽换彼书耳。

【原文】

澄侯、温甫、子植、季洪四弟足下:

九月二十六日发家信第十三号,想已收到。十月初十日,接到家中闰月二十八所发信及九月初二、九月十四所发件。十二夜又于陈伯符处接到父亲大人闰八月初七所发之信,系交罗罗山手转寄者。陈伯符者,贺耦庚先生之妻舅也,故罗山托其亲带来京。得此家书四件,一切皆详知矣。

纪泽聘贺家姻事,观闻八月父亲及澄弟信,已定于十月订盟;观九月十四澄弟一信,则又改于正月订盟。而此间却有一点挂碍,不得不详告家中者:京师女流之辈,凡儿女定亲,最讲究嫡出庶出之分。内人闻贺家姻事,即托打听是否庶出,余以其无从细询,亦遂置之。昨初十日接家中正月订盟之音,十一日即内人亲至徐家打听,知贺女实系庶出,内人即甚不愿。余比晓以大义,以为嫡出、庶出何必区别,且父亲大人业已喜而应允,岂可有他议?内人之意,以为为夫者先有嫌妻庶之意,则为妻者更有踟蹰难安之情,日后曲折情事亦不可不早为虑及。求诸弟宛转禀明父母,尚须斟酌,暂缓订盟为要。陈伯符于十月十日到京,余因内人俗意甚坚,即于十二日夜请贺礼庚、陈伯符二人至寓中,告以实情,求伯符先以书告贺家,将女庚不必遽送,俟再商定。伯符已应允,明日即发书,十月底可到贺家。但兄前有书回家,言亲事求父亲大人做主。今父亲欢喜应允,而我乃以妇女俗见从而扰惑,甚为非礼。惟婚姻百年之事,必先求姑媳夫妇相安,故不能不以此层上渎。即罗山处,亦可将我此信抄送一阅，我初无别见也。

　　夏阶平之女，内人见其容貌端庄，女工极精，甚思对之。又同乡陈奉曾一女，相貌极为富厚福泽，内人亦思对之。若贺家果不成，则此二处必有一成，明春亦可订盟；余主意尤在夏家也。京城及省城订盟，男家必办金簪、金环、玉镯之类，至少亦须花五十金。若父亲大人决意欲与贺家成亲，则此数者亦不可少。家中现无钱可办，须我在京中明年交公车带回。七月间诸弟乡试晋省之便再行订盟，亦不为晚。望澄弟下次信详以告我。

　　祖父佛会既于十月初办过，则父母叔父母四位大人现已即吉。余恐尚未除服，故昨父亲生日，外未宴客，仅内有女客二席。十一，我四十晋一，则并女客而无之。

　　朱石樵为官竟如此之好，实可佩服。至于铳沙伤其面尚勇往前进，真不愧为民父母。父亲大人竭力帮助，洵大有造于一邑。诸弟苟可出力，亦必尽心相扶。现在粤西未靖，万一吾楚盗贼有乘间窃发者，得此好官粗定章程，以后吾邑各乡自为团练，虽各县盗贼四起，而吾邑自可安然无恙，如秦之桃花源，岂不安乐？须将此意告邑之正经绅耆，自为守助。

　　牧云补廪，烦弟为我致意道喜。季弟往凹里教书，不带家眷最好，必须多有人在母亲前，乃为承欢之道。季洪十日一归省，亦尽孝之要也。而来书所云寡欲多男之理，亦未始不寓乎其中。甲五读书，总以背熟经书、常讲史鉴为要（每夜讲一刻足矣）。季弟看书不必求多，亦不必记，但每日有常，自有进境，万不可厌常喜新，此书未完，忽换彼书耳。

兄国藩手草
咸丰元年十月十二日

【译文】

澄侯、温甫、子植、季洪四弟足下：

　　九月二十六日发出第十三封家信，想已收到。十月初十，接到家中闰月二十八日所发信及九月初二、九月十四日所发各信。十二日夜又在陈伯符处接到父亲大人闰八月初七日所发的信，是交由罗罗山之手转交的。陈伯符是贺耦庚先生的妻舅，所以罗山托他亲自带到京师。得到这四封信，一切都已详知。

　　纪泽聘贺家的婚事，看闰八月父亲及澄弟的信，已定于十月订亲；看九月十四日澄弟的一封信，别又改在正月订亲。而这中间却又有一些不得不详细告诉家里的挂碍的事：京城的那些妇女们，凡儿女定亲，最讲究嫡出庶出的分别，内人听说了贺家的亲事，就托人打听贺家女儿是否庶出，我因为这件事无从询问，也就放下了。昨初十日接到家中正月订亲的音讯，十一日内人就亲自到徐家打听，知道贺家女儿确是庶出，内人就非常不情愿。我从那时以来就以大义开导她，认为嫡出庶出何必区别，况且父亲大人也已高兴地应允了，难道还能再有别的计议？内人的想法，认为做丈夫的如果先有嫌妻子是庶出的意思，那么做妻子的更有局促难安的心情，日后也许有曲曲折折的事情，也不能不早些考虑到。请求诸弟委婉地禀明父母，此事还需斟酌，暂缓订亲为要。陈伯符于十月十日到京，我因内人俗见很是固执，就在十二日夜请贺礼庚、陈伯符二人到寓所，把实情告诉他们，请求伯符先写信告诉贺家，不必马上将女儿的庚帖送过来，以后再商定。伯符已经应允，明天就发信，十月底可到贺家。但为兄先前有信寄回家中，说亲事求父亲大人做主。现在父亲大人欢喜应允，而我竟因为妇女的俗见而迷惑，很不礼貌。只是婚姻是百年之事，必须先求得婆媳、夫妇相安无事，所以不能不将这层意思上禀。就是罗山那里，也可把我这封信抄送给他一阅，我起初并无其他看法。

内人见夏阶平的女儿容貌端庄，女工极精，很想和夏家结亲。又同乡陈奉曾有一女儿，相貌极为丰厚有福气，内人也想娶她。如贺家婚事真的不成，那这两家必定有一个成功，明春也可订亲，我的注意力尤其在夏家。京城及省城订婚，男家必定要置办金簪、金环、玉镯之类，至少也需花五十两银子。如父亲大人决心要和贺家成亲，则这些银两数也不能少。家中现在无钱置办，需要我在京中明年交应度举人带回。七月间诸弟乡试时趁进省城之便再订婚，也不算晚。希望澄弟来信详细告我。

祖父的佛会既然已在十月初办过，那么父母和叔父母四位大人现在已经即吉。我恐怕家中还未除去丧服，所以昨天父亲生日，对外未曾宴请宾客，只在宅内请了二席女客。十一日，是我四十一岁生日，则连女客也不请。

朱石樵做官竟然如此之好，实在可佩服。以至于铳沙伤了面孔仍勇往直前，真不愧是民之父母。父亲大人竭力帮助，真是对本县大有造化。诸弟如能出力，也一定要尽力相扶助。

现在广西不安宁，万一我们湖南的盗贼有乘机起事的，得有这样的好官粗定章程。以后我县各乡自办团练，即使各县盗贼四起，而我县仍可安然无恙，如同秦朝的桃花源，难道不安乐？需要把这个意思告诉县里的正经绅士，自己互相守护帮助。

　　牧云补廪生，麻烦诸弟为我致意道喜。季弟去凹里教书，不带家眷最好，必须多有些人在母亲跟前，才是承受欢颜的好办法。季洪十天回家省亲一次，也是尽孝的好办法。而来信所说寡欲会多生男孩的道理，也未尝不包含在其中。甲五读书，总要以背熟经书、常讲史鉴为最重要（每天夜里讲一刻钟足够了）。季弟看书不必求多，也不必求记住，只要每天坚持看书，自有进步，万万不可喜新厌旧，这本书没读完，又忽而换了那本书。

兄国藩手书
咸丰元年十月十二日

第二章　自勉之道

读书当勤勉，做人需忠恕

看书如子夏之"日知所亡"相近，读书与"无忘所能"相近，二者不可偏废。

少年不可怕丑，须有狂者进取之趣，此时不试为之，则后此弥不肯为矣。

【原文】

字谕纪泽儿：

余此次出门，略载日记，即将日记封每次家信中。闻林文忠家书，即系如此办法。

尔在省，仅至丁、左两家，余不轻出，足慰远怀。

读书之法，看、读、写、作，四者每日不可缺一。看者，如尔去年看《史记》《汉书》、"韩文"、《近思录》，今年看《周易折中》之类是也。读者，如"四书"、《诗》《书》《易经》《左传》诸经、《昭明文选》、李杜韩苏之诗、韩欧曾王之文，非高声朗诵则不能得其雄伟之概，非密咏恬吟则不能探其深远之韵。譬之富家居积，看书则在外贸易，获利三倍者也；读书则在家慎守，不轻花费者也。譬之兵家战争，看书则攻城略地，开拓土宇者也；读书则深沟坚垒，得地能守者也。看书如子夏之"日知所亡"相近，读书与"无忘所能"相近，二者不可偏废。

至于写字，真行篆隶，尔颇好之，切不可间断一日。既要求好，又要求快。余生平因作字迟钝，吃亏不少。尔须力求敏捷，每日能作楷书一万则几矣。

至于作诸文，亦宜在二三十岁立定规模，过三十后，则长进极难。作四书文，作试帖诗，作律赋，作古今体诗，作古文，作骈体文，数者不可不一一讲求，一一试为之。少年不可怕丑，须有狂者进取之趣，此时不试为之，则后此弥不肯为矣。

至于做人之道，圣贤千言万语，大抵不外敬恕二字。"仲弓问仁"一章，言敬恕最为亲切。自此以外，如立则见参于前也，在舆则见其倚于衡也；君子无众寡，无小大，无敢慢，其为泰而不骄；正其衣冠，俨然人望而畏，斯为威而不猛，是皆言敬之最好下手者。孔言欲立立人，欲达达人；孟言行有不得，反求诸己。以仁存心，以礼存心，有终身之忧，无一朝之患，是皆言恕之最好下手者。尔心境明白，于恕字或易著功，敬字则宜勉强行之。此立德之基，不可不谨。

科场在即，亦宜保养身体。余在外平安，不多及。

再，此次日记，已封入澄侯叔函中寄至家矣。余自十二至湖口，十九夜五更开船晋江西省，二十一申刻即至章门。余不多及。又示。

涤生手谕（舟次樵舍，离江西省城八十里）

咸丰八年七月二十一日

【译文】

字谕纪泽儿：

我出门在外的这段时间里，简略地写了些日记，并把日记附在家信中寄回。听说林文忠所写的家信，也有类似的做法。你虽身在省城，只到丁、左两家拜访，其余时间从不随便出门，我虽远离家乡，也足以安慰了。

读书的方法，看、读、写、作四方面每天缺一不可。要看的，就像你去年看《史记》《汉书》、"韩文"、《近思录》，今年看的《周易折中》等书；要读的，如"四书"、《诗》《书》《易经》《左传》等经典，《昭明文选》、李杜韩苏的诗、韩欧曾王的文章，有些一定要高声诵读，否则很难感受得到书中的雄伟气概，有些则适合低吟轻咏，不然不能领会其中深远悠然的神韵。若用富家居积来作比喻，看书就像在外做生意，获利三倍；而读书就像在家中慎守家业，不轻易花费。若拿兵家战争来作比喻，看书就是攻城略地，开拓疆土；读书就是深沟坚垒，得地后能守住。看书就与子夏所说"日知所亡"相近，读书与"无忘所能"接近，二者不可偏废。

至于写字，楷行篆隶，你都很喜欢，这很好，但是写字之功一天也不可间断。不但要求写得好，而且也要求快。我这一生，因为写字动作缓慢，吃尽了苦头。你在写字的时候要力求敏捷快速，每天要能写一万字以上的楷书，达到这个程度即可。

至于写文章，也应在二三十岁时打好基础，过了三十，文章很难再有长进了。作四书文，作试帖诗，作律赋，作古今体诗，作古文，作骈体文，这些不可不一一讲求、一一试作。少年不可怕丑，要有狂妄进取的志趣，这时不去尝试，那以后再弥补就很难了。

关于做人的道理，圣贤们已经阐述了很多道理，也都不外乎"敬恕"两个字。"仲弓问仁"一章，阐述敬恕之道最为亲切。除此之外，像"站着见人就要参礼于前，坐车时见人就要倚到车前横木上去""君子无论多少，无论大小，不敢怠慢，都能泰然而不骄""正衣冠后，俨然整肃，使人望而生畏，但却威而不猛"，这些都是讲求"敬"字的最好方法。孔子说"要立可立之人，要通达可通达之人"，孟子说"身体力行没有成果，就要反省自己。以仁存心，以礼存心，虽终身担忧，但绝无一朝之患"。这些都是从"恕"字入手的最好方法。你心里明白，在"恕"字上或许容易见效，"敬"字你则要勉力去做。以上这是立德的基础，不可不谨慎地去实行。

科举考试即将来临，须注意保重身体。我在外面很平安，其他的就不再多说了。

还有一件事，这次的日记，已经封在澄侯叔的信中寄到家里去了。我自从十二日到湖口，十九日夜里五更开船进入江西省，二十一日申时就到了章门。别的不多说了。又示。

父涤生手书（船停在樵舍，离江西省城八十里）
咸丰八年七月二十一日

须勤谦，切戒骄奢淫佚

谦者骄之反也，勤者佚之反也。骄奢淫佚四字，惟首尾二字尤宜切戒。

【原文】

澄侯四弟左右：

日内皖南局势大变。初一日德兴失守，初三日婺源失守，均经左季翁一军克复。初四日建德失守，而余与安庆通信之路断矣。十二日浮梁失守，而祁门粮米必经之路断矣。现调鲍镇六千人进攻浮梁，朱、唐三千人进攻建德。若不得手，则饷道一断，万事瓦裂，殊可危虑。

余忝窃高位，又窃虚名，生死之际，坦然怡然。惟部下兵勇四五万人，若因饷断而败，亦殊不忍坐视而不为之所。家中万事，余俱放心，惟子侄须教一勤字一谦字。谦者骄之反也，勤者佚之反也。骄奢淫佚四字，惟首尾二字尤宜切戒。至诸弟中外家居之法，则以"考、宝、早、扫、书、蔬、鱼、猪"八字为本，千万勿忘。顺问近好。

兄国藩手草
咸丰十年十一月十四日午刻

【译文】

澄侯四弟左右：

近些日子以来，皖南的局势发生了很大的变化。初一德兴失守，初三婺源失守，先后都由左季翁一军收复。初四建德又失守，导致我军与安庆之间的通信道路被切断。十二月，浮梁失守，祁门粮食的必经之路也被切断了。现调遣鲍镇六千精兵突袭浮梁,再派朱、唐三千人进攻建德。若此次进攻依然不能得手,那么粮饷一断,万事失去了根本,那便是最危险的时刻了。

　　我本就愧居高位,又徒有虚名,大难临头、生死危急之际,自然能够坦然面对。只是部下兵马四五万人,若因断粮而导致兵败,我又怎能忍心坐视而不采取行动呢?家中之事,我也没什么忧虑的。唯有告诫子侄,须谨记一个"勤"字,一个"谦"字。谦虚是骄傲的反面,勤劳是安逸的反面。"骄奢淫佚"四个字,切忌不可行,首尾两个字更要切实戒掉。至于弟弟们在内在外的居家之法,就要以"考、宝、早、扫、书、蔬、鱼、猪"八字为根本,切记切记。顺问近好。

兄国藩手书
咸丰十年十一月十四日午时

时时自惕劳、谦、廉

凡目能见千里，而不能自见其睫，声音笑貌之拒人，每苦于不自见，苦于不自知。

谦之存诸中者不可知，其着于外者，约有四端：曰面色，曰言语，曰书函，曰仆从属员。

【原文】

沅、季弟左右：

帐棚即日赶办，大约五月可解六营，六月再解六营，使新勇略得却暑也。小抬枪之药，与大炮之药，此间并无分别，亦未制造两种药。以后定每月解药三万斤至弟处，当不致更有缺乏。王可升十四日回省，其老营十六可到。到即派往芜湖，免致南岸中段空虚。

雪琴与沅弟嫌隙已深，难遽期其水乳。沅弟所批雪信稿，有是处，亦有未当处。弟谓雪声色俱厉。凡目能见千里，而不能自见其睫，声音笑貌之拒人，每苦于不自见，苦于不自知。雪之厉，雪不自知；沅之声色，恐亦未始不厉，特不自知耳。曾记咸丰七年冬，余咎骆文耆待我之薄，温甫则曰："兄之面色，每予人以难堪。"又记十一年春，树堂深咎张伴山简傲不敬，余则谓树堂面色亦拒人于千里之外。观此二者，则沅弟面色之厉，得毋似余与树堂之不自觉乎？

余家目下鼎盛之际，余忝窃将相，沅所统近二万人，季所统四五千人，近世似此者曾有几家？沅弟半年以来，七拜君恩，近世似弟者曾有几人？日中则昃，月盈则亏，吾家亦盈时矣。管子云："斗斛满则人概之，人满则天概之。"余谓天之概无形，仍假手于人以概之。霍氏盈满，魏相概之，宣帝概之；诸葛恪盈满，孙峻概之，吴主概之。待他人之来概而后悔之，则已晚矣。

吾家方丰盈之际，不待天之来概、人之来概，吾与诸弟当设法先自概之。自概之道云何，亦不外清、慎、勤三字而已。吾近将清字改为廉字，慎字改为谦字，勤字改为劳字，尤为明浅，确有可下手之处。

沅弟昔年于银钱取与之际不甚斟酌，朋辈之讥议菲薄，其根实在于此。去冬之买犁头嘴、栗子山，余亦大不谓然。以后宜不妄取分毫，不寄银回家，不多赠亲族，此廉字工夫也。谦之存诸中者不可知，其着于外者，约有四端：曰面色，曰言语，曰书函，曰仆从属员。沅弟一次添招六千人，季弟并未禀明，径招三千人，此在他统领所断做不到者，在弟尚能集事，亦算顺手。而弟等每次来信，索取帐棚子药等件，常多讥讽之词，不平之语，在兄处书函如此，则与别处书函更可知矣。沅弟之仆从随员颇有气焰，面色言语，与人酬接时，吾未及见，而申夫曾述及往年对渠之词气，至今饮憾。以后宜于此四端痛加克治，此谦字工夫也。每日临睡之时，默数本日劳心者几件，劳力者几件，则知宣勤王事之处无多，更竭诚以图之，此劳字工夫也。

余以名位太隆，常恐祖宗留诒之福自我一人享尽，故将劳、谦、廉三字时时自惕，亦愿两贤弟之用以自惕，且即以自概耳。

湖州于初三日失守，可悯可敬。

同治元年五月十五日

【译文】

沅、季弟左右：

帐篷即日开始赶办，大约五月可以解送六个营，六月再解送六个营，到时新兵就可以靠此稍微避暑了。小抬枪的火药和大炮的火药，这边并没有区别，也没有生产两种火药。以后决定每月解送火药三万斤到弟弟的军营，不致再发生缺药的事。王可升十四日回省，其老营十六日可以到。到了以后马上派往芜湖，以免南岸中段军力空虚。

雪琴和沅弟之间嫌隙已很深，一时难以使他们的关系达到水乳交融的地步。沅弟所批雪琴的文稿，有对的地方，也有不当的地方。弟弟说雪琴声色俱厉。眼睛可以看千里，却不能看见自己。声音面貌方面表现拒人千里之外，往往糟就糟在自己却看不见。雪琴的严厉，雪琴自己并没有意识到；沅弟的声色，恐怕也未尝不严厉，仅仅是自己不知道。记得咸丰七年的冬天，我埋怨骆秉章待我太刻薄，温甫说："哥哥的脸色，常常让人难堪。"还记得十一年春，树堂深怨张伴山太过傲慢，我则说树堂的脸色过于严肃，显得拒人于千里之外。看这两个例证，那沅弟严厉的脸色，不是如同我与树堂一样，自己意识不到吗？

我家正处在鼎盛时刻，我又窃居将相之位，沅弟统领的军队近两万人，季弟统领的有四五千人。近世有如此盛景的，曾经有过几家？沅弟在半年之内，七次拜受君恩，近世像老弟你的又有几个？太阳到了正午就要西斜，月亮圆时也就意味着会缺。我家正是盈满的时候。管子说："斗斛满了，由人去刮平，人自满了，由天去刮平。"我说天刮平是无形的，还是借手于别人来刮平。霍氏盈满了，由魏相刮平，由宣帝刮平；诸葛恪盈满了，由孙峻刮平，由吴主刮平。等到他人来刮平时才后悔，那么后悔已晚了！我家正处丰盈的时际，不等天来刮平，也不等别人来刮平，我与诸弟应当设法自己刮平。自我刮平的方法是什么呢？也不外乎"清、慎、勤"三个字而已。我最近将"清"字改成了"廉"字，将"慎"字改成了"谦"字，"勤"字改为"劳"字，更加浅显易懂，确实便于实行。

沅弟过去对于银钱的收与支，往往不够慎重。朋友们讥笑看轻你，根源实际上就在这里。去年冬天买犁头嘴、栗子山，我也很不以为然。以后应不妄取分毫，不寄钱回家，不多送亲族，这是"廉"字功夫。"谦"字存于内心，他人并不可知，但表现在外面的大约有四方面：一是脸色，一是言事，一是书信，一是仆从属员。沅弟一次招兵六千人，季弟并不请示，直接招了三千人，这是其他统领绝对做不到的，对弟弟而言却能做到，还算顺利。而弟弟每次来信，索取帐篷、火药等东西，经常有讥讽的字句，不平的话语，给我写信还这样，给别人的书信就可以想见了。沅弟的仆从属员，很有气焰，脸色言语，与人应酬接触之时，我没有看见，而申夫说起往年对他的语气态度，至今仍感到遗憾！以后应在这四个方面痛加改正，这就是"谦"字功夫。每天临睡之时，要默默地数一下当日有几件事操心、几件事费力，就知道为王事勤勉操劳的不够，更应该竭尽心力，这是"劳"字功夫。

我因为名声太大、地位太高，经常怕祖宗留下来的福泽被我一个人独享，所以时常以"劳、谦、廉"三个字自我约束，也希望两位贤弟以此三字自勉，并且以此刮平自己。

初三那天，湖州失守，实在让人怜悯又痛心，守城将士的勇气令人敬仰。

同治元年五月十五日

不宜过露痕迹

若人之傲惰鄙弃业已露出，则索性荡然无耻，拚弃不顾，甘与正人为仇，而以后不可救药矣。

【原文】

字谕纪泽：

二十日接家信，系尔与澄叔五月初二所发，二十二日又接澄侯衡州一信，具悉五宅平安，三女嫁事已毕。

尔信极以袁婿为虑，余亦不料其遽尔学坏至此，余即日当作信教之。尔等在家却不宜过露痕迹，人所以稍顾体面者，冀人之敬重也。若人之傲惰鄙弃业已露出，则索性荡然无耻，拚弃不顾，甘与正人为仇，而以后不可救药矣。我家内外大小于袁婿处礼貌均不可疏忽，若久不悛改，将来或接至皖营，延师教之亦可。大约世家子弟，钱不可多，衣不可多，事虽至小，所关颇大。

此间各路军事平安。多将军赴援陕西，沅、季在金陵孤军无助，不无可虑，湖州于初三日失守。鲍攻宁国，恐难遽克。安徽亢旱，顷间三日大雨，人心始安。谷即在长沙采买，以后澄叔不必挂心。

此次不另寄澄信，尔禀告之。此嘱。

同治元年五月二十四日

【译文】

字谕纪泽：

二十日我收到了家里的来信，是你和澄叔五月二日寄来的。二十二日又接到澄侯从衡州寄来的一封信，得知家中五宅平安，三女儿的婚事也已经办完。

你在来信中提及袁婿，很为他的现状担心，我没想到他这么快就堕落到如此地步，我今天就写信对他提出训诫。你们在家却不宜过分暴露厌恶的情绪，人之所以要稍稍顾些体面，是希望人们敬重自己。如果一个人的骄傲、懒惰、恶劣的言行已经完全暴露于人前，他就会毫无顾忌，索性抛却所有的廉耻之心，不顾一切脸面，下定决心与正直的人结仇，到那时就无可救药了。我家内外大小都应该对袁婿处处礼貌，如果他长期不悔改，将来或把他接到安徽的营中来，或请老师对他进行严格的教育。世家子弟，钱财和衣物都不能奢侈浪费，事情虽小，关系重大。

这里各路军事情况目前都平安。多将军已经开赴陕西增援，沅、季在金陵势单力薄，又没有援军相助，境况堪忧。初三湖州失守，鲍军进攻宁国，恐怕难以迅速攻克。安徽遭受大旱之灾，最近才下了三天大雨，人心才得以逐渐安定。谷物可以从长沙购买，以后澄叔不必为此事担心了。

这次不另给澄叔写信了，你禀告他一下，此嘱。

同治元年五月二十四日

盛时常作衰时想

盛时常作衰时想，上场当念下场时。富贵人家，不可不牢记此二语也。

【原文】

澄弟左右：

沅、霆两军病疫，迄未稍愈。宁国各属军民死亡相继，道殣相望，河中积尸生虫，往往缘船而上，河水及井水皆不可食。其有力者，用舟载水于数百里之外。臭秽之气中人，十病八九。诚宇宙之大劫，军行之奇苦也。

洪容海投诚后，其党黄、朱等目复叛，广德州既得复失，金柱关常有贼窥伺，近闻增至三四万人，深可危虑。余心所悬念者，惟此二处。

余体气平安。惟不能多说话，稍多则气竭神乏，公事积搁，恐不免于贻误。弟体亦不甚旺，总宜好好静养。莫买田产，莫管公事。吾所嘱者，二语而已：盛时常作衰时想，上场当念下场时。富贵人家，不可不牢记此二语也。

同治元年闰八月初四日

【译文】

澄弟左右：

沅、霆两军中暴发的病疫，至今未见稍为好转的迹象。宁国各地的军民都相继死亡，道上尽是尸体，河沟内积尸腐烂生虫，甚至沿船边往上爬，以致河水、井水都已经被污染，无法饮用。还有些体力的人，只好到几百里外用船装水吃。又臭又脏的秽气浸入人的身体，十人有八九人都会染上流行的病疾。真是天地间的大劫难，行军打仗遇到的奇苦啊。

洪容海投降后，他的党羽黄、朱等头目再次叛变了，广德州得而复失，金柱关常有敌人在旁窥伺，近日听说敌军增加到三四万人，是深为忧虑的事。我心中所挂念的，就是这两个地区。

　　我身体平安，只是不能多说话，话语稍多一些就精神不振，所以公事积压在案，恐怕会有些延误。弟弟的身体也不算很健壮，还是应该用心静养。不要买田产，也莫管公事。我要叮嘱你的，只有两句话而已：兴盛时期常为衰落时期想，上场时就应当想到下场时。富贵人家，一定要在心中切记这两句话。

同治元年闰八月初四日

危急之时，只有在己者靠得住

凡危急之时，只有在己者靠得住，其在人者，皆不可靠。恃之以守，恐其临危而先乱；恃之以战，恐其猛进而骤退。

【原文】

沅弟、季弟左右：

都将军派兵四营来助守，固属可喜，而亦未必可恃。凡危急之时，只有在己者靠得住，其在人者，皆不可靠。恃之以守，恐其临危而先乱；恃之以战，恐其猛进而骤退。幸四营人数不多，或不致搅动弟处全局，否则彼军另有风气，另有号令，恐非徒无益而反有损，弟宜谨慎用之。去年春间，弟不要陈大富一军，又不留成大吉一军，余深喜弟之有识有志也。

子药银米，余刻刻不忘，弟刻刻宜存节省之意，不必函函苦催。大约弟设身处地所能办到者，兄亦必能办到；兄所束手不能办者，虽弟设身处地，亦无如何也。

同治元年九月二十八日

【译文】

沅弟、季弟左右：

都将军派了四个营的兵前来协助防守，自然值得高兴，但也不一定可靠。凡是危险的时候，只有自己靠得住，而别人都不可靠。依靠别人来防守，可能到了危急的时候会先乱；依靠别人进攻，可能会因为猛进而导致失败。幸好四营人数不多，也许不至于搞乱弟那里的全局。否则，这部分军队会有另一种风气，另有号令，只怕不但没有好处，反而导致损失。弟用他们要谨慎。去年春天，弟不要陈大富一军，又不留成大吉一军，我对弟的远见卓识十分喜欢。

子弹、火药、银两、大米，我时刻不会忘记。弟也要时时想着节约，用不着来信催促。大概弟设身处地能办到的事情，我也肯定能够办到；我没办法办的事情，即使弟设身处地，也还是没有办法。

同治元年九月二十八日

去忿欲以养体，存倔强以励志

至于倔强二字，却不可少。功业文章，皆须有此二字贯注其中，否则柔靡不能成一事。

若能去忿欲以养体，存倔强以励志，则日进无疆矣。

【原文】

沅弟左右：

十九日接弟十四日缄，交林哨官带回者，具悉一切。

肝气发时，不惟不和平，并不恐惧，确有此境。不特弟之盛年为然，即余渐衰老，亦常有勃不可遏之候。但强自禁制，降伏此心，释氏所谓降龙伏虎：龙即相火也，虎即肝气也。多少英雄豪杰打此两关不过，亦不仅余与弟为然。要在稍稍遏抑，不令过炽。降龙以养水，伏虎以养火。古圣所谓窒欲，即降龙也；所谓惩忿，即伏虎也。释儒之道不同，而其节制血气，未尝不同，总不使吾之嗜欲戕害吾之躯命而已。

至于倔强二字，却不可少。功业文章，皆须有此二字贯注其中，否则柔靡不能成一事。孟子所谓至刚，孔子所谓贞固，皆从倔强二字做出。吾兄弟皆禀母德居多，其好处亦正在倔强。若能去忿欲以养体，存倔强以励志，则日进无疆矣。

新编五营，想已成军。郴桂勇究竟何如，殊深悬系。吾牙疼渐愈，可以告慰。刘馨室一信抄阅，顺问近好。

兄国藩手草

同治二年正月二十日

【译文】

沅弟左右：

我于十九日接到弟弟十四日捎来的信，就是交给林哨官带回来的那封，一切均已知晓。

肝气上升时，身体不但不平和，心中也不恐惧，每到此时确实会有这种现象。不但弟弟年轻气盛时如此，我现在已渐渐衰老了，也常有肝气勃发不能遏制的症候。不过只要自己强加禁制，便可降伏心火。正如佛家所说的降龙伏虎：龙即是相火，虎就是肝气。多少英雄豪杰都过不了这两道关，不仅我们兄弟是这样的。重要的是要稍加遏抑，不要让肝火过分炽烈。降龙用来养水，伏虎用来养火。古代圣人所说的窒欲，就是降龙；所说的惩忿，就是伏虎。佛家、儒家的道术虽然不同，但在节制血气这一点上，还是相通的，没什么太大的区别，其宗旨不外乎是克制自己的嗜好欲望，以免戕害自己的身体。

至于"倔强"这两个字，却是不可缺少的气质。功业文章，都须要有这两个字的精神贯穿其中，否则一生都会萎靡不振，一事无成。孟子所说的至刚、孔子所说的贞固，都从"倔强"二字引申而来。我们兄弟继承了母亲所具有的诸多品德，其精髓正在于"倔强"二字。如能消除体内仇恨的欲望，保养自己的身体，而多些倔强之气来激励心志，那么每天努力实行，就可以有无限的长进。

新编的五个营，想必已经成长成一个军旅了。郴、桂的士兵究竟操练得如何，我心中很是挂念。最近我的牙疼已稍微减轻，可以稍稍欣慰，不必过于挂念了。现将刘馨室的一封信抄寄给你看。顺问近好。

兄国藩手书
同治二年正月二十日

得宽闲岁月，切莫错过好光阴

处乱世而得宽闲之岁月，千难万难，尔切莫错过此等好光阴也。

【原文】

字谕纪泽儿：

二月二十一日在运漕行次，接尔正月二十二日、二月初三日两禀，并澄叔两信，具悉家中五宅平安。大姑母及季叔葬事，此时均当完毕。

尔在团山嘴桥上跌而不伤，极幸极幸。闻尔母与澄叔之意欲修石桥，尔写禀来，由营付归可也。《礼》云："道而不径，舟而不游。"古之言孝者，专以保身为重。乡间路窄桥孤，嗣后吾家子侄凡遇过桥，无论轿马，均须下而步行。

吾本意欲尔来营见面，因远道风波之险，不复望尔前来，且待九月霜降水落，风涛性定，再行寄谕定夺。目下尔在家饱看群书，兼持门户。处乱世而得宽闲之岁月，千难万难，尔切莫错过此等好光阴也。

余以十六日自金陵开船而上，沿途阅看金柱关、东西梁山、裕溪口、运漕、无为州等处，军心均属稳固，布置亦尚妥当。惟兵力处处单薄，不知足以御贼否？余再至青阳一行，月杪即可还省。南岸近亦吃紧。广匪两股窜扑徽州，古、赖等股窜扰青阳。其志皆在直犯江西以营一饱，殊为可虑。

澄叔不愿受沅之赐封。余当寄信至京，停止此举，以成澄志。

尔读书有恒，余欢慰之至。第所阅日博，亦须札记一二条，以自考证。脚步近稍稳重否？常常留心。此嘱。

澄叔此次未另写信，将此禀告。

同治二年二月二十四日

【译文】

字谕纪泽儿：

二月二十一日，我在运漕行船的途中收到了你正月二十二日、二月初三的两封信和澄叔的两封信，得知家中五宅平安。大姑母和季叔的葬礼，想来都应该处理完毕了吧。

信中说，你在团山嘴桥上不小心跌倒，幸而没有受伤，真是万幸啊。听说你母亲和澄叔打算重新修座石桥，你写信来也是这个意思，我看（所需资金）由我从营中寄回就行了。《礼记》中这样说："道而不径，舟而不游。"古人所说的孝，尤其以保身为要。乡间的道路和桥梁都窄小危险，以后我们家的后代，凡是过桥的时候，无论是坐轿还是骑马，都要下来步行。

我本想你来营中见面，因路途遥远，而且又有危险，所以就希望你不要来了。暂且等到九月霜降雨停之后，气候稳定了，我再给你寄信，告知你来营的日期。现在你在家得以饱览群书，还可兼管家庭事务。身处乱世，得以享受宽闲的岁月，实在是很难得的机会，万万不要错过这样的好时光啊。

十六日我从金陵坐船，迎流而上，沿途察看了金柱关、东西梁山、裕溪口、运漕、无为州等处，据我观察，目前军心尚稳，军事布置也还妥当。只是各处的兵力都显得势单力薄，不知是否能够抵挡得住来势汹汹的敌人？我还要赶去青阳一趟，月底就可以回省城。南岸的情况近来比较紧张。敌军派出两股人马进攻徽州，古、赖等股（捻军）敌军又不时地骚扰青阳，其最终目的显然是要进攻江西，为此我深为忧虑。

澄叔不愿意接受朝廷给沅叔的重复赐封。我应当马上给京城写信，请示朝廷取消这项举措，以遂了澄叔的心愿。

得知你读书能持之以恒，我心里特别欣慰。不过随着自己读书涉及的知识日见广博，有必要做一两条札记，以方便自己日后查考。最近脚步是否日益稳重些了？要常常注意这些。此嘱。

这次没有另外写信给澄叔，你把这封信转给他看。

同治二年二月二十四日

第二章 自勉之道

不宜过于菲薄，近于自弃

弟今年四十，较我壬子之时尚少三岁，而谓此后便无长进，欺人乎？自弃乎？弟文有不稳之处，无不通之处；有不简之处，无不畅之处，不过用功一年二载便可大进。

【原文】

沅弟左右：

二十一日接弟十三日信，盖连日南风极大，故到省极迟。应商事件，条列如左：

一、十七晚有轮舟自金陵经过，亲见九洑洲实已克复。宜以萧军守二浦，南云酌留二营守九洑洲，非畏长毛之复来也，畏李世忠之盘踞耳。如李业已派兵扎二浦城内，则弟须商之厚、雪与萧，用蛮教驱之使去（李最欺善怕恶），令萧军速入，占守二城。李见我军威方盛，必不敢违抗。李有牍来，报渠兵克复桥林、二浦，余当批斥之，不准渠部再入二浦城也。

一、二浦、九洑即克，霆军日内必已南渡，或竟围扎孝陵卫一带，或先打二溧，均听弟与厚、雪、霆四人商办，余不遥制。昨已函告弟处，顷又函告雪琴矣。余平日本主先攻二溧、东坝，不主合围之说。今见事机大顺，忠酋又已回苏，金陵城贼必甚惊慌，亦改而主合围之说。且天气太热，霆军奔驰太苦，不如令扎金陵东北，以资休息。待七月半间伏过暑退，弟与霆军各抽行队去打东坝、二溧，尚不为晚。届时江、席、李三军亦可由广德、建平以达东坝矣。

一、合围之道，总以断水中接济为第一义。百余里之城，数十万之贼，断非肩挑陆运所能养活。从前有红单船接济，有洋船接济，今九洑洲既克，二者皆可力禁。弟与厚、雪以全副精神查禁水次接济，则克城之期，不甚远矣。

九洑洲可设一厘卡，弟处有贤员可派否？樊沛仁声名极坏，当严行查办。

一、余批折稿中，有一条不当于事理，弟亦不必怄气。余之意，不过想弟军常常有一大支活兵在外耳。今江北既一律肃清，则大局已好，或合围或游击，均无不可，余兄弟议论不至参差矣。

至于云仙之意，则当分别观之。渠不以弟疏稿为然，诚所不免；谓渠遵例回避，愿入弟幕草奏尽出客气，却又不然。胡文忠八年初丁艰时，屡函称遵旨夺情，不愿作官，愿入迪庵幕中草奏帮办。人人皆疑其矫，余则知其爱迪敬迪出于至诚。云仙之爱弟敬弟，亦极诚挚，弟切莫辜负其意也。往时咸丰三、四、五年间，云仙之扬江、罗、夏、朱而抑鄙人，其书函言词均使我难堪，而日久未尝不谅其心。

至弟之文笔，亦不宜过自菲薄，近于自弃。余自壬子出京，至今十二年，自问于公牍书函、军事吏事、应酬书法无事不大长进。弟今年四十，较我壬子之时尚少三岁，而谓此后便无长进，欺人乎？自弃乎？弟文有不稳之处，无不通之处；有不简之处，无不畅之处，不过用功一年二载便可大进。昔温弟谏余曰："兄精神并非不足，便吝惜不肯用耳。"余今亦以此谏弟也。顺问近好。

国藩手草

同治二年五月二十一日

【译文】

沅弟左右：

我于二十一日接到弟弟十三日的来信，可能是因为这几天南风刮得很厉害，所以推迟了信件到达省城的日期。现在我把应该回复的事情，开列如下：

一、十七日晚上有轮船从金陵路过时，亲见九洑洲确实已经被攻克。我认为应该考虑派出萧军守二浦，留南云两个营守九洑洲，这样做不是害怕敌人会突然反扑，而是怕李世忠盘踞在那里。如果李已派兵驻扎在二浦城内了，那么弟弟就应该和厚、雪、萧商量，用蛮教把他轰走（李最欺善怕恶），之后命萧军尽快占领并守住这两个城池。李若看见我军军威振奋，一定不敢有反抗的举动。李在来信中说，他所率领的军队已经攻下了桥林、二浦两地，我会严厉斥责他，不许他的军队再进二浦城一步。

二、二浦、九洑已经被攻克，近几日霆军必定开始南渡，或者最后在孝陵卫一带驻扎，也可以先攻打二溧，这些可以由弟弟和厚、雪、霆你们四个人来商量办理，我就不再过问了。我昨天已经写信告诉弟弟，接着又写信给雪琴告知他。我本来认为应该先攻打二溧、东坝，不赞成合围的策略。如今战况进展得如此顺利，伪忠王又已退回苏州，金陵城里的敌人一定惊慌不已，正是合围的大好时机，所以我也赞成合围的策略。再加上目前天气炎热，霆军连日奔走作战，将士们都很辛苦，不如令他们驻扎在金陵东北，稍加休整，以备再战。待七月中旬伏天过去天气凉爽之后，弟弟和霆军再各自调配一队人马攻打东坝、二溧，也为时未晚。到那时，江、席、李三军也可以从广德、建平攻打东坝了。

三、合围的办法，总的来说应该以截断水中的接济为第一要义。一百多里的城池，几十万的敌军，若靠肩挑、陆运肯定不能存活的。从前有红单船、洋船接济，如今九洑洲已被夺回，这两种接济已被切断。弟弟和厚、雪三人要尽全力查禁水中的接济，这样不日便可攻克金陵城。九洑洲可设一厘卡，贤弟那里是否有干将可以任用？樊沛仁作恶多端，名声狼藉，应当严加查办。

四、我批改折稿的时候，发现一条不合事理的建议，弟弟不必因此而有怨气。我的意思不过是希望弟弟能长期拥有一支规模较大的机动部队可供灵活调遣。如今江北的敌军已经全部肃清，大局已渐趋好转，或合围或游击，都是可行的，所以我们兄弟两人的看法应该是基本一致，没有很大的分歧。

至于云仙的意见，就应当区别对待了。他认为弟弟的疏稿有不当之处，那是必然的；说他遵守惯例回避，愿到弟弟幕下起草奏折全是出于客气，却又不完全如此。胡文忠咸丰八年初兵力困难的时候，多次写信说遵从圣旨而出来办事，不愿做官，愿加入迪庵的幕下任帮办起草奏折。人人都怀疑他的做法是虚伪的矫揉造作，但我知道他对弟弟的爱护之心完全是发自内心的。云仙爱你敬仰你，也是出于诚挚之心，弟弟万万不要辜负他的一片真心。咸丰三、四、五年间，云仙赞扬江、罗、夏、朱，反而鄙视我，他的书信言词都令我难堪不已。不过日久见人心，现在我倒理解他的做法了。

至于弟弟的文笔，也不要一味地过于妄自菲薄，甚至自暴自弃。我自壬子年离京以来，到如今已有十二年了，自问无论是公文书信、军事吏事、应酬书法，都大有长进。弟弟今年才四十岁而已，比我壬子年时还小三岁，却说已经没有长进的可能，这是骗人呢？还是自暴自弃呢？弟弟的文章虽有不够稳妥之处，但还没有不通顺的地方；虽有不够简练之处，但还没有不畅达的地方。

我相信若用心学习，不过一两年的时间便能有大的长进。以前温弟曾规劝我说："兄精神不是不够，只是吝惜不用而已。"直到如今我还清晰记得，并用这句话来规劝弟弟。顺问近好。

国藩手书
同治二年五月二十一日

谨记修身三戒，力除傲、惰二弊

在外以谦谨二字为主。

教以三戒之首，末二条及力去傲惰二弊。

【原文】

字谕纪鸿儿：

自尔起行后，南风甚多，此五日内却是东北风，不知尔已至岳州否？

余以二十五日至金陵，沅叔病已痊愈。二十八日戮洪秀全之尸，初六日将伪忠王正法。初八日接富将军咨，余蒙恩封侯，沅叔封伯。余所发之折，批旨尚未接到，不知同事诸公得何懋赏，然得五等者甚少。余借人之力以窃上赏，寸心不安之至。

尔在外以谦谨二字为主，世家子弟，门第过盛，万目所瞩。临行时，教以三戒之首，末二条及力去傲惰二弊，当已牢记之矣。场前不可与州县来往，不可送条子，进身之始，务知自重。酷热尤须保养身体。此嘱。

涤生手示

同治三年七月初九日

【译文】

字谕纪鸿儿：

自从你起程之日起，整日都是刮南风，数日未止。而最近的五天里都是东北风，不知你是否已经抵达岳州？

二十五日我才抵达金陵，沅叔的病现在已痊愈了。二十八日屠戮洪秀全的尸体，初六日斩了伪忠王李秀成。初八日接到富明阿将军的咨文，我蒙受皇恩封侯，沅叔封伯。我发出的奏折，批旨还没接到，不知道同事各位都得到了什么奖赏，但得五等爵的人很少。我是凭借别人的力量才得到上等奖赏的，心中极为不安。

你出门在外，要谨记以"谦、谨"二字为准则。凡是世家子弟，门第过于兴盛，自然便成为众人瞩目的焦点。你临行前，我曾用三个戒条教育过你，首末两条就是要极力去除傲慢、怠惰这两个弊端，你应时刻牢记于心。考试之前切不可与州县官员来往，更不能送条子，这是你出仕为官的第一步，一定要自重。天气酷热尤其要注意保养身体。此嘱。

父涤生手书
同治三年七月初九日

受挫之时，乃长进之机

安知此两番之大败，非天之磨炼英雄，使弟大有长进乎？

谚云"吃一堑长一智"，吾生平长进，全在受挫辱之时。务须咬牙厉志，蓄其气而长其智，切不荼然自馁也。

【原文】

沅弟左右：

十八之败，杏南表弟阵亡，营官亡者亦多，计亲族邻里中或及于难，弟日内心绪之忧恼万难自解。然事已如此，只好硬心狠肠，付之不问，而一意料理军务。补救一分，即算一分。弟已立大功于前，即使屡挫，识者犹当恕之。比之兄在岳州、靖港败后栖身高峰寺，胡文忠在羊山败后舟居六溪口气象，犹当略胜。高峰寺、六溪口尚可再振，而弟今不求再振乎？

此时须将劾官相之案、圣眷之隆替、言路之弹劾一概不管，袁了凡所谓"从前种种譬如昨日死，以后种种譬如今日生"，另起锅灶，重开世界。安知此两番之大败，非天之磨炼英雄，使弟大有长进乎？谚云"吃一堑长一智"，吾生平长进全在受挫辱之时。务须咬牙厉志，蓄其气而长其智，切不荼然自馁也。

同治六年二月二十九日

【译文】

沅弟左右：

十八日的战败，杏南表弟阵亡，其他营官阵亡的也很多，想到亲属、乡亲中有人遇难，你内心的忧愁烦恼一定难以化解。然而事已至此，只好硬起心肠，置之不理而专心料理军务。补救一分，就算一分。弟弟你已经立下了大功，即使多次失败，了解你的人也会原谅你。比起我在岳州、靖江战败后栖身于高峰寺，胡林翼于夆山战败后在六溪口漂泊船上的景象，还是要好一些。高峰寺、六溪口之后还可以重整旗鼓，而你今天就不求再次振作了吗？

现在应将弹劾官相的失败、皇上对你态度的转变、现今舆论对你的责难一概不管，正如袁了凡所说的"从前种种譬如昨日死，以后种种譬如今日生"，另起炉灶，重新开始。怎么知道这两次的大败，不是上天在磨炼你这个英雄，使你大有长进呢？谚语说"吃一堑长一智"，我平生的进步全在受到挫折、受到侮辱的时候。务必咬紧牙关，积蓄自己的斗志，增长才智，千万不要自己放松泄气啊。

同治六年二月二十九日

力守悔字、硬字两诀，以求挽回

> 故近虽忝窃大名，而不敢自诩为有本领，不敢自以为是。
> 从此反求诸己，切实做去，安知大蛰之后无大伸之日耶？

【原文】

沅弟左右：

春霆之郁抑不平，大约屡奉谕旨严责，虽上元之捷，亦无奖许之辞，用是怏怏者十之四；弟奏与渠奏报不符，用是怏怏者十之二；而少荃奏省三败挫，由于霆军爽约，其不服者亦十之二焉。余日内诸事忙冗，尚未作信劝驾。向来于诸将有挟而骄者，从不肯十分低首恳求，亦硬字诀之一端。

余到金陵已六日，应酬纷繁，尚能勉强支持，惟畏祸之心刻刻不忘。弟信以咸丰三年六月为余穷困之时。余生平吃数大蛰，而癸丑六月不与焉。第一次壬辰年发佾生，学台悬牌，责其文理之浅。第二庚戌年上日讲疏内，画一图甚陋，九卿中无人不冷笑而薄之。第三甲寅年岳州、靖港败后，栖于高峰寺，为通省官绅所鄙夷。第四乙卯年九江败后，赧颜走入江西，又参抚臬；丙辰被困南昌，官绅人人目笑存之。吃此四蛰，地无自容。故近虽忝窃大名，而不敢自诩为有本领，不敢自以为是。俯畏人言，仰畏天命，皆从磨炼后得来。

弟今所吃之蛰，与余甲寅岳州、靖港败后相等，虽难处各有不同，被人指摘称快则一也，弟力守悔字硬字两诀，以求挽回。弟自任鄂抚，不名一钱，整顿吏治，外间知之者甚多，并非全无公道。从此反求诸己，切实做去，安知大蛰之后无大伸之日耶？

同治六年三月十二日

【译文】

沅弟左右：

春霆抑郁不平，大概是因为总被圣旨严厉指责，即使正月十五打了胜仗，也没有一句奖励的话，这占他不高兴的原因的四分；你上奏的与他上奏的内容不相符合，这占他不高兴的原因的两分；少荃奏报中说省三战败是由于春霆违背作战计划，他不服气也占了两分。我这些天各种事很忙，还没有来得及写信劝他。我一向对于那些挟功傲慢的将领们，从来不肯完全低头恳求，这也是硬字诀的一个内容。

我到金陵已经六天了，应酬繁多，还能勉强支持，只是惧怕灾祸的想法一刻也忘不掉。你的信中认为咸丰三年六月是我穷困的时候。我一生中摔过几个大跟斗，但你说的这次还算不上。第一次是壬辰年（1832年）公布乐舞生，提督学政贴出公告，批评我文理浅陋。第二次是庚戌年（1850年）在一篇日讲制度的奏章中，我画了一张非常粗劣的图，同僚们没有一个不嘲笑、挖苦我的。第三次是甲寅年（1854年）岳州、靖港战败后住在高峰寺，湖南全省的官绅都看不起我。第四次是乙卯年（1855年）在九江打了败仗后厚着脸皮到江西，又参奏江西巡抚、提刑按察使，次年被围困在南昌，官绅们来慰问我时都带着嘲笑的目光。这些教训，让人无地自容。所以近年来虽有些名气，但不敢自夸有本领，不敢自以为是。既怕公众的议论，又怕命运的安排，这都是磨炼后得来的。

你如今摔的跟头，与我甲寅年在岳州、靖江战败后差不多，虽然难处各有不同，但被人指责、嘲笑却是一样的。你应该努力坚持悔字诀和硬字诀，以求得弥补。你自从当上湖北巡抚，清正廉洁，整顿吏治，外边知道这个情况的人很多，并不是完全没有人主持公道。从此反省自己，认真做下去，怎么知道摔了大跟头之后没有大成功的一天呢？

同治六年三月十二日

第三章 成事之道

无论治世乱世,
凡一家之中能勤能敬,
未有不兴者,
不勤不敬,
未有不败者。

力行格物、诚意

何必择地？何必择时？但自问立志之真不真耳！

君子之立志也，有民胞物与之量，有内圣外王之业，而后不忝于父母之生，不愧为天地之完人。

【原文】

诸位贤弟足下：

十月二十一接九弟在长沙所发信，内途中日记六页，外药子一包。二十二接九月初二日家信，欣悉以慰。

自九弟出京后，余无日不忧虑，诚恐道路变故多端，难以臆揣。及读来书，果不出吾所料，千辛万苦始得到家，幸哉幸哉！郑伴之不足恃，余早已知之矣。郁滋堂如此之好，余实不胜感激。在长沙时，曾未道及彭山屺，何也？又为祖母买皮袄，极好极好，可以补吾之过矣。

观四弟来信甚详，其发奋自励之志溢于行间。然必欲找馆出外，此何意也？不过谓家塾离家太近，容易耽搁，不如出外较清净耳。然出外从师，则无甚耽搁；若出外教书，其耽搁更甚于家塾矣。且苟能发奋自立，则家塾可读书，即旷野之地，热闹之场，亦可读书，负薪牧豕，皆可读书；苟不能发奋自立，则家塾不宜读书，即清净之乡，神仙之境，皆不能读书，何必择地？何必择时？但自问立志之真不真耳！

六弟自怨数奇，余亦深以为然。然屈于小试辄发牢骚，吾窃笑其志之小，而所忧之不大也。

君子之立志也，有民胞物与之量，有内圣外王之业，而后不忝于父母之所生，不愧为天地之完人。故其为忧也，以不如舜、不如周公为忧也，以德不修、学不讲为忧也。是故顽民梗化则忧之，蛮夷猾夏则忧之，小人在位、贤人否闭则忧之，匹夫匹妇不被己泽则忧之。所谓悲天命而悯人穷，此君子之所忧也。若夫一身之屈伸，一家之饥饱，世俗之荣辱得失、贵贱毁誉，君子固不暇忧及此也。

六弟屈于小试，自称数奇，余窃笑其所忧之不大也。盖人不读书则已，亦既自名曰读书人，则必从事于《大学》。《大学》之纲领有三：明德、新民、止至善，皆我分内事也。若读书不能体贴到身上去，谓此三项与我身了不相涉，则读书何用？虽使能文能诗，博雅自诩，亦只算得识字之牧猪奴耳！岂得谓之明理有用之人也乎？朝廷以制艺取士，亦谓其能代圣贤立言，必能明圣贤之理，行圣贤之行，可以居官莅民、整躬率物也。若以明德、新民为分外事，则虽能文能诗，而于修己治人之道，实茫然不讲，朝廷用此等人作官，与用牧猪奴作官何以异哉？

然则既自名为读书人，则《大学》之纲领皆己立身切要之事，明矣。其修目有八，自我观之，其致功之处，则仅二者而已：曰格物，曰诚意。格物，致知之事也；诚意，力行之事也。物者何？即所谓本末之物也。身、心、意、知、家、国、天下，皆物也。天地万物，皆物也；日用常行之事，皆物也。格者，即物而穷其理也。如事亲定省，物也；究其所以当定省之理，即格物也。事兄随行，物也；究其所以当定省之理，即格物也。吾心，物也；究其存心之理，又博究其省察涵养以存心之理，即格物也。吾身，物也；究其敬身之理，又博究其立齐坐尸以敬身之理，即格物也。每日所看之书，句句皆物也；切己体察，穷究其理，即格物也。此致知之事也。所谓诚意者，即其所知而力行之，是不欺也。知一句便行一句，此力行之事也。此二者并进，下学在此，上达亦在此。

吾友吴竹如格物工夫颇深，一事一物皆求其理。倭艮峰先生则诚意工夫极严，每日有日课册，一日之中，一念之差，一事之失，一言一默皆笔之于书。书皆楷字，三月则订一本。自乙未年起，今三十本矣。盖其慎独之严，虽妄念偶动，必即时克治，而著之于书，故所读之书，句句皆切身之要药，兹将艮峰先生日课抄三页付归与诸弟看。

余自十月初一日起亦照艮峰样，每日一念一事，皆写之于册，以便触目克治，亦写楷书。冯树堂与余同日记起，亦有日课册。树堂极为虚心，爱我如兄，敬我如师，将来必有所成。余向来有无恒之弊，自此次写日课本子起，可保终身有恒矣。盖明师益友，重重夹持，能进不能退也。本欲抄余日课册付诸弟阅，因今日镜海先生来，要将本子带回去，故不及抄。十一月有折差，准抄几页付回也。

余之益友，如倭艮峰之瑟僴，令人对之肃然；吴竹如、窦兰泉之精义，一言一事，必求至是；吴子序、邵蕙西之谈经，深思明辨；何子贞之谈字，其精妙处，无一不合，其谈诗尤最符契。子贞深喜吾诗，故吾自十月来已作诗十八首。兹抄二页，付回与诸弟阅。冯树堂、陈岱云之立志，汲汲不遑，亦良友也。镜海先生，吾虽未尝执贽请业，而心已师之矣。

吾每作书与诸弟，不觉其言之长，想诸弟或厌烦难看矣。然诸弟苟有长信与我，我实乐之，如获至宝。人固各有性情也。

余自十月初一日起记日课，念念欲改过自新。思从前与小珊有隙，实是一朝之忿，不近人情，即欲登门谢罪。恰好初九日小珊来拜寿，是夜余即至小珊家久谈，十三日与岱云合伙，请小珊吃饭。从此欢笑如初，前隙尽释矣。金竺虔报满用知县，现住小珊家，喉痛月余，现已全好。李笔峰在汤家如故。易莲舫要出门就馆，现亦甚用功，亦学倭艮峰者也。同乡李石梧已升陕西巡抚。两大将军皆锁拿解京治罪，拟斩监候。英夷之事，业已和抚。去银二千一百万两，又各处让他码头五处。现在英夷已全退矣。两江总督牛鉴，亦锁解刑部治罪。

近事大略如此，容再续书。

兄国藩手书

道光二十二年十月二十六日

【译文】

诸位贤弟：

十月二十一日收到九弟在长沙寄来的信，里面夹有途中所记的日记六页和外用草药一包。二十二日又收到九月初二的家信，能够知道家中的一切情况，感到非常欣慰。

自从九弟出京以后，我一直担心他在路上会出什么事情，直至读了来信，得悉他果然经历了千辛万苦才到家，真是太幸运了！与郑同行不足以依靠，我早已知道。郁滋堂这样好，我实在不胜感激。在长沙时，没有谈到彭山屺，不知是什么缘故？又为祖母买了皮袄，这样做非常好，可以弥补我的过失。

四弟的信写得很详细，发奋自励的决心充满字里行间，却不知为什么还要出外找学堂。他说在家塾教书离家太近容易耽搁学业，不如在外边教书清静。其实，如果是在外面读书，也许不会耽搁；如果是在外面教书的话，恐怕比在家塾教书更容易耽搁。倘若真的发奋自立，在家塾教书可以读书，在空旷的田野，在热闹的场所，也可以读书，即使是背柴放牧，也能读书。倘若不是真的发愤自立，不仅在家塾教书不能读书，就是在清静的地方，在神仙住的世外桃源，也不能读书，有什么必要这样选择地点、选择时间呢？还是问问自己是不是真的立志读书吧？

　　六弟埋怨自己的命不好，我也是这样认为的。不过，在小考中遭遇了失败就发牢骚，我可是要笑话你志气太小，所忧虑的事太琐碎。

　　君子立志，要有为民请命的肚量，内具圣人才德，外建王者称霸天下的雄功，这才不会辱没父母生我养我，不愧为天地间一个完整的人。所以，这样的人忧虑的是，自己不如舜，不如周公，自己的德行没有修炼好，学问没有大成。顽固的刁民难以感化则忧，野蛮的夷、狡猾的夏不能征服则忧，小人在位、贤人远遁则忧，匹夫匹妇没有得到自己的恩泽则忧，这就是通常所说的悲天命而怜悯百姓穷苦，这是君子的忧虑。这样的人是不会忧虑个人的进退，家人的饥饱，世俗的荣辱、得失、贵贱和成败这些无足轻重的小事的。

　　六弟只不过是小考没有及格，就说自己的命不好，我真要笑话他所忧的东西太小了。不读书也就罢了，既然认为自己是读书人，就一定要研读《大学》。《大学》的主要内容是：明德、新民、止于至善，并把这三点看成是分内的事。读书如果不能联系到自己身上去，说这三件事与自己毫不相干，那么，读书还有什么用处呢？就算这个人会写文章，会作诗，自认为学识渊博、温文儒雅，他也只算得个识字的牧童而已。岂可说他是一个明理有用的人？我们都知道，朝廷之所以根据八股文来选拔任事的人，是因为这样选拔出来的人能代圣贤说话，能明了圣贤的心意，像圣贤一样地做事，这样的人做了官，在百姓中能做表率。如果把明德、新民看作分外的事，虽然能文能诗，但是关于修身养性、治理百姓的道理一点不懂，朝廷任用这种人做官和任用牧童做官又有什么不同呢？

　　既然认为自己是个读书人，就一定要明白《大学》上说的都是自己立身切要的事情。里边需要学习的科目有八条，据我看来，最有用处的只有两条，即"格物"和"诚意"。"格物"是致知的事情，"诚意"是力行的事情。

第三章　成事之道

"物"就是各种大小巨细之事，身、心、意、家、国、天下都是物。天地间的万事万物，都是物。"格"是接触事物而彻底研究它。例如，侍奉父母、定期问候是物，探究为什么要定时向父母请安就是格物。尊敬兄长，时时追随其后是物，弄清为什么要时时跟随在他身后的道理是格物；我们的心灵是物，弄清楚影响心灵活动的道理，是格物；我们的身体是物，弄清爱护身体的道理，弄清站要正、坐要直对爱护身体的作用是格物；每天看的书，书上的每句话都是物，将书中所说的，落实到自己身上，细细体会，深究其中的道理，就是格物，这都是致知方面的事。所谓诚意，就是根据自己领悟的道理去做，这是力行的事。这两个方面要齐头并进，所谓的水平低要好学（下学）的道理，在这里；所谓的学好了能向上（上达）的道理，也在这里。

我有个朋友叫吴竹如，他格物的功夫很深，每遇到一件事物，都要找出它们的道理来。倭艮峰先生则在诚意上功夫很严，每天都记日课册子，一天中有一个想法不对，有一件事做得不好，或说了一句话，或是对某事沉默不语，他都要记下来，而且用正楷字记录。每三个月订成一本，从乙未年到现在，已经订了三十本。因为他在慎独方面要求严格，所以虽然也有妄念偶动的时候，但一定能克服，且写在日课册上。因此，他读的书，句句都能成为切合自身的良药。现将艮峰先生的日记抄三页寄回，给你们看看。

我从十月初一开始，也学艮峰那样，每天的一个念头、一件事情，都写在册子上，以便让自己随时看见，心有触动，并能克服改正。也用正楷字写。冯树堂也有日课册子，和我同一天开始记事。树堂非常虚心，像对兄长一样地爱护我，像对老师一样地尊敬我，他以后一定会有成就。我向来有缺乏恒心的毛病，但从这回写日课本子开始，就可保证我终生有恒心了。有了良师益友的督促，我只有前进不能后退。本来想抄我的日课册给你们看，不料今天镜海先生到我这里来把本子拿走了，来不及抄。十一月有信差，一定抄几页给你们看看。

在我的好友中，倭艮峰最为严谨，不禁让人肃然起敬；吴竹如、窦兰泉深义求理，一句话、一件事都要寻求道理；吴子序、邵蕙西讨论经学，可谓深思明辨；何子贞议论书法，精彩绝伦之处，与我无一不合，谈论诗学，尤其意见一致。他很喜欢我的诗，所以从十月以来，我已作了十八首，这里抄两页给你们看。冯树堂、陈岱云胸怀大志，性情急切，一副全然无暇他顾的模样，也是我的良友。至于镜海先生，我虽然没有拿着礼物上门请求授业，但在心里我已把他当作老师了。

每次写信给你们，我总不觉得言语太多，或许你们会厌烦吧。不过，你们要是写长信给我，我定会如获至宝，非常欢迎，这大概是因为人与人的性情不一样吧。

我从十月初一起记日课，以此帮助自己改过自新。从前我和小珊有误会，实在是我一时气恼，不近人情，本打算登门谢罪。恰巧初九那天，他来我家拜寿，当天晚上我就到他家里长谈。十三日我又和岱云请他吃饭。此后，我们的关系又恢复如初，所有的误会都消除了。金竺虔知县任满回京汇报，现住在小珊家，他喉咙痛了一个多月，现已全好了。李笔峰在汤家，还是老样子。易莲舫打算出门找学堂教书，现在很用功，也是在学倭艮峰。同乡李石梧已升任陕西巡抚。两大将军都锁拿押至京城治罪，准备处以斩刑。英国鬼子的事情已经和谈安抚，用去两千一百万两白银，又在各处让出五处码头使其通商。现在英国鬼子已全部退兵。两江总督牛鉴也被押至刑部治罪。

最近的情况大致就是这样，以后再给你们写信。

兄国藩手书
道光二十二年十月二十六日

一生之成败，皆关乎朋友之贤否

乡间无朋友，实是第一恨事。不惟无益，且大有损。习俗染人，所谓与鲍鱼处亦与之俱化也。

读经有一"耐"字诀：一句不通，不看下句；今日不通，明日再读；今年不精，明年再读。此所谓"耐"也。

【原文】

诸位老弟足下：

正月十五日接到四弟、六弟、九弟十二月初五日所发家信。四弟之信三页，语语平实，责我待人不恕，甚为切当。谓"月月书信徒以空言责弟辈，却又不能实有好消息，令堂上阅兄之书，疑弟辈粗俗庸碌，使弟辈无地可容"云云，此数语，兄读之不觉汗下。

我去年曾与九弟闲谈，云："为人子者，若使父母见得我好些，谓诸兄弟俱不及我，这便是不孝；若使族党称道我好些，谓诸兄弟俱不如我，这便是不弟。"何也？盖使父母心中有贤愚之分，使族党口中有贤愚之分，则必其平日有讨好的意思，暗用机计，使自己得好名声，而使其兄弟得坏名声，必其后日之嫌隙由此而生也。刘大爷、刘三爷兄弟皆想做好人，卒至视如仇雠。因刘三爷得好名声于父母族党之间，而刘大爷得坏名声故也。今四弟之所责我者，正是此道理，我所以读之汗下。但愿兄弟五人，各各明白这道理，彼此互相原谅。兄以弟得坏名为忧，弟以兄得好名为快。兄不能使弟尽道得令名，是兄之罪；弟不能使兄尽道得令名，是弟之罪。若各各如此存心，则亿万年无纤芥之嫌矣。

至于家塾读书之说，我亦知其甚难，曾与九弟面谈及数十次矣。但四弟前次来书，言欲找馆出外教书。兄意教馆之荒功误事，较之家塾为尤甚。与其出而教馆，不如静坐家塾。若云一出家塾便有明师益友，则我境之所谓明师益友者，我皆知之，且已夙夜熟筹之矣。惟汪觉庵师及阳沧溟先生，是兄意中所信为可师者。然衡阳风俗，只有冬学要紧，自五月以后，师弟皆奉行故事而已。同学之人，类皆庸鄙无志者，又最好讪笑人（其笑法不一，总之不离乎轻薄而已。四弟若到衡阳去，必以翰林之弟相笑，薄俗可恶）。乡间无朋友，实是第一恨事。不惟无益，且大有损。习俗染人，所谓与鲍鱼处亦与之俱化也。兄尝与九弟道及，谓衡阳不可以读书，涟滨不可以读书，为损友太多故也。

今四弟意必从觉庵师游，则千万听兄嘱咐，但取明师之益，无受损友之损也。接到此信，立即率厚二到觉庵师处受业。其束脩，今年谨具钱十挂。兄于八月准付回，不至累及家中。非不欲从丰，实不能耳。兄所最虑者，同学之人无志嬉游，端节以后放散不事事，恐弟与厚二效尤耳。切戒切戒。凡从师必久而后可以获益。四弟与季弟今年从觉庵师，若地方相安，则明年仍可从游。若一年换一处，是即无恒者见异思迁也，欲求长进难矣。

此以上答四弟信之大略也。

六弟之信，乃一篇绝妙古文。排异似昌黎，拗很似半山。余论古文，总须有倔强不驯之气，愈拗愈深之意。故于太史公外，独取昌黎、半山两家。论诗亦取傲兀不群者，论字亦然。每蓄此意而不轻谈。近得何子贞意见极相合，偶谈一二句，两人相视而笑，不知六弟乃生成有此一枝妙笔。往时见弟文，亦无大奇特者。今观此信，然后知吾弟真不羁才也。欢喜无极，欢喜无极！凡兄所有志而力不能为者，吾弟皆可为之矣。

信中言兄与诸君子讲学，恐其渐成朋党，所见甚是。然弟尽可放心。兄最怕标榜，常存暗然尚䌹之意，断不至有所谓门户自表者也。信中言四弟浮躁不虚心，亦切中四弟之病，四弟当视为良友药石之言。

信中又有"荒芜已久，甚无纪律"二语，此甚不是。臣子与君亲，但当称扬善美，不可道及过错；但当谕亲于道，不可疵议细节。兄从前常犯此大恶，但尚是腹诽，未曾形之笔墨。如今思之，不孝孰大乎是？常与阳牧云并九弟言及之，以后愿与诸弟痛惩此大罪。六弟接到此信，立即至父亲前磕头，并代我磕头请罪。

信中又言"弟之牢骚，非小人之热中，乃志士之惜阴"。读至此，不胜惘然，恨不得生两翅忽飞到家，将老弟劝慰一番，纵谈数日乃快。然向使诸弟已入学，则谣言必谓学院做情。众口铄金，何从辩起！所谓塞翁失马，安知非福。科名迟早，实有前定，虽惜阴念切，正不必以虚名萦怀耳。

来信言看《礼记疏》一本半，浩浩茫茫，苦无所得，今已尽弃，不敢复阅，现读朱子《纲目》，日十余叶云云。说到此处，兄不胜悔恨。恨早岁不曾用功，如今虽欲教弟，譬盲而欲导人之迷途也，求其不误难矣。然兄最好苦思，又得诸益友相质证，于读书之道，有必不可易者数端：

穷经必专一经，不可泛骛。读经以研寻义理为本，考据名物为末。读经有一"耐"字诀：一句不通，不看下句；今日不通，明日再读；今年不精，明年再读。此所谓"耐"也。

读史之法，莫妙于设身处地。每看一处，如我便与当时之人酬酢笑语于其间。不必人人皆能记也，但记一人，则恍如接其人；不必事事皆能记也，但记一事，则恍如亲其事，经以穷理，史以考事。舍此二者，更别无学矣。

盖自西汉以至于今，识字之儒约有三途：曰义理之学，曰考据之学，曰词章之学。各执一途，互相诋毁。兄之私意，以为义理之学最大。义理明则躬行有要而经济有本。词章之学，亦所以发挥义理者也。考据之学，吾无取焉矣。此三途者，皆从事经史，各有门径。吾以为欲读经史，但当研究义理，则心一而不纷，是故经则专守一经，史则专熟一代，读经史则专主义理。此皆守约之道，确乎不可易者也。

若夫经史而外，诸子百家，汗牛充栋。或欲阅之，但当读一人之专集，不当东翻西阅。如读昌黎集，则目之所见，耳之所闻，无非昌黎。以为天地间，除昌黎集而外，更别无书也。此一集未读完，断断不换他集，亦专字诀也。六弟谨记之。

读经、读史、读专集、讲义理之学，此有志者万不可易者也。圣人复起，必从吾言矣。然此亦仅为有大志者言之，若夫为科名之学，则要读四书文，读试帖、律赋，头绪甚多。四弟、九弟、厚二弟天质较低，必须为科名之学。六弟既有大志，虽不科名可也，但当守一耐字诀耳。观来信言读《礼记疏》似不能耐者，勉之勉之。

兄少时天分不甚低，厥后日与庸鄙者处，全无所闻，窃被茅塞久矣。及乙未到京后，始有志学诗古文并作字之法，亦洎无良友。近年得一二良友，知有所谓经学者、经济者，有所谓躬行实践者，始知范、韩可学而至也，司马迁、韩愈亦可学而至也，程、朱亦可学而至也。慨然思尽涤前日之污，以为更生之人，以为父母之肖子，以为诸弟之先导。无如体气本弱，耳鸣不止，稍稍用心，便觉劳顿。每自思念，天既限我以不能苦思，是天不欲成我之学问也。故近日以来，意颇疏散。计今年若可得一差，能还一切旧债，则将归田养亲，不复恋恋于利禄矣。粗识几字，不敢为非以蹈大戾已耳，不复有志于先哲矣。

吾人第一以保身为要。我所以无大志愿者，恐用心太过，足以疲神也。诸弟亦须时时以保身为念，无忽无忽。

来信又驳我前书，谓必须博雅有才，而后可明理有用，所见极是。兄前书之意，盖以躬行为重，即子夏"贤贤易色"章之意。以为博雅者不足贵，唯明理者乃有用，特其立论过激耳。六弟信中之意，以为不博雅多闻，安能明理有用？立论极精，但弟须力行之，不可徒与兄辩驳见长耳。

来信又言四弟与季弟从游觉庵师，六弟、九弟仍来京中，或肄业城南云云。兄之欲得老弟共住京中也，其情如孤雁之求曹也。自九弟辛丑秋思归，兄百计挽留，九弟当能言之。及至去秋决计南归，兄实无可如何，兄得听其自便。若九弟今年复来，则一岁之内忽去忽来，不特堂上诸大人不肯，即旁观亦且笑我兄弟轻举妄动。且两弟同来，途费须得八十金，此时实难措办。弟云能自为计，则兄窃不信。曹西垣去冬已到京，郭云仙明年始起程，目下亦无好伴。唯城南肄业之说，则甚为得计。兄于二月间准付银二十两至金竺虔家，以为六弟、九弟省城读书之用。竺虔于二月起身南旋，其银四月初可到。

弟接到此信，立即下省肄业。省城中兄相好的如郭云仙、凌笛舟、孙芝房，皆在别处坐书院。贺蔗农、俞岱青、陈尧农、陈庆覃诸先生皆官场中人，不能伏案用功矣。唯闻有丁君者（名叙忠，号秩臣，长沙廪生），学问切实，践履笃诚。兄虽未曾见面，而稔知其可师，凡与我相好者，皆极力称道丁君。两弟到省，先到城南住斋，立即去拜丁君（托陈季牧为介绍），执贽受业。凡人必有师；若无师，则严惮之心不生。即以丁君为师，此外择友则慎之又慎。昌黎曰："善不吾与，吾强与之附；不善不吾恶，吾强与之拒。"一生之成败，皆关乎朋友之贤否，不可不慎也。

来信以进京为上策，以肄业城南为次策，兄非不欲从上策，因九弟去来太速，不好写信禀堂上。不特九弟形迹矛盾，即我禀堂上亦必自相矛盾也。又目下实难办途费。六弟言能自为计，亦未历甘苦之言耳。若我今年能得一差，则两弟今冬与朱啸山同来甚好。目前且从次策，如六弟不以为然，则再写信来商议可也。

此答六弟信之大略也。

九弟之信,写家事详细,惜说话太短。兄则每每太长,以后截长补短为妙。尧阶若有大事,诸弟随去一人帮他几天,牧云接我长信,何以全无回信?毋乃嫌我话太直乎?扶乩之事,全不足信。九弟总须立志读书,不必想及此等事。季弟一切皆须听诸兄话。

此次折弁走甚急,不暇抄日记本。余容后告。

冯树堂闻弟将到省城,写一荐条,荐两朋友。弟留心访之可也。

道光二十三年正月十七日

【译文】

诸位老弟足下:

正月十五日接到四弟、六弟、九弟十二月五日所发出的家信。其中四弟的三页信中,句句平实,尤其是批评我待人不够宽恕这一点,说得恳切恰当。说每月写信只是以空话责备弟弟们,却又几乎从未有什么具体实际的好消息,令长辈们阅信后疑心弟弟们整日碌碌无为,不务正业,不思上进,让弟辈们陷入无地自容的境地等等。这些话,为兄的看了很惭愧,不觉汗颜。

去年我与九弟闲谈之时,曾说为人子者,若使父母过分地偏爱,觉得别的兄弟都不如自己,这就是不孝;若使家族同乡极力地夸赞自己,而贬低众兄弟,认为都不如自己出色,这就是对兄弟不友爱。原因是什么呢?那是因为如果使父母心中有了贤能愚蠢的分别,使族人同乡口中有了贤能愚蠢的区别,那么平时必有刻意讨好的意思,以致暗用心计,落得个虚无的好名声,而让他的兄弟身负恶名,自然以后的矛盾就会不断产生。比如刘大爷、刘三爷都想做好人,最后却闹得如同仇敌一般。就因为刘三爷在父母面前、族人同乡之间得好名声,而刘大爷却得到了坏名声。现在四弟所责备我的,也是这个道理,所以我读着不禁汗颜。但愿我们兄弟五人,各自都明白这个道理,彼此相互原谅。当兄长的以弟弟得坏名声而忧虑,弟弟为兄长得好名声而快乐。兄不能让弟尽孝道得美名,是兄的罪;弟不能让兄尽孝道而得美名,是弟的罪。若彼此都能有这样的想法,那么什么时候都不会有一点矛盾了。

至于在家塾中读书做学问,我知道也并非易事。我曾经就此事与九弟面谈了数十次。但四弟前一次来信,说想找个地方边教边学,为兄认为这样做实在是浪费时间,比在家塾更甚。与其外出教书,不如静坐家塾。至于说一离开家塾就能碰到良师益友，那么所谓家乡一带的良师益友，我都了解，而且早就日夜考虑过，心里筹划已久。只有汪觉庵先生和欧阳沧溟先生，是为兄心中确信可以做老师的人。按衡阳的风俗，只有冬学要紧，从五月以后，师生都只是应付走过场而已。一同念书的人，几乎都是些平庸无大志的人，又最爱嘲笑人（其笑法不一，总之不离轻薄。四弟如果到衡阳去，定要笑你是翰林之弟，可恶至极）。乡间无朋友，实在是第一恨事。不只是没有好处，而且大有害处。习俗能熏染和改变人，这就是人们常说的"如入鲍鱼之肆，久而不闻其臭"，慢慢就被环境同化了。我曾经与九弟谈起，说衡阳不可以读书，涟滨也不可以读书，因为坏朋友太多了。

如今四弟已打定主意跟随衡阳觉庵先生学习，那就务必听为兄之言，牢记嘱托，只吸取良师的好处，千万不可受劣友的负面影响。接到这封信之后，望四弟立即带厚二到觉庵处受业。至于所需之学费，我今年已经准备了十挂钱，将于八月寄回，不会误时，以免拖累家里。我也想多准备一些钱物寄回家，实在是心有余而力不足。为兄最为忧虑的事情，是一起读书的人胸无大志，而只知道嬉笑玩耍，至端午节放散后无所事事，怕四弟与厚二照着坏样子去做。切记切记。跟从老师学习，时间久了才会有收获。四弟与季弟今年跟觉庵老师学习，如地方安定，则明年还可以跟觉庵学习。如一年换一处，就是没恒心的人，若见异思迁，便很难求得长进。

以上所说是简略地答复四弟的回信。

六弟的信，可称得上是一篇精妙绝伦的古文。其文笔矫健有力，颇有韩昌黎之风，而奔放不羁的风格又与半山很是相像。在我看来，古文就应该具有倔强不驯的文风、愈拗愈深的意境，所以除了太史公外，唯独昌黎、半山两家可当此殊荣。论诗要取孤兀不群的人，论字也是这样。这些我早已于心中思虑良久，只是不轻易谈论而已。近来与何子贞意气相投，才偶尔说一二句，两人相视而笑。我还真不知六弟有如此妙笔。以前读六弟的文章，也没觉得很特别。现在看到这封信，才知六弟竟然是个不羁之才。此事真是太让人高兴了！凡是我有志去做而力不从心的，我的弟弟都可以做到。

信中说到我与各位君子共同讲学，也许会渐渐形成一个朋党。这种看法是很对的。不过六弟尽管放心，我最怕自我标榜，内心始终有圣人教导的"暗然""尚䌹"的念头，绝不会有所谓以门户自我标榜的情况。信中说到四弟浮躁不虚心，我认为这正切中了四弟的毛病，四弟应把这视作良友药石之言。信

第三章 成事之道

中还有"荒芜已久，甚无纪律"这样的话。这就是非常不对的了。身为大臣，就应敬爱国君，称赞他善良美好的地方，不应乱说国君的过错；应用道理来使亲人觉悟，而不应议论些小事。我以前常犯这样的大毛病，但只是在心里想，没把它写下来。如今想来，还有比这更不孝的吗？经常与欧阳牧云和九弟说到这些，以后我愿与各位兄弟一起痛惩这种大罪。六弟接到这封信之后，要立即到父亲跟前磕头谢罪，并代我磕头。

信中又说到弟弟经常会满腹牢骚，不过并不是小人热衷功名而不得的牢骚，而是有志者珍惜光阴而生出的感叹。读到此处，为兄不禁心生惘然，恨不得生出两翅飞回家中，用心劝慰老弟一番，长谈数日才痛快。不过倘若各位兄弟已入学，则必有小人造谣说是学院做的人情，以致众口铄金，无法分辩！所谓塞翁失马，安知非福。科名的迟早，实为前世注定，即使珍惜时间的念头再强烈，也不必一天到晚都想着那些虚名。

来信中还说《礼记疏》看了一本半，只觉得茫茫然，苦无所得，现在已全部放弃，不敢再读，现正读朱子《纲目》，每日十余页等。说到这里，为兄不胜悔恨。恨早年没有用心苦读，现在就是有心指点弟弟一二，也生怕如盲人带路一般，想要不错，真是太难了。不过我自幼喜欢用心思索，再加上得益于各位好友相互的验证和启发，深谙读书之道，觉得有几条固定不变的原则：

研究经书必定先专通一经，不可泛读。读经以研究寻求义理为本，考据名物为末。读经书有一"耐"字口诀：一句不通，不看下句；今日不通，明日再读；今年不精，明年再读。这就是"耐"字功夫。

读史书的办法，最好莫过于设身处地地去思考。每看一处，就好比我曾与当时人物一起饮酒畅谈一般。不必人人都能记住，要记一个人，就恍如与此人直接接触认识一样；不必事事都要熟记，要牢牢地记住其中一件事，就恍如亲身经历过这件事。研究经书的过程是可以寻求道理的，研究史书是可以考证历史的。抛开这两条，就没有其他更有价值的学问了。

自西汉至今，读书人做学问一般有三条途径：一是义理之学，二是考据之学，三是词章之学。只是三者之间历来是各执一端，相互诋毁。我个人认为，三者之中义理之学学问最大。义理清楚则身体力行有原则，对人处世有根基。词章之学，是用以发挥义理的工具。考据之学，我并没有从中得到什么收获。这三条途径，都可为研习经书史学服务，各有门径。但我认为，要读好经书史学，首先就应当研究义理，才会专一而不致心绪烦乱。因而学经则应专守一经，学史则当专熟一代，读经书史学则专心致志于义理。这些都是做学问要用心专一的道理，无论什么时候也不会改变。

至于经史以外的，诸子百家的著作如汗牛充栋。如果想阅读，只应读一个人的专集，不应东翻西翻。比如读昌黎集，则眼睛所看见的，耳朵所听见的，无非就是昌黎，以为天地间除了昌黎集以外，再没有其他书了。一个人的集子没读完，千万不可换别人的集子，这也是"专"字秘诀。以上所说六弟要用心牢记。

读经、读史、读专集、讲义理之学，有志向的人要终生致力于此，不可有丝毫的更改和转移。就是圣人再生，也要按我的话去做。不过这些也只是对那些胸怀远大志向的人而言。如果是为了科举功名，那就要读四书，读试帖律赋等，途径会更多。四弟、九弟、厚二弟天资较低，最好是做可以考取科举获得功名的学问。六弟既然胸怀大志，就是不参加科举考功名也可以，但应牢记一耐字诀，平心静气地读书做学问。从来信中可见，读《礼记疏》时就好像已经有些不耐烦，这可是万万不行的，一定要克制自己，继续用心努力。

我年少时天分不差，只是后来每天与不学无术之人相处，以致见识短浅，学问上难以得窍。待到乙未年进京后，才开始用心研习诗文和书法，遗憾的是当时还是没有可以共同进步的良友。最近有幸结交一两位良友，知道有经学和经世济用之学，才知道范仲淹、韩琦二人的境界是可以通过学习达到的；司马迁、韩愈的境界，也是可以通过学习而不断接近的；程子、朱子的修养和学问，也是可以通过学习达到的。得知此道理后，我慨然兴起，打算扫尽过去的污点，以为再生之人，做父母的好儿子、各位兄弟的先导。无奈身体虚弱，耳鸣不止，稍微用心，就觉得劳累。每次想到这些，觉得是老天在捉弄我，让我不能努力思考，不想成全自己研究学问的心愿。正因如此，近日来总是心灰意冷，对任何事都没有什么兴趣，只是计划今年如何得一官职，以还清一切旧债，之后就回老家侍奉父母，不再留恋在京为官。粗识几个字，懂些道理，也只是不敢为非作歹犯下大错而已，不敢再奢望能达到前贤的境界。

我这人以保重身体为第一，之所以无大志，是怕用心太多，劳神以致病。各位兄弟也要时时以保重身体为主，千万不要不把自己的身体当回事。

诸弟在这次的来信中还驳斥了我的上封信，认为必须博学多才，以后才能明理致用，我承认这个看法是对的。我上封信的意思，是强调身体力行、实践的重要性，即《论语》里子夏"贤贤易色"一章的意思。认为博学不足贵，只有明理才有用，只是观点有些过激。六弟信中的意思，是说不博学多才，怎么能明理有用？立论极精，但弟须身体力行，不能只是与我辩驳对错争个长短。

来信又说四弟与季弟从觉庵老师受业，六弟、九弟仍然来京，或到城南书院读书等等。兄长想和弟弟们共住京城，这种感情好比孤雁求群。自从九弟辛丑秋天想回家，兄长千方百计挽留，九弟可以证明这一点。等到去年秋天九弟决计南归，兄长千方实在没有办法，只得听他自便。如果九弟今年再来，则一年之内，忽去忽来，不仅堂上大人不肯，就是旁观者也会笑我兄轻举妄动。并且两弟同来，路费要花八十金，现在实在难以筹办，六弟说能够自己解决，为兄我不敢相信。曹西垣去年冬天已到京城，郭云仙明年才上路，眼下也没有好同伴。只有在城南书院学习这事，还比较切合实际。我于二月里一定送银二十两到金竺虔家，当作六弟、九弟省城读书的费用。竺虔于二月动身去南方，这笔银子四月初可收到。

弟接到这封信，可即刻前往省城读书。省城中有我的好友，如郭云仙、凌笛舟、孙芝房，都在别处的书院教书。贺蔗农、俞岱青、陈尧农，陈庆覃诸先生都是官场中人，没有时间伏案用功。只听说有丁君（名叙忠，号秩臣，长沙廪生）学问深厚扎实，笃信儒家修身大道并能践行。我虽然未曾谋面，但早就知道这个人是可以为师的。凡是我的朋友，都极力称赞丁君。两弟到省城之后，先到城南书院安顿下来，然后立即去拜访丁君（托陈季牧介绍），执贽受业，拜为老师。

凡是人，一定要有老师；若是无老师，就不知道严格要求自己。就以丁君为师吧。另外，交友一定要谨慎。昌黎说："善不和我在一起，我努力与善在一起；不善不嫌弃我，我努力拒绝它。"一个人一生成败与否，与朋友是否贤能关系重大，千万不可掉以轻心，要慎重行事。

来信中以进京读书为上策，以在城南书院学习为次策。为兄不是不想从上策，是因为九弟来去间隔太短，不好写信禀告长辈。不仅九弟做法前后矛盾，就是我告知长辈也必前后矛盾，再则眼下实在难筹办路费。六弟说自己去想办法，也是没吃过苦头的说法。如果今年我求得一官职，则两位弟弟冬天与朱啸山一起来更好。目前暂且从次策，如六弟认为不可，再写信来商量。

以上是简略回复六弟的来信。

九弟的信，将家中的详细情形一一告知，不过言语太过简略，话说得太短。我写信又总是太长，而九弟又太短，今后应以截长补短为妙。朱尧阶如果有大事，兄弟可去一人帮他几天。欧阳牧云接到我的长信，不知为什么至今不见回音？不会是嫌我说话过于直率吧？扶乩之事，全不足信。九弟只需专心读书做学问，无须为这些事费心。季弟一切要听各位哥哥的话。

这次送信的走得太仓促，没时间将日记抄于其中了。其余的容我日后去信时再说吧。

冯树堂听说弟弟将要起身前往省城，便写了一封推荐信，推荐两个朋友给你认识。弟可留心访求。

道光二十三年正月十七日

自立志，不必借助于人

人苟能自立志，则圣贤豪杰何事不可为？何必借助于人？

若自己不立志，则虽日与尧舜禹汤同住，亦彼自彼，我自我矣，何与于我哉？

【原文】

四位老弟足下：

自七月发信后未接诸弟信，乡间寄信较省城百倍之难，故余亦不望也。

九弟前信有意与刘霞仙同伴读书，此意甚佳。霞仙近来读朱子书大有所见，不知其言语容止、规模气象何如？若果言动有礼，威仪可则，则直以为师可也，岂特友之哉？然与之同居，亦须真能取益乃佳，无徒浮慕虚名，人苟能自立志，则圣贤豪杰何事不可为？何必借助于人？"我欲仁，斯仁至矣"。我欲为孔孟，则日夜孜孜，惟孔孟之是学，人谁得而御我哉？若自己不立志，则虽日与尧舜禹汤同住，亦彼自彼，我自我矣，何与于我哉？

去年温甫欲读书省城，吾以为离却家门局促之地，而与省城诸胜己者处，其长进当不可限量。乃两年以来，看书亦不甚多，至于诗文，则绝无长进，是不得归咎于地方之局促也。去年余为择师丁君叙忠，后以丁君处太远，不能从，余意中遂无他师可从。今年弟自择罗罗山改文，而嗣后杳无信息，是又不得归咎于无良友也。日月逝矣，再过数年则满三十，不能不趁三十以前立志猛进也。

余受父教，而余不能教弟成名，此余所深愧者。他人与余交，多有受余益者，而独诸弟不能受余之益，此又余所深恨者也。今寄霞仙信一封，诸弟可抄存信稿而细玩之。此余数年来学思之力，略具大端。

六弟前嘱余将所作诗录寄回。余往年皆未存稿，近年存稿者不过百余首耳，实无暇抄写，待明年将全本付回可也。

国藩草

道光二十四年九月十九日

【译文】

四位老弟足下：

自七月发信后未接到诸弟来信，乡下寄信比省城要难百倍，所以我盼望得也不急切。

九弟上次来信说有意与刘霞仙结伴读书，这个想法很好。霞仙近来读朱子的书大有心得，不知道他的言谈举止、规格气象如何？如果真是言谈行动有礼，风度威严庄重可为楷模，那么拜他为师也是可以的，哪里只限于做朋友呢？不过与他住在一起，亦须真能受益才好，不要只是图他的名气。人如果能立志，则圣贤豪杰什么事情不可为？何必一定要借助于别人呢？我想仁，仁便达到了。我要做孔、孟，则日夜不倦，只是钻研孔孟之学，谁又能阻挡我呢？若是自己不立志，就是每天与尧舜禹汤这些圣人住在一起，亦还是他是他，我是我，又与我有何关系？

去年温甫想到省城读书，我想可以离开家门口这一小块天地，到省城与比自己强的人相处，进步应当是不可限量。谁知他两年以来看书亦不太多，至于诗文，则绝无长进，这就不能归罪于天地的局促了。去年我为你选定拜丁君叙忠为师，后因丁君住得太远，不能跟从他学习。我意中便无他人可拜为老师。今年弟自己选定罗罗山改文，而后又杳无消息，这又不能归罪于没有良师益友。日月如梭，再过几年就满三十了，不能不趁三十以前立志猛进。

我受父亲教诲，而不能教导弟弟成名，这是我深感惭愧的，其他人与我交往，多有受我启发的，而独独我的弟弟不能受我一点启示，这又是我所深恨的。现在有寄给霞仙的信一封，诸弟可抄下来细细玩味。我数年来苦学的心得，基本上都在这封信里了。

六弟上次叮嘱我把所作的诗写下来寄回。我往年的都未存底稿，近年存下底稿的不过百余首，实在没时间抄写，待明年将全本诗寄回即可。

国藩书

道光二十四年九月十九日

专心致志,并心一往

余思自为京官,光景尚不十分窘迫,焉有不能养一胞弟而必与寒士争馆地?向人求荐,实难启口,是以久未为之谋馆。

【原文】

澄侯、子植、季洪足下:

正月十一日发一家信,是日予极不得闲,又见温甫在外未归,心中懊恼之至,故仅写信与诸弟,未尝为书禀堂上大人。不知此书近已接到否?

温弟近定黄正斋家馆,每月俸银五两。温弟自去岁以来,时存牢骚抑郁之意。太史公所谓"居则忽忽若有所亡,出则不知其所往"者,温弟颇有此象,故举业工夫大为抛荒。间或思一振奋,而兴致不能鼓舞,余因是深以为虑,每劝其痛着祖鞭,并心一往。温弟辄言思得一馆,使身有所管束,庶心有所维系。余思自为京官,光景尚不十分窘迫,焉有不能养一胞弟必与寒士争馆地?向人求荐,实难启口,是以久未为之谋馆。

自去岁秋冬以来,闻温弟之妇有疾,温弟羁留日久,牢落无偶。而叔父抱孙之念甚切,亦不能不思温弟南归。且余既官二品,则明年顺天主考亦在可以简放之列,恐温弟留京三年,又告回避。念此数者,欲劝温弟南旋,故上次信告诸弟道及此层,欲诸弟细心斟酌。

不料发信之后不过数日,温弟即定得黄正斋馆也。现在既已定馆,则身有所管束,心亦有所系属,举业工夫可渐渐整理,只得待今年下半年再看光景。

如我今年或圣眷略好,有明年主考之望,则于明年四五月再与温弟商入南闱或入北闱行止。如我今年圣眷平常,或别有外放意外之事,则温弟仍留京师,一定观北闱,不必议南旋之说也。

坐馆以羁束身心，自是最好之事，然正斋家之馆，澄弟所深知者，万一不合，温弟亦难久坐。见可而留，知难而退，但能不得罪东家，好去好来，即无不可耳。

余自去岁以来，日日想归家省亲，所以不能者：一则京城欠账将近一千，归家则途费接礼又须数百，甚是难以措办；二则二品归籍，必须自己具折，折中难于措辞。私心所愿者，颇想得一学差。三年任满，即归家省亲，上也。若其不能，则或明年得一外省主考，能办途费，则后年必归，次也。若二者不能，则只得望六弟、九弟明年得中一人，后年得一京官，支持门面，余则归家告养，他日再定行止耳。如三者皆不得，则直待六年之后，至甲寅年母亲七十之年，余誓具折告养，虽负债累万，归无储粟，余亦断断不顾矣。然此实不得已之计。若能于前三者之中得其一者，则后年可见堂上各大人，乃如天之福也，不审祖宗能默佑否？

现在寓中一切平安。癣疾上半身全好，唯腰下尚有纤痕。家门之福，可谓全盛，而余心犹有归省之情，难以自慰。因偶尔书及，遂备陈之。

毅然伯之项，去年已至余寓，今始觅便寄南。家中可将书封好，即行送去。余不详尽，诸惟心照。

兄国藩手草

道光二十八年正月二十一日

【译文】

澄侯、子植、季洪足下：

正月十一日发了一封家信，那天我很忙，又看到温甫在外面没回来，心里十分懊恼，所以只给各位兄弟写了信，没有给堂上大人写信。不知这封信最近收到没有？

温弟最近在黄正斋家中任私人教师，每月有五两俸银。温弟自从去年以来，常常发牢骚且心情抑郁。太史公所说的"居则忽忽若有所亡，出则不知其所往"者，温弟很像这个样子，所以为科举考试下的功夫大为荒废。有时也想振作一番，但兴致又不能持久，我因为这个而深深忧虑。经常劝他记住祖上的教训，静下心来专心致志。温弟总说想到一学馆教书，好使自己有所约束，思想有所维系。我想自己作为京官，光景还不十分窘迫，怎能不养活一个亲兄弟而让兄弟与寒士去争学馆呢？向别人请求荐一差事，实在难以开口，所以很久也没有替他谋求到学馆教书的差事。

自从去年秋冬以来，听说温弟的妻子有病，温弟在这里待久了，也觉得形单影只。而叔父抱孙的想法迫切，也不能不想着让温弟南归。而且我既然官至二品，明年又是顺天主考，可以蒙皇上特旨授予道府一级的地方官职，又担心温弟留在京城中三年，到时又得回避。想到这几点，想劝温弟南归，所以上次信中与各位兄弟说到了这层意思，想请兄弟们细心斟酌。

没想到信寄出之后不过几天，温弟就得以在黄正斋学馆教书。现在既然已然有了学馆，使身有所管束，思想也有所归属，应考的功夫也可以渐渐整理，只有等到今年下半年再看情况。

如果我今年蒙圣上垂青，有担任明年主考官的希望，那么就到明年四五月份再与温弟商议是参加江南乡试还是顺天乡考的事情。如我今年不被圣上看中，或者出人意料地放外任，那么温弟仍然留在京城，一定参加顺天乡试，不用提回去的事。

在学馆教书能拘束身心，自然是最好的事；然而正斋家的学馆，澄弟知道得很清楚，万一合不来，温弟也难以久留。能留就留下来，有困难就辞去，但不能得罪东家，好去好来，也没什么不可以的。

我从去年以来，天天想回家探亲，不能成行的原因：一是京城中欠账将近一千两银子，回家路费又要几百两银子，很难措办；二是二品官员请假回家，必须自己写奏折，在奏折中难以措辞。心里私自的想法是很愿意能够出任一届学差，三年任期满了，就可以回家看望亲人、长辈，那是最好。如果不能，那么明年也许出任一省的主考官，能筹办出路费，那么后年一定回家，这是次点的选择。如果两样都不能，就只有指望六弟、九弟明年考中一人，后年在京为官，支撑门面，我就告养回家，他日再作打算。如果以上三条都行不通，就等到六年之后，到甲寅年母亲七十岁时，我发誓要上奏折回乡奉养老人，即使负债上万，归来没有一点储粮，我也管不了那么多了。然而这是实在不行时的打算，如果能在前面三样中得以实现一样，那么后年便可以看望堂上各大人，那真是天大的福分，不知祖宗能不能默默保佑？

现在家中一切平安，癣病上半身已全好，只有腰下还有纤痕。家门的福分，可以说是到了全盛时期，而我回家探亲的心情，难以自慰。所以偶一写到这里，就详细禀告一番。

毅然伯的款项，去年已经送到我家，今年才找到机会寄回。家里可把信封好，收到信后马上送去。其余不详细说了，彼此心照不宣。

> 兄国藩手书
>
> 道光二十八年正月二十一日

第三章 成事之道

"勤敬"二字须臾不可离

无论治世乱世，凡一家之中能勤能敬，未有不兴者；不勤不敬，未有不败者。

【原文】

澄、温、沅、季老弟左右：

湖北青抚台于今日入省城。所带兵勇，均不准其入城，在城外二十里扎营，大约不过五六千人。其所称难民数万在后随来者，亦未可信。此间供应数日，即给与途费，令其至荆州另立省城。此实未有之变局也。

邹心田处，已有札至县撤委。前胡维峰言邹心田可劝捐，余不知其即至堂之兄也。昨接父大人手谕始知之，故即札县撤之。胡维峰近不妥当，亦必屏斥之。余去年办清泉宁征义、宁宏才一案，其卷已送回家中，请澄弟查出，即日付来为要。

湖北失守，李鹤人之父（孟群，带广西水勇来者）想已殉难。鹤人方寸已乱，此刻无心办事。日内尚不能起行，至七月初旬乃可长征耳。余不一一。

诸弟在家教子侄，总须有勤敬二字。无论治世乱世，凡一家之中能勤能敬，未有不兴者；不勤不敬，未有不败者。至切至切。余深悔往日未能实行此二字也，千万叮嘱。澄弟向来本勤，但不敬耳。阅历之后，应知此二字之不可须臾离也。

兄国藩手草

咸丰四年六月十八日

【译文】

澄、温、沅、季老弟左右：

今日，湖北青抚台率军进入省城，但所带的士兵，均不准入城，只令他们在城外二十里扎营，人数大约五六千人。他所说有几万难民跟随在后的话，也不可信。我打算让他们再逗留几天，然后就打发给他们一些路费，让他们到荆州另立湖北省城。这样的变乱局面确实从未发生过。

邹心田那里，已有信札寄至县里，撤去委托他劝捐一事。以前胡维峰说邹心田可以劝捐，而我不知道邹就是至堂的兄长。昨天接到父亲大人的亲笔信才知道，所以就用信札通知县里撤去。胡维峰近来办事不妥当，我也必定会摒斥他。我去年办理清泉宁征义、宁宏才一案，案卷已送回家中，请澄弟清查出来，并即日送来为要。

湖北失守，李鹤人之父（孟群，带领广西水兵的人）想来已经为国殉难。鹤人方寸已乱，此刻无心办事。所以我近日还不能起程出发，到七月上旬才可长征。其他我不一一说明了。

弟弟们在家训教子侄，最重要的是要有"勤敬"二字。无论是治世还是乱世，凡一家中能做到勤和敬，无不兴旺发达；若不勤不敬，则难逃衰败之运。千万牢记！过去没能够切实实行这两个字，如今我深深后悔，所以现在才对你们千叮万嘱。澄弟向来本着一个"勤"字，只是"敬"做得还不够。待你们有了阅历之后，就会发现这两个字是须臾不可离开的。

兄国藩手书
咸丰四年六月十八日

成大事者须兼顾规模远大与综理密微

古之成大事者,规模远大与综理密微二者缺一不可。

【原文】

沅甫九弟左右:

二十二日写就一函,拟交首宅来足带省。二十二夜灯后佑九、金八归,接弟十五夜所发之信,知十六日已赴吉安矣,遂不寄首宅信。屈指计弟二十四日可抵营,二十五六当专人归来,今日尚未到家,望眼又复悬悬。

九月二十四日六叔父六旬晋一冥寿,焚包致祭。科一、科四、科六亦往与祭。关秀姑娘于十九日生子。临三、昆八于十月初一日散学,拟初间即往邹至堂处读冬书,亦山先生之所荐也。

枚谷先生十月中旬可散学,亦山先生不散学。科四已读《离娄》八页,科六读至"点尔何如",功课尚算有常。家中诸事,弟不必挂虑。

吉字中营尚易整顿否?古之成大事者,规模远大与综理密微二者缺一不可。弟之综理密微精力较胜于我。军中器械其略精者,宜另立一簿,亲自记住,择人而授之。古人以铠仗鲜明为威敌之要务,恒以取胜。刘峙衡于火器亦勤于修整,刀矛则全不讲究。余曾派褚景昌赴河南采买白蜡杆子,又办腰刀分赏各将弁,人颇爱重。弟试留心此事,亦综理之一端也。至规模宜大,弟亦讲求及之。但讲阔大者,最易混入散漫一路,遇事颠顶,毫无理条,虽大亦奚足贵?等差不紊,行之可久。斯则器局宏大,无有流弊者耳!顷胡润芝中丞来书,赞弟有曰"才大器人"四字,余甚爱之。才根于器,良为知言。

湖口贼舟于九月八日焚夺净尽,湖口梅家洲皆于初九日攻克。三年积愤,一朝雪耻,雪琴从此重游浩荡之宇。唯次青尚在坎坷之中,弟便中可与通音问也。润翁信来，仍欲奏请余出东征。余顷复信，具陈其不宜。不知可止住否？彭中堂复信一缄，由弟处寄至文方伯署，请其转递至京。或弟有书呈藩署，末添一笔亦可。李迪庵近有请假回籍省亲之意，但未接渠手信。渠之带勇，实有不可及处。弟宜常与通信，殷殷请益。

弟在营须保养身体。肝郁最易伤人，余生平受累以此，宜和易以调之也。兹着王芝三赴吉，报家中近日琐事，并问近好。余俟续具。

外澄弟信一件，温弟信一件，亦山写信一件，陈心壶写信一件，京信一件。

兄国藩手草
咸丰七年十月初四日

【译文】

沅甫九弟左右：

二十二日写好一封信，准备交给首宅来人带到省城里。二十二夜掌灯后佑九、金八回来，接弟十五夜里寄出的信，知道你十六日已经奔赴吉安了，便不寄信给首宅了。屈指算来，弟二十四日能够抵营，二十五六日应派专人回来。今天还没到家，让人望眼欲穿，真挂念。

九月二十四日是六叔父的冥寿，家人焚包致祭。科一、科四、科六也一同前往参加祭祀。关秀姑娘在十九日生了个儿子。临三、昆八在十月初一放假，准备十月上旬就到邹至堂去读冬书，这是亦山先生所推荐的。枚谷先生十月上旬可放假，亦山先生则不放假。科四已经把《离娄》读了八页，科六读到了"点尔何如"，功课还算正常。家中之事，弟不必挂虑。

吉安营中还容易整顿吧？自古以来，凡成大事者，规划的远大和综理的细致，两者缺一不可。弟的综理密微的能力要胜于我，军中兵械略为精良的，要另外登记在一个账簿上，亲自记录注明，选择好人再交给他们使用。古人用铠甲器械的鲜明亮堂当成威慑敌人的大事，经常靠这一点取胜。刘峙衡对于火器勤于修整，对于刀剑却不讲究。我曾派褚景昌到河南采购白蜡杆子，又置办腰刀分赏给各位军官、士兵，他们对此很是爱惜、重视。弟尝试留心这些事物，也是综理细致的一个方面。至于规划的远大，弟也要讲求。但讲到规划远大的人，最容易混入到散漫中去。遇事蛮干、无条理，就算远大又起什么作用？有了条理，不混乱，干事业才长久。这才是器局宏大，而且没有弊端的！才接到胡润芝中丞来信，称赞弟弟用了"才大器大"四个字，我很喜欢。才能植根于器局当中，的确是至理名言。

　　湖口敌船于九月八日被我军烧夺干净，湖口、梅家洲都在九日被攻克。三年积愤，一朝雪耻，雪琴从此可以重新游览那浩荡的天地。只有次青还在困顿当中，弟方便的时候可通信问问。润翁来信，仍想奏请皇上让我带部东征。我才回了信，详细陈述了我不适合出师的原因。不知能不能阻止？彭中堂回了一封信，从弟那里寄到文方伯的官署中，请他转寄到京城。李迪庵近来有请假回乡探亲的意思，但没有接到他的亲笔信。他带兵的方法，实在有别人不可及的地方，弟要经常与他通信，诚恳请教。

　　弟在营中要保养身体。肝气郁结最容易伤人，我生平就因此而受累，应当通过心平气和来调理。现在派王芝三奔赴吉安，报告家中近段时间的琐事，并问近好。其余的以后再说。

　　另外带去澄弟一封信，温弟一封信，亦山写的一封信，陈心壶的一封家信、一封京信。

兄国藩手书
咸丰七年十月初四日

首尾不懈，不可见异思迁

凡人作一事，便须全副精神注在此一事。首尾不懈，不可见异思迁，做这样想那样，坐这山望那山。人而无恒，终身一无所成。

身体虽弱，却不宜过于爱惜，精神愈用则愈出，阳气愈提则愈盛。

【原文】

沅甫九弟左右：

十二日正七、有十归，接弟信，备悉一切。定湘营既至三曲滩，其营官成章鉴亦武弁中之不可多得者，弟可与之款接。

来书谓意趣不在此，则兴会索然，此却大不可。凡人作一事，便须全副精神注在此一事，首尾不懈，不可见异思迁，做这样想那样，坐这山望那山。人而无恒，终身一无所成。我生平坐犯无恒的弊病，实在受害不小。当翰林时，应留心诗字，则好涉猎它书，以纷其志。读性理书时，则杂以诗文各集，以歧其趋。在六部时，又不甚实力讲求公事。在外带兵，又不能竭力专治军事，或读书写字以乱其志意。坐是垂老而百无一成。即水军一事，亦掘井九仞而不及泉。弟当以为鉴戒。

现在带勇，即埋头尽力以求带勇之法，早夜孳孳，日所思，夜所梦，舍带勇以外则一概不管。不可又想读书，又想中举，又想作州县，纷纷扰扰，千头万绪，将来又蹈我之覆辙，百无一成，悔之晚矣。

带勇之法，以体察人才为第一，整顿营规、讲求战守次之。《得胜歌》中各条，一一皆宜详求。至于口粮一事，不宜过于忧虑，不可时常发禀。弟营既得楚局每月六千，又得江局月二三千，便是极好境遇。李希庵十二来家，言迪庵意欲帮弟饷万金。又余有浙盐赢余万五千两在江省，昨盐局专丁前来禀询，余嘱其解交藩库充饷，将来此款或可酌解弟营，但弟不宜指请耳。

饷项既不劳心，全副精神讲求前者数事，行有余力则联络各营，款接绅士。身体虽弱，却不宜过于爱惜，精神愈用则愈出，阳气愈提则愈盛。每日作事愈多，则夜间临睡愈快活。若存一爱惜精神的意思，将前将却，奄奄无气，决难成事。凡此皆因弟兴会索然之言而切戒之者也。

弟宜以李迪庵为法，不慌不忙，盈科后进，到八九个月后，必有一番回甘滋味出来。余生平坐无恒，流弊极大，今老矣，不能不教诫吾弟吾子。

邓先生品学极好，甲三八股文有长进，亦山先生亦请邓改文。亦山教书严肃，学生甚为畏惮。吾家戏言戏动积习，明年吾在家当与两先生尽改之。

下游镇江、瓜洲同日克复，金陵指日可克。厚庵放闽中提督，已赴金陵会剿，准其专折奏事。九江亦即日可复。大约军事在吉安、抚、建等府结局，贤弟勉之。吾为其始，弟善其终，实有厚望。若稍参以客气，将以殒志，则不能为我增气也。营中哨队诸人，气尚完固否？下次祈书及。家中四宅平安。澄弟十四日赴县吊丧。余无它事，顺问近好。

咸丰七年十二月十四日夜

【译文】

沅甫九弟：

十二日，正七、有十两个人回来，收到你的信，知道了一切。定湘营已经到了三曲滩，它的营官成章鉴是武官中不可多得的人才，你可以和他结交来往。

你在信上说志趣不在这里，所以做起来索然寡兴，这种情绪万万不可有。一个人做事，要集中全部精力在你所做的事情上，从头到尾不能有一点松懈。不能见异思迁，做这样，想那样，坐在这山，望着那山。人要是没有恒心，终其一生也不会有所成就。我向来就有缺乏恒心的毛病，实在受害不小。当翰林的时候，本应留心诗文和书法，我却喜欢去看别的书，分了心。在读性理书的时候，又杂览古今诗文集，以致用力不集中。在六部时，又不尽力去办好公事；在外带兵，又不能竭力专心地治理军事，反倒去读书写字，乱了意志，落得到老一事无成。就拿治理水军一事来说，我也像挖井挖了九仞深而放弃，最终没有挖到地下泉水的人一样半途而废。你应当引以为戒。

现在你既然在带兵，那就埋头苦干，找到带兵的规律，早晚不息，日间想的，夜间梦的，除了带兵以外的事，一概不管。不能又想读书，又想中举，又想做州、县之官，以致纷纷扰扰，千头万绪，以后犯了与我相同的错误，百无一成，后悔就晚了。

带兵的方法，第一要体察人才，而整顿营规、讲求战守策略次之。《得胜歌》中的各条，应当一一做到。至于口粮，不要过于忧虑，也不要老是写信催要。你们进驻湖北、湖南一带，每月从楚局得六千，又得江局每月两三千，已是很好的境遇了。李希庵十二日到家里来，说迪庵想帮助你解决饷银一万两。又有我管辖的浙盐盈余一万五千两在江西省，昨天盐局专门派人来探望，我叫他解交藩库充军饷，将来这笔钱也可以考虑给你。不过，你不要指明去要。

既然饷银不用费心，那全部精力都要用在前面讲的几件事上，再有多余的精力，就去各营走走，多和一些绅士交往，联络一下感情。身体虽弱，但不要过于珍爱，精神是愈用愈多，阳气也是愈提愈盛，白天做的事愈多，晚上睡前愈快活。如有爱惜精神的想法，又想进又想退，没有生气，一定办不成事。所有这些，都是因为你所说的"兴味索然"的话，才提醒我要劝诫于你。

你最好学学李迪庵，做事不慌不忙，循序渐进，八九个月后，一定会尝到甘甜的滋味。我这一生没有恒心，这个毛病很大。现在老了，不能不把教训告诉弟弟和孩子们。

邓先生品行、学问都很好，甲三的八股文有了进步，亦山先生也请邓先生批改文章。亦山教书严肃认真，学生都对他十分畏惧。我家说话随便、行为不检点成了习惯，明年我如果在家的话，一定要把以前对两位先生的这种态度改掉。

下游的镇江、瓜洲，同一天攻克，金陵一两天内也可以攻克。厚庵被任命为福建提督，已去金陵会剿，而且准他专折奏事。估计九江月内也可以攻克。军事行动大概在吉安、抚州、建昌等府结束，望你尽力而为！此事由我开始，由弟弟来圆满完成，对此我寄予了厚望并满怀信心。如果稍微掺杂些客气的成分，将败坏志气，而不能为我争气了。营中哨队那些人，士气还坚定吗？下次来信谈谈此事。家中四宅平安。澄弟于十四日前往县城吊丧。我没有其他的事情了，顺问近好。

咸丰七年十二月十四日夜

第三章 成事之道

致败者约有二端：常傲、多言

古来言凶德致败者约有二端：曰长傲，曰多言。丹朱之不肖，曰傲，曰嚚讼，即多言也。历观名公巨卿，多以此二端败家丧身。

【原文】

沅甫九弟左右：

初三日刘福一等归，接来信，欣悉一切。

城贼围困已久，计不久亦可攻克。惟严断文报是第一要义，弟当以身先之。

家中四宅平安。季弟尚在湘潭，澄弟初二日自县城归矣。余身体不适。初二日住白玉堂，夜不成寐。温弟何日至吉安？在县城、长沙等处尚顺遂否？

古来言凶德致败者约有二端：曰长傲，曰多言。丹朱之不肖，曰傲，曰嚚讼，即多言也。历观名公巨卿，多以此二端败家丧身。余生平颇病执拗，德之傲也；不甚多言，而笔下亦略近乎嚚讼。静中默省愆尤，我之处处获戾，其源不外此二者。

温弟性格略与我相似，而发言尤为尖刻。凡傲之凌物，不必定以言语加人，有以神气凌之者矣，有以面色凌之者矣。温弟之神气稍有英发之姿，面色间有蛮狠之象，最易凌人。凡中心不可有所恃，心有所恃则达于面貌。以门第言，我之物望大减，方且恐为子弟之累；以才识言，近今军中炼出人才颇多，弟等亦无过人之处，皆不可恃。只宜抑然自下，一味言忠信，行笃敬，庶几可以遮护旧失、整顿新气。否则，人皆厌薄之矣。沅弟持躬涉世，差为妥协。温弟则谈笑讥讽，要强充老手，犹不免有旧习，不可不猛省，不可不痛改！闻在县有随意嘲讽之事，有怪人差帖之意，急宜惩之。余在军多年，岂无一节可取？只因傲之一字，百无一成，故谆谆教诸弟以为戒也。

九弟妇近已全好，无劳挂念。沅在营宜整饬精神，不可懈怠。至嘱。

兄国藩手草
咸丰八年三月初六日

【译文】

沅甫九弟左右：

初三这天，刘福一等人自军中回来，我也接到了你的来信，由此信中知晓一切。

既然城内敌人已被围困多日，估计不日便可攻克。这时候，断绝敌军情报是最重要的事，弟弟应当亲自出马，以免出现差错。

家中四宅皆平安无事。季弟仍在湘潭，初二澄弟从县城回来了。我身体有些不舒服，初二住在白玉堂，晚上辗转无法入睡。温弟哪天能到达吉安？在县城、长沙等地的行程还顺利吗？

自古以来，凶德导致失败的原因不过两条：一是骄傲，二是多言。丹朱不肖，就是因为他"傲"，因为他奸诈而好讼，也就是多言的意思。历数各个朝代的名声显赫的公卿大臣，大多因为这两条而败家丧身。固执一直是我的毛病，而且很是高傲；虽然从不多说闲话，但是笔下近于好讼。有时静心默默反省自己，发现我所有的过失，其根源不外乎这两点。

温弟的性情与我有很多相似之处，只是言谈更为尖刻。有些人显出傲气凌人之势，并非单单通过言语来表现，也有以神气凌人的，也有以脸色凌人的。温弟的神态英姿勃发，脸色却有蛮横之相，最易给人盛气凌人之感。以你的性情，心中决不可有所依恃，心中有所依恃就会表现到脸上。以门第而论，我的声望大减，恐怕成为子弟的累赘；以才识而论，近来军队里锻炼出来的人才很多，弟弟等也没有明显的过人之处，都没有可倚仗的。只能抑制自己，坚守忠信礼仪，行事诚笃敬谨，或许可以遮盖自己的过失，显出新气象，否则，外人都会讨厌看轻你，甚至鄙视你。沅弟为人处世谨慎小心，很是稳妥，让人放心。而温弟却时常与人谈笑讥讽，强充老手，不免沾有一些旧的坏习气，所以必须狠狠反省，即刻痛改前非！我还听说温弟在县城时，经常随意嘲讽他人，责怪别人不够妥帖，此做法应迅速改正。想我在军中辛苦多年，怎么会没有一点可取之处呢？正因为"傲"字而百无一成，所以谆谆教导诸弟引以为戒。

近日，九弟妻之病已经痊愈，无须担心。沅弟在营中应进行整顿，以振奋精神，不可有丝毫懈怠。至嘱。

兄国藩手书

咸丰八年三月初六日

宜力持不懈，有始有卒

第声闻之美，可恃而不可恃。

善始者不必善终，行百里者半九十里，誉望一损，远近滋疑。

【原文】

沅甫九弟左右：

四月初五日得一等归，接弟信，得悉一切。

兄回忆往事，时形悔艾，想六弟必备述之。弟所劝譬之语，深中机要，"素位而行"一章，比亦常以自警。只以阴分素亏，血不养肝，即一无所思，已觉心慌肠空，如极饿思食之状，再加以憧扰之思，益觉心无主宰，怔悸不安。

今年有得意之事两端：一则弟在吉安声名极好，两省大府及各营员弁、江省绅民，交口称颂，不绝于吾之耳；各处寄弟书，及弟与各处禀牍信缄，俱详实妥善，犁然有当，不绝于吾之目。一则家中所请邓、葛二师，品学俱优，勤严并著。邓师终日端坐，有威可畏，文有根柢，又曲合时趋，讲节极明正义而又易于听受。葛师志趣方正，学规谨严，小儿等畏之如神明，而代管琐事亦甚妥协。此二者，皆余所深慰，虽愁闷之际，足以自宽解者也。

第声闻之美，可恃而不可恃。兄昔在京中颇著清望，近在军营，亦获虚誉。善始者不必善终，行百里者半九十里，誉望一损，远近滋疑。弟目下名望正隆，务宜力持不懈，有始有卒。

治军之道，总以能战为第一义。倘围攻半岁，一旦被贼冲突，不克抵御，或致小挫，则令望隳于一朝。故探骊之法，以善战为得珠，能爱民为第二义，能和协上下官绅为第三义。愿吾弟兢兢业业，日慎一日，到底不懈，则不特为兄补救前非，亦可为吾父增光于泉壤矣。

　　精神愈用而愈出，不可因身体素弱，过于保惜，智慧愈苦而愈明，不可因境遇偶拂遽尔摧沮。此次军务，如杨、彭、二李、次青辈，皆系磨炼出来，即润翁、罗翁亦大有长进，几于一日千里。独余素有微抱，此次殊乏长进。弟当趁此增番识见，力求长进也。

　　求人自辅，时时不可忘此意。人才至难，往时在余幕府者，余亦平等相看，不甚钦敬。洎今思之，何可多得？弟当常以求才为急，其阘冗者，虽至亲密友，不宜久留，恐贤者不愿共事一方也。

　　澄侯弟初九日晋县，系刘月槎、朱尧阶等约去清算往年公账。亦山先生近日小疾，服黄芪两余，尚未痊愈，请甲五在曾家坳帮同背书。如再数日不愈，拟令科四来从邓先生读，科六则仍从甲五读；若渐愈，则不必耳。纪泽近亦小疾，初八日两人皆停课未作。纪泽出疹咳嗽，亦难遽期全瘳。余自四月来，眠兴较好。近读杜佑《通典》，每日二卷，薄者三卷。惟目力极劣，余尚足支持。四宅大小眷口平安。定三舅爹三月十六来，四月初六归去，在新宅住四天，余住老宅。王福初十赴吉安，另有信，兹不详。

　　再，弟前请兄与季高通信，兹写一信，弟试观之尚可用否？可用则便中寄省，不可用则下次再写寄可也。

　　迪庵嘱六弟不必进京，厚意可感。弟于迪、厚、润、雪、次青五处，宜常常通问。恽廉访处，弟亦可寄信数次，为释前怨。《欧阳文忠集》，吉安若能觅得，请先寄回。

兄国藩草
咸丰八年四月初九日

【译文】

沅甫九弟：

　　四月初五，得一他们回来，接到你的信，得知一切。

　　我回忆往事，时时悔恨交加，我想六弟一定都跟你说了。你的劝告都深中要害，"素位而行"这一章，我也经常用来警惕自己。只因我阴分素亏，血不养肝，即使是一点事不想，也觉得心慌腹空，就像饿极了想吃东西的样子，再加上忧心忡忡，更觉得心里没有了主张，烦躁不安得很。

　　今年有两件事使我很得意，一是弟弟在吉安的名声很好，两个省的官长和各营的将士、江西省的绅士都称赞他，我经常听到。各处寄给弟弟的信，还有弟弟给各处写的信，都详实妥善，我经常看到。二为家中请的邓、葛两位教师，品行学问都是优等，又勤教又严管。邓老师终日端坐，威仪可畏，文章有根底，又能与时事相结合，讲课很明正义，而又深入浅出。葛老师志趣方正，学规谨严，小孩们怕他像怕神明一样，而且代管琐碎之事也很妥当。这两件事，都使我很欣慰，即使是愁闷不乐的时候，也足以自宽自解了。只是声望虽是令人陶醉的东西，可以依靠又不可以依靠。我以前在京城，也很有声望，近来在军营，也有些虚名。善始的人不一定能善终，走一百里路，走了九十里只能算走了一半。声望一旦下降，远近的人都会产生怀疑。你目前名望正高，务必要坚持不懈，有始有终。

治军总要以能战为第一义，如果围攻半年，一旦被敌人冲破，不能取胜，或者受到小挫折，那么你的名声在一个早晨的时间便下落了。所以按照探骊得珠的方法，善战就是得到的珠。能够爱民为第二要义，能和谐上下官绅的关系为第三要义。希望你兢兢业业，日慎一日，一直到底决不松懈，这不仅为我补救了从前的过失，也可以为我父增光于九泉之下。

精神是愈用愈增加，不要因为身体一向很弱而过于爱惜；智慧是愈苦练愈明智，不可以因为偶然遇到挫折便急忙放弃。这次的军务使杨、彭、二李、次青等人，都磨炼出来了，即使是润翁、罗翁也一日千里地长进着。只有我向来有自满的毛病，这次没有什么长进。弟弟要趁着这次军务增长见识，力求进步。

要寻求人才帮助自己，随时记住这个道理。人才难得，以前在我幕府中的人，我只是平等相待，不很钦佩。现在想起来，在哪里还能找到像他们那样的人才啊？你应当把求才作为当务之急，军营中的庸碌多余的人，就算是至亲密友，也不宜久留，那样做恐怕真正的贤者不肯前来共事。

澄弟九日去晋县，是刘月槎、朱尧阶等人约去清算往年的公账。亦山先生近日身患小病，服了一两多黄芪，至今尚未痊愈，请甲五在曾家坳代他督促学生们认真学习。如再过几天圣山先生的病情还不见好，打算让科四随邓老师读书，科六还跟甲五读书。如果病情得以缓解，就无需如此了。纪泽近日也有点小毛病，八日两人都停课，没有写文章。纪泽出疹咳嗽，无法立即痊愈。我从四月以来，睡眠较好。近日读杜佑的《通典》，每天读两卷，薄的读三卷。就是眼力太差，别的还可支持。家中四宅大小平安。定三的舅父三月十六到这

第三章 成事之道

里来了一趟，四月六日回去，在新房子住了四天，其余时间都住在老房子。王福十日到达吉安，关于此事另外有信，这里就不一一细说了。

　　还有，弟弟之前曾请我与季高书信往来，现在我就写了一封信，你试一下看还能不能寄去？能用就寄到省城，不能用就下次写好了再寄也行。

　　迪庵叮嘱六弟不必进京城，厚意让人感动。弟对于迪、厚、润、雪、次青五人，要常常通信来往，互相问候。恽廉访那里，弟也可以寄几次信，以消释从前的误会。在吉安如果能够找到《欧阳文忠集》，希望先寄回来。

兄国藩书
咸丰八年四月初九日

人生适意之时当尽心竭力

再者，人生适意之时不可多得，弟现在上下交誉，军民咸服，颇称适意，不可错过时会，当尽心竭力，做成一个局面。

【原文】

沅甫九弟左右：

十三日安五等归，接手书，借知一切。抚、建各府克复，惟吉安较迟，弟意自不能无介介，然四方围逼，成功亦当在六七两月耳。

家中四宅眷口平安。十二日叔母寿辰，男女共九席，家人等三席。亦山先生十四日来馆，瀛皆先生十五日来馆。澄侯弟于十二晚往永丰一带吊各家之丧，均要余作挽联。余挽贺映南之夫人云：

柳絮因风，阃内先芬堪继武（姓谢）；

麻衣如雪，阶前后嗣总能文。

挽胡信贤之母云：

元女太姬，祖德溯二千余载；

周姜京室，帝梦同九十三龄（胡母九十三岁）。

近来精力日减，惟此事尚颇如常。澄弟谓此亦可卜其未遽衰也。袁漱六之戚郑南乔自松江来，还往年借项二百五十两。具述漱六近状，官声极好，宠眷极渥，学问与书法并大进，江南人仰望甚至，以慰以愧。

杨家滩周俊大兄号少濂，与余同读同考，多年相好。频年先祖、先考妣之丧均来致情。昨来家中，以久试不进，欲投营博一功名，求荐至吉营。余以功牌可得，途费可赠，保举则不可必。渠若果至吉营，望弟即日填功牌送之，兼送以来往途费。如有机可假，或恰逢克复之日，则望保以从九县丞之类；若无机会，亦不勉强，以全余多年旧好。余昔在军营不妄保举，不乱用钱，是以人心不附，至今以为诟病。

近日揣摩风会，一变前志。上次有孙、韩、王之托，此次又有周君之托，盖亦情之不得已者。孙、韩、王三人或保文职亦可，渠辈眼高，久已厌薄千、把也。仙屏在营，弟须优保之，借此以汲引人才。余未能超保次青，使之沉沦下位，至今以为大愧大恨之事。仙屏无论在京在外，皆当有所表见。成章鉴是上等好武官，亦宜优保。

弟之公牍信启俱大长进。上次谢王雁汀一缄，系弟一手所成，抑系魏、彭辈初稿润色？祈复示。吴子序现在何处？查明见复，并详问其近况。

余身体尚好，惟出汗甚多。三年前虽酷暑而不出汗，今胸口汗珠累累，而肺气日弱，常用惕然。甲三体亦弱甚，医者劝服补剂，余未敢率尔也。弟近日身体健否？科四、六体气甚好，科四比弟在家时更为结实，科六则活泼如常，是为可喜。甲五目疾十愈其八，右目光总欠四分耳。余不一一，即问近好。

再者，人生适意之时不可多得，弟现在上下交誉，军民咸服，颇称适意，不可错过时会，当尽心竭力，做成一个局面。圣门教人不外敬恕二字，天德王道，彻始彻终，性功事功，俱可包括。余生平于敬字无工夫，是以五十而无所成。至于恕字，在京时亦曾讲求及之。近岁在外，恶人以白眼藐视京官，又因本性倔强，渐近于愎，不知不觉做出许多不恕之事，说出许多不恕之话，至今愧耻无已。

弟于恕字颇有工夫，天质胜于阿兄一筹。至于敬字，则亦未尝用力，宜从此日致其功，于《论语》之九思，《玉藻》之九容，勉强行之。临之以庄，则下自加敬。习惯自然，久久遂成德器，庶不至徒做一场话说，四十五十而无闻也。

兄国藩手草
咸丰八年五月十六日

【译文】

沅甫九弟左右：

十三日，安五等人回来之后，我接到了你的来信，从信中得知一切。抚州、建昌各府已经收复，只有收复吉安较迟，弟弟当然不能不有所不安，然而在我军的四面围攻之下，收复吉安也当在六、七两个月之内。

最近家中四宅老少都很好。十二日叔母寿辰，家中男女共开了九席，家中（佣）人等开了三席。亦山先生十四日来馆，瀛皆先生十五日来馆。十二日晚，澄侯弟到永丰一带的各家吊唁，均要我作挽联。我为贺映南夫人所写的挽联是："柳絮因风，闺内先芬堪继武（姓谢）；麻衣如雪，阶前后嗣总能文。"写给胡信贤之母的挽联是："元女太姬，祖德溯二千余载；周姜京室，帝梦同九十三龄（胡母九十三岁）。"

近来我的精力日见衰减，只是做这件事还像当年一样。澄弟说这表明我的精神尚好，没有急速衰老的迹象。袁漱六的亲戚郑南乔从松江回来，还了之前所借的二百五十两银子，并告知了漱六的近况。据他所说，漱六现在为官清廉，声誉极好，很受圣上重视，学问、书法上的造诣也提高了，江南人士对他十分敬仰钦佩。这真让我欣慰，又使我感到惭愧。

杨家滩的周俊大兄，号少濂，曾与我同学同科考试，还是多年交好的朋友。这几年，祖父、父母去世时，他都前来吊唁，很是诚心。昨天他来家中拜访，说因多次考试未中，想投身军营以博取一个功名，拜托我推荐他到吉安营中任职。我认为功牌可以取得，路费可以相赠，保举则大可不必了。如果他果真去了吉安营中，希望弟弟当天填好功牌送给他，并赠送来往的路费。如果恰逢好的时机，碰上攻克吉安之日，则希望弟弟为他保举个九品的县丞之类的功名；如果确实没有机会，就无须勉强以成全我多年相交的旧友。过去在军中，我从不妄加保举、不乱用钱，所以现在人心不附，仍然是我的一块心病。

近来揣摩时下风气，逐渐改变了以前的固执想法。上次有孙、韩、王三人之托，这次周君又来相托，实在是情非得已的事。孙、韩、王三人保举文职亦可，此三人眼光很高，对千总、把总之类的武职不以为意。仙屏目前在营中，弟弟必须对他尤其看重，尽力保举他，以吸引更多有用的人才。从前我没有破格提拔次青，以致他沉沦低位，得不到重用，让我至今满心的惭愧和悔恨。无论在京城还是在外地，仙屏都会有出众的表现。成章鉴是上等的好武官，也应破格保举提拔。

从信中得知，弟弟写公文、信函都有了很大的进步。上次答谢王雁汀的信函，是弟弟亲自所写，还是魏、彭等人写好初稿之后由你加以润色的？请回信说明这点。吴子序如今身在何处？请详细查明，并询问他的近况，来信告知。

我身体还算康健，只是出汗很多。若在三年前，即使是酷暑天气，也不出汗，现在胸口溢满汗珠，而且肺气越显衰弱，让我忧虑万分。甲三的身体也不是很好，医生建议他常服补药，但未敢轻易实行。弟弟近来身体可好？科四、科六的身体很好，气色颇佳，而且科四比弟弟在家时更为健壮，科六则活泼如常，这些都是让人高兴的事。甲五的眼病好了十分之八九，右眼视力总差四分。其余的事就不再多说了，顺问近好。

　　还有，人的一生中，得意顺心的时候是很难得的。如今弟弟赢得了上下一致的交口称赞，军民拥戴，正是人生得意之时，千万不可错过机会，应当尽心竭力，为自己的人生铸就更大的辉煌。圣人教导人们不外乎"敬恕"两个字，天德王道，有始有终，性功事功，都可以涵盖在内。我生平在"敬"字上没下功夫，所以年届五十，依然碌碌无为。至于"恕"字，在京城时也曾经专门研究过，只是近年远离京城，在外为官，憎恨人们对京官的藐视，再加上本性倔强，渐渐近于刚愎自用，不知不觉做出许多"不恕"的事，说出许多"不恕"的话，至今仍然十分羞愧。弟弟在"恕"字上下了很大的功夫，在天分上也胜过我一筹。至于"敬"字，弟弟好像也未曾用心，从此以后应在这方面多下功夫。《论语》中的九思、《玉藻》中的九容，都应该努力做到。无论是对上还是对下，都应该表现得很庄重，这样别人才会发自内心地尊敬你。习惯则成自然，久之则可以成大器，才不至于空话连篇，四五十岁仍然一事无成。

兄国藩手书
咸丰八年五月十六日

专求怡悦，不存郁损之怀

此次专求怡悦，不复稍存郁损之怀。

【原文】

沅甫九弟左右：

在湖口专丁送去一缄，至南昌由驿递发去一缄，均接到否？不接我弟家信已四十日，焦灼之至，未审弟病已痊愈否？余于二十四日出省城登舟，二十五日开船，二十六午刻至瑞洪。闻吴国佐二十七八可至南昌，故在此稍等。兹因谢兴六赴吉安之便，再寄一缄，询问近状。如吉安尚无克复之势，千万不必焦急。达生编六字诀，有时可施之行军者，戏书以佐吾弟之莞尔。

余向来虽处顺境，寸心每多沉闷郁抑，在军中尤甚。此次专求怡悦，不复稍存郁损之怀。《晋》初爻所谓"裕无咎"者也。望吾弟亦从裕字上打叠此心，安安稳稳。顺问近好。

兄国藩手具（于瑞洪舟次）
咸丰八年七月二十八日

【译文】

沅甫九弟左右：

我曾经在湖口派专人送去一封信，待抵达南昌后又由驿站寄出一封，不知是否都已经收到？从上封信以来，已经有四十多天没有接到弟弟的家信了，心中焦灼不安，不知弟弟的病是否痊愈？二十四日我登船离开省城，二十五日开船，二十六日午时到达瑞洪。听说吴国佐可于二十七八日抵达南昌，所以在此稍作等候。现因谢兴六欲赴吉安，我便趁机再寄一信，询问弟弟的近况。如果吉安近日还是无法攻克,弟弟也无须焦急。达生所编的六字诀,有时也可用在军队上,现在我写下来,望弟弟见之一笑。

我虽常处于顺境,但仍经常有抑郁沉闷积压于心中,在军中尤是如此。我这次之所以专门寻求快乐,就是不想再有忧郁存在心中。《晋》初爻所说"裕无咎",望弟弟从"裕"字上下功夫,安安稳稳地为人处世。顺问近好。

兄国藩手书（于瑞洪船上）

咸丰八年七月二十八日

凡作一事，皆宜有始有终

凡作一事，无论大小难易，皆宜有始有终。

光阴难得，一刻千金。

【原文】

字谕纪泽儿：

十九日曾六来营，接尔初七日第五号家信并诗一首，具悉次日入闱，考具皆齐矣。此时计已出闱还家。

余于初八日至河口。本拟由铅山入闽，进捣崇安，已拜疏矣。光泽之贼窜扰江西，连陷泸溪、金溪、安仁三县，即在安仁屯踞。十四日派张凯章往剿。十五日余亦回驻弋阳。待安仁破灭后，余乃由泸溪云际关入闽也。

尔七古诗，气清而词亦稳，余阅之忻慰。凡作诗，最宜讲究声调。余所选抄五古九家、七古六家，声调皆极铿锵，耐人百读不厌。余所未抄者，如左太冲、江文通、陈子昂、柳子厚之五古，鲍明远、高达夫、王摩诘、陆放翁之七古，声调亦清越异常。尔欲作五古七古，须熟读五古七古各数十篇。先之以高声朗诵，以昌其气；继之以密咏恬吟，以玩其味。二者并进，使古人之声调，拂拂然若与我之喉舌相习，则下笔为诗时，必有句调凑赴腕下。诗成自读之，亦自觉琅琅可诵，引出一种兴会来。古人云"新诗改罢自长吟"，又云"煅诗未就且长吟"，可见古人惨淡经营之时，亦纯在声调上下工夫。盖有字句之诗，人籁也；无字句之诗，天籁也。解此者，能使天籁人籁凑泊而成，则于诗之道思过半矣。

尔好写字，是一好气习。近日墨色不甚光润，较去年春夏已稍退矣。以后作字，须讲究墨色。古来书家，无不善使墨者，能令一种神光活色浮于纸上，固由临池之勤染翰之多所致，亦缘于墨之新旧浓淡，用墨之轻重疾徐，皆有精意运乎其间，故能使光气常新也。

余生平有三耻：学问各途，皆略涉其涯俟，独天文算学，毫无所知，虽恒星五纬亦不识认，一耻也；每作一事，治一业，辄有始无终，二耻也；少时作字，不能临摹一家之体，遂致屡变而无所成，迟钝而不适于用，近岁在军，因作字太钝，废阁殊多，三耻也。尔若为克家之子，当思雪此三耻。推步算学，纵难通晓，恒星五纬，观认尚易。家中言天文之书，有《十七史》中各天文志，及《五礼通考》中所辑《观象授时》一种。每夜认明恒星二三座，不过数月，可毕识矣。凡作一事，无论大小难易，皆宜有始有终。作字时，先求圆匀，次求敏捷，若一日能作楷书一万，少或七八千，愈多愈熟，则手腕毫不费力。将来以之为学，则手抄群书；以之从政，则案无留牍。无穷受用，皆自写字之匀而且捷生出。三者皆足弥吾之缺憾矣。

今年初次下场，或中或不中，无甚关系，榜后即当看《诗经》注疏。以后穷经读史，二者迭进。国朝大儒，如顾、阎、江、戴、段、王数先生之书，亦不可不熟读而深思之。光阴难得，一刻千金。以后写安禀来营，不妨将胸中所见，简编所得，驰骋议论。俾余得以考察尔之进步，不宜太寥寥。此谕（书于弋阳军中）。

咸丰八年八月二十日

【译文】

字谕纪泽儿：

曾六于十九日抵达军营，接到你初七寄来的第五封家信和一首诗，信中的一切都已经知道。信中说你第二天就要参加考试了，考试用具也已经准备齐全。估计这时候应该已经考完回家了吧。

初八那天我到达河口，本来打算由铅山进入福建，进攻崇安，此事我已经请奏。光泽的敌军窜往江西，扰乱当地的战局，并先后攻陷了泸溪、金溪、安仁三个县，之后又在安仁据守。我于十四日派张凯章军进剿，十五日我也回驻弋阳，等攻下安仁之后，我再从泸溪、云际关进入福建境内。

你现在所写的七言古诗，不仅气势清新，用词也显得十分妥当，读后让我感到十分欣慰。凡是作诗，对声调要十分讲究。我所选抄的九家五言古诗、六家七言古诗，声调都是铿锵有力的，让人百读不厌。而那些我没有选抄的，像左太冲、江文通、陈子昂、柳子厚等人的五言古诗，鲍明远、高达夫、王摩诘、陆放翁等人的七言古诗，声调也显得十分清新。你若打算作五言古诗和七言古诗，必须要熟读数十篇五言古诗和七言古诗。熟读的时候，首先要大声放开朗读，感知诗中蕴涵的气势；之后再不断地在口中吟咏，以掌握诗的韵味。若能协调地运用两种阅读方法，便可使古人的声调几乎和自己的喉舌相通，这样再下笔作诗的时候，定会不断有好的诗句涌出。自己所作的诗，一定要熟读数遍，自然会有朗朗上口的感觉，引出一种兴味来。古人说"新诗改罢自长吟"，又说"煅诗未就且长吟"，从这些句子中可见，古人在费心作诗的时候，是注意在声调上下功夫的。因为有字句的诗是人力精工写作的，而无字句的诗则是浑然天成。若能够理解这些道理，天然人工便能协调地凑在一起。若能做到这一点，作诗的道理也就明白了多半。

你平常爱好习字，这是个很好的习惯。只是你近来写的字墨色稀淡，缺乏光泽，与去年春夏的水平相比，反而有些退步了。日后习字之时，必须讲究墨色的浓淡。古时的书法家，无一不擅长用墨，字写成之后，就有一种神光活色跃然纸上，之所以有这样的效果，固然缘于勤奋的练习，但与墨的新旧浓淡也有着很大的关系。用墨的轻重缓急，都有精要之意在其中，所以才会使书写的字光泽毕现、神气常新。

在我这一生中，有三件事让我感觉羞耻：各种学问都稍稍涉猎，略懂一二，唯有天文算学，一点儿也没有学习过，就连恒星和五纬也不会辨认，这是耻辱之一；无论是处世还是治业，总是有始无终，这是耻辱之二；小时候我也经常习字，但是没有始终临摹一家的字体，结果因屡次改变，最终一无所成，如今写字速度缓慢，很不适用。特别是近年来，在军营里处理公务，常因字写得太慢而耽误很多事情，这是耻辱之三。你若承认是我家子孙，就该常思并洗掉这三件耻辱。纵然推算天象历法很难弄明白，但恒星、五纬还是比较容易认识的。家中讲天文的书，有《十七史》中各史的天文志以及《五礼通考》中所辑录的《观象授时》一种。每天晚上辨认恒星二三颗，不到几个月，就能全部认识。凡是做事，不管大小难易，都应该有始有终。练习写字时要先求圆匀，再要求敏捷。如果能一天练习一万楷书，少则也要写七八千字，越多越熟练，那么手腕就会毫不费力。将来用它做学问，便可手抄群书，若从事政务，公文也不会积压。数不尽的好处，都会因写字的好和快而衍生出来。你若能做到以上三方面，就足以弥补我今生的缺憾了。

你今年是初次下考场，无论考中考不中，都不要紧。放榜以后，应当继续研读《诗经》注疏。今后研习经书和读史书两者应同时进行。本朝大儒，如顾、阎、江、戴、段、王几位先生的书，也务必熟读深思，以求领悟其中的妙处。光阴易逝，一刻千金。在以后的来信中，不妨将自己的见解、读书的心得体会，放开文笔论述，以便我能从中体察你学业的进步，不要过于简单。此谕（书于弋阳军中）。

咸丰八年八月二十日

无论行坐，均须重厚

尔欲稍有成就，须从有恒二字下手。

早起是先人之家法，无恒是吾身之大耻，不重是尔身之短处，故特谆谆戒之。

【原文】

字谕纪泽儿：

接尔十九、二十九日两禀，知喜事完毕，新妇能得尔母之欢，是即家庭之福。

我朝列圣相承，总是寅正即起，至今二百年不改。我家高曾祖考相传早起，吾得见竟希公、星冈公皆未明即起，冬寒起坐约一个时辰，始见天亮。吾父竹亭公亦甫黎明即起，有事则不待黎明，每夜必起看一二次不等，此尔所及见者也。余近亦黎明即起，思有以绍先人之家风。尔既冠授室，当以早起为第一先务。自力行之，亦率新妇力行之。

余生平坐无恒之弊，万事无成，德无成，业无成，已可深耻矣。迨办理军事，自矢靡他，中间本志变化，尤无恒之大者，用为内耻。尔欲稍有成就，须从有恒二字下手。

余尝细观星冈公仪表绝人，全在一重字。余行路容止亦颇重厚，盖取法于星冈公。尔之容止甚轻，是一大弊病，以后宜时时留心，无论行坐，均须重厚。早起也，有恒也，重也，三者皆尔最要之务。早起是先人之家法，无恒是吾身之大耻，不重是尔身之短处，故特谆谆戒之。

吾前一信答尔所问者三条，一字中换笔，一"敢告马走"，一注疏得失，言之颇详，尔来禀何以并未提及？以后凡接我教尔之言，宜条条禀复，不可疏略。此外教尔之事，则详于寄寅皆先生看读写作一缄中矣。此谕。

咸丰九年十月十四日

【译文】

字谕纪泽儿：

  我已经收到你十九、二十九日的两次来信，得知喜事已经办完。很高兴听说新媳妇能让你的母亲欢心满意，这真是全家人的福气。

  我朝历代圣明的国君，总是寅正就起床，至今二百年不变。我家从高曾祖父起就有早起的习惯相传，我曾亲眼见过竟希公、星冈公全都是天未亮就早早起床，冬天寒冷时也起床坐一个时辰，天才亮。我的父亲竹亭公也是黎明就起床，如果有事，还不到黎明就起床，每夜必定起床看一两次，这些你一定也曾亲眼所见。近年来，我也已经习惯黎明即起，希望能继承先人的家风。你已成人结婚，应当以早起为第一要务。自己身体力行，也应让新媳妇努力做到。

  我此生的缺点就是没恒心，以致一事无成。德无成，业无成，心中满是遗憾和愧疚。直到开始操办军务，取代了此前的志向，其间本来的志向发生了，尤其以做事没有恒心为最大的问题，内心更感耻辱。你若想要稍稍有所成就，一定要从"有恒"二字下手。

  我曾经仔细观察星冈公，发现他之所以仪表超过众人，全在一个重字。我自认为神情举止和走路的姿势还算稳重敦实，这些都是从星冈公身上学来的。你的举止言行很是轻浮，这是你一个很大的缺点，以后要注意改正。无论行走起坐，都要记住"稳重"二字。早起、有恒、稳重这三个方面是你当前要注意的最紧要的事情。早起是世代承袭的家风，没有恒心是我此生的遗憾和耻辱，而不稳重则是你最大的缺点，所以特别谆谆教导你把它们记在心上。

  我上封信回答你问的三个问题：一是写字中途换笔，二是"敢告马走"，三是注疏得失。我在信中给你讲解得很详细，你的回信为什么没提到？以后凡是接到我教你的言论，都要逐条地详细答复，不可疏忽大意。除此以外我教你的东西，在我给寅皆先生有关看读写作的一封信中叙述得更为详细，你一定要细读。此谕。

咸丰九年十月十四日

古今庸人皆以惰败，才人皆以傲败

天下古今之庸人，皆以一惰字致败；天下古今之才人，皆以一傲字致败。

【原文】

沅弟左右：

接二十日午刻信并伪文二件，知安庆之贼望援孔切，只要桐城、青草塥少能坚定，自有可破之理。

此间诸事如常。有寄希庵一书未封口，交弟阅后封寄。次青十六日回祁，仅与余相见一次。闻其精神尚好，志气尚壮，将来或可有为，然实非带勇之才。

弟军中诸将有骄气否？弟日内默省，傲气少平得几分否？天下古今之庸人，皆以一惰字致败；天下古今之才人，皆以一傲字致败。吾因军事而推之，凡事皆然，愿与诸弟交勉之。

此次徽贼窜浙，若浙中失守，则不能免于吴越之痛骂，然吾但从傲惰二字痛下工夫，不问人之骂与否也。

咸丰十年九月二十二日

【译文】

沅弟左右：

接到二十日午时信和太平军的文件两件，知道安庆城内敌军迫切希望援军来救。只要桐城、青草塥再能稍稍坚持一下，安庆不久后自然便可攻克。

我这里一切事情跟往常一样。现有一封寄给希庵的还没封口的信，派人交给弟，待阅读后再寄给他。次青十六日回祁门，只与我见了一次面，听说目前他的精力充沛，志气高昂，或许将来会大有作为，然而他确实不是带兵的将才。

  弟弟军中的将领们是否有骄气渐长的迹象？你近日内默默反省自己，想必傲气也减少了几分吧？纵观天下，古往今来，庸人之失败皆因一个"惰"字；而才人之不得志又皆因一个"傲"字。从军事出发推及其他方面，都是这个道理，我愿与诸弟交相勉励，以求进步。

  这次安徽的敌军流窜到浙江，假如浙中失守，免不了要受吴越人民的痛骂，但我只努力在"傲惰"二字上痛下功夫，不过问别人是否骂我，那些都无足轻重。

咸丰十年九月二十二日

办大事者，须多选替手

办大事者，以多选替手为第一义。满意之选不可得，姑节取其次，以待徐徐教育可也。

【原文】

沅弟左右：

水师攻打金柱关时，若有陆兵三千在彼，当易得手。

保彭杏南，系为弟处分统一军起见。弟军万八千人，总须另有二人堪为统带者，每人统五六千，弟自统七八千，然后可分可合。杏南而外，尚有何人可以分统？亦须早早提拔。

办大事者，以多选替手为第一义。满意之选不可得，姑节取其次，以待徐徐教育可也。

同治元年四月十二日

【译文】

沅弟左右：

水师攻打金柱关的时候，要是有三千陆军在那里，就容易打下来。

我保荐彭杏南，是为弟弟你那里有人统领一支分队考虑。你那里共一万八千人，总要另外有两个可以胜任统带的人，他们每人统带五六千人，弟弟自己统带七八千人，然后可以分可以合。除了杏南以外，还有谁可以分统，要早点提拔。

办大事的人，多选替手是第一要义。很满意的选不到，那就选稍差一点的也行，以备以后慢慢教育培养。

同治元年四月十二日

衣食起居，勿沾富贵习气

> 凡世家子弟衣食起居，无一不与寒士相同，庶可以成大器；若沾染富贵习气，则难望有成。

【原文】

字谕纪鸿儿：

前闻尔县试幸列首选，为之欣慰。所寄各场文章，亦皆清润大方。昨接易芝生先生十三日信，知尔已到省。城市繁华之地，尔宜在寓中静坐，不可出外游戏征逐。

兹余函商郭意城先生，在于东征局兑银四百两，交尔在省为进学之用。如郭不在省，尔将此信至易芝生先生处借银亦可。印卷之费，向例两学及学书共三分，尔每分宜送钱百千。邓寅师处谢礼百两，邓十世兄处送银十两，助渠买书之资。余银数十两，为尔零用及略添衣物之需。

凡世家子弟衣食起居，无一不与寒士相同，庶可以成大器；若沾染富贵习气，则难望有成。吾忝为将相，而所有衣服不值三百金，愿尔等常守此俭朴之风，亦惜福之道也。其照例应用之钱，不宜过啬（谢廪保二十千，赏号亦略丰）。谒圣后，拜客数家，即行归里。今年不必乡试，一则尔工夫尚早，二则恐体弱难耐劳也。此谕。

涤生手示。

再，尔县考诗有错平仄者。头场（末句移），二场（三句禁，仄声用者禁止禁戒也，平声用者犹云受不住也，谚云禁不起），三场（四句节俭仁惠崇系倒写否？十句逸仄声），五场（九、十句失粘）。过院考时，务将平仄一一检点，如有记不真者，则另换一字。抬头处亦宜细心。再谕。

同治元年五月二十七日

【译文】

字谕纪鸿儿：

不久前听说你参加了县试，而且有幸名列榜首，我感到很欣慰。你随信寄来的各场考试的文章，也都是值得称道的圆润大方之作。我昨天接到易芝生先生十三日的来信，得知你已经抵达省城。省城乃是繁华奢靡之地，你最好多在寓所中静坐，不要随便到外面去游玩。

我已经写信给郭意城先生，决定在东征局那里兑换四百两银子交给你，作为你在省城学习的费用。如果郭先生不在省城，你拿这封信到易芝生先生那里借钱也行。印卷的费用，按惯例是两学和学书一共三份，你每份应送钱百千。邓寅师那里送银子一百两作为谢礼，邓十世兄那里送十两银子，资助他多买点书。剩下的几十两银子，作为你的零用钱和添加衣服的费用。

凡是世家子弟，饮食起居，都与寒士相同，也许可以成大器。如果沾染上富贵习气，则很难有所成就。我虽惭愧地位居将相，但所有衣服合计不值三百两银子，希望你们常恪守俭朴的家风，这也是珍惜福分之道。照例要应用的银钱，也不要太过吝啬（谢禀保二十千，赏号也可稍微多一点）。谒见圣人孔子以后，你拜访几家客人，就回家乡去。今年不要参加乡试了，一是因为你年龄还小，二是恐怕你体质虚弱难耐劳苦。此谕。

父涤生手示。

还有，你在参加科考时所作的诗，有许多平仄错误之处。头场末句的"移"字；二场第三句的"禁"字，作为仄声使用时是禁止禁戒的意思，作为平声使用时才是受不住的意思，俗话说的"禁不起"；三场第四句的"节俭仁惠崇"，是不是写倒了？第十句"逸"仄声；第五场第九、十句失粘。在院试时，你务必对平仄一一进行检查，如有记不准确的地方，就另外换上一个字。最应该注意的地方就是开头处，要细心留意。再谕。

同治元年五月二十七日

第三章 成事之道

积劳而使人不知其劳

吾兄弟誓拼命报国,然须常存避名之念,总从冷淡处着笔,积劳而使人不知其劳,则善矣。

【原文】

沅弟左右:

排递一线,知守局平安如常,至以为慰。大官圩等处之粮,多为我军所焚,则金陵援贼之粮必难久支,城贼之粮多寡,则不敢必耳,计忠、侍引退之期必不甚远。

吾前有信嘱弟以追为退,改由东坝进兵,先剿溧阳,以至宜兴。先占太湖之西岸,水师亦由东坝进兵。俾李朝斌先在太湖西岸立住脚跟,则战船处处可到,而环湖之十四府州县处处震动。贼则防不胜防,我则后路极稳。较之株守金陵者,有死活之分,有险易之别,但无赫赫之名耳。

凡行军最忌有赫赫之名,为天下所指目,为贼匪所必争。莫若从贼所不经意之处下手,既得之后,贼乃知其为要隘,起而争之,则我占先着矣。余今欲弃金陵而改攻东坝,贼所经意之要隘也。若占长兴、宜兴、太湖西岸,则贼所不经意之要隘也。愿弟早定大计,趁势图之,莫为浮言所惑,谓金陵指日可下,株守不动,贪赫赫之名,而昧于死活之势。至嘱至嘱。

如弟之志必欲围攻金陵,亦不妨掀动一番,且去破东坝,剿溧阳,取宜兴,占住太湖西岸,然后折回再围金陵,亦不过数月间事,未为晚也。

吾兄弟誓拼命报国,然须常存避名之念,总从冷淡处着笔,积劳而使人不知其劳,则善矣。

同治元年十月初三日

【译文】

沅弟左右：

从排筏递送来的这封信中，得知金陵守局平安如常，心中很是欣慰。敌军大官圩等处的粮草多被我军焚毁，那么敌军金陵援军的粮草势必难以长久支撑，城中敌军的粮草多还是少，我不敢肯定，估计敌援军的忠王（李秀成）、侍王（李世贤）两部撤退的日期应该是为期不远了。

在前一次的信中，我就已经嘱咐弟弟要以追为退，改从东坝进军，先行围剿溧阳，灭溧阳之敌后，再往宜兴方向行进，以占领太湖西岸，水师也由东坝进军。若使李朝斌先在太湖西岸站住脚跟，那么我军的战船处处可到，而环绕着太湖的十四个府州县也会处处震动。敌军对我们防不胜防，我军的后路就很稳固了。这一战略，比起在金陵守株待兔，形势有死活之分，险易之别，只不过是没有显赫的名声罢了。

行军打仗之时，最忌讳有赫赫之威名在外，为天下人所瞩目，为敌人小心防范。与其贪图虚名，还不如从敌人不注意的地方下手，待得势之后，敌人才悟出要害在何处，这时再奋起争夺也无济于事，因为我们已抢先一步下手，占了先机。若现在放弃金陵，改攻东坝，正是敌人注意的要害之处；若占领长兴、宜兴、太湖西岸，恰是敌人不注意的要害之处。希望弟弟早日下定决心，制定出统领大局的谋略，以便趁势攻占。千万不可被浮躁的传言所迷惑，说什么金陵指日便可攻下，为贪求赫赫大名，就死守此地不动，而不明了死活之势。至嘱至嘱。

如果贤弟的意愿一定要想围攻金陵，也不妨先就势掀动一番，先去破东坝，剿溧阳，取宜兴，占住太湖西岸，然后挥军折回再围攻金陵，这也不过是几个月内的事情，不会影响围攻金陵的大计。

我们兄弟立誓拼命报国，但也须常存避开大名声的念头，做事总要保持冷静，积功劳而又使人不知我们的功劳，那就最好不过了。

同治元年十月初三日

第三章 成事之道

担当大事全在"明强"二字

至于担当大事,全在明强二字。

凡事非气不举,非刚不济,即修身齐家,亦须以明强为本。

【原文】

沅弟左右:

二十七日接二十一日来信,具悉一切。

弟辞抚之意如此坚切,余二十二日代弟所作之折想必中意矣。

来信"乱世功名之际尤为难处"十字实获我心。本日余有一片,亦请将钦篆、督篆二者分出一席,另简大员。兹将片稿抄寄弟阅。吾兄弟常存此兢兢业业之心,将来遇有机缘,即便抽身引退,庶几善始善终,免蹈大戾乎!

至于担当大事,全在明强二字。《中庸》学、问、思、辨、行五者,其要归于愚必明,柔必强。弟向来倔强之气,却不可因位高而顿改。凡事非气不举,非刚不济,即修身齐家,亦须以明强为本。

巢县既克,和、含必可得手。以后进攻二浦,望弟主持一切,函告鲍、萧、彭、刘四公,余相隔太远,不遥制也。

顺问近好。国藩手草。

弟公文不宜用"咨呈",用"咨"以符通例。

同治二年四月二十七日

【译文】

沅弟左右:

二十七日接到贤弟二十一日的来信,得悉一切情况。

既然贤弟辞去巡抚之职的决心如此坚定迫切，那我二十二日代贤弟所写的奏折一定会很合你的心意。

来信中所说的"乱世功名之际尤为难处"，这十个字真是道出了我的心声。今天我有一张纸片，也请你把钦篆、督篆分出一个席位，另外选拔大员。现把奏折抄给你看。你我兄弟要常存一颗兢兢业业的心，将来遇有机缘，就抽身引退，这样也许可以善始善终，免蹈大祸！

至于担当大事之要，全在"明强"二字。《中庸》说的学习、问疑、思考、明辨、笃行，要点归结为愚蠢的一定要贤明，柔弱的必定要坚强。弟向来倔强，不可因处在高位就马上改变。但凡做事没有倔强的志气是做不成的，没有刚毅不能成事，即使是修身齐家，也必须以"明强"二字为根本。

巢县既已克复，和、含一定可以到手。以后进攻二浦，希望弟弟主持一切，并写信给鲍、萧、彭、刘四人，我相隔太远，难以遥控。

顺问近好。国藩手书。

贤弟的公文不应该用"咨呈"，用"咨"才符合通例。

同治二年四月二十七日

艰危之时，坚持硬字、悔字二诀

弟当此艰危之际，若能以硬字法冬藏之德，以悔字启春生之机，庶几可挽回一二乎？

【原文】

沅弟左右：

接李少帅信，知春霆因弟复奏之片，言省三系与任逆接仗，霆军系与赖逆交锋，大为不平，自奏伤疾举发，请开缺调理。又以书告少帅，谓弟自占地步。弟当此百端拂逆之时，又添此至交龃龉之事，想心绪益觉难堪。然事已如此，亦只有逆来顺受之法，仍不外悔字诀、硬字诀而已。

朱子尝言："悔字如春，万物蕴蓄初发；吉字如夏，万物茂盛已极；吝字如秋，万物始落；凶字如冬，万物枯凋。"又尝以元字配春，亨字配夏，利字配秋，贞字配冬。兄意贞字即硬字诀也。弟当此艰危之际，若能以硬字法冬藏之德，以悔字启春生之机，庶几可挽回一二乎？

闻左帅近日亦极谦慎。在汉口气象何如？弟曾闻其略否？申夫阅历极深，若遇危难之际，与之深谈，渠尚能于恶风骇浪之中默识把舵之道，在司道中不可多得也。

同治六年三月初二日

【译文】

沅弟左右：

接到李少帅的信，知道春霆因弟弟复奏的片子，说刘省三是和任逆作战，鲍春霆是与赖逆交锋，大为不平，自奏伤病全发，要辞职回家养伤。又写信告诉少帅，说你为人霸道，全不给人留余地。弟弟处于这种百事不顺的时候，又增加这种与好朋友闹矛盾的事，想你心里更加难受。但事已如此，也只有逆来顺受了，仍然不外是"悔"字诀、"硬"字诀罢了。

朱子常说："'悔'字好比春天，万物蕴藏积蓄的生机开始生发。'吉'字好比夏天，万物茂盛已极。'吝'字好比秋天，万物开始败落。'凶'字好比冬天，万物凋谢。"又常用"元"字配春天，"亨"字配夏天，"利"字配秋天，"贞"字配冬天。为兄以为，"贞"字就是硬字诀。弟弟处在艰危的时候，如果能够以"硬"字诀效法冬天蓄藏的德行，以"悔"字诀开启春天的生机，也许可以挽回一二吧。

听说左帅近来也很谦慎，在汉口情形如何？弟弟是否知道大致情况？申夫的阅历极深，如果遇到危险，可和他深谈，他还能在恶风骇浪之中，把好舵，领好航，在司道人员中，是不可多得的人才。

同治六年三月初二日

第四章 为学之道

尔以后当从间架用一番苦功,
每日用油纸摹帖。
或百字,
或二百字,
不过数月,
间架与古人逼肖而不自觉。

读书要有志、有识、有恒

盖士人读书，第一要有志，第二要有识，第三要有恒。有志则断不甘为下流；有识则知学问无尽，不敢以一得自足，如河伯之观海，如井蛙之窥天，皆无识者也；有恒则断无不成之事。

【原文】

诸位贤弟足下：

十一月十七寄第三号信，想已收到。父亲到县纳漕，诸弟何不寄一信，交县城转寄省城也？以后凡遇有便，即须寄信，切要切要。

九弟到家，遍走各亲戚家，必各有一番景况，何不详以告我？

四妹小产以后生育颇难，然此事最大，断不可以人力勉强。劝渠家只须听其自然，不可过于矜持。又闻四妹起最晏，往往其姑反服侍他。此反常之事，最足折福。天下未有不孝之妇而可得好处者，诸弟必须时劝导之，晓之以大义。

诸弟在家读书，不审每日如何用功？余自十月初一立志自新以来，虽懒惰如故，而每日楷书写日记，每日读史十页，每日记"茶余偶谈"一则，此三事未尝一日间断。十月二十一日立誓永戒吃水烟，迄今已两月不吃烟，已习惯成自然矣。余自立课程甚多，惟记"茶余偶谈"、读史十页、写日记楷本，此三事者，誓终身不间断也。诸弟每人自立课程，必须有日日不断之功。虽行船走路，俱须带在身边，余除此三事外，他课程不必能有成，而此三事者，将终身以之。

前立志作《曾氏家训》一部，曾与九弟详细道及。后因采择经史，若非经史烂熟胸中，则割裂零碎，毫无线索；至于采择诸子各家之言，尤为浩繁，虽抄数百卷，犹不能尽收。然后知古人作《大学衍义》《衍义补》诸书，乃胸中自有条例，自有议论，而随便引书以证明之，非翻书而遍抄之也。然后知著书之难，故暂且不作《曾氏家训》。若将来胸中道理愈多，议论愈贯串，仍当为之。

现在朋友愈多：讲躬行心得者，则有镜海先生、艮峰前辈、吴竹如、窦兰泉、冯树堂；穷经知道者，则有吴子序、邵蕙西；讲诗、文、字而艺通于道者，则有何子贞；才气奔放，则有汤海秋；英气逼人、志大神静，则有黄子寿。又有王少鹤（名锡振，广西主事，年二十七岁，张筱浦之妹夫）、朱廉甫（名琦，广西乙未翰林）、吴莘畬（名尚志，广东人，吴抚台之世兄）、庞作人（名文寿，浙江人）。此四君者，皆闻予名而先来拜。虽所造有浅深，要皆有志之士，不甘居于庸碌者也。

京师为人文渊薮，不求则无之，愈求则愈出。近来闻好友甚多，余不欲先去拜别人，恐徒标榜虚声。盖求友以匡己之不逮，此大益也；标榜以盗虚名，是大损也。天下有益之事，即有足损者寓乎其中，不可不辨。

黄子寿近作《选将论》一篇，共六千余字，真奇才也。子寿戊戌年始作破题，而六年之中遂成大学问，此天分独绝，万不可学而至，诸弟不必震而惊之。余不愿诸弟学他，但愿诸弟学吴世兄、何世兄。吴竹如之世兄，现亦学艮峰先生写日记，言有矩，动有法，其静气实实可爱。何子贞之世兄，每日自朝至夕总是温书，三百六十日，除作诗文时，无一刻不温书。真可谓有恒者矣。故余从前限功课教诸弟，近来写信寄弟，从不另开课程，但教诸弟有恒而已。

盖士人读书，第一要有志，第二要有识，第三要有恒。有志则断不甘为下流；有识则知学问无尽，不敢以一得自足，如河伯之观海，如井蛙之窥天，皆无识者也；有恒则断无不成之事。此三者缺一不可。诸弟此时惟有识不可以骤几，至于有志、有恒则诸弟勉之而已。

余身体甚弱，不能苦思，苦思则头晕；不耐久坐，久坐则倦乏。时时属望，惟诸弟而已。

明年正月，恭逢祖父大人七十大寿，京城以进十为正庆。余本拟在戏园设寿筵，窦兰泉及艮峰先生劝止之，故不复张筵。盖京城张筵唱戏，名为庆寿，实则打把戏。兰泉之劝止，正以此故。现作寿屏两架：一架淳化笺四大幅，系何子贞撰文并书，字有茶碗口大；一架冷金笺八小幅，系吴子序撰文，余自书。淳化笺系内府用纸，纸厚如钱，光彩耀目，寻常琉璃厂无有也。昨日偶有之，因买四张。子贞字甚古雅，惜太大，万不能寄回。奈何奈何！

侄儿甲三体日胖而颇蠢，夜间小解知自报，不至于湿床褥。女儿体好，最易扶携，全不劳大人费心力。

今年冬间，贺耦庚先生寄三十金，李双圃先生寄二十金，其余尚有小进项，汤海秋又自言借百金与我用。计还清兰溪、寄云外，尚可宽裕过年。统计今年除借会馆房钱外，仅借百五十金。岱云则略多些。岱云言在京已该账九百余金，家中亦有此数，将来正不易还。寒士出身，不知何日是了也！我在京该账尚不过四百金，然苟不得差，则日见日紧矣。

书不能尽言，惟诸弟鉴察。

兄国藩手草

道光二十二年十二月二十日

【译文】

诸位贤弟足下：

十一月十七日所发出的第三号家信，想来家中早已经收到了吧。近日父亲到县里交粮，弟弟们为何不趁此机会写一封信，请父亲从县城转寄到省城呢？若以后遇到方便之机，就要尽量抽时间写信寄过来，切记切记。

九弟回家之后，一定会去各处拜访亲戚好友，各家都有各家的不同情况，为何不写信一一告知呢？

四妹小产之后再生育就是很困难的事了，这是头等大事，但也绝不可刻意勉强，要劝她家听其自然，不宜过于固执。听说现在四妹在家往往很晚才起床，起床之后还经常要婆婆在旁服侍她，这是反常的事情，最容易折福。天下从没有不孝的妇人会得到好报的，所以弟弟们务必多加劝导，让她通晓大义。

诸位弟弟们在家读书习字，不知每天用功程度如何？自十月一日以来，我立志改过自新，完善自己，虽不时有懒惰之意，但每天用楷书写日记、每天读十页史书、记"茶余偶谈"一则，这三件事倒是一直坚持，从未有丝毫的间断。自从十月二十一日发誓永戒水烟算起，已两个月有余，一直远离水烟，渐渐地就成了自然之事。我这一生所立之志甚多，只有记"茶余偶谈"、读史十页、写楷书体日记这三件事，发誓终身坚持，绝不让其有一日的间断。弟弟们也应该自定几件事情并坚持不懈地去做，每天不间断地努力，即使行船走路，也时刻随身携带。除上述我所说的那三件事之外，其他课程不一定求其有成，但这三件事，将终身实行。

前不久我曾立下志愿，打算编写一部《曾氏家训》，而且与九弟就此事作过详谈。后来翻阅了各部经史才发现，若不能把经史烂熟于胸，就会觉得材料支离破碎、毫无线索；若要采集摘选诸子各家之言，则显得更为浩繁，即使费力地抄上几百卷书，也无法将材料尽数收齐，这时方才懂得古人编著《大学衍义》《衍义补》等书，实乃胸有成竹、水到渠成之作，都是自有一套体例、一组观点的，然后在创作的过程中随意引书为证，而不是逐个翻书拼凑而来的。从这之后我才懂得了著书之难，所以暂时不准备创作《曾氏家训》。待日后胸中积累的道理够丰富了、议论够贯通了再写也为时不晚。

现在我的朋友越来越多：讲求实践心得的，有镜海先生、艮峰前辈、吴竹如、窦兰泉、冯树堂；研究经书探求道理的，有吴子序、邵蕙西；讲诗、文、字这些艺术能上升到道的层面的，有何子贞；才气奔放的，则有汤海秋；英气逼人、志向大、神态安详，则有黄子寿。另外还有王少鹤（名锡振，任广西主事，年二十七岁，是张筱浦的妹夫）、朱廉甫（名琦，广西乙未年翰林）、吴莘畬（名尚志，广东人，吴抚台之世兄）、庞作人（名文寿，浙江人），这四君子，都是慕名而来拜访我的。虽然这些人的学问深浅各有不同，但都是胸怀壮志的有识之士，不甘平庸之人。

京师乃人才集中之地，学问渊博之人济济一堂，不去探求则无从发现，但若有心，越去探求朋友就会越多。近来听说可交朋友的人很多，但我并不打算主动去拜访别人，只怕那样对做学问无益，反而只会落得个自我标榜的虚名。访求好友的目的是匡正自己的过失，这才是交友的最大益处；而借此标榜谋图虚名，则是最大的害处。天下间凡是有益的事中，往往便有不益的事包含其中，不可不细心分辨。

黄子寿最近作了一篇《选将论》，此文共有六千余字，他真可称得上是奇才。此人从戊戌年起才开始学作破题，六年之中就做出如此大学问，实属罕见。不过这也与他的天资有关，并不是常人轻易企及的，弟弟们不必为此震惊。我不希望弟弟们学他，只愿你们学习吴世兄、何世兄。吴竹如世兄现也效仿艮峰先生，每日写日记，谈论有规矩，行为有法则，其安详自得的风采实在让人心生爱意。何子贞世兄，每日从早到晚不停地温习各家之书，一年三百六十天，除了作诗文外，无时无刻不在温习书本，真可称得上是有恒心的人。所以我从前教导弟弟们的学业时，总是会给你们限定功课，而近日写给弟弟们的信从不另外开列课程，只是警示你们读书做学问要有恒心而已。

士人读书，第一要有志向，第二要有见识，第三要有恒心。有了远大的志向，则必然不会甘心屈居人下；有了超然的见识，则明白学海无边的道理，就不敢因某一方面的成功而自足自满，如河伯观海、井蛙窥天，都是缺乏见识；有持久的恒心，则绝对没有做不成的事。这三者缺一不可。诸位兄弟现在想有见识不是一下能达到的，至于有志向、有恒心，就是你们自己努力的事了。

我最近身体愈加虚弱，无力思考，苦思则头晕目眩；不耐久坐，久坐则倦乏。时时刻刻所期望的，只有几位弟弟罢了。

明年正月，乃祖父大人七十大寿，按照京城的惯例，是以进十岁为正式庆典。我本打算在戏园摆宴庆贺，而窦兰泉及艮峰先生劝阻我，申述其中利弊，所以不准备办了。因为在京城大张旗鼓地设筵唱戏，名义上是为庆寿，实际上就是玩把戏，所以兰泉竭力劝阻。现已作好两架寿屏：一架是四大幅淳化笺，乃何子贞亲笔书写的文章，每个字都有茶碗口大；一架是八小幅冷金笺，是由吴子序撰写的文章，我书写上去的。淳化笺用的是内府用纸，此纸如铜钱般厚实粗重，光彩耀目，这样的纸质在琉璃厂一般是难以见到的，碰巧昨天瞧见，一下买了四张。子贞的字古雅有致，但是字体太大，是万不能寄回的。真是没办法！

你们的侄儿甲三，身体稍胖，显得蠢笨可爱，夜里小便自己已经知道说了，不会再尿床。女儿身体无恙，听话乖巧，大人不用操心。

今年冬天，贺耦庚先生寄来三十两银子，李双圃先生又寄来二十两，再加上其他的一些小进项，汤海秋先生还答应可以暂借百金给我用。如此算来，除了可以还清兰溪、寄云的欠债外，还可宽裕过年。统计今年除借会馆房钱外，其他另多借了一百五十两银子。岱云借得稍微多一些，他说在京已欠账九百余两，家里也欠了这个数，数额如此巨大将来确实很难还清。贫穷寒士出身的人，这借借还还的日子还不知何日能到尽头！虽然我在京所欠的债务合起来不过四百两银子，不过如果还是谋不到一官半职的话，这日子也同样会一日比一日吃紧。

书不尽言，希望诸位兄弟细细鉴察。

兄国藩手书
道光二十二年十二月二十日

为学最要虚心，切勿恃才自傲

傲气既长，终不进功，所以潦倒一生而无寸进也。

故吾人用功，力除傲气，力戒自满，毋为人所冷笑，乃有进步也。

【原文】

四位老弟足下：

前次回信内有四弟诗，想已收到。九月家信有送率五诗五首，想已阅过。吾人为学最要虚心。尝见朋友中有美材者，往往恃才傲物，动谓人不如己，见乡墨则骂乡墨不通，见会墨则骂会墨不通，既骂房官，又骂主考，未入学者则骂学院。平心而论，己之所为诗文，实亦无胜人之处，不特无胜人之处，而且有不堪对人之处。只为不肯反求诸己，便都见得人家不是，既骂考官，又骂同考而先得者。傲气既长，终不进功，所以潦倒一生而无寸进也。

余平生科名极为顺遂，惟小考七次始售。然每次不进，未尝敢出一怨言，但深愧自己试场之诗文太丑而已。至今思之，如芒在背。当时之不敢怨言，诸弟问父亲、叔父及朱尧阶便知。盖场屋之中，只有文丑而侥幸者，断无文佳而埋没者，此一定之理也。

三房十四叔非不勤读，只为傲气太胜，自满自足，遂不能有所成。

京城之中，亦多有自满之人。识者见之，发一冷笑而已。又有当名士者，鄙科名为粪土，或好作诗古，或好讲考据，或好谈理学，嚣嚣然自以为压倒一切矣。自识者观之，彼其所造，曾无几何，亦足发一冷笑而已。故吾人用功，力除傲气，力戒自满，毋为人所冷笑，乃有进步也。

诸弟平日皆恂恂退让，第累年小试不售，恐因愤激之久，致生骄惰之气，故特作书戒之。务望细思吾言而深省焉，幸甚幸甚。

国藩手草
道光二十四年十月二十一日

【译文】

四位老弟足下：

前次回信，里面有四弟的诗，想必已收到了。九月里给家中的信中有送率五的诗五首，想必也都看过了。我们做学问，最重要的是虚心。我曾看到朋友中一些颇有才华的人都恃才傲物，动不动就说别人不如自己，见了乡墨便说乡墨不通，见了会墨便说会墨不通，不仅骂房官，也骂主考，考不取就骂学院。平心而论，这种人自己写的诗文也并没有过人之处，而且有些根本就羞于示人，但他们就是不肯反过来要求自己，总说别人不好。既骂考官，也骂同科率先考中之人。人要有了傲气，便不会有进步，所以潦倒一生，没有一寸长进。

我这一生在科名上还算顺利，只是在小考时考了七次才取上。不过，每次考不好都没有说过一句不满的话，只惭愧自己在考试时写的诗文太差。现在想起来，如芒刺在背上。那时不敢发怨言的原因，几位弟弟问问父亲、叔父和朱尧阶就会知道。考场中只有以拙劣的文章而侥幸得中的人，没有以出色的文采而被埋没的人，这是千古不变的真理。

三房的十四叔，读书不是不勤快，只是傲气太重，自满自足，终究一无所成。

京城里有傲气的人也很多，有见识的人见了，只冷冷一笑而已。还有的人自诩名士，把科名看成粪土，他们有的喜欢作古诗，有的喜欢讲考据，有的还喜欢谈理学，喧闹张扬，自以为能压倒一切。在有见识的人看来，这些人其实没有什么造诣，只不过足以让人冷冷一笑罢了。我们应当一心用功，尽力消除傲气，防止自满，不让别人在一边冷笑，才有进步。

几个弟弟平日都恂恂退让，但多年小考没有中，恐怕是因为愤激已久，以致产生骄惰的习气，所以特地写信告诫。你们定要想想我的这些话，深刻地反省一下，幸甚幸甚。

国藩手书
道光二十四年十月二十一日

学问之道,总以有恒为主

学问之道无穷,而总以有恒为主。

虽极忙,亦须了本日功课,不以昨日耽搁而今日补做;不以明日有事而今日预做。

【原文】

四位老弟足下:

前月寄信,想已接到。余蒙祖宗遗泽、祖父教训,幸得科名,内顾无所忧,外遇无不如意,一无所缺矣。所望者,再得诸弟强立,同心一力,何患令名之不显?何愁家运之不兴?欲别立课程,多讲规条,使诸弟遵而行之,又恐诸弟习见而生厌心;欲默默而不言,又非长兄督责之道。是以往年常示诸弟以课程,近来则只教以有恒二字。所望于诸弟者,但将诸弟每月功课写明告我,则我心大慰矣。

乃诸弟每次写信,从不将自己之业写明,乃好言家事及京中诸事。此时家中重庆,外事又有我照料,诸弟一概不管可也。以后写信,但将每月作诗几首,作文几首,看书几卷,详细告我,则我欢喜无量。诸弟或能为科名中人,或能为学问中人,其为父母之令子一也,我之欢喜一也。慎弗以科名稍迟,而遂谓无可自力也。如霞仙今日之身分,则比等闲之秀才高矣。若学问愈进,身分愈高,则等闲之举人、进士又不足论矣。

学问之道无穷,而总以有恒为主。兄往年极无恒。近年略好,而犹未纯熟。自七月初一起至今,则无一日间断,每日临帖百字,抄书百字,看书少亦须满二十页,多则不论。自七月起至今,已看过《王荆公文集》百卷,《归震川文集》四十卷,《诗经大全》二十卷,《后汉书》百卷,皆朱笔加圈批。虽极忙，亦须了本日功课，不以昨日耽搁而今日补做，不以明日有事而今日预做。诸弟若能有恒如此，则虽四弟中等之资，亦当有所成就，况六弟、九弟上等之资乎？

明年肄业之所，不知已有定否？或在家，或在外，无不可者。谓在家不可用功，此巧于卸责者也。吾今在京，日日事务纷冗，而犹可以不间断，况家中万万不及此间之纷冗乎！树堂、筠仙自十月起，每十日作文一首，每日看书十五页，亦极有恒。诸弟试将朱子《纲目》过笔圈点，定以有恒，不过数月即圈完矣。若看注疏，每经亦不过数月即完。切勿以家中有事而间断看书之课，又勿以考试将近而间断看书之课。虽走路之日，到店亦可看；考试之日，出场亦可看也。

兄日夜悬望，独此有恒二字告诸弟，伏愿诸弟刻刻留心，幸甚幸甚。

兄国藩手草

道光二十四年十一月二十一日

【译文】

四位老弟足下：

前月寄去的信，我想大概已经收到了吧。我有幸承蒙祖宗遗留的恩泽、祖父的教训，考取了科举功名，如今内顾无所忧，外遇无不如意，算是一无所缺了。我现在所希望的就是各位兄弟能够自强自立，同心协力，若真能如此，还怕不能声名远播吗？还怕不能家业兴旺吗？我最近计划另外开设些课程，多讲一些规矩，让各位兄弟遵照行事，又怕各位兄弟因为规矩多了而厌烦；想闭口不谈，又唯恐不能尽到兄长督促弟弟的责任。因此往年都要告诉各位兄弟具体该学些什么课程，近来就只教以"有恒"两字。我对各位兄弟的期望，只是把每个月的功课写明告诉我，这样我心里就觉得是莫大的安慰。

可是各位兄弟每次写信，从不将自己的学业情况在信里详细告知，只是喜欢说些家中的事和京城的事。现在家中的大小事情自有父母大人出面操持，外头的事自然由我来打理，各位兄弟完全可以不必过问。所以以后写信，只要将每月所作的几首诗、几篇作文，看几卷书，详细告诉我，那我就太高兴了。各位弟弟或者可以成为科名中的人，或者可以成为学问中的人，但都是父母的儿子，这是我高兴的第一点。千万要慎重，不要以为科名迟迟不得，便说自己不行。如霞仙一样，今天的身份，比一般的秀才就高一些。如果学问再长进，身份更高，那一般的举人、进士便不足道了。

学海无涯，没有穷尽，总要以有恒为主。为兄往年最缺恒心，近年情况稍好，但还没有纯熟。从七月一日至今，没有一天间断，每天临帖一百个字，抄书一百个字，看书少则二十页，多则不论。从七月起，至今已看《王荆公文集》一百卷，《归震川文集》四十卷，《诗经大全》二十卷，《后汉书》一百卷，都用红笔加以圈点批注。虽然时间紧促，也要保证完成每天的功课，不以昨天耽搁而今天补做，也不以明天有事而今天预先做。各位弟弟如果能像这样有恒心，则即使像四弟这样的中等天资，也会有所成就，何况六弟、九弟这种上等的天资呢？

不知明年学习的地方定下来没有？在家乡或者在外地，都是可以的。说在家读书不能用功，不过是推卸责任的借口而已。我现在在京城，天天事务繁多，而仍然坚持读书，从不间断，何况家中怎么也不会如我这里事务繁杂！树堂、筠仙二人自十月起，每十天作一篇文章，每天看十五页书，可见也很有恒心。弟弟们请试试将朱子《纲目》用笔圈点，只要有恒心，不过几个月就可以圈点完。如看注疏，每部经书也不过几个月就可以看完。千万不要以家里的琐事为由而间断看书，更不要以考试临近为借口而间断看书。就是走路的时候，到店的时候，都可以看；即使面临考试，待考试结束后也可以看。

为兄我日夜悬望之事，只有将"有恒"两个字忠告弟弟们。衷心希望弟弟们要时时刻刻留心二字，幸甚幸甚。

兄国藩手书
道光二十四年十一月二十一日

事事应勤思善问

若事事勤思善问,何患不一日千里?

【原文】

四位老弟足下:

去年十二月二十二日寄去书函谅已收到。顷接四弟信,谓前信小注中误写二字,其诗比即付还,今亦忘其所误谓何矣。

诸弟写信,总云仓忙,六弟去年曾言城南寄信之难,每次至抚院赍奏厅打听云云,是何其蠢也!静坐书院三百六十日,日日皆可写信,何必打听折差行期而后动笔哉?或送至提塘,或送至岱云家,皆万无一失,何必问了无关涉之赍奏厅哉?若弟等仓忙,则兄之仓忙殆过十倍,将终岁无一字寄家矣!

送王五诗第二首,弟不能解,数千里致书来问,此极虚心,余得信甚喜。若事事勤思善问,何患不一日千里?兹另纸写明寄回。

家塾读书,余明知非诸弟所甚愿,然近处实无名师可从。省城如陈尧农、罗罗山皆可谓明师,而六弟、九弟又不善求益,且住省二年,诗文与字皆无大长进。如今我虽欲再言,堂上大人亦必不肯听。不如安分耐烦,寂处里间,无师无友,挺然特立,作第一等人物。此则我之所期于诸弟者也。

昔婺源汪双池先生一贫如洗,三十以前在窑上为人佣工画碗,三十以后读书,训蒙到老,终身不应科举,卒著书百余卷,为本朝有数名儒,彼何尝有师友哉?又何尝出里闾哉?余所望于诸弟者,如是而已,然总不出乎立志有恒四字之外也。

买笔付回,刻下实无妙便,须公车归乃可带回。大约府试院试可得用,县试则赶不到也。诸弟在家作文,若能按月付至京,则余请树堂看,随到随改，不过两月，家中又可收到。书不详尽，余俟续具。

兄国藩手草

道光二十五年二月初一日

【译文】

四位老弟足下：

去年十二月二十二日寄去的信估计已经收到了吧。刚接到四弟的来信，说前信小注中写错了两个字，那首诗很快就寄给你了，至于错在何处现在我也记不起来了。

诸位弟弟写信，总说仓促忙碌。六弟去年曾说过在城南寄信的难处，每次要到抚院赍奏厅打听，真是太愚蠢了！三百六十天都静坐在书院，天天都可以写信，何必打听信差出发的日期，然后才动笔呢？要么送给主管寄信的官员，要么送到岱云家，都万无一失，何必去问半点儿也没有关系的赍奏厅呢？如果弟弟们都说忙，那么为兄岂不是比你们忙十倍，恐怕一年到头都没有一个字寄给家里。

送给王五的第二首诗，弟弟有些看不懂的地方，就不远几千里写信来问，表明弟弟是很虚心的，我收到信后很高兴。如果每件事都能像这样勤思善问，还怕没有一日千里的进步？现在将诗的意思用另外的纸注明得很详细，寄回家供弟弟参阅。

在家塾读书，我明知弟弟们心里很不愿意，但近处实在没有名师可以跟从，像陈尧农、罗罗山这两位先生都可以说是省城里的好老师，但六弟、九弟又不善于求学，况且在省城住了两年，诗文与字都没有大的长进。如今我虽然想再为弟弟们求情，可是堂上大人必定不会再听。既然如此，不如稍安勿躁，寂处乡间，既不拜老师，也不乱交朋友，坚定地独立于世间，做个第一等的人物，这就是我现在对弟弟们的期望。

婺源汪双池先生，过去一贫如洗，三十岁以前，在窑上为别人打工画碗。三十岁以后，才开始读书一直到老，终身都没有参加科举考试，却也著书一百多卷，最终成为本朝屈指可数的名儒，他何尝有师友？又何尝走出过家乡一步？我期待弟弟们做到的，就是如此而已，总不外乎"立志""有恒"四字。

至于买笔寄回一事，目前实在是没有方便的机会，等到进京应试的举人们回乡时才可以带回。诸弟在府试、院试时大概可以用上，县试估计是赶不上了。弟弟们在家里写的文章，如能按月寄到京城，那我就请树堂看。寄到之后就改，不过两个月，家中就可收到已改过的文章。信中写得不够详尽，其余的以后再具体说吧。

兄国藩手书

道光二十五年二月初一日

读书有难解者，不必遽求甚解

体气多病，得名人文集静心读之，亦自足以养病。

凡读书有难解者，不必遽求甚解。有一字不能记者，不必苦求强记，只须从容涵泳。今日看几篇，明日看几篇，久久自然有益。

【原文】

澄、温、沅、季四位老弟足下：

二十五日春二、维五到营，接奉父亲大人手谕并澄沅来信、纪泽儿禀函，具悉一切。

此间自四月十九小挫之后，五月十三各营在青山与该逆大战一次，幸获全胜。该逆水战之法尽仿我军之所为，船之大小长短，桨之疏密，炮之远近，皆与我军相等，其不如我军处，在群子不能及远，故我军仅伤数人，而该逆伤亡三百余人。其更胜于我处，在每桨以两人推送，故船行更快。

罗山克复广信后，本可即由饶州、都昌来湖口会剿，因浙江抚台札令赴徽州会剿，故停驻景德镇，未能来湖口。顷又因义宁州失守，江西抚台调之回省城，更不能来南康、湖口等处。事机未顺，处处牵掣，非尽由人力作主也。

永丰十六里练团新集之众，以之壮声威则可，以之打仗则恐不可，澄弟宜认真审察一番。小划子营，如有营官、哨官之才，望即告知荫亭，招之以出。沅弟荐曾和六，其人本有才，但兵凶战危，渠身家丰厚，未必愿冒险从戎。若慷慨投笔则可，余以札调则不宜也。朱楚成之才，不过能带一舢板。

闻父亲所办单眼铳甚为合用，但引眼宜略大，用引线两三根更为可靠。

沅弟买得方、姚集，近已阅否？体气多病，得名人文集静心读之，亦自足以养病。凡读书有难解者，不必遽求甚解。有一字不能记者，不必苦求强记，只须从容涵泳。今日看几篇，明日看几篇，久久自然有益。但于已阅过者，自作暗号，略批几字，否则历久忘其为已阅未阅矣。筠仙来江西时，余作会合诗一首，一时和者数十人，兹命书办抄一本寄家一阅。

癣疾近已大愈，惟今年酷暑异常，将士甚苦，余不一一，即问近好。

父亲大人前，即此跪禀万福金安。叔父大人前，诸弟送阅禀安。

兄国藩手草
咸丰五年五月二十六日

【译文】

澄、温、沅、季四位老弟足下：

二十五日春二、维五抵达军营，我收到了父亲大人的亲笔信，另外还有澄、沅两弟的来信以及纪泽儿的禀函，信中大小事情我全都知道了。

自从四月十九日的一次小的失败之后，五月十三日，各营在青山与逆贼再次大战，有幸得以全胜。逆贼水战的方法尽数仿效我军，无论船的大小长短、船桨的疏密还是炮的远近，都和我军相差无几。逆贼不及我军之处，只是在于他们的炮弹射程太近，因此只伤我军数人而已，而逆匪则伤亡三百多人。不过他们的装备也有优于我军之处，就是每支船桨由两人划，所以船的速度比我军的更快。

罗山的部队收复广信后，本来可以立即由饶州、都昌前来湖口参加会剿，但是浙江抚台来信命令他前往徽州会剿，所以就把军队停驻在景德镇，未能到达湖口。不久义宁州失守，江西抚台据此下达命令，调他回省城镇守，更不能来南康、湖口等处。近来事情不顺利，处处受牵制，这些都不是人力所能主宰的。

永丰十六里团练新招募的兵士，技艺未精，只可用他们壮壮军威，至于用他们打仗恐怕远远不够，澄弟应认真审查一番。小划子营中如有营官、哨官这种人才，希望马上告诉荫亭，可破格提拔他们。沅弟曾经推荐过曾和六这个人，此人确实有才能，但战争之中生死难断，而他家家资丰厚，未必愿意冒险从军。如果他能自愿为国效力，投笔从戎，那自然最好。若要我用书信强行将他调来，恐怕是不当的。朱楚成的才干，只能带一只舢板而已。

听说父亲制造的单眼铳火力很猛，很适合作战之用，不过我觉得引眼应稍大些，用两三根的引火线就更加可靠了。

听说沅弟最近购得方、姚文集,不知近来是否研读?既然身体一直多病,若能得到名人的文集就应该静心阅读,这样确实利于养病。研读时若有难懂的地方,不求当时就能得到透彻深刻的理解;若有一个字不能记住,也不必苦求强记,只需自然地加以理解和领会。今日看几篇,明日看几篇,日日积累,自然会有收获。不过阅读之时,最好对已读过的部分做上记号,哪怕只稍微批几个字,否则时间久了就会忘记哪些是已经读过的,哪些是没有读过的。筠仙来江西时,我作了一首会合诗,一时间唱和的有几十人,现在叫书办抄录一本寄回家中供大家传阅。

我的癣病近来已经逐渐有痊愈之势,只是今年夏天酷热难耐,将士们生活条件异常辛苦。其余的就不一一叙述了,顺问近好。

父亲大人面前,就此跪禀万福金安。叔父大人面前,请弟弟们把信送给他看,并代为禀安。

兄国藩手书
咸丰五年五月二十六日

一刻千金，切不可浪掷光阴

古人云：劳则善心生，佚则淫心生。

尔今未弱冠，一刻千金，切不可浪掷光阴。

【原文】

字谕纪泽儿：

胡二等来，接尔安禀，字画尚未长进。尔今年十八岁，齿已渐长，而学业未见其益。陈岱云姻伯之子号杏生者，今年入学，学院批其诗冠通场。渠系戊戌二月所生，比尔仅长一岁，以其无父无母，家渐清贫，遂尔勤苦好学，少年成名。尔幸托祖父余荫，衣食丰适，宽然无虑，遂尔酣豢佚乐，不复以读书立身为事。古人云：劳则善心生，佚则淫心生。孟子云：生于忧患，死于安乐。吾虑尔之过于佚也。

新妇初来，宜教之入厨作羹，勤于纺织，不宜因其为富贵子女不事操作。大、二、三诸女已能做大鞋否？三姑一嫂每年做鞋一双寄余，各表孝敬之忱，各争针黹之工；所织之布，做成衣袜寄来，余亦得察闺门以内之勤惰也。

余在军中不废学问，读书写字未甚间断，惜年老眼蒙，无甚长进。尔今未弱冠，一刻千金，切不可浪掷光阴。

四年所买衡阳之田，可觅人售出，以银寄营，为归还李家款。父母存，不有私财。士庶人且然，况余身为卿大夫乎？

余癣疾复发，不似去秋之甚。李次青十七日在抚州败挫，已详寄沅甫函中。现在崇仁加意整顿，三十日获一胜仗。口粮缺乏，时有决裂之虞，深为焦灼。

尔每次安禀详陈一切，不可草率。祖父大人之起居，阖家之琐事，学堂之工课,均须详载。切切此谕。

咸丰六年十月初二日

【译文】

字谕纪泽儿:

　　胡二他们带来了你告安的信,得知你的书法没有进步。你今年都已经十八岁了,年龄在增大,学业却看不出明显的长进。陈岱云姻伯的孩子,号杏生,今年入学,学院把他的诗作为这次考试中的第一名。他生于戊戌年二月,比你只大一岁。他无父无母,家境清贫,但他能勤苦好学,终于少年成名。你幸亏有祖父辈的荫庇,衣食不愁,心中没有什么可忧虑的,结果反使你安养逸乐,不再以读书自立为志向。古人云:"劳则善心生,佚则淫心生。"孟子也说:"生于忧患,死于安乐。"我真担心你过于安逸了。

　　新媳妇初上门,要让她下厨房做饭做菜,经常纺织,不要以为她是富贵人家的子女,就不让做事。大、二、三女儿都会做鞋了吗?以后三姑一嫂每年要做一双鞋寄给我,以示孝心,要比比谁做得好;她们织的布要做成衣服、袜子一类的东西寄给我,我要通过这些东西来看看她们在家里是勤奋还是懒惰。

　　我在军中,也不荒废学问,读书和写字从来没有间断过。可惜的是我年纪大了,眼睛花了,所以没有什么长进。你现在还不到二十岁,一刻值千金,切不可浪费了光阴。

　　咸丰四年在衡阳买的田,可找人帮忙卖掉,并把卖得的钱寄给我,归还欠李家的钱。父母健在时,做子女的不应该有自己的私产。不管是做官的还是老百姓都一样,何况我身为公卿大夫呢?

　　我的癣疾复发了,不过没有去年秋天那样厉害。李次青十六日在抚州打了败仗,详细情况我写在给沅甫的信中了。现在,崇仁县正在加紧整顿队伍,三十日打了一次胜仗。由于缺乏口粮,随时都有决裂的担忧,很让人焦急。

　　你每次写信来,所有情况都要详细写上,不能草草了事。祖父的日常生活、家里的琐碎小事、学校里的功课,都要写清楚。千万要记住。

咸丰六年十月初二日

读古文之要义

京师子弟之坏,未有不由于"骄奢"二字者,尔与诸弟其戒之。

【原文】

字谕纪泽儿:

接尔安禀,字画略长进,近日看《汉书》。余生平好读《史记》《汉书》《庄子》、"韩文"四书,尔能看《汉书》,是余所欣慰之一端也。

看《汉书》有两种难处:必先通于小学、训诂之书,而后能识其假借奇字;必先习于古文辞章之学,而后能读其奇篇奥句。尔于小学、古文两者皆未曾入门,则《汉书》中不能识之字、不能解之句多矣。欲通小学,须略看段氏《说文》《经籍纂诂》二书。王怀祖(名念孙,高邮州人)先生有《读书杂志》,中于《汉书》之训诂极为精博,为魏晋以来释《汉书》者所不能及。

欲明古文,须略看《文选》及姚姬传之《古文辞类纂》二书。班孟坚最好文章,故于贾谊、董仲舒、司马相如、东方朔、司马迁、扬雄、刘向、匡衡、谷永诸传皆全录其著作;即不以文章名家者,如贾山、邹阳等四人传,严助、朱买臣等九人传,赵充国屯田之奏,韦元成议礼之疏以及贡禹之章,陈汤之奏狱,皆以好文之故,悉载巨篇。如贾生之文,既著于本传,复载于《陈涉传》《食货志》等篇;子云之文,既著于本传,复载于《匈奴传》《王贡传》等篇,极之《充国赞》《酒箴》,亦皆录入各传。盖孟坚于典雅瑰玮之文,无一字不甄采。尔将十二帝纪阅毕后,且先读列传。凡文之为昭明暨姚氏所选者,则细心读之;即不为二家所选,则另行标识之。若小学、古文二端略得途径,其于读《汉书》之道思过半矣。

世家子弟最易犯一奢字、傲字。不必锦衣玉食而后谓之奢也,但使皮袍呢裋俯拾即是，舆马仆从习惯为常，此即日趋于奢矣。见乡人则嗤其朴陋，见雇工则颐指气使，此即日习于傲矣。《书》称"世禄之家，鲜克由礼"，《传》称"骄奢淫佚，宠禄过也"。京师子弟之坏，未有不由于"骄奢"二字者，尔与诸弟其戒之。至嘱至嘱。

咸丰六年十一月初五日

【译文】

字谕纪泽儿：

我已经收到你的禀帖，见你的字体略微有些长进，也知道你近日在研读《汉书》。《史记》《汉书》《庄子》、"韩文"是我生平最钟爱的四部书籍，你愿意研读《汉书》，这件事让我感到十分欣慰。

读《汉书》有两个难处：首先一定要先弄通小学、训诂类书籍，之后才能认识它的假借字和异体字；再者要先学习古文辞章的知识，然后能读懂其中深奥难懂的篇章和句子。你对小学、古文两样都还没有入门，那么《汉书》中不认识的字、不能解释的文句就一定不少。若要弄通小学，必须大略看段氏《说文》《经籍纂诂》两本书。王怀祖（名念孙，高邮州人）先生有《读书杂志》，其中对《汉书》的训诂最精深渊博，是魏晋以来解释《汉书》的人所无法企及的。

若要懂得古文，必须大略看《文选》和姚姬传的《古文辞类纂》两本书。班孟坚最喜欢文章，所以贾谊、董仲舒、司马相如、东方朔、司马迁、扬雄、刘向、匡衡、谷永等人的传记都全文抄录其著作；即使不以文章著称的，如贾山、邹阳等四个人的传记，严助、朱买臣等九个人的传记，赵充国屯田的奏疏、韦元成的议礼之疏，以及贡禹的谢恩之章、陈汤呈奏的案件，都因为喜欢文章的原因，而被全部载入长篇。像贾生的文章，既著录本传，又记于《陈涉传》《食货志》等篇；扬雄的文章，既著录本传，又记于《匈奴传》《王贡传》等篇。极至一点的像《充国赞》《酒箴》，也都抄录在各本传记中。大概班孟坚对于典雅瑰玮的文章，是没有一个字不抄录的。你把十二帝纪读完后，暂时先读列传。凡是被昭明太子和姚姬传所选用的书，都要细细研读，即使是两家没有选用的文章，也要另外做好标记。如果从小学、古文两种学问里略微得到方法，那就等于获得了一半研读《汉书》的诀窍了。

世家子弟，最容易犯奢侈、骄傲的毛病，并不是锦衣玉食才算是奢侈，只要皮袍呢褂多得俯拾即是、车马仆人习以为常，这样就一天天接近奢侈了；见到乡下人就嗤笑他们简陋，见到雇工就颐指气使，不可一世，这样就一天天变得骄傲了。《尚书》称"世禄之家，鲜克有礼"，《左传》称"骄奢淫逸，宠禄过也"。京城子弟变坏，皆由"骄奢"二字所起，你和各位兄弟们务必要引以为戒。至嘱至嘱。

咸丰六年十一月初五日

读书须能涵泳体察

尔读书易于解说文义,却不甚能深入,可就朱子涵泳体察二语悉心求之。

【原文】

字谕纪泽儿:

八月一日,刘曾撰来营,接尔第二号信并薛晓帆信,得悉家中四宅平安,至以为慰。

汝读《四书》无甚心得,由不能虚心涵泳,切己体察。朱子教人读书之法,此二语最为精当。尔现读《离娄》,即如《离娄》首章"上无道揆,下无法守",吾往年读之,亦无甚警惕。近岁在外办事,乃知上之人必揆诸道,下之人必守乎法。若人人以道揆自许,从心而不从法,则下凌上矣。"爱人不亲"章,往年读之,不甚亲切。近岁阅历日久,乃知治人不治者,智不足也。此切己体察之一端也。

涵泳二字,最不易识,余尝以意测之。曰:涵者,如春雨之润花,如清渠之溉稻。雨之润花,过小则难透,过大则离披,适中则涵濡而滋液;清渠之溉稻,过小则枯槁,过多则伤涝,适中则涵养而勃兴。泳者,如鱼之游水,如人之濯足。程子谓鱼跃于渊,活泼泼地;庄子言濠梁观鱼,安知非乐?此鱼水之快也。左太冲有"濯足万里流"之句,苏子瞻有夜卧濯足诗,有浴罢诗,亦人性乐水者之一快也。善读书者,须视书如水,而视此心如花如稻如鱼如濯足,则涵泳二字,庶可得之于意言之表。尔读书易于解说文义,却不甚能深入,可就朱子涵泳体察二语悉心求之。

邹叔明新刊地图甚好。余寄书左季翁,托购致十副,尔收得后,可好藏之。薛晓帆银百两宜璧还。余有复信，可并交季翁也。此嘱。

咸丰八年八月初三日

【译文】

字谕纪泽儿：

刘曾撰于八月初一抵达军营，带来了你的第二封信和薛晓帆的一封信，从信中得知家中四宅无事，心中甚感欣慰。

你虽然在读《四书》，但却没有什么心得体会，原因是你不能做到虚心涵泳，切己体察。这两句话是朱子教人读书的方法，而且说得最为精辟。现在你在读《离娄》，就应当用心体会，就像《离娄》第一章的"上无道揆，下无法守"，我当初读到此处，也没有深入理解。这些年来一直在外办事，才知道处于高位的人必须遵守道德，处于低位的人应当遵守法规。如果人人都以遵守道德自居，只从心愿而不讲法律，就会以下凌上。"爱人不亲"一章，以前我读时，也不觉得多么亲切。近些年来阅历渐长，才明白治人者而不能治人，乃是智力不够的原因，这一点是我的亲身体验。

"涵泳"二字的内涵，理解起来十分困难。我曾经解释说：涵者，如同春雨滋润鲜花，又像清澈的渠水灌溉稻田。雨水滋润鲜花，太少了则无法浇透，太多了又会引起倒伏，不多不少才能使花儿得到水分的滋养；渠水灌溉稻秧，太少了稻秧就会因缺水而干枯，太多了又会造成涝灾，不多不少才能使稻秧茁壮成长。泳者，就像鱼儿嬉戏于水中，像人在水中洗脚。程子说鱼跃进水潭，非常活跃；庄子说，在濠梁上看鱼，怎知鱼儿不快乐？这是鱼在水中的快乐。左太冲有"濯足万里流"的语句，苏子瞻有夜卧洗足诗，还有浴罢诗，这些诗句都是人天性喜水的一种快乐。善于读书的人，必须把书看作水，而把这种视书如水的心情与鲜花、稻秧、鱼儿、洗足之类的事物相联系，这样对"涵泳"二字也许就能有更深的体会了。读书时，单纯理解文章的意义是很容易的事，但往往不能深入体会。希望你能从朱子的涵泳、体察二语，体会出读书的要旨，用心追求更高的境界。

邹叔明新刊刻的地图很好。我寄了信给左季翁，拜托他购买十幅，你收到后，一定好好收藏。薛晓帆的百两银子应当按时送还。我有回信要交给季翁，代我转交。此嘱。

咸丰八年八月初三日

每日用功，自有进步

尔以后当从间架用一番苦功，每日用油纸摹帖，或百字，或二百字，不过数月，间架与古人逼肖而不自觉。

【原文】

字谕纪泽：

三月初二日接尔二月二十日安禀，得知一切。内有贺丹麓先生墓志，字势流美，天骨开张，览之忻慰。惟间架间有太松之处，尚当加功。

大抵写字只有用笔、结体两端。学用笔，须多看古人墨迹；学结体，须用油纸摹古帖。此二者皆决不可易之理。小儿写影本，肯用心者，不过数月，必与其摹本字相肖。吾自三十时，已解古人用笔之意，只为欠却间架工夫，便尔作字不成体段。生平欲将柳诚悬、赵子昂两家合为一炉，亦为间架欠工夫，有志莫遂。尔以后当从间架用一番苦功，每日用油纸摹帖，或百字，或二百字，不过数月，间架与古人逼肖而不自觉。能合柳、赵为一，此吾之素愿也。不能，则随尔自择一家，但不可见异思迁耳。

不特写字宜摹仿古人间架，即作文亦宜摹仿古人间架。《诗经》造句之法，无一句无所本。《左传》之文，多现成句调。扬子云为汉代文宗，而其《太玄》摹《易》、《法言》摹《论语》、《方言》摹《尔雅》、《十二箴》摹《虞箴》、《长杨赋》摹《难蜀父老》、《解嘲》摹《客难》、《甘泉赋》摹《大人赋》、《剧秦美新》摹《封禅文》、《谏不许单于朝书》摹《国策·信陵君谏伐韩》，几于无篇不摹。即韩、欧、曾、苏诸巨公之文，亦皆有所摹拟，以成体段。尔以后作文作诗赋，均宜心有摹仿，而后间架可立，其收效较速，其取径较便。

前信教尔暂不必看《经义述闻》，今尔此信言业看三本，如看得有些滋味，即一直看下去。不为或作或辍，亦是好事。惟《周礼》《仪礼》《大戴礼》《公》《谷》《尔雅》《国语》《太岁考》等卷，尔向来未读过正文者，则王氏《述闻》，亦暂可不观也。

尔思来营省觐，甚好，余亦思尔来一见。婚期既定五月二十六，三四月间自不能来，或七月晋省乡试，八月底来营省觐亦可。身体虽弱，处多难之世，若能风霜磨炼、苦心劳神，亦自足坚筋骨而长识见，沅甫叔向最羸弱，近日从军，反得壮健，亦其证也。

赠伍嵩生之君臣画像乃俗本，不可为典要，奏折稿当抄一目录付归。余详诸叔信中。

咸丰九年三月初三日

【译文】

字谕纪泽：

你二月二十日的来信，我已于三月初二收到，信中的内容都已经知道了。信中附上为贺丹麓先生所作的墓志铭，见你的字体流畅美观，天骨开张，心中很是欣慰。只是间架结构之间有些地方显得有些松散，还应该多多练习。

练习写字，大体上有用笔和结构两个方面需要特别注意。学习用笔，要多看古人的墨迹；学习间架结构，要用油纸临摹古人的字帖。这两个重要的方面，都绝不能轻易有所改变。小孩子学写影本，若用功专心，不过几个月，就会和摹本的字体相似。我自三十岁时起，就理解了古人用笔的方法，只是在间架结构上还欠缺火候，写起字来不能自成体统。在习字上，我此生的愿望就是把柳诚悬（柳公权）、赵子昂两家融为一炉，只因为间架结构欠缺功夫，这个志向一直未能实现。你以后应当在间架结构上多下苦功，每天用油纸临摹字帖，要么一百字，要么二百字，不到几个月，间架结构就会在不知不觉间与古人很相似了。能把柳、赵的字合二为一，这就是我一生中的心愿。若不能做到，你就可随便自选一家，切记不可见异思迁。

不仅习字时要摹仿古人的间架，作文章也要摹仿古人的间架。《诗经》造句的方法，没有一句话是无原本的。而《左传》里的文句，多数是现成的句调。扬子云被称为汉代的文宗，而他的《太玄》摹仿《易》，《法言》摹仿《论语》，《方言》摹仿《尔雅》，《十二箴》摹仿《虞箴》，《长杨赋》摹仿《难蜀父老》，《解嘲》摹仿《客难》，《甘泉赋》摹仿《大人赋》，

《剧秦美新》摹仿《封禅文》，《谏不许单于朝书》摹仿《国策·信陵君谏伐韩》，几乎每篇文章都是摹仿前人而来的。即使是韩、欧、曾、苏各位文坛巨星的文章，也都有所摹拟，以成体统。你以后作文章、作诗赋，都应该用心摹仿，而后间架可自成一体，这样收效比较快，入门也更显容易。

我在上封信中，告诉你暂时可以不看《经义述闻》，你在信中说已经看了三本了。如果你觉得很有兴趣，可以继续看下去，不时作时停，也是一件好事。只是《周礼》《仪礼》《大戴礼》《公羊传》《谷梁传》《尔雅》《国语》《太岁考》等书，你从来没有读过正文，就是王氏的《述闻》也可以暂时不看。

你信中说打算到军营中探亲，这是好事啊，我也希望你能来这里长些见识。既然你的婚期已经定在五月二十六日，看来三四月份是不能成行了。可能你七月底要到省城参加乡试，那八月底来营中探亲也可。你平日身体虽然很弱，但如今正是国家多灾多难之际，若能趁此机会经受些风霜的考验，多费些心思，也可以锻炼锻炼筋骨，长些见识。沅甫叔向来身体都是羸弱不堪的，近日前来营中，锻炼之后反倒更加强健了，这就是个很好的例子啊。

我赠送给伍嵩生的君臣画像是俗本，不可作为典要。奏折稿准备抄一个目录带回来。其他的详细情况在各位叔叔的信中已讲过了，就不再赘述。

咸丰九年三月初三日

学书法不可迷于所往

尔从赵法入门,将来或趋南派,或趋北派,皆可不迷于所往。

尔作文,在家有邓师批改,付营有李次青批改,此极难得,千万莫错过了。

【原文】

字谕纪泽儿:

二十二日接尔禀并《书谱叙》,以示李少荃、次青、许仙屏诸公,皆极赞美。云尔钩联顿挫,纯用孙过庭草法,而间架纯用赵法,柔中寓刚,绵里藏针,动合自然等语,余听之亦欣慰也。

赵文敏集古今之大成,于初唐四家内师虞永兴,而参以钟绍京,因此以上窥二王,下法山谷,此一径也;于中唐师李北海,而参以颜鲁公、徐季海之沉着,此一径也;于晚唐师苏灵芝,此又一径也。由虞永兴以溯二王及晋六朝诸贤,世所称南派者也;由李北海以溯欧、褚及魏北齐诸贤,世所谓北派者也。尔欲学书,须窥寻此两派之所以分。南派以神韵胜,北派以魄力胜。宋四家,苏、黄近于南派,米、蔡近于北派。赵子昂欲合二派而汇为一。尔从赵法入门,将来或趋南派,或趋北派,皆可不迷于所往。我先大夫竹亭公,少学赵书,秀骨天成。我兄弟五人,于字皆下苦功,沅叔天分尤高。尔若能光大先业,甚望甚望。

制艺一道,亦须认真用功。邓瀛师,名手也。尔作文,在家有邓师批改,付营有李次青批改,此极难得,千万莫错过了。

付回赵书《楚国夫人碑》,可分送三先生(汪、易、葛)、二外甥及尔诸堂兄弟。又旧宣纸手卷、新宣纸横幅,尔可学《书谱》,请徐柳臣一看。此嘱。

父涤生手谕

咸丰九年三月二十三日

【译文】

字谕纪泽儿：

　　我于二十二日收到了你的来信和《书谱叙》，给李少荃、次青、许仙屏等人看了，大家都称赞你。他们都说你书法的钩联顿挫，单用孙过庭的草书方法，而间架结构纯属赵派书法，柔中有刚，绵里藏针，动合自然。我听了很高兴。

　　赵文敏集古今之大成，师从初唐四家中的虞永兴，而参学钟绍京，并以此往上探索二王，往下仿效黄山谷，这是一条路径；师从中唐时期的李北海，而参学颜鲁公、徐季海的沉着稳重，这是一条路径；师从晚唐时期的苏灵芝，这又是一条路径。从虞永兴追溯到二王和晋、六朝各位各家，是世人所称的南派；由李北海而追溯到欧、褚和魏、北齐各位名家，是世人所称的北派。你要学习书法，就要了解这两派的区别。南派以神韵见长，北派以魄力见长。宋朝四家中，苏、黄接近南派，而米、蔡则近于北派。赵子昂曾尽力想把这两派合二为一，融会贯通成为一体。你从赵派书法入门，将来可能会趋向南派，也可能会趋向北派，无论效法何派，都不可迷失方向。我先大夫竹亭公，小时学习赵派书法，秀骨天成。我们兄弟五个人，在写字方面都下过很大的功夫，其中要数沅叔的天资最高。你若能发扬光大先辈的业绩，也就达成了我的迫切希望了。

　　八股文的写作，也是你要认真用功的地方。邓瀛师是写作八股文的高手。你现在写文章，在家里有邓老师为你批改，交到军营中来又有李次青给你提出意见，这是很难得的学习机会，千万不可轻易错过。

　　现附回赵书《楚国夫人碑》，可分别送给三位先生（汪、易、葛）、两个外甥和你的各位堂兄弟。另外还有旧的宣纸手卷、新的宣纸横幅，你可学《书谱》，请徐柳臣看一看。此嘱。

父涤生手谕
咸丰九年三月二十三日

看书不可不知所择

买书不可不多，而看书不可不知所择。

尔有志读书，不必别标汉学之名目，而不可不一窥数君子之门径。

【原文】

字谕纪泽：

前次于诸叔父信中，复示尔所问各书帖之目。乡间苦于无书，然尔生今日，吾家之书，业已百倍于道光中年矣。买书不可不多，而看书不可不知所择。以韩退之为千古大儒，而自述其所服膺之书，不过数种：曰《易》，曰《书》，曰《诗》，曰《春秋左传》，曰《庄子》，曰《离骚》，曰《史记》，曰相如、子云。柳子厚自述其所得，正者：曰《易》、曰《书》、曰《诗》、曰《礼》、曰《春秋》；旁者：曰《谷梁》、曰《孟》《荀》、曰《庄》《老》、曰《国语》、曰《离骚》、曰《史记》。二公所读之书，皆不甚多。

本朝善读古书者，余最好高邮王氏父子，曾为尔屡言之矣。今观怀祖先生《读书杂志》中所考订之书：曰《逸周书》、曰《战国策》、曰《史记》、曰《汉书》、曰《管子》、曰《晏子》、曰《墨子》、曰《荀子》、曰《淮南子》、曰《后汉书》、曰《老》《庄》、曰《吕氏春秋》、曰《韩非子》、曰《杨子》、曰《楚辞》、曰《文选》，凡十六种，又别著《广雅疏证》一种。伯申先生《经义述闻》中所考订之书：曰《易》、曰《书》、曰《诗》、曰《周官》、曰《仪礼》、曰《大戴礼》、曰《礼记》、曰《左传》、曰《国语》、曰《公羊》、曰《谷梁》、曰《尔雅》，凡十二种。王氏父子之博，古今所罕，然亦不满三十种也。

余于四书、五经之外，最好《史记》《汉书》《庄子》、"韩文"四种，好之十余年，惜不能熟读精考。又好《通鉴》《文选》及姚惜抱所选《古文辞类纂》、余所选《十八家诗抄》四种，共不过十余种，早岁笃志为学，恒思将此十余书贯串精通，略作札记，仿顾亭林、王怀祖之法。今年齿衰老，时事日艰，所志不克成就，中夜思之，每用愧悔。泽儿若能成吾之志，将四书五经及余所好之八种——熟读而深思之，略作札记，以志所得，以著所疑，则余欢欣快慰，夜得甘寝，此外别无所求矣。

至王氏父子所考订之书二十八种，凡家中所无者，尔可开一单来，余当一一购得寄回。

学问之途，自汉至唐，风气略同；自宋至明，风气略同；国朝又自成一种风气，其尤著者，不过顾、阎（百诗）、戴（东原）、江（慎修）、钱（辛楣）、秦（味经）、段（懋堂）、王（怀祖）数人，而风会所扇，群彦云兴。尔有志读书，不必别标汉学之名目，而不可不一窥数君子之门径。

凡有所见所闻，随时禀知，余随时谕答，较之当面问答，更易长进也。

咸丰九年四月二十一日

【译文】

字谕纪泽：

上次在给各位叔父的信中，答复了你所问的各种书帖目录。在乡下因没有书而苦恼，但你生活在当世，我们家所珍藏的书比起道光年间已经多出百倍。买书力求以多为好，但看书也不能没有选择。韩退之（韩愈）被尊为千古大儒，据他自己所言，他所钦佩的书也不过几种而已：《易》《书》《诗》《春秋左传》《庄子》《离骚》《史记》和相如、子云等人的文章。柳子厚（柳宗元）自称所看得上的书中，正者仅有《易》《书》《诗》《礼》《春秋》；旁者也不过是《谷梁传》《孟子》《荀子》《庄子》《老子》《国语》《离骚》《史记》等书。由此可见，两个人读的书都不能算多。

我最欣赏本朝会读古书的高邮王氏父子，也曾经多次跟你提起过。怀祖先生在《读书杂志》上所考订的书有：《逸周书》《战国策》《史记》《汉书》《管子》《晏子》《墨子》《荀子》《淮南子》《后汉书》《老子》《庄子》《吕氏春秋》《韩非子》《杨子》《楚辞》《文选》等共十六种，又另外著有《广雅疏证》一种。伯申先生《经义述闻》中所考订的书有《易》《书》

《诗》《周官》《仪礼》《大戴礼》《礼记》《左传》《国语》《公羊传》《谷梁传》《尔雅》共十二种。王氏父子渊博的学识，古今罕见，但其中涉及的书总共也不到三十种而已。

我除了"四书五经"之外，这十多年来最喜欢看的四种书是《史记》《汉书》《庄子》、"韩文"，遗憾的是未能将这几本书熟读，细细钻研。另外我还很欣赏《通鉴》《文选》和姚惜抱（姚鼐）所选的《古文辞类纂》，以及我自己选抄的《十八家诗抄》四种书，一共也不过十几种而已。早年我专心研究学问，时常想把这十几种书贯串精通，略作札记，仿效顾亭林、王怀祖。如今年事已高，时事又很艰难，看来立下的志向已经无法实现了，半夜想起来，常会独自悔恨。若泽儿能完成我年轻时的志向，把"四书五经"和我爱好的八种书一一熟读并深入研究，略作札记，记下读后的心得体会和疑难问题，那我会感到欢欣快慰，也可以夜得安寝了，除此之外也没有其他奢望。王氏父子考订的二十八种书，若家中没有收藏，你可以开一个清单来，我可以一本一本地给你买了寄回家。

古今治学之道，由汉至唐，风气大致相同；从宋朝到明朝，风气也大致相同；至本朝之后，又自成一种风气。其中最负盛名的便是顾、阎（百诗）、戴（东原）、江（慎修）、钱（辛楣）、秦（味经）、段（懋堂）、王（怀祖）等数人。由于已经自成风格，所以人才济济。你若有专心读书的志向，可以不必标榜汉学的名目，但对于以上提到的几位先生的治学之道却不能不了解。

凡是有所见所闻，要随时向我禀告，我也会随时给你解答，这样的方式比起当面的问答，更容易有所长进。

咸丰九年四月二十一日

读经要胸怀博大活泼,不可无恒

总要养得胸次博大活泼,此后当更有长进也。

若未毕,自当补看,不可无恒耳。

【原文】

字谕纪泽儿:

初四夜接尔二十六号禀。所刻《心经》微有《西安圣教》笔意,总要养得胸次博大活泼,此后当更有长进也。

尔去年看《诗经》注疏已毕否?若未毕,自当补看,不可无恒耳。讲《通鉴》,即以我过笔者讲之,亦可将来另购一部,尔照我之样过笔一次可也。

冯树堂师诗草曾寄营矣。尔复信言十二年进京,程资不敢领。新写"闳深肃穆"四匾字,拓一分付回。余不多及。父涤生字。

再,同县拔贡生傅泽鸿寄朱卷数十本来营,兹付去程仪三十两,尔可觅便寄傅家,或专人送去。又示。

咸丰九年五月十四日

【译文】

字谕纪泽儿:

本月初四晚接到你上个月二十六日寄来的信。所刻写的《心经》已略得《西安圣教》的笔意了,总之一定要养成博大活泼的胸怀,以后才能有更长足的进步。

你去年看的《诗经》注疏是否已经看完?如果还没有看完,一定要抽时间补看,不可没有恒心。若已经开始研读《通鉴》,就用我批注过的那部书,也可将来另外买一部,你可以先按照我的方法批注一次。

冯树堂老师的诗稿曾经寄来军营。你回信说十二日进京城路费没有领。我新写了"闳、深、肃、穆"四个匾字,拓写一份带回。其他的就不多说了。父涤生字。

还有,同县拔贡生傅泽鸿寄来朱卷几十本,现带回三十两程仪银,你找时间寄给傅家,也可以派专人送去。又示。

咸丰九年五月十四日

读书宜求个明白

尔不必求记，却宜求个明白。

【原文】

字谕纪泽儿：

　　接尔二十九、三十号两禀，得悉《书经》注疏看《尚书》已毕。《书经》注疏颇庸陋，不如《诗经》之该博。我朝儒者，如阎百诗、姚姬传诸公皆辨别古文《尚书》之伪。孔安国之传，亦伪作也。

　　盖秦燔书后，汉代伏生所传，欧阳及大小夏侯所习，皆仅二十八篇，所谓今文《尚书》者也。厥后孔安国家有古文《尚书》，多十余篇，遭巫蛊之事，未得立于学官，不传于世。厥后张霸有《尚书》百两篇，亦不传于世。后汉贾逵、马、郑作古文《尚书》注解，亦不传于世。至东晋梅赜始献古文《尚书》并孔安国传，自六朝唐宋以来承之，即今通行之本也。自吴才老及朱子、梅鼎祚、归震川，皆疑其为伪，至阎百诗遂专著一书以痛辨之，名曰《疏证》。自是辨之者数十家，人人皆称伪古文、伪孔氏也。《日知录》中略著其原委，王西庄、孙渊如、江艮庭三家皆详言之（《皇清经解》中皆有，江书不足观）。此亦《六经》中一大案，不可不知也。

　　尔读书记性平常，此不足虑。所虑者第一怕无恒。第二怕随笔点过一遍，并未看得明白，此却是大病。若实看明白了，久之必得些滋味，寸心若有怡悦之境，则自略记得矣。尔不必求记，却宜求个明白。

　　邓先生讲书，仍请讲《周易折中》。余圈过之《通鉴》，暂不必讲，恐污坏耳。尔每日起得早否？并问。此谕。

涤生手示

咸丰九年六月十四日辰刻

【译文】

字谕纪泽儿：

　　我刚收到你二十九、三十日两封来信，得知你已经看完了《书经》注疏中的《尚书》。《书经》注疏很浅陋，不如《诗经》博大精深。我朝大儒，如阎百诗、姚姬传等人都辨明古文《尚书》是伪书。孔安国的传，也是伪作。

　　自秦代焚书坑儒的灾难以后，汉代伏生所作的传，欧阳和大小夏侯所研习的都只有二十八篇，就是所谓的今文《尚书》。以后孔安国家有古文《尚书》十几篇，但因遭受巫蛊之祸而未能立于学官，所以不能流传后世。后来张霸又有《尚书》一百零二篇，同样未能传世。后汉人贾逵、马、郑作的古文《尚书》注释，也未能传于后世。到了东晋梅赜始献古文《尚书》，并声称此书乃是孔安国的传，所以这个版本从六朝唐宋就一直传承至今，也就是现在的通行本。吴才老和朱子、梅鼎祚、归震川，都怀疑它是伪作。到了阎百诗才专门写了一本书痛加辩驳，书名为《疏证》。这以后辨别真伪的有几十家，人人都说这些是伪古文、伪孔氏。《日知录》一书中对其中的这些原委做了阐述，王西庄、孙渊如、江艮庭三家都讲得很详细（《皇清经解》中有，江书没有必要看）。这也是《六经》中的一宗大案件，不可不知。

　　你读书记忆力平常，这不用担心。你应该担心的第一是"无恒"，第二是怕随意用笔点过一篇，并没有看明白，这可是个大毛病。若真的看明白了，时间长了便一定能体会到其中的深意，如果心中有一种心旷神怡的境界，则可用笔记录下来。不过也不必强求一定要笔录，但要求弄个明白。

　　邓先生讲课，还是请他讲《周易折中》。我圈阅过的《通鉴》暂时可不必讲解，以免把书弄脏弄坏。你每天是否早起？顺便问一下。此谕。

父涤生手示
咸丰九年六月十四日辰时

作文写字，应以珠圆玉润为主

人谁不死，只求临终心无愧悔耳。

【原文】

字谕纪泽儿：

十六日接尔初二日禀并赋二篇，近日大有长进，慰甚。无论古今何等文人，其下笔造句，总以珠圆玉润四字为主；无论古今何等书家，其落笔结体，亦以珠圆玉润四字为主。故吾前示尔书，专以一重字救尔之短，一圆字望尔之成也。

世人论文家之语圆而藻丽者，莫如徐（陵）、庾（信），而不知江（淹）、鲍（照）则更圆，进之沈（约）、任（昉）则亦圆，进之潘（岳）、陆（机）则亦圆，又进而溯之东汉之班（固）、张（衡）、崔（骃）、蔡（邕）则亦圆，又进而溯之西汉之贾（谊）、晁（错）、匡（衡）、刘（向）则亦圆。至于司马迁、相如、子云三人，可谓力趋险奥，不求圆适矣，而细读之，亦未始不圆。至于昌黎，其志意直欲陵驾子长、卿、云三人，戛戛独造，力避圆熟矣，而久读之，实无一字不圆，无一句不圆。尔于古人之文，若能从江、鲍、徐、庾四人之圆步步上溯，直窥卿、云、马、韩四人之圆，则无不可读之古文矣，即无不可通之经史矣。尔其勉之。

余于古人之文，用功甚深，惜未能一一达之腕下，每歉然不怡耳。

江浙贼势大乱，江西不久亦当震动，两湖亦难安枕。余寸心坦坦荡荡，毫无疑怖。尔禀告尔母，尽可放心。人谁不死，只求临终心无愧悔耳。

家中暂不必添起杂屋，总以安静不动为妙。寄回银五十两，为邓先生束脩。四叔四婶四十生日，余先寄燕窝一匣、秋罗一匹，容日续寄寿屏。甲五婚礼，余寄银五十两、袍褂料一件，尔即妥交。赋二篇发还。

涤生手示
咸丰十年四月二十四日

【译文】

字谕纪泽儿：

我于十六日接到你初二那天写来的信，另外还有赋两篇，从赋中可见近日来你在作赋方面又取得了很大的进步，我非常高兴。从古至今，无论什么样的文人，其下笔造句，都是以"珠圆玉润"四个字为主；无论什么样的书法家，其着手落笔，也以"珠圆玉润"四个字为主。所以我以前给你的信，专门用一个"重"字来纠正你的缺点，用一个"圆"字来希望你能学有所成。

当代的人评论以前的文学家，都认为若论文章的圆润、辞藻华丽，都比不上徐陵、庾信，却不知道江淹、鲍照更圆润，进而有沈约、任昉；再有潘岳、陆机；再追溯到东汉的班固、张衡、崔骃、蔡邕；进而追溯到西汉的贾谊、晁错、匡衡、刘向，这些人在文章的圆润方面也是很有造诣的。至于说司马迁、相如、子云三人力求文章险僻深奥，而不求圆润，但是如果细细读来，也并非如此。至于昌黎，他立志要超过司马迁、司马相如、扬雄三人，文章别具一格，尽量避免圆润，但深深体味之后，却感觉到每一字、每一句都是圆润的。你学习古文，如果能从江、鲍、徐、庾的圆润学起，一步步向上学，一直到卿、云、马、韩，那么就不会有读不懂的古文，也就没有不可通的经史了。你要努力研习古文，虽然我在古文方面下了很大的功夫，但最终也未能达到通达的境界，所以想来就感到歉然，心中自然闷闷不乐。

目前江浙地区敌军大乱，要不了几天江西地区定会大受影响，湖南、湖北不能再继续高枕无忧了。但是我心中却很坦然，没有丝毫的不安和恐惧。你禀告你母亲，让她在家中尽管放心，不要整日担心忧虑。世人谁无一死，只求临终前问心无愧即可。

家里暂时不必添造杂屋，一切以安静不动为妙。现寄回家五十两银子，作为邓先生的酬金。四叔、四婶四十岁生日，我先寄回去一匣燕窝、一匹秋罗，稍后再将寿屏寄回去。甲五的婚礼，我寄回五十两银子，袍褂料子一件，你要及时送给他们。回信时将你作的两篇赋也一同寄回。

父涤生手示
咸丰十年四月二十四日

为学全靠自己扎挣发愤,扬长避短

今年已二十三岁,全靠尔自己扎挣发愤,父兄师长不能为力。作诗文是尔之所短,即宜从短处痛下工夫。看书写字尔之所长,即宜拓而充之。走路宜重,说话宜迟,常常记忆否?

【原文】

字谕纪泽儿:

正月初十日接尔腊月十九日一禀,十二日又由安庆寄到尔腊月初四日之禀,具知一切。

长夫走路太慢,而托辞于为营中他信绕道长沙耽搁之故,此不足信。譬如家中遣人送信至白玉堂,不能按期往返,有责之者,则曰被杉木坝、周家老屋各佃户强我送担耽搁了。为家主者但当严责送信之迟,不管送担之真与否也,况并无佃户强令送担乎?营中送信至家与黄金堂送信至白玉堂,远近虽殊,其情一也。

尔求抄古文目录,下次即行寄归。尔写字笔力太弱,以后即常摹柳帖亦好。家中有柳书《玄秘塔》《琅邪碑》《西平碑》各种,尔可取《琅邪碑》日临百字、摹百字。临以求其神气,摹以仿其间架。每次家信内,各附数纸送阅。

《左传》注疏阅毕,即阅看《通鉴》。将京中带回之《通鉴》,仿我手校本,将目录写于面上。其去秋在营带去之手校本,便中仍当寄送祁门。余常思翻阅也。

尔言鸿儿为邓师所赏,余甚欣慰。鸿儿现阅《通鉴》。尔亦可时时教之。尔看书天分甚高,作字天分甚高,作诗文天分略低,若在十五六岁时教导得法，亦当不止于此。今年已二十三岁，全靠尔自己扎挣发愤，父兄师长不能为力。作诗文是尔之所短，即宜从短处痛下工夫。看书写字尔之所长，即宜拓而充之。走路宜重，说话宜迟，常常记忆否？

余身体平安，告尔母放心。

涤生手示

咸丰十一年正月十四日

【译文】

字谕纪泽儿：

正月初十我收到了你腊月十九日的来信，十二日又收到你腊月四日由安庆寄到的信，从信中得知了具体的情况。

长夫行进的速度太慢了，还以军营中其他的信件从长沙绕道耽误了时间为由，这样的借口根本就不足为信。如果家中派人送信到白玉堂，不能按规定时间返回，若责怪的话，就说被杉木坝、周家老屋各位佃户强迫我送担而耽误了，这种借口能成立吗？作为一家之主，应该严肃家纪，惩罚送信人的迟到的罪责，无须考证送担是否属实，更何况哪有佃户强迫送信人送担的呀？从军营中送信到家和从黄金堂送信到白玉堂，远近虽然不同，但道理却是一样的。

你要我帮你抄写的古文目录，下次就寄回去。你写字时所用的笔力劲道不够，今后可以常常临摹柳帖。家里有柳书《玄秘塔》《琅琊碑》《西平碑》各种，你可以用《琅琊碑》每天临帖一百字、仿摹一百字。临帖以学其神气，摹写以仿其间架结构。每次都要在信里分别附上几张纸，让我仔细地看一看。

《左传》注疏看完之后，就阅读《通鉴》。你可以将京城带回来的《通鉴》，仿照我的手校本，将目录写在上面。去年秋天在军营中带去的手校本，方便的时候应当寄到祁门来。我常常想翻阅。

信中说鸿儿常被邓老师夸赞，我听了很高兴。鸿儿现在也正在研读《通鉴》，你可以时常指导他一下。你读书的天资过人，写字的天分也高常人一等，只是作诗写文章方面要稍微逊色些。如果在十五六岁的时候有好的教导方法，或许就不止是如今这个水平了。你今年已经二十三岁了，全靠自己发愤努力，父母兄长师父都帮不上忙。作诗文是你的弱点，你更要在这个弱点上多下功夫。看书写字是你所擅长的，应该有所拓展和发扬。走路应当稳重，说话应当慎重，这些你是否常记于心？

我身体平安，告诉你母亲不用太牵挂。

父涤生手示
咸丰十一年正月十四日

须读唐宋诗，作五言诗

此等空空体面，岂亦有喜报耶？

【原文】

字谕纪泽儿：

正月十三四连接尔十二月十六、二十四两禀，又得澄叔十二月二十二一缄、尔母十六日一缄，备悉一切。

尔诗一首阅过发回。尔诗笔远胜于文笔，以后宜常常为之。余久不作诗，而好读诗。每夜分辄取古人名篇高声朗诵，用以自娱。今年亦间作二三首，与尔曹相和答，仿苏氏父子之例。尔之才思，能古雅而不能雄骏，大约宜作五言，而不宜作七言。余所选十八家诗，凡十厚册，在家中，此次可交来丁带至营中。

尔要读古诗，汉魏六朝，取余所选曹、阮、陶、谢、鲍、谢六家，专心读之，必与尔性质相近。至于开拓心胸，扩充气魄，穷极变态，则非唐之李杜韩白、宋金之苏黄陆元八家不足以尽天下古今之奇观。尔之性质，虽与八家者不相近，而要不可不将此八人之集悉心研究一番，实"六经"外之巨制，文字中之尤物也。

尔于小学粗有所得，深用为慰。欲读周汉古书，非明于小学无可问津。

余于道光末年，始好高邮王氏父子之说，从事戎行未能卒业，冀尔竟其绪耳。

余身体尚可支持，唯公事太多，每易积压。癣痒迄未甚愈。家中索用银钱甚多，其最要紧者，余必付回。

京报在家，不知系报何喜？若节制四省，则余已两次疏辞矣。此等空空体面，岂亦有喜报耶？

葛家信一封、匾字四个付回。澄叔处此次未写信，尔将此呈阅。

涤生手示
同治元年正月十四日

【译文】

字谕纪泽儿：

本正月十三、十四两天连续接到你十二月十六日、二十四日寄出的两封信，又收到澄叔十二月二十二日的一封信，还有你母亲十六日寄来的一封信，信中的一切都已尽知。

你写的一首诗我已经读过了，再给你寄回去。你的诗笔远远超过文笔，所以我建议你应当经常作诗。我已经很久没有写诗了，但经常读诗。我几乎每天夜里都要高声朗读古人的名篇以自娱自乐。我想我今年也须在空闲时作两三首诗，和你们相互和答，仿照苏氏父子的先例。你的才思有古朴典雅之美，但不够雄骏，所以适宜作五言诗，而不适宜作七言诗。我选的十八家诗，共十厚册，现在放在家中，这次可以交由来人顺便送至营中。

你若有心研读古诗，汉魏六朝的古诗，只取我选的曹、阮、陶、谢、鲍、谢六家的诗专心去读，这些诗作和你的性情相近。若要开拓心胸，扩充气魄，穷尽形态，则非唐代的李杜韩白、宋金的苏黄陆元这八家，不足以写尽天下古今的奇观。你的性情，虽不与这八家相近，但也须将这八个人的文集悉心研读一番。这八个人的诗文，实在堪称是"六经"之外的巨作，文字中的极品。

你在"小学"上所得到的一些收获，我感到很欣慰。若要读周汉古书，不弄明白"小学"就无法入门。

道光末年，我开始对高邮王氏父子的学说感兴趣，从军之后未能完成这项事业，希望你继承我的事业。

我的身体尚无大碍，只是近来公事太多，精力有限，所以常积压在案。癣痒至今仍未见好。近来家中很多人向我要钱，其中确实急需用钱的，我一定尽快寄回。

家中有来自京城的喜报，不知是报什么喜？如果是祝贺我节制四省的喜报，我已经两次上疏请辞了。这种没有实际意义的虚名，难道还有报喜的必要吗？

　　我已经将葛家的一封信和四个匾字寄回去。这次没有给你澄叔写信，你将此信给他看看。

父涤生手示

同治元年正月十四日

唯读书可变化气质

人之气质,由于天生,本难改变,惟读书则可变化气质。

尔于厚重二字,须立志变改。古称金丹换骨,余谓立志即丹也。

【原文】

字谕纪泽儿、纪鸿儿:

今日专人送家信,甫经成行,又接王辉四等带来四月初十之信(尔与澄叔各一件),藉悉一切。

尔近来写字,总失之薄弱,骨力不坚劲,墨气不丰腴,与尔身体向来轻字之弊正是一路毛病。尔当用油纸摹颜字之《郭家庙》、柳字之《琅邪碑》《玄秘塔》,以药其病。日日留心,专从厚重二字上用工。否则字质太薄,即体质亦因之更轻矣。

人之气质,由于天生,本难改变,惟读书则可变化气质。古之精相法者,并言读书可以变换骨相。欲求变之之法,总须先立坚卓之志。即以余生平言之,三十岁前最好吃烟,片刻不离,至道光壬寅十一月二十一日立志戒烟,至今不再吃。四十六岁以前做事无恒,近五年深以为戒,现在大小事均尚有恒。即此二端,可见无事不可变也。

尔于厚重二字,须立志变改。古称金丹换骨,余谓立志即丹也。满叔四信系忘送,故特由驿补发。此嘱。

涤生示

同治元年四月二十四日

【译文】

字谕纪泽、纪鸿儿：

今天派专人送信回家，刚要起程，恰好又接到王辉四带来的四月初十寄来的信（其中有你和澄叔的各一封），由信中得悉一切。

你近来习字的力道总是太弱，骨力不强劲，墨气也不够丰腴，正如你的身体一样，一直都存在轻弱无力的毛病。你应该用油纸临摹颜体的《郭家庙》，柳体的《琅琊碑》《玄秘塔》，用来锻炼笔力，弥补不足。你要天天留心，专心在"厚重"二字上下工夫。否则字质过于薄弱，体质便会因此显得更虚弱了。

人的气质本由天生，早有定数，是难以轻易改变的，只有读书才能重新塑造气质。古代擅长相面的人，都认为读书可以改变骨相。要求得变骨相的方法，必须先立下坚定不移的志向。以我的生平为例，三十岁前嗜好吸烟，整日抽水烟，没有一时的间断，到道光壬寅十一月二十一日立志戒烟，至今没再抽烟。四十六岁以前做事没有恒心，近五年深以为戒，现在大小事情都能持之以恒了。就这两点看，可见没有什么事不能改变的。

你在"厚重"二字上，必须立志苦下功夫。古人说服金丹可以换骨，我认为人立的志向就是那颗金丹。满叔的四封信忘了送去，所以特由驿站补送回去。此嘱。

父涤生示

同治元年四月二十四日

手抄与摹仿宜并进

凡奇僻之字，雅故之训，不手抄则不能记，不摹仿则不惯用。

目下宜从短处下工夫，专肆力于《文选》，手抄及摹仿二者皆不可少。

【原文】

字谕纪泽儿：

接尔四月十九日一禀，得知五宅平安。

尔《说文》将看毕，拟先看各经注疏，再从事于词章之学。余观汉人词章，未有不精于小学训诂者，如相如、子云、孟坚于小学皆专著一书，《文选》于此三人之文著录最多。

余于古文，志在效法此三人，并司马迁、韩愈五家。以此五家之文，精于小学训诂，不妄下一字也。

尔于小学，既粗有所见，正好从词章上用功。《说文》看毕之后，可将《文选》细读一遍。一面细读，一面抄记，一面作文，以仿效之。凡奇僻之字，雅故之训，不手抄则不能记，不摹仿则不惯用。自宋以后能文章者不通小学，国朝诸儒通小学者又不能文章，余早岁窥此门径，因人事太繁，又久历戎行，不克卒业，至今用为疚憾。

尔之天分，长于看书，短于作文。此道太短，则于古书之用意行气，必不能看得谛当。目下宜从短处下工夫，专肆力于《文选》，手抄及摹仿二者皆不可少。待文笔稍有长进，则以后诂经读史，事事易于着手矣。

此间军事平顺。沅、季两叔皆直逼金陵城下。兹将沅信二件寄家一阅。惟沅、季两军进兵太锐，后路芜湖等处空虚，颇为可虑。余现筹兵补此瑕隙，不知果无疏失否?

余身体平安。惟公事日繁，应复之信积阁甚多，余件尚能料理，家中可以放心。此信送澄叔一阅。余思家乡茶叶甚切，迅速付来为要。

涤生手示

同治元年五月十四日

【译文】

字谕纪泽儿：

我已经收到了你四月十九日写来的信，信中说家中五宅平安，我已经知道了。

你说《说文》这本书基本上已经读完了，现在开始准备看各经的注疏，再着手研究词章之学。我看汉人的各类词章，对小学训诂方面没有不精通的，如司马相如、扬子云、孟坚，他们都各有一部小学训诂的专著。《文选》中选录这三个人的文章最多。

在古文方面，我一直立志向这三个人及司马迁、韩愈等五家学习。因为这五家的文章，都精于小学训诂，从不会妄写一个字。

对于小学方面的学问，现在你已经略有见解，可以开始从词章上下功夫了。读完《说文》之后，可以再将《文选》细细研读一遍。一面细读，一面做笔记，一面写文章，这样就可以达到摹仿的目的。凡是怪僻的字，古雅又深奥难懂的解释，若不用手抄就很难记住，不摹仿就无法应用到自己的文章中。自宋朝以来，能写文章的人大多不懂得小学，而本朝各位儒者，虽懂得小学，又不擅长写文章。我早年就洞悉其中的门径，只是因为公事繁忙，再加上长期的戎马生涯，未能完成自己未竟的学问，至今仍感内疚和遗憾。

你天生擅长读书，而不善于写文章。若不精于作文之道，那么对于古文的用意、行气，根本无法领会其中的真谛。眼下你应该从弱点上多用功，具体应该专门研读《文选》，手抄及模仿要同时进行，不可省略其中任何一个方面。待文笔稍有长进之后，再研究经史书籍，难度就会大大降低了。

最近的战况平稳，进展得很顺利。你沅、季两叔都率军直逼金陵城下。现将沅弟的两封信寄回家中。只是沅、季两军进军太快，后路芜湖等地空虚，让人不禁为之忧虑。目前我正筹措兵力来填补这个军力的空虚，不知最终会不会出现差池？

我身体平安，只是公事繁重，应该回复的信件耽搁了很多。其他的事还能料理，家中可以放心。这封信送给你澄叔看看。我很想要点家乡的茶叶，希望能尽快寄来为好。

父涤生手示
同治元年五月十四日

多加涉猎而探讨之

尔欲于小学钻研古义，则三宗如顾、江、段、邵、郝、王六家之书，均不可不涉猎而探讨之。

【原文】

字谕纪泽儿：

十月初十日接尔信与澄叔九月二十日县城发信，具悉五宅平安。希庵病亦渐好，至以为慰。

此间军事，金陵日就平稳，不久当可解围。沅叔另有二信，余不赘告。鲍军日内甚为危急。贼于湾址渡过河西，梗塞霆营粮路。霆军当士卒大病之后，布置散漫，众心颇怨，深以为虑。鲍若不支，则张凯章困于宁国郡城之内，亦极可危。如天之福，宁国亦如金陵之转危为安，则大幸也。

尔从事小学、《说文》，行之不倦，极慰极慰。小学凡三大宗。言字形者，以《说文》为宗。古书惟大小徐二本，至本朝而段氏特开生面，而钱坫、王筠、桂馥之作亦可参观。言训诂者，以《尔雅》为宗。古书唯郭注邢疏，至本朝而邵二云之《尔雅正义》、王怀祖之《广雅疏证》、郝兰皋之《尔雅义疏》，皆称不朽之作。言音韵者，以《唐韵》为宗，古书惟《广韵》《集韵》，至本朝而顾氏《音学五书》乃为不刊之典，而江（慎修）、戴（东原）、段（茂堂）、王（怀祖）、孔（巽轩）、江（晋三）诸作，亦可参观。尔欲于小学钻研古义，则三宗如顾、江、段、邵、郝、王六家之书，均不可不涉猎而探讨之。

余近日心绪极乱，心血极亏。其慌忙无措之象，有似咸丰八年春在家之时，而忧灼过之。甚思尔兄弟来此一见。不知尔何日可来营省视？

仰观天时，默察人事，此贼竟无能平之理。但求全局不遽决裂，余能速死，而不为万世所痛骂，则幸矣。此信送澄叔一阅，不另致。

涤生手示
同治元年十月十四日

【译文】

字谕纪泽儿：

我已经接到了你十月十日写的信，另外还有澄叔九月二十日从县城发出的信，从信中得知家中无事，希庵的病也逐渐好转，心里很高兴。

这里的战况没什么变化，金陵的局势日渐平稳，估计不久即可解围。沅叔另外有两封信详细告知了这件事，我就不多说了。不过鲍军近日的情势很是危急。敌人从湾址渡过河西，切断了霆营运粮的道路。如今霆营士兵刚经历了疾病的困扰，军纪军容已显散漫，现在更是军心大乱，前景堪忧。这次鲍军如果支持不住，那么张凯章便会被困于宁国城内，危险极大。若老天有眼，保佑宁国也能像金陵一样转危为安，那真是天大的幸事。

你现在努力学习小学训诂，研习《说文》，而且从不懈怠，为此我感到极为欣慰。小学共有三大宗。谈字形的，以《说文》为宗，古书只有大徐小徐两本。到本朝才有段玉裁别开生面，但钱坫、王筠、桂馥的作品也可以作为参考。训诂的学问，以《尔雅》为宗，古书只有郭注邢疏，到本朝邵二云的《尔雅正义》、王怀祖的《广雅疏征》、郝兰皋的《尔雅义疏》，都是流传下来的不朽之作。音韵，以《唐韵》为宗，古书只有《广韵》《集韵》，到本朝，顾氏的《音学五书》才是不刊之典，而江（慎修）、戴（东原）、段（茂堂）、王（怀祖）、孔（巽轩）、江（晋三）等各种作品，也可以参考。你要在小学方面钻研古义，对这三宗如顾、江、段、邵、郝、王六家的书，都要多加涉猎，用心探讨。

近日来我心绪极乱，以致气血两亏。这种心急如焚的状态，颇似咸丰八年春天在家的时候，甚至更为忧虑焦灼。我很想见你们兄弟一面，不知你哪一天可来营中探望？

我仰天长叹，默默地体察人事，竟找不到平复此乱的方法。现在我只求大局能够支撑下去，不致很快崩溃，最好我能快点死去，也就不会被后世所痛骂，这就是最大的幸运了。这封信可以送给澄叔看看，我就不另写了。

父涤生手示
同治元年十月十四日

好文章须熟读成诵

尔阅看书籍颇多，然成诵者太少，亦是一短。

【原文】

字谕纪泽儿：

接尔二月十三日禀并《闻人赋》一首，具悉家中各宅平安。

尔于小学训诂颇识古人源流，而文章又窥见汉魏六朝之门径，欣慰无已。余尝怪国朝大儒如戴东原、钱辛楣、段懋堂、王怀祖诸老，其小学训诂实能超越近古，直逼汉唐，而文章不能追寻古人深处，达于本而阁于末，知其一而昧其二，颇所不解。私窃有志，欲以戴、钱、段、王之训诂，发为班、张、左、郭之文章（晋人左思、郭璞小学最深，文章亦逼两汉，潘、陆不及也）。久事戎行，斯愿莫遂，若尔曹能成我未竟之志，则至乐莫大乎是。即日当批改付归。

尔既得此津筏，以后便当专心壹志，以精确之训诂，作古茂之文章。由班、张、左、郭上而扬、马，而《庄》《骚》，而"六经"，靡不息息相通，下而潘、陆，而任、沈，而江、鲍、徐、庾，则词愈杂，气愈薄，而训诂之道衰矣。至韩昌黎出，乃由班、张、扬、马而上跻"六经"，其训诂亦甚精当。尔试观《南海神庙碑》、《送郑尚书序》诸篇，则知韩文实与汉赋相近。又观《祭张署文》《平淮西碑》诸篇，则知韩文实与《诗经》相近。近世学韩文者，皆不知其与扬、马、班、张一鼻孔出气。尔能参透此中消息，则几矣。

尔阅看书籍颇多，然成诵者太少，亦是一短。嗣后宜将《文选》最惬意者熟读，以能背诵为断，如《两都赋》《西征赋》《芜城赋》及《九辩》《解嘲》之类皆宜熟读。《选》后之文，如《与杨遵彦书》（徐）《哀江南赋》

（庚）亦宜熟读。又经世之文如马贵与《文献通考》序二十四首，天文如丹元子之《步天歌》（《文献通考》载之，《五礼通考》载之），地理如顾祖禹之《州域形势叙》（见《方舆纪要》首数卷，低一格者不必读，高一格者可读，其排列某州某郡无文气者亦不必读）。以上所选文七篇三种，尔与纪鸿儿皆当手抄熟读，互相背诵，将来父子相见，余亦课尔等背诵也。

尔拟以四月来皖，余亦甚望尔来，教尔以文。惟长江风波，颇不放心，又恐往返途中抛荒学业，尔禀请尔母及澄叔酌示。如四月起程，则只带袁婿及金二甥同来，如八九月起程，则奉母及弟妹妻女合家同来，到皖住数月，孰归孰留，再行商酌。

目下皖北贼犯湖北，皖南贼犯江西，今年上半年必不安静，下半年或当稍胜。尔若于四月来谒，舟中宜十分稳慎，如八月来，则余派大船至湘潭迎接可也。余详日记中，尔送澄叔一阅，不另函矣。

涤生手示
同治二年三月初四日

【译文】

字谕纪泽儿：

近日收到了你二月十三日写来的信，另外还有《闻人赋》一首附在其中，知道家中各宅平安。

在小学训诂方面，你对古人的本源的认识还是很有见地的，从你所学的文章也可以看出你已经寻得了汉魏六朝的门径，我实在是很高兴。我曾经对本朝的大儒如戴东原、钱辛楣、段懋堂、王怀祖等老一辈人提出过不同的意见，认为尽管他们的小学训诂能超越近古之人，甚至接近了汉唐的水平，但作文章却不能追求古人文章中所表达的深刻内涵，能够抵达本源，却被阻于末端，只知其一不知其二，对此我很是疑惑。我曾经暗自立志，要吸收戴、钱、段、王他们的训诂经验，作出班、张、左、郭那样的文章（晋人左思、郭璞小学方面的学问最深，文章也更接近于两汉时的水平，潘、陆不如他们）。但是长期的戎马生涯，奔走南北，以致这个愿望一直未能实现。如果你能完成我未竟的志向，那可真是让人高兴啊。我把你的文章批改之后，今天就给你寄回去。

你既然找到了入门的方法，以后应当更加专心，用精确的训诂之法，作古朴有内涵的文章。从班、张、左、郭上溯到扬、马，再上溯到《庄子》《离骚》、"六经"，无不息息相通，下到潘、陆、任、沈，再到江、鲍、徐、庾，他们用词越来越繁杂无序，而且气势越来越弱，训诂的水平自然也越来越低了。直至韩愈出世，才从班、张、扬、马上跻"六经"，训诂也十分精确恰当。你应当着手研读《南海神庙碑》《送郑尚书序》等文章，就会了解韩愈的文章与汉赋的水平、风格实在很相似。之后再看《祭张署文》《平淮西碑》等文章，就会了解到韩愈的文章与《诗经》的风格也很是相近。近代人读韩愈的文章，都看不出他和扬、马、班、张其实是一个鼻孔出气，你能看透其中的奥秘，说明你所下的功夫差不多了。

你读过的书籍不少，但却很少能够背诵，这也是一个很大的弱点。今后你应选出《文选》中最好的文章，经常朗读，直至能背诵为止，例如《两都赋》《西征赋》《芜城赋》及《九辩》《解嘲》之类的都应熟读。《文选》后半部分的文章如《与杨遵彦书》（徐）、《哀江南赋》（庾）也应该熟读。还有传世之作如马贵与的《文献通考》序二十四首，天文学方面的例如丹元子的《步天歌》（《文献通考》录有它，《五礼通考》录有它），地理学方面的如顾祖禹的《州城形势叙》（见《方舆纪要》头几卷，低一格的内容可以忽略过去，但高一格的也是可读的内容，其中排列某州某郡无文采的也不必读）。以上我选的文章共三种七篇，你和纪鸿儿都要抄写并录读，互相检查背诵情况，将来我们父子相见时，我也要考考你们是否已经达到背诵的程度。

四月份我打算前往安徽，我希望你也能来，可以趁此机会教你作文章。只是到时长江风浪太大，我又担心你的安全，而且怕你在往返途中耽误了时间而荒废学业。这件事你可以先请示你母亲和澄叔，待他们斟酌之后再作决定。如果打算四月份前来，就只带袁婿和金二外甥同来即可；如果八九月份启程，就陪同母亲和弟妹及他们妻子儿女全家一起前来。你们可以在安徽多住几月，之后再决定谁回去谁留下。

如今皖北的敌军大举进犯湖北，皖南的敌军又出兵进犯江西，今年上半年局势定不平静，或许下半年会好一些。如果你四月份来看我，坐船过江的时候要多加谨慎小心，如果八月份来，那我就派大船到湘潭去接你们。其余的事都详记在日记中，你送给澄叔看看，不再另写信了。

父涤生手示
同治二年三月初四日

文笔宜从"简当"二字上着力

弟文笔不患不详明，但患不简洁，以后从"简当"二字上着力。

【原文】

沅弟左右：

昨日专人送喜信，想已接到。弟之谢恩折，尚可由安庆代作代写代递。初膺开府重任，心中如有欲说之话，思自献于君父之前者，尽可随时陈奏。奏议是人臣最要之事，弟须加一番工夫。弟文笔不患不详明，但患不简洁，以后从"简当"二字上着力。

春霆由枞阳、庐江进援六安，未知现抵何处？六安守兵系蒋之纯部下二营，二十五六七业已坚守三日夜。二十六日城塌数丈，贼匪猛扑，亦能御之，或可保全。枞阳周、张二营，吾批令一面驰回裕溪口，一面禀请弟示。安庆与庐江、桐城三处掎角坚守，枞阳尽可不须陆兵，但用水师分布于枞阳、上枞阳、大纲窑、练潭等处。安庆城守十分坚固，弟可放心也。

希庵初十起行，病势加剧，十七始至县城，此最可虑。昨日接家信四件送去，本日接毛、黄二信抄阅。顺问近好。

国藩手草

同治二年四月初一日酉刻

【译文】

沅弟左右：

昨日我专门派人送去的喜信，想必已经收到。弟弟谢恩所需的奏折，也可以由安庆代作、代写、代递。弟弟初次担当开府的重任，心中若有想法想要表达，可以在面圣时向皇上表达，尽可以随时上奏陈述。向皇帝提出奏议是身为人臣最重要的职责，弟弟必须在这方面多下一番功夫。弟弟的文笔不怕不够详细，但怕不够简洁，以后应从"简当"二字上用功。

春霆由枞阳、庐江增援六安，不知现在已到何处？六安守军是蒋之纯部下两个营，二十五、二十六、二十七日已坚守了三昼夜。二十六日城墙塌了几丈长，敌人又猛烈进攻，仍然能抵挡得住，或许可以保全。枞阳的周、张两个营，我已命令他们一边返回裕溪口，一边向弟弟请示。安庆、庐江、桐城三个地方构成掎角之势坚守，枞阳完全可以不用陆军，只需将水军分布于枞阳、上枞阳、大纲窑、练潭等处作战。安庆城的守卫是坚不可摧的，弟弟尽管放心。

希庵初十动身出发，他的病情日渐加重，直到十七日才到达县城，这真是让人担忧。昨天我一次接到了四封家信，现在一并给你送去，今天又接到毛、黄的两封信也抄给你看。顺问近好。

              国藩手书
            同治二年四月初一日酉时

每日参学，自有进益

一日看一二折，不过月余，即可周知时贤之底蕴。然后参看古人奏稿，自有进益。每日极多不过二三刻工夫，不可懒也。

【原文】

沅弟左右：

接二十六日巳刻来信，具悉一切。

奏折一事，弟须用一番工夫。秋凉务闲之时试作二三篇，眼界不必太高，自谦不必太甚。上次惠甫、次卿二稿，只须改润一二十字，尽可去得。目下外间咨来之折，惟浙沪湘三处较优，左、李、郭本素称好手也。此外如官、骆、沈、严、僧、吴、都、冯之折，弟稍一留心，即优为之。以后凡有咨送折稿到弟处者，弟皆视如学生之文，圈点批抹。每折看二次。一次看其办事之主意、大局之结构，一次看其造句下字之稳否。一日看一二折，不过月余，即可周知时贤之底蕴。然后参看古人奏稿，自有进益。每日极多不过二三刻工夫，不可懒也。

二十五日拜发之件，尽可咨行邻省。

金眉生与鹤侪积怨甚深，吾辈听言，亦须独具权衡。权位所在，一言之是非，即他人之荣辱予夺系焉。弟性爽快，不宜发之太骤。顺问近好。

兄国藩手草

同治二年七月初一日

【译文】

沅弟左右：

　　我接到二十六日巳刻的来信后，已经得知一切。

　　关于奏折的事，贤弟确实要好好下一番功夫。秋高气爽，事务清闲之时，可试着写二三篇，眼界不要太高，也不可过于自谦。上次赵烈文、李元度写的两个稿子，只要改写润色一二十个字，完全能够交代了。眼下外面咨送过来的章折，只有浙江、上海、湖南三处较优，左宗棠、李鸿章、郭嵩焘向来就是写奏折的好手。此外如官文、骆秉章、沈葆桢、严信愿、僧格林沁、吴煦、都兴阿、冯子材的奏折，你稍为留心看看就能觉出其中的好处了。以后凡是咨送到弟处的折子稿件，你都可把它当作学生的文章，适当地圈点批抹。每个折子稿件看上两次，头一次看人家办事的主意，了解折稿的大致结构，然后再看人家遣词造句是否稳妥。一天看一二个折稿，不出一个月的时间，完全可以摸清当代俊杰所写奏折的底蕴。然后再参读古人的奏稿，一定能够取得很大进步。细细算来，每日最多也不过耗费二三刻工夫，千万不可偷懒啊！

　　二十五日拜送上去的信件，已经可以发送到邻近各省。

　　金眉生与鹤侪之间已经积下了很深的仇怨。听他人之言，也要有自己的权衡判断。尤其是像我们这样握有重权的人，一个字的是非，就会决定他人的荣辱奖罚，很是关键。弟弟性格直爽，有些莽撞，所以对任何事情都不宜太快发表自己的见解。顺问近好。

兄国藩手书

同治二年七月初一日

好文字必气、识、情、趣中有一长

前所示有气则有势，有识则有度，有情则有韵，有趣则有味，古人绝好文字，大约于此四者之中必有一长。

【原文】

字谕纪泽、纪鸿儿：

闰五月三十日由龙克胜等带到尔二十三日一禀，六月一日由驿递到尔十八日一禀，具悉一切。罗家外孙既系漫惊风，则极难医治。

余于二十五六日渡洪泽湖面二百四十里，二十七日入淮。二十八日在五河停泊一日，等候旱队。二十九日抵临淮。闻刘省三于二十四日抵徐州，二十八日由徐州赴援雉河。英西林于二十六日攻克高炉集。雉河之军心益固，大约围可解矣。罗、张、朱等明日可以到此，刘松山初五六可到。余小住半月，当仍赴徐州也。

毛寄云年伯至清江，急欲与余一晤。余因太远，止其来临淮。

尔写信太短。近日所看之书，及领略古人文字意趣，尽可摅所见，随时质正。前所示有气则有势，有识则有度，有情则有韵，有趣则有味，古人绝好文字，大约于此四者之中必有一长。尔所阅古文，何篇于何者为近？可放论而详问焉。

鸿儿亦宜常常具禀，自述近日工夫，此示。

涤生手草

同治四年六月初一日

【译文】

字谕纪泽、纪鸿儿：

闰五月三十日，龙克胜等人捎来了你二十三日所写的一封禀帖，六月一日驿站又送来你十八日的一封禀帖，从信中得悉一切。罗家外孙若是真得了漫惊风，确实就很难医治了。

二十五、二十六两日，我渡过洪泽湖面二百四十里，二十七日进入淮河流域。二十八日，船在五河停泊一天，以等候陆路人马。于二十九日到达临淮。听说刘省三已于二十四日到达徐州，二十八日又从徐州前去雉河救援。二十六日，英西林攻克了高炉集，从此雉河的军心大振，估计围困很快可以解除了。罗、张、朱等人明天就能够抵达，刘松山初五六就能到达。我小住半个月之后，仍然要去徐州。

毛寄云年伯已经到了清江浦，正急于赶来，和我会面。不过清江浦距离此处路程太远，所以我已劝阻他来临淮。

你每次写来的信，篇幅都过于短小。你近日所研究的书，以及你所领略到的古人作品的思想和趣味，完全可以自由地抒发，也可以随时写信向我询问。我以前就曾经谈到过这个道理，有文气则有声势，有见识就有度量，有情感就有神韵，有趣则有味，凡是古人写出的好文章，这四条当中必定占有其中一条长处。你所阅读的古文，哪一篇和我说的哪一条的长处相吻合呢？尽管来信放开议论，详加探讨。

鸿儿也要常常寄禀帖来，说说自己近日读书的情况，此示。

父涤生手书
同治四年六月初一日

作文须在气势上下功夫

尔当兼在气势上用功,无徒在揣摩上用功。

【原文】

字谕纪泽、纪鸿儿:

纪泽于陶诗之识度不能领会,试取《饮酒》二十首、《拟古》九首、《归田园居》五首、《咏贫士》七首等篇反复读之,若能窥其胸襟之广大,寄托之遥深,则知此公于圣贤豪杰皆已升堂入室。尔能寻其用意深处,下次试解说一二首寄来。

又问有一专长,是否须兼三者乃为合作。此则断断不能。韩无阴柔之美,欧无阳刚之美,况于他人而能兼之?凡言兼众长者,皆其一无所长者也。鸿儿言此表范围曲成,横竖相合,足见善于领会。至于纯熟文字,极力揣摩固属切实工夫,然少年文字,总贵气象峥嵘,东坡所谓蓬蓬勃勃如釜上气。古文如贾谊《治安策》、贾山《至言》、太史公《报任安书》、韩退之《原道》、柳子厚《封建论》、苏东坡《上神宗书》,时文如黄陶庵、吕晚村、袁简斋、曹寅谷,墨卷如《墨选观止》《乡墨精锐》中所选两排三迭之文,皆有最盛之气势。尔当兼在气势上用功,无徒在揣摩上用功。大约偶句多,单句少,段落多,分股少,莫拘场屋之格式。短或三五百字,长或八九百字千余字,皆无不可。虽系"四书"题,或用后世之史事,或论目今之时务,亦无不可。总须将气势展得开,笔仗使得强,乃不至于束缚拘滞,愈紧愈呆。

嗣后尔每月作五课揣摩之文,作一课气势之文。讲揣摩者送师阅改,讲气势者寄余阅改。四象表中,惟气势之属太阳者,最难能而可贵。古来文人虽偏于彼三者,而无不在气势上痛下工夫。两儿均宜勉之。此嘱。

同治四年七月初三日

【译文】

字谕纪泽、纪鸿儿：

从纪泽的诗中可见你对于陶渊明诗的见识气度还没有深层的领会，试取《饮酒》二十首、《拟古》九首、《归田园居》五首、《咏贫士》七首等篇反复地读，如果能从中领会陶渊明胸襟之广阔、寄托之深远，就会知道陶公对于圣贤豪杰影响之大。你若能领悟到陶诗中的用意深远之处，下次试着解说其中的一两首，寄来给我看看。

你又问我在某一方面有所专长，是否须兼有其他三个方面才算合乎法度？这种想法绝对是不成立的。韩愈缺少阴柔之美，而欧阳修缺少阳刚之美，更何况是其他人，怎能兼而有之呢？凡是说妄图兼采众长的人，最终几乎都是一无所长。鸿儿说这一表格规范概括，横竖相呼应，足见鸿儿非常善于领会。至于纯熟的文字，极力揣摩固然是切实有用的功夫，然而年少时的文章总是要以气象峥嵘为贵，就如同苏东坡所说的，如同锅上的蒸汽，蓬蓬勃勃，气势汹涌。古文像贾谊的《治安策》、贾山的《至言》、太史公的《报任安书》、韩愈的《原道》、柳宗元的《封建论》、苏东坡的《上神宗书》，八股文像黄陶庵、吕晚村、袁简斋、曹寅谷，墨卷像《墨选观止》《乡墨精锐》中所选的两排三叠的文章，都具有最强盛的气势。你应该注重在气势上下功夫，而不能只局限于在揣摩上用功。你的习作大致上偶句较多而单句较少，段落较多而分股较少，其实也没必要总是拘泥于八股文的格式。作短文时，或者只有三五百字，长的或者八九百字、一千字，都是可以的。虽然是"四书"题，或者引用后代的史事，或者议论当今的现实，也都是可以的。总之都要在气势上尽量舒展，笔力要用得强健，只有这样才不至于受到束缚，以致越来越拘泥、呆滞。

以后你每个月要写出五篇揣摩的文章，作一篇有气势的文章。其中讲求揣摩的文章送给老师审阅批改，而讲求气势的文章务必送来给我审阅批改。四象表中，只有气势属太阳，是最难能可贵的。自古以来，文人虽然多偏重于另外三项，但无人不在气势上狠下功夫。因此希望两儿都要在气势上多加努力。此嘱。

同治四年七月初三日

第五章 交往之道

不肯轻受人惠,
情愿人占我的便益,
断不肯我占人的便益。
以后凡事不可占人半点便益,
不可轻取人财,
切记切记!

交友拜师以专一为要

求师不专，则受益也不入；求友不专，则博爱而不亲。

【原文】

四位老弟左右：

正月二十三日接到诸弟信，系腊月十六在省城发，不胜欣慰。四弟女许朱良四姻伯之孙，兰姊女许贺孝七之子，人家甚好，可贺。惟蕙妹家颇可虑，亦家运也。

六弟、九弟今年仍读书省城，罗罗山兄处附课甚好。既在此附课，则不必送诗文与他处看，以明有所专主也。凡事皆贵专，求师不专，则受益也不入；求友不专，则博爱而不亲。心有所专宗，而博观他途以扩其识，亦无不可。无所专宗，而见异思迁，此眩彼夺，则大不可。

罗山兄甚为刘霞仙、欧晓岑所推服，有杨生（任光）者，亦能道其梗概，则其可为师表明矣，惜吾不得常与居游也。在省用钱，可在家中支用（银三十两则够二弟一年之用矣，亦在吾寄一千两之内）。余不能别寄与弟也。

我去年十一月二十日到京，彼时无折差回南，至十二月中旬始发信，乃两弟之信骂我糊涂，何不检点至此？赵子舟与我同行，曾无一信，其糊涂更何如耶？余自去年五月底至腊月初未尝接一家信。我在蜀可写信由京寄家，岂家中信不可由京寄蜀耶？又将骂何人糊涂耶！凡动笔不可不检点。

陈尧农先生信至今未接到。黄仙垣未到京。家中付物，难于费心，以后一切布线等物，均不必付。

九弟与郑、陈、冯、曹四信，写作俱佳，可喜之至。六弟与我信字太草率，此关乎一生福分，故不能不告汝也。四弟写信语太不圆，由于天分，吾不复责。

余容续布，诸惟心照。

兄国藩手草
道光二十四年正月二十六日

【译文】

四位老弟左右：

正月二十三日接到诸弟于腊月十六在省城寄出的来信，看了之后，心中非常欣慰。来信中说，四弟的女儿许配给朱良四姻伯的孙子，兰姐的女儿许配给贺孝七的儿子，这两户人家甚好，实在是可喜可贺之事！遗憾的是蕙妹的境况实在令人忧虑，这也是家运啊。

六弟、九弟今年仍然在省城，跟随罗山兄听课学习，这很好。既然在此上课，就不必再将诗文送给别人指正，以表明求师之专。凡事贵在一个"专"字，若求师不专一，则受益也不会有多深；若求友不专一，也只能是平淡的交往，不会有亲近之感。心里有专一的东西，在此基础上博览群书，以增长见识，也无不可；心中没有专一的东西，却见异思迁，这山望着那山高，则大不可。

刘霞仙、欧晓岑对罗山兄很是推崇佩服，杨生（名任光）也能随口说出他的大概。由此可见，罗山兄可为人师表是毋庸置疑的，可惜我不能够常与他交流切磋。至于两个弟弟在省城的用度，可由家中支出（三十两银则够两弟一年的费用，这也在我寄回家的一千两银之内），我就不再另外寄钱给你们了。

我去年十一月二十日到京，那时没有信差回湖南，到十二中旬才发信，结果，两个弟弟来信，骂我糊涂，为何这样不检点？赵子舟和我同路，一封信也没有写，那他的糊涂更如何？就是我自去年五月底到十二月初，没有接过一封家信。我在四川，可以写信由京城寄家里，难道家里不可以写信由京城转寄四川吗？那又该骂谁糊涂呢？凡动笔之时，要考虑周全，不可不检点。

陈尧农先生的信至今还未收到。黄仙垣也没有到京。家里托人带东西进京，实在太麻烦了，以后一切布线等东西，均不必托人捎带。

九弟写给郑、陈、冯、曹四人的书信，书法文笔都好，真是可喜。只是六弟寄给我的信，字体潦草，这关系到一个人一生的福分，所以我不能不给你指出来。四弟的信中，话说得太过生涩，不够圆润，由于此关天分，我也不再责备他。

其余的容我以后再写，彼此心照不宣。

兄国藩手书
道光二十四年正月二十六日

必信必诚，侠义之士

今又扶铁松之病而送其死，真侠士也。扶两友之枢行数千里，亦极难矣。

【原文】

侄国藩谨启叔父大人座下：

八月二十二日发十二号家信，想已收到。九月十五、十七连到两折差，又无来信，想四弟、六弟已经来京矣。若使未来，则在省，还家时，必将书信寄京。

侄身上热毒，近日头面大减。请一陈姓医生，每早吃丸药一钱，又小有法术，已请来三次，每次给车马大钱一千二百文。自今年四月得此病，请医甚多，服药亦五十余剂，皆无效验。唯此人来，乃将面上治好，头上已好十分之六，身上尚未好，渠云不过一月即可痊愈。侄起居如常，应酬如故，读书亦如故，惟不作诗文，少写楷书而已。侄妇及侄孙儿女皆平安。

陈岱云现又有病，虽不似前年之甚，而其气甚馁，亦难骤然复元。湘乡邓铁松孝廉于八月初五出京，竟于十一月卒于献县道中。幸有江岷樵（忠源）同行，一切附身附棺，必信必诚。此人义侠之士，与侄极好，今年新化孝廉邹柳溪在京久病而死，一切皆江君料理，送其灵榇回南。今又扶铁松之病而送其死，真侠士也。扶两友之枢行数千里，亦极难矣。侄曾作邹君墓志铭，兹付两张回家。

今年七月忘付黄芽白菜子，八月底寄出，已无及矣。请封之典，要十月十五始可颁恩诏，大约明年秋间始可寄回。

闻彭庆三爷令郎入学，此是我境后来之秀，不可不加意培植。望于家中贺礼之外，另封贺仪大钱一千，上书侄名，以示奖劝。余不具。侄谨启。

道光二十五年九月十七日

【译文】

侄国藩谨启叔父大人座下：

　　八月二十日寄出的家信，估计已经收到了吧。九月十五日、十六日这两天，已经有信差两次抵达京城，但都没有家里的来信，我想是因为四弟、六弟已经来京了吧。如果还没有来，那从省城回家之前，一定将书信寄到京城。

　　侄儿身上的热毒，近来已渐好转，头部康复得也很快。新近请了一位姓陈的医生，每天早上吃一钱丸药，而且此人小有法术，已请了三次，每次车马费一千二百文。自从今年四月不幸患上此病，不知请了多少个医生，药也吃了五十多剂，都不见疗效。只有这位陈医生的医术高明，才将脸上的热毒治好，头上的也好了十分之六，身上的还不见大的起色，不过他说，不出一个月定可以痊愈。近来侄儿起居如常，应酬如常，读书也跟从前一样，只是不作诗文，少写楷书罢了。侄媳妇及侄孙儿女都平安。

　　不过近日陈岱云又旧病复发，虽然不像前年那么严重，但他自己很气馁，恐怕近期内很难复原。八月初五，湘乡邓铁松孝廉离京，竟于十一月不幸死在去献县的途中。幸亏有江岷樵（忠源）同路，一切葬衣葬棺都是他操办，必信必诚。他是侠义之士，与侄儿极要好，今年，新化孝廉邹柳溪在京城病了很久死了，一切后事都是江君料理，并送他的灵柩回湖南。现在又在铁松抱病之时送他赴任，路上死了，又给他办丧事，真是侠义之士啊！扶着两位朋友的棺木，走几千里路，也真难啊！侄儿曾作邹君墓志铭，现寄两张回去。

　　今年七月忘记寄黄芽白菜种子，八月底寄出，时间已来不及了。请封的恩典，要十月十五日才可颁发恩诏，大约要到秋天才可寄回。

　　听说彭庆三的儿子入了学，这是我们家乡的后起之秀，不可不加意培养。希望在家里的贺礼之外，另外封一个一千大钱的礼包，上面写上侄儿的名字，以示奖励。其余不一一禀告。侄儿谨启。

道光二十五年九月十七日

交友须勤加来往

常常来往，不可太疏，大小喜事宜常送礼。

【原文】

澄侯四弟、子植九弟、季洪二弟左右：

二月十一接到第一、第二号来信。三月初十接到第三、四、五、六号来信，系正月十二、十八、二十二及二月朔日所发而一次收到。家中诸事，琐屑毕知，不胜欢慰！祖父大人之病竟以服沉香少愈，幸甚！然余终疑祖大人之体本好，因服补药太多，致火壅于上焦，不能下降，虽服沉香而愈，尚恐非切中肯綮之剂。要须服清导之品，降火滋阴为妙。余虽不知医理，窃疑必须如此，上次家书亦曾写及，不知曾与诸医商酌否？丁酉年祖大人之病，亦误服补剂，赖泽六爷投以凉药而效，此次何以总不请泽六爷一诊？泽六爷近年待我家甚好，即不请他诊病，亦须澄弟到他处常常来往，不可太疏，大小喜事宜常送礼。

尧阶即允为我觅妥地，如其觅得，即听渠买，买后或迁或否，仍由堂上大人作主，诸弟不必执见。

上次信言余思归甚切，嘱弟探堂上大人意思何如？顷奉父亲手书，责我甚切，兄自是谨遵父命，不敢作归计矣。

郭筠仙兄弟于二月二十到京。筠仙与其叔及江岷樵住张相公庙，去我家甚近。朔臣即住我家，树堂亦在我家入场，我家又添二人服侍李、郭二君，大约榜后退一人，只用一打杂人耳。

筠仙自江西来，述岱云母之意，欲我将第二女许配渠第二子，求婚之意甚诚。前年岱云在京，亦曾托曹西垣说及，余答以缓几年再议。今又托筠仙为媒，情与势皆不可却。岱云兄弟之为人与其居官治家之道，九弟在江西一一目击。烦九弟细告父母，并告祖父，求堂上大人吩咐，或对或否，以便答江西之信，余夫妇现无成见，对之意有六分，不对之意亦有四分，但求直大人主张。九弟去年在江西，余前信稍有微词，不过恐人看轻耳，仔细思之，亦无妨碍，且有莫之为而为者，九弟不必自悔艾也。

碾儿胡同之屋，房东四月要回京，余已看南横街圆通观东间壁房屋一所，大约三月尾可移寓。此房系汪醇卿之宅（教习门生汪廷儒），比碾儿胡同狭一小半，取其不费力易搬，故暂移彼。若有好房，当再迁移。黄秋农之银已付还，加利十两，予仍退之。周子佩于三月三日喜事。正斋之子竟尚未归。黄莳卿、周韩臣闻皆将告假回籍，莳卿已定十七日起行。刘盛唐得疯疾，不能入闱，可悯之至。袁漱六到京数日，即下园子用功。其夫人生女仅三日即下船进京，可谓胆大。周荇农散馆，至今未到，其胆尤大。曾仪斋（宗逵）正月二十六在省起行，二月二十九日到京，凌荻舟正月二十八起行，亦二十九到京，可谓快极，而澄弟出京，偏延至七十余天始到，人事之无定如此。

新举人复试题"人而无恒，不知其可"二句，赋得"鸲鹆鹆"得"鸣"字，四等十一人，各罚停会试二科，湖南无之。我身癣疾，春间略发而不甚为害；有人说方，将石灰澄清水用水调桐油擦之，则白皮立去，如前年擦铜绿膏。余现二三日一擦，使之不起白皮，剃头后不过微露红影（不甚红），虽召见亦无碍，除头顶外，他处皆不擦，以其仅能济一时，不能除根也。内人及子女皆平安。

今年分房，同乡仅恕皆，同年仅松泉与寄云大弟，未免太少。余虽不得差，一切自有张罗，家中不必挂心。今日余写信颇多，又系冯、李诸君出场之日，实无片刻暇，故余未作楷信禀堂上，乞弟代为我说明，澄弟理家事之间，须时时看《五种遗规》，植弟、洪弟须发愤读书，不必管家事。

兄国藩草
道光二十六年三月初十日

【译文】

澄侯四弟、子植九弟、季洪二弟左右：

二月十一日接到第一、第二封来信。三月初接到第三、四、五、六封来信，分别是正月十二、十八、二十二及二月初一发出的，我这里一次就全部接到了。已经知道了家里最近发生的大小事情，心中非常高兴！听说祖父大人吃了沉香之后，病竟然好了些，真是幸运。不过我总觉得祖父大人身体本来并无大碍，因为补药服太多，以致火壅在上焦，不能下降。虽说吃了沉香身体有所好转，但恐怕并不是特别对症的药。还是要吃清理疏导的药，降火滋阴为妙。虽然我不懂医理，但心里觉得肯定是这样，上次信中，也曾经提到过，不知曾经和弟弟们商量过没有？丁酉年祖父大人的病也是误吃补药，依靠泽六爷下了凉药才好，这次为什么不请泽六爷为他治疗呢？泽六爷近年对待我家很好，就是不请他诊病，也要澄弟到他家常常往来，不要就此疏远了，每逢大小喜事，更要常送礼，不可怠慢。

既然尧阶已经答应为我找一块妥善的地，就由他做主，若找到了，就买下来。至于买后迁与不迁，仍然由堂上大人做主决定，弟弟不可武断决定，固执己见。

上次信中说，我思归心切，嘱咐弟弟们征询一下堂上大人的意见，问问他们的意思如何。刚刚收到父亲的亲笔手书，他狠狠地批评了我，我当然谨遵父命，不敢再存有回家的想法了。

二月二十日，郭筠仙兄弟到京。筠仙与他叔父以及江岷樵都住张相公庙，到我家很近。翊臣就住在我家，树堂也在我家入场，所以又找了两个人服侍李、郭二君，估计发榜后可以退掉一个，只留下一个打杂的即可。

筠仙从江西来，转达了岱云母子的想法，想要我把二女许配给他家二少爷，而且求婚的态度很诚恳。前年岱云在京城的时候，就曾经托曹西垣谈过此事，当时我主张等几年再商议。如今他家又托筠仙做媒，不论从感情上和道理上来讲都无法再找借口推脱。再说，岱云兄弟的为人，以及为官治家之道，九弟在江西都是亲眼所见，麻烦九弟详细告诉父母，并告祖父，求堂上大人吩咐，答应与否，给个准信，以便早日给他答复。对于此事，我们夫妇现在倒没有成见，答应的意思有六分，不答应的意思有四分，只求堂上大人做主。九弟去年在江西，我上次信中稍许有点责备的意思，不过是恐怕别人看轻罢了。仔细想起来，也没有妨碍，而且也并不是故意为之，所以九弟也就不必自悔自艾了。

碾儿胡同的房东，四月要回京城，我已看了南横街圆通观东间壁的一处房子，估计三月底就要搬家了，这房子是汪醇卿的住宅（教习门生汪廷儒），比碾儿胡同的房子狭小一半，可取之处是不费力，容易搬，所以暂时移居。如果有好房子，可以再作打算。黄秋农的银子已还了，所加利息十两，我退还了。三月三日周子佩办了喜事，但是正斋的儿子却还没有回来。听说黄莆卿、周韩臣都要告假还乡了，而且莆卿已经定于十七日起程。刘盛唐不幸患上了疯病，所以无法参加这次的科举考试，真是让人生怜悯之心。袁漱六到京没多久，就开始下园子用功。他夫人生下女儿仅三天就坐船进京，胆子可真够大的。周荇农在翰林院学习期满，到现在还没有到，他的胆子更是大。曾仪斋（宗述）正月二十六日自省城起程，二月二十九日就到达京城了，凌笛舟正月二十八日起程，二月二十九日到京城，他们都算是很快的了。不过澄弟离京之后，偏偏延至七十多天才到达，世界上的事情就这样没有定数。

新举人复试题目是"人而无恒，不知其可"二句，赋得"鹐鹒鸸"，得"鸣"字，四等十一人，各罚停会试两科，湖南没有。我的癣疾，春天略微发作，为害不太大。有人说，用石灰澄清水，用水调桐油擦，则白皮马上可去，就像前年擦铜绿膏的情况一样。我现在两三天擦一次，使它不起白皮，剃头后不过露点红影，即使皇上召见也没有妨碍，除头顶外，其他地方都不擦，因这方子只能治标，不能治本。你们的嫂子及子女都平安。

今年分房，同乡只有恕皆，同年只有松泉和寄云弟，不免太少，我虽然没有得差事，一切自有打算，家中不必挂念。今天我写信很多，又是冯、李诸君出场的日子，实在没有一点闲暇，所以没有用楷书写信禀告堂上，求弟弟代我告知堂上大人。澄弟在料理家事的余闲，要时刻看看《五种遗规》。植弟、洪弟只管勤奋读书，不必管家事。

兄国藩书
道光二十六年三月初十日

不可占人便益

不肯轻受人惠，情愿人占我的便益，断不肯我占人的便益。以后凡事不可占人半点便益，不可轻取人财。切记切记！

【原文】

澄侯、子植、季洪三弟足下：

自四月二十七日得大考谕旨以后，二十九日发家信，五月十八又发一信，二十九又发一信，六月十八又发一信，不审俱收到否？二十五日接到澄弟六月一日所发信，具悉一切，欣慰之至。

发卷所走各家，一半系余旧友，惟屡次扰人，心殊不安。我自从己亥年在外把戏，至今以为恨事。将来万一作外官，或督抚，或学政，从前施情于我者，或数百，或数千，皆钓饵也。渠若到任上来，不应则失之刻薄，应之则施一报十，尚不足满其欲。故兄自庚子到京以来，于今八年，不肯轻受人惠，情愿人占我的便益，断不肯我占人的便益。将来若作外官，京城以内无责报于我者。澄弟在京年余，亦得略见其概矣。此次澄弟所受各家之情，成事不说。以后凡事不可占人半点便益，不可轻取人财。切记切记！

彭十九家姻事，兄意彭家发泄将尽，不能久于蕴蓄，此时以女对渠家，亦若从前之以蕙妹定王家也。目前非不华丽，而十年之外，局面亦必一变，澄弟一男二女，不知何以急急订婚若此？岂少缓须臾，即恐无亲家耶？贤弟行事，多躁而少静，以后尚期三思。儿女姻缘前生注定，我不敢阻，亦不敢劝，但嘱贤弟少安毋躁而已。

成忍斋府学教授系正七品，封赠一代，敕命二轴。朱心泉县学教谕系正八品，仅封本身，父母则无封。心翁之父母乃貤封也。家中现有《缙绅》，何不一翻阅？

牧云一等，汪三入学，皆为可喜。啸山教习，容当托曹西垣一查。

京寓中大小平安。纪泽读书已至"宗族称孝焉"，大女儿读书已至"吾十有五"。前三月买驴子一头，顷赵炳堃又送一头，二品本应坐绿呢车，兄一切向来俭朴，故仍坐蓝呢车。寓中用度比前较大，每年进项亦较多（每年俸银三百两、饭银一百两）。其他外间进项尚与从前相似。同乡诸人皆如旧，李竹屋在苏寄信来，立夫先生许以教馆。余不一一。

兄国藩草
道光二十七年六月二十七日

【译文】

澄侯、子植、季洪三弟足下：

自四月二十七日接到大考谕旨以后，二十九日发一家信，五月十八日又发一信，二十九日又发一信，六月十八日再发一信，不知都收到没有？二十五日到澄弟六月一日所发的信，详细知道一切情况，欣慰之至！

发卷所走的各家，一半是我的旧友，只是屡次打扰别人，心里很不安。我自从己亥年在外游荡，至今仍觉得遗憾。将来万一做了地方上的官，或督抚，或学政，从前对我有过恩惠的人，或送过几百银钱，或送过几千银钱，当年所作所为都成了垂钓的诱饵。他若到我任所来，不答应他要办的事则失之刻薄，答应了则施一报十，还不足以满足这些人的欲望。所以我自庚子年到京城以来，至今八年，不肯轻易得人好处，情愿让人占我的便宜，断不肯我占人的便宜。将来如果做了地方上的官，京城以内没有能指望我报答的人。澄弟在京待了一年多，也都基本看见了。这一次澄弟所欠各家的情，既成事实，且不去说它了。以后凡事不可占人半点便宜，不可轻取人家的钱财。切记切记。

彭十九家提及联姻之事，兄长的意思彭家家运已到尽头，不可能长久了，这个时候，把女儿许配他家，也好比以前把蕙妹许配王家一样。眼前，他家也不是不华丽，但十年之后，这种局面一定会变化，澄弟只有一男二女，不知道为什么要这么急急忙忙订婚？难道稍微迟一刻，就找不到亲家？贤弟做事，毛躁不冷静，以后遇事都要三思而行。儿女姻缘，前生注定，我不敢阻止，也不敢劝说，不过嘱咐贤弟稍安勿躁罢了。

成忍斋府学教授系正七品，封赠一代，皇上敕命二轴。朱心泉任县学教谕系正八品，不过只是封他本人，父母没有得到诰封。心翁的父母是貤封。家中现有《缙绅》，为什么不看一看呢？

　　牧云考试列一等，汪三也已经入学了，这些事情都是让人高兴的。至于啸山教习一职，待我委托曹西垣查一查。

　　京城家中大小平安。纪泽读书已读到"宗族称孝焉"章，大女儿读书已读到"吾十有五"章。三个月前买了一头驴子，不久赵炳堃又送了一头。二品官本来应该坐绿呢车，我向来一切简朴，故仍坐蓝呢车。家中花销比以前要多，每年的收入也多些（每年俸银三百两，饭银一百两）。其他外头的收入还与以前差不多。

　　同乡人都照旧，李竹屋在苏州寄来了信，说宋立夫先生答应他在教馆任职。其余不一一写了。

兄国藩书

道光二十七年六月二十七日

非道义可得者，不可轻易接受

若非道义可得者，则不可轻易受此。要做好人，第一要在此处下手，能令鬼服神钦，则自然识日进，气日刚；否则，不觉堕入卑污一流，必有被人看不起之日，不可不慎！

【原文】

澄侯、温甫、子植、季洪四弟足下：

正月初六日接到家信三函：一系十一月初三所发，有父亲手谕，温弟代书者；一系十一月十八所发，亦父亲手谕，植弟人书者；一系十二月初三澄弟在县城所发一书，甚为详明，使游子在外，巨细了然。

庙山上金叔不知为何事而可取腾七之数？若非道义可得者，则不可轻易受此。要做好人，第一要在此处下手，能令鬼服神钦，则自然识日进，气日刚；否则，不觉堕入卑污一流，必有被人看不起之日，不可不慎！诸弟现处极好之时，家事有我一人担当，正当做个光明磊落、神钦鬼服之人。名声既出，信义既著，随便答言，无事不成，不必爱此小便宜也。

父亲两次手谕，皆不欲予乞假归家。而予之意，甚思日侍父母之侧，不得不为迎养之计。去冬家书，曾以归省、迎养二事与诸弟相商。今父亲手示，既不许归省，则迎养之计更不可缓。所难者，堂上有四位老人。若专迎父母而不迎叔父母，不特予心中不安，即父母心中亦必不安；若四位并迎，则叔母病未全好，远道跋涉尤艰。予意欲于今年八月初旬迎父亲、母亲、叔父三位老人来京，留叔母在家，诸弟妇细心伺候。明年正月元宵节后，即送叔父回南，我得与叔父相聚数月，则我之心安；父母得与叔父同行数千里到京，则父母之心安；叔母在家半年，专雇一人服侍，诸弟妇又细心奉养，则叔亦可放心；叔父在家抑郁数十年，今出外潇洒半年，又得观京师之壮丽，又得与侄儿、侄妇、侄孙团聚，则叔父亦可快畅。在家坐轿至湘潭，澄侯先至潭雇定好船，伺候老人开船后，澄弟即可回家。船至汉口，予遣荆七在汉口迎接。由汉口坐三乘轿子到京，行李婢仆，则用小车，甚为易办。求诸弟细商堂上老人，春间即赐回信。至要至要。

李泽显、李英灿进京，余必加意庇护。八斗冲地，望绘图与我看。诸弟自侍病至葬事，十分劳苦，我不克帮，心甚歉愧。

京师大小平安。皇太后大丧已于正月七日、二十七日满，脱去孝衣。初八日系祖父冥诞，我作文致祭。即于是日亦脱白孝，以后照常当差。

心中万绪，不及尽书，统容续布。

兄国藩手草
道光三十年正月初九日

【译文】

澄侯、温甫、子植、季洪四弟足下：

正月初六接到三封家信：一是十一月三日所发出，有父亲手谕，是温弟代写的；一是十一月十八日所发出，有父亲手谕，是植弟代写的；一是十二月三日澄弟在县城所发出的一封信，很详细明白，使游子在外面，大事小事全清楚了。

庙山上的金叔不知为了什么事取腾七的钱，如果不是合乎道义的，就不能轻易接受。要想做好人，第一就在这里下手，能让鬼神钦服，那么见识自然会日日长进，志气会天天刚强；否则，就会不自觉地堕落到卑污一流，必定有被人看不起的那天，不能不慎重！兄弟们现在处于很好的时机，家事有我一人承担，正应该做一个光明磊落、鬼神钦服的人；名声一旦传了出去，信义一经确立，随便说一句，无事不成，不必贪占这些小便宜。

父亲的两封亲笔信，都不让我请假回家。而我的意见，很想天天在父母身旁服侍，不得不做迎接奉养父母的计划。去年冬天的家信，曾与诸弟商量归省、迎养两事。现在接父亲手示，既然不许归家探望，那么迎养的事更加不能延缓。为难的地方是，堂上有四位老人。如果专门接父母而不接叔父母，不但我心中不安，就是父母心中也不安；如果四位并迎，又考虑叔母病还没有全好，远道跋涉尤其艰难。我的意思是想在今年八月上旬接父亲、母亲、叔父三位老人来京城，留叔母在家，各位弟妹细心伺候。明年正月元宵节后，立即送叔父回南方，我得以与叔父相聚几个月，那么我也会心安；父母能与叔父同行几千里到京城，那么父母心安；叔母在家半年，专门请一人服侍，各弟妹又细心奉养，那么叔父也可以放心；叔父在家抑郁几十年，现在出来潇洒半年，又可以观看京师的壮丽，又能与侄儿、侄儿媳妇、侄孙团聚，那么叔父也可畅快。在家乡坐轿子到湘潭，澄侯先到湘潭雇好船，伺候到开船了老人走后，澄弟就可回家。船到汉口，我派荆七在汉口迎接。从汉口坐三乘轿子到京城，行李婢仆就用小车，很容易办。求兄弟们与堂上老人仔细商议，春天就请回信。至要至要。

李泽显、李英灿进京，我一定用心庇护。八斗冲地，希望画图给我看。诸弟从服侍病人到葬事，十分劳苦，我不能有所帮助，内心十分歉疚、惭愧。

京中大小平安。皇太后大丧从正月七日到二十七日结束，脱去孝衣。八日是祖父冥诞，我作文致祭。就在这天也脱下白孝，以后照常当差。

心中千头万绪，来不及全写完，都等以后续述。

兄国藩手书
道光三十年正月初九日

与人不合，办事多不能成

余近来因肝气太燥，动与人多所不合，所以办事多不能成。
军中多一人不见其益，家中少一人则见其损。

【原文】

澄侯、温甫、子植、季洪四弟足下：

昨寄去一函，谅已收到。十五日接父大人手谕，敬知一切。

兄每日黎明看操，现已阅看四日，专看戈什哈及亲兵二种。然有所表率，他营亦将兴起。

父大人命招湘乡之原水手，赶紧前赴鄂省下游。此时所患者，水手易添，船只难办。不特衡州新造之船难以遽就，即在省之船经屡次风波屡次战阵后，亦多有损坏者，修整难以遽毕。且广西水勇、广东水兵皆于五月可到，不得不少为等候，整顿成军稍有把握，然后扬帆东下。

余近来因肝气太燥，动与人多所不合，所以办事多不能成。澄弟近日肝气尤旺，不能为我解事，反为我添许多唇舌争端。军中多一人不见其益，家中少一人则见其损。澄侯及诸弟以后尽可不来营，但在家中教训后辈，半耕半读，未明而起，同习劳苦，不习骄佚，则所以保家门而免劫数者，可以人力主之，望诸弟慎之又慎也。

咸丰四年四月十六夜，国藩书于长沙妙高峰

【译文】

澄侯、温甫、子植、季洪四弟足下：

昨日寄去一封信，估计已收到。十五日接到父亲大人亲手写的信，知道了一切情况。

　　为兄每日黎明看士兵操练，现已阅看四日，专看戈什哈及亲兵二种。我作出了表率，其他营也将兴起。

　　父亲大人命我招募湘乡原来的水手，以便赶紧前赴鄂省下游战场。现在所忧虑的是：水手容易增添，船只难以置办。不但衡州新造的船只难以马上速就，就是在省城的船只经过屡次风波和屡次战阵后，也多有损坏的，难以马上修整好。况且广西水勇、广东水兵都在五月可到，因此我不得不稍稍等候整理成军，等有些把握时，然后扬帆东下。

　　我近来因为肝气太燥，动不动就和别人合不来，所以办事也多不能成功。澄弟近日肝气尤其旺盛，不能帮我解决事务，反而给我增添许多唇舌争端。军中多一人，看不到益处，家中少一人则立刻见损失。澄弟及诸弟以后尽可不到营中来，只在家中教训后辈半耕半读，天未明就起床，一同熟习劳苦，不学骄逸，这样就能保住家门而免于劫难，这是用人的力量来主宰，希望诸弟慎之又慎。

　　　　　　　　　　　咸丰四年四月十六夜，国藩书于长沙妙高峰

用人之道：奖之以好言

贵在奖之以好言，优之以禀给，见一善者则痛誉之，见一不善者则浑藏而不露一字，久久善者劝，而不善者亦潜移而默转矣。

【原文】

沅甫九弟左右：

二十四日专人至，接来件，知接战获胜。水师虽未甚如意，然已夺船数号，亦尚可用。水师自近日以来法制大备，然其要全在得人。若不得好哨好勇，往往以利器资寇。弟处以全副精神注陆路，以后不必兼筹水师可也。

用绅士不比用官，彼本无任事之责，又有避嫌之念，谁肯挺身出力以急公者？贵在奖之以好言，优之以禀给，见一善者则痛誉之，见一不善者则浑藏而不露一字，久久善者劝，而不善者亦潜移而默转矣。吾弟初出办事，而遂扬绅士之短，且以周梧冈之阅历精明为可佩，是大失用绅士之道也，戒之慎之。

余近发目疾，不能作字，率布数行，惟心照。

兄国藩手草
咸丰七年正月二十六日

【译文】

沅甫九弟左右：

二十四日你派的专人已到，接来信，知道你出战获胜。水师虽然不十分满意，可是已经缴获船只多艘，也还可以使用。水师自近日以来，法令制度齐备，然而要打胜仗全在得人心。如果得不到好哨兵好勇士，往往会把最好的武器送给敌寇。你应当把全部精力用在陆路，以后不必兼筹水师了。

用绅士不比用官，他们没有担当国事的责任，又有逃避嫌疑的念头，谁肯挺身出力来为国家着想？对这些绅士贵在以好言夸奖他们，用粮饷来优抚他们，见到一个友善的则狠狠地赞誉他一番，见到一个不友善的，千万要忍着不说一字。久而久之经友善者劝说，不善者亦会受到潜移默化的影响而转变的。你初出办事就揭绅士的短处，并且认为周梧冈的阅历精明是可佩服的，这远离了起用绅士的方法，要戒之慎之。

　　我近日得了眼疾，不能多写字，草写几行，唯心照。

兄国藩手书
咸丰七年正月二十六日

人以巧诈来，我以诚愚应

纵人以巧诈来，我仍以浑含应之，以诚愚应之，久之，则人之意也消。若勾心斗角，相迎相距，则报复无已时耳。

打仗不慌不忙，先求稳当，次求变化；办事无声无臭，既要精到，又要简捷。

【原文】

沅甫九弟左右：

十二月二十八日接弟二十一日手书，欣悉一切。

临江已复，吉安之克实意中事。克吉之后，弟或带中营围攻抚州，听候江抚调度；或率师随迪庵北剿皖省，均无不可，届时再行相机商酌。此事我为其始，弟善其终，补我之阙，成父之志，是在贤弟竭力而行之，无为遽怀归志也。

弟书自谓是笃实一路人，吾自信亦笃实人，只为阅历世途，饱更事变，略参些机权作用，把自家学坏了。实则作用万不如人，徒惹人笑，教人怀恨，何益之有？近日忧居猛省，一味向平实处用心，将自家笃实的本质还我真面、复我固有。贤弟此刻在外，亦急须将笃实复还，万不可走入机巧一路，日趋日下也。纵人以巧诈来，我仍以浑含应之，以诚愚应之，久之，则人之意也消。若勾心斗角，相迎相距，则报复无已时耳。

至于强毅之气，决不可无，然强毅与刚愎有别。古语云：自胜之谓强。曰强制，曰强恕，曰强为善，皆自胜之义也。如不惯早起，而强之未明即起；不贯庄敬，而强之坐尸立斋；不惯劳苦，而强之与士卒同甘苦，强之勤劳不倦：是即强也。不惯有恒，而强之贞恒，即毅也。舍此而求以客气胜人，是刚愎而已矣。二者相似，而其流相去霄壤，不可不察，不可不谨。

李云麟气强识高，诚为伟器，微嫌辩论过易，弟可令其即日来家，与兄畅叙一切。

兄身体如常，惟中怀郁郁，恒不甚舒畅，夜间多不成寐，拟请刘镜湖三爷来此，一为诊视。闻弟到营后体气大好，极慰极慰。九弟媳近亦平善。元旦至新宅拜年，叔父、六弟亦来新宅。余与澄弟等初二至白玉堂，初三请本房来新宅。任尊家酬完龙愿三日，因五婶脚痛所许，初四即散，仅至女家及攸宝庵，并未烦动本房。温弟与迪庵联姻，大约正月定庚。科四前耍包铳药之纸，微伤其手，现已痊愈。邓先生订十八入馆。葛先生拟十六去接。甲三姻事拟对筱房之季女，现尚未定。三女对罗山次子，则已定矣。

刘詹岩先生（绎）得一见否？为我极道歉忱。黄莘翁之家属近况何如？苟有可为力之处，弟为我多方照拂之。渠为劝捐之事怄气不少，吃亏颇多也。

母亲之坟，今年当觅一善地改葬。惟兄脚力太弱，而地师又无一可信者，难以下手耳。

余不一一。顺问近好。诸惟心照。

国藩手具
咸丰八年正月初四夜

再，带勇总以能打仗为第一义。现在久顿坚城之下，无仗可打，亦是闷事。如可移扎水东，当有一二大仗开。弟营之勇，锐气有余，沉毅不足，气浮而不敛，兵家之所忌也，尚祈细察。偶作一对联箴弟云：打仗不慌不忙，先求稳当，次求变化；办事无声无臭，既要精到，又要简捷。贤弟若能行此数语，则为阿兄争气多矣。

国藩又行

【译文】

沅甫九弟左右：

我于十二月二十八日收到了九弟写于二十一日的亲笔信，从信中欣然得知一切。

既然临江已收复，那吉安的攻克实在是意料之中的事。待攻克吉安之后，弟弟要么带领中营围攻抚州，听候江西巡抚的调度；要么率领部队跟随迪庵继续向北，清剿安徽境内的敌军，两者皆可，到时再视具体情况相机商酌。此事由我开始，而由弟弟圆满地完成，弥补了我的缺憾，也完成父亲的遗愿，这些都是贤弟尽力而为的功劳，暂时万万不要有归退乡里的打算。

弟弟在信中自称是老实人，而我也自认为自己是老实人。不过因世事阅历渐多，经历了许多事情的变化，所以才掺杂了一些机谋权变的想法，使自己学坏了。其实在这方面还远不如人，只会惹人笑话，教人心中怀恨，这样做能有什么好处？近日忧居数日，胸中思虑后猛然醒悟，平时须一味向平实处努力，还原自己的本质，显出本来真实的面目，恢复固有的老实性情。贤弟此时在外，也急需复还老实的本性，千万不可在投机取巧的道路上，越走越远。即使平日有人以巧诈对我，我仍以浑含应对，以诚愚应付，久而久之，别人自然会改变耍诈的无理态度。如果整日互相勾心斗角，尔虞我诈，人与人之间将是无止无休地相互报复和倾轧。

至于强毅之气，却是绝对不能缺少的，不过这里所说的强毅与刚愎不同。古语说：自胜之谓强。强能克制，强能宽恕，强能行善，都是自己战胜自己。如不习惯早起，而强制自己天未亮便立即起床；不习惯庄重尊敬，而强制自己参与祭祀仪式；不习惯劳苦，而强制自己与士兵同甘共苦、勤劳不倦，这就是强。不习惯坚持做某件事情，而强制自己必须持之以恒，这就是毅。如果舍弃以上的做法，而力求以气势胜人，则是刚愎而已。二者虽然看似有相同之处，实则有天壤之别，不可不细分清楚，不可不小心谨慎。

李云麟气强识高，是个非同寻常之人，只是说话信口开河，没有分寸。弟弟可让其即日来家，与兄详细商谈有关事宜。

兄近来身体一如往常，唯心中觉得积郁，烦闷不舒心，而且总是失眠，难以入睡，日前打算请刘镜湖三爷来此诊视。听说弟弟抵达军营之后，身体很是康健，真是让人欣慰。九弟妹近日平安无事，大可放心。元旦期间依次至新宅拜年，叔父、六弟也一同到此。我与澄弟等初二到白玉堂，初三请本房来新宅。之后，任尊家又还了因五婶脚痛所许的三日龙愿，初四即各自散去，后来仅到女家及攸宝庵，并没有烦动本房。温弟与迪庵联姻之事，大约可于正月定下来。科四前些天因玩包枪药的纸，手受了轻伤，现已痊愈。邓先生订于十八日入馆，葛先生准备十六日去接。甲三的婚事，打算娶筱房的小女，目前尚未说定。三女要嫁罗山次子，已定。

不知能否见到刘詹岩先生？若有幸见到他，一定要代我极力道歉。黄莘翁的家属近来生活还好吗？倘若他的家人有困难之处，务必代我多加照顾。因为他为劝捐之事怨气很深，吃了很大的亏。

今年应当为母亲之坟另找一块好地改葬，只是为兄近来身体太弱，又没有可信赖的风水先生，难以办理。

其余不一一写了，顺问近好，彼此心照不宣。

国藩手书

咸丰八年正月初四夜

另外，带兵总是以能打仗为第一要义。现在弟所带之兵长期固守坚城之下，久不参战，也是闷事。如果可能的话，可移兵驻扎水东，或许有一两次大仗可打。弟这支军队的勇锐之气有余，但沉毅之气不足，作战时往往心浮气躁，这乃是兵家大忌，希望弟弟治军时能够多多注意此事。偶作一对联劝诫贤弟："打仗不慌不忙，先求稳当，次求变化；办事无声无息，既要精到，又要简捷。"贤弟若能认真照此对联行事，行军打仗定会战无不胜，为阿兄多多争气。

国藩又书

不可动辄笑人之鄙陋

子弟不可学大家口吻，动辄笑人之鄙陋，笑人之寒村，日习于骄纵而不自知。

【原文】

澄侯四弟左右：

前寄一缄，想已入览。近日江浙军事大变，自闰月十六日金陵大营溃败，退守镇江，旋退保丹阳。二十九日丹阳失守，张国梁阵亡。四月初五日和雨亭将军、何根云制军退至苏州。初十日无锡失守，十三日苏州失守。目下浙江危急之至，孤城新复，无兵无饷，又无军火器械，贼若再至，亦难固守。

东南大局一旦瓦裂，皖北各军必有分援江浙之命，非胡润帅移督两江，即余往视师苏州。二者苟有其一，则目下此间三路进兵之局不能不变。抽兵以援江浙，又恐顾此而失彼。贼若得志于江浙，则江西之患亦近在眉睫。吾意劝湖南将能办之兵力出至江西，助防江西之北界，免致江西糜烂后，湖南专防东界，则劳费多而无及矣，不知湖南以吾言为然否？

左季高在余营住二十余日，昨已归去。渠尚肯顾大局，但与江西积怨颇深，恐不愿帮助耳。沅弟季弟新围安庆，正得机得势之际，不肯舍此而它适。余则听天由命，或皖北，或江南，无所不可，死生早已置之度外，但求临死之际，寸心无所悔恨，斯为大幸。

家中之事，望贤弟力为主持，切不可日趋于奢华。子弟不可学大家口吻，动辄笑人之鄙陋，笑人之寒村，日习于骄纵而不自知。至戒至嘱！余本思将"书、蔬、鱼、猪、早、扫、考、宝"八字作一寿屏，为贤弟夫妇贺生，日内匆匆，尚未作就。兹先寄燕菜一匣，秋罗一匹，为弟中外称庆。其寿屏亦准于五月续寄也。又寄去银五十两，袍褂料一套，为甲五侄新婚贺仪。嗣后诸侄皆照此样，余去年寄内人信已详之矣。弟身体全好否？两足流星落地否？余目疾近日略好。有言早洗面水泡洗二刻即效，比试行之。诸请放心。

即问近好，并祝中外大寿。

咸丰十年四月二十四日

【译文】

澄侯四弟左右：

前几天寄去一信，想已看到。近来江浙地区军情大变，自闰月十六日金陵大营溃退到镇江，接着又退守丹阳。二十九日丹阳失守，张国梁阵亡。四月初五和雨亭将军、何根云制军退到苏州。初十无锡失守，十三日苏州失守。眼下浙江危急，孤城刚刚收复，无兵无饷，无军火器械，敌军如果再来进攻，也难固守。

东南形势一旦瓦解，皖北各军必然要分兵援救江浙，不是胡润帅移督两江，就是我前往苏州统军。如果二者必择其一，那么目前这里三路进兵的计划就不能不改变。抽调兵力援救江浙，又恐怕顾此失彼。敌军如果在江浙得势，那么江西的战乱也就迫在眉睫了。我的意见是劝湖南将能调动的兵力派到江西，协助江西防守北界，以免江西失陷后湖南再全力防守东界，那样不但花费多而且也来不及了，不知道湖南方面是否同意我的意见？

左季高在我营中住了二十多天，昨天已经回去。他还是肯顾全大局的，只是与江西积怨太深，恐怕不愿帮助。沅弟、季弟最近包围了安庆，正是得势之时，也不肯舍此而向其他方面行动。我则听天由命，或在皖北，或在江南，无所不可，生死早已置之度外，只求临死之时，问心无愧，就是大幸。

家中事务，望贤弟尽力主持，千万不要越来越奢华。子弟们不要学名门大族的口气，动不动就笑话人家鄙陋，越来越骄纵而无自知之明。至戒至嘱！我本来想将"书、蔬、鱼、猪、早、扫、考、宝"八字作一寿屏为贤弟夫妇贺生日，但近日忙乱，还未作成。现先寄去燕菜一匣、秋罗一匹，为弟庆贺生日。寿屏也准时在五月续寄。还寄去银子五十两、袍褂料子一套，作为甲五侄儿的新婚贺礼。以后诸侄都以此为例，我去年给内人的信已详细说过了。你的身体是否痊愈？两只脚是否还像过去如流星一样奔走不停？我的眼病近些天略好些。听说早上洗脸时用水泡上二刻钟很有效，我准备试一试。大家请放心。

即问近好，并祝中外大寿。

咸丰十年四月二十四日

观人之法：
有操守无官气、多条理少大言

> 引用一班能耐劳苦之正人，日久自有大效，无以"不敢冒奏"四字塞责。

【原文】

沅弟、季弟左右：

初七日接沅弟初三日信、季弟初二日信，旋又接沅弟初四日信。所应复者，条列如左：

辅卿而外，又荐意卿、柳南二人，甚好。柳南之笃慎，余深知之。意卿亮亦不凡。余告筱辅观人之法，以"有操守而无官气、多条理而少大言"为主。又嘱其求润帅、左、郭及沅荐人。以后两弟如有所见，随时推荐，将其人长处短处，一一告知阿兄，或告筱荃，尤以习劳苦为办事之本。引用一班能耐劳苦之正人，日久自有大效，无以"不敢冒奏"四字塞责。

季弟言："出色之人断非有心所能做得。"此语确不可易。名位大小，万般由命不由人，特父兄之教家、将帅之训士不能如此立言耳。季弟天分绝高，见道甚早，可喜可爱。然办理营中小事，教训弁勇，仍宜以勤字做主，不宜以命字谕众。

润帅先几陈奏以释群疑之说，亦有函来余处矣。昨奉六月二十四日谕旨，实授两江总督，兼授钦差大臣。恩眷方渥，尽可不必陈明。所虑者，苏、常、淮、扬无一枝劲兵前往。位高非福，恐徒为物议之张本耳。余好出汗，沅弟亦好出汗，似不宜过劳，宜常服密耆。京茸已到，日内专人送去。

咸丰十年七月初八日

【译文】

沅弟、季弟左右：

初七接到沅弟写于初三的一封信和季弟写于初二的一封信，紧接着又收到了沅弟写于初四的一封信，其中所应该答复的，都列在下面：

你们在辅卿之外，又推荐了意卿、柳南二人，很好。柳南笃实谨慎，我很了解，意卿看来也不同凡响。我告诉筱荃观察人的方法，主要是爱憎分明，有原则而没有官气，办事有条理而不是口出狂言。又让他求润帅（胡林翼）、左（左宗棠）、郭（郭嵩焘）和沅弟推荐人。以后你如见到符合这个条件的人才，随时推荐给我。推荐时要把这个人的长处短处，一一告诉我，或告诉筱荃。能耐劳苦是办事的根本条件，用一些能耐劳苦的正直人，日子久了自然可以看见大的效果，不要以"不敢冒奏"四个字来搪塞。

季弟说："出色的人，绝不是只要有心就能做得到。"这话确实是不可改易的大道理。名位的大小，都是由天命而不由人定的。可是做父兄的教育家里的人，做将帅的教训官兵，可不能这样说。你的天分绝高，看透这个道理很早，非常叫人高兴。可是，你在办理军营中的事务时，教训下面的官兵，仍然要以劝导为主，不适宜以命令口吻来训谕大家。

润帅几次陈奏以释大家疑团的说法，也有信到我这里。昨天接到六月二十四日谕旨，派我任两江总督，兼任钦差大臣。皇上的恩典如此厚重，尽可以不必陈明。我忧虑的是，苏、常、淮、扬一带，没有一支强有力的部队前往。地位高了可不是件好事，只怕是要白白招致许多非议罢了。我爱出汗，沅弟也是这样，似乎不适宜过分劳累，最好经常服用蜜芪。京茸已经运到，我会尽快派专人送去。

咸丰十年七月初八日

负人不惮改过

余生平于朋友中，负人甚少，惟负次青实甚。两弟为我设法，有可挽回之处，余不惮改过也。

【原文】

沅、季弟左右：

湖南之米昂贵异常，东征局无米解来，安庆又苦于碾碓无多，每日不能舂出三百石，不足以应诸路之求。每月解子药各三万斤，不能再多，望弟量入为出，少操几次，以省火药为嘱。

扎营图阅悉。得几场大雨，吟、昆等营必日松矣。处处皆系两层，前层拒城贼，后层防援贼，当可稳固无虞。少泉代买之洋枪，今日交到一单，待物到即解弟处，洋物机括太灵多不耐久，宜慎用之。

次青之事，弟所进箴规，极是极是，吾过矣！吾过矣！吾因郑魁士享当世大名，去年袁、翁两处及京师台谏尚累疏保郑为名将，以为不妨与李并举，又有郑罪重李情轻，暨王锐意招之等语，以为比前折略轻。逮拜折之后，通首读来，实使次青难堪。今弟指出，余益觉大负次青，愧悔无地。余生平于朋友中，负人甚少，惟负次青实甚。两弟为我设法，有可挽回之处，余不惮改过也。

同治元年六月初二日

【译文】

沅弟、季弟左右：

湖南的米价，近日昂贵异常，为东征供应的米粮已经很久没有解送来营，再加上安庆没有足够的碾碓，每天舂米不过三百石而已，根本不足以供应各路官兵的需求。目前每月最多解送子弹、火药各三万斤，不能超出这个范围，希望弟弟量入为出，尽量少操演几次，以节省火药。

扎营地图我已看过，下几场大雨，吟、昆等营的防守定会日渐松懈。现在到处都是两层抵御，前一层是抵抗城里敌人，后一层是防御支援的敌人，如此应当比较稳固，暂时不会有太大危险。少泉代买的洋枪，今天收到一个单子，等货到了马上解送弟弟营中，洋枪机括太灵，多数达不到经久耐用的要求，告诫士兵们要慎用。

关于次青的事，弟弟的规劝说得很有道理，确实是我的过失！是我的过失！我因为郑魁士享当世大名，去年袁、翁两处，以及京城台谏，还多次上疏保郑为名将，认为失守的事是与郑李两人同罪的，再者，郑罪重、李情轻，及皇上锐意招之这些话，以为比前面的奏折分量减轻了。等到拜读了奏折以后，才发现通篇文字，实在让次青过于难堪。现在弟弟指出来，我更感觉对次青很是有愧，实在愧疚，无地自容！我生平与朋友相处，负人之处很少，但这次实在有负于次青，而且负欠的很多。希望两弟尽力为我想办法，只要能够挽回，我一定勇于改过。

同治元年六月初二日

坚忍、言明、不贪乃选将之要

大约选将，以打仗坚忍为第一义，而说话宜有条理，利心不可太浓，两者亦第二义也。

【原文】

沅弟左右：

张胜禄竟以微伤殒命，可惜可痛。余昔年恸塔智亭之殁，失一威望之将；悼毕印侯之逝。失一骁悍之将。张声扬虽不如塔，似已远过于毕。一军之中，得此等人，千难万难。灵柩槎过安庆时，余当下河祭奠，赙恤其家。

李臣典果足为继起之贤否？凌有和、崔文田、李金洲三人，余俱不甚熟。大约选将，以打仗坚忍为第一义，而说话宜有条理，利心不可太浓，两者亦第二义也。十六日之仗，崔文田等出卡在大壕外否？刘南云等亦出卡否？

洋枪与大炮、劈山炮三者比较，究竟何者群子最远？望校验见告。

弟两次抄示寄乔鹤侪信，多影响之谈。淮盐向以江督为主。江督犹东，运司犹佃也。弟欲从盐中设法生财，不谋之于我，而谋之于乔，何也？

盐务利弊，万言难尽，然扼要亦不过数语。太平之世两语曰：出处防偷漏，售处防侵占。乱离之世两语曰：暗贩抽散厘，明贩收总税。

何谓出处防偷漏？盐出于海滨场灶，商贩赴场买盐，每斤完盐价二三文，交灶丁收；纳官课五六文，交院司收。其有专完灶丁之盐价，不纳院司之官课者，谓之私盐，即偷漏也。

何谓售处防侵占？如两湖、江西，均系应销淮盐之引地，主持淮政者，即须霸住三省之地，只许民食淮盐，不许鄂民食川私、湘民食粤私、江民食闽私，亦不许川粤闽各贩侵我淮地，此所谓防侵占也。

何谓暗贩抽散厘？军兴以来，细民在下游贩盐，经过贼中金陵、安庆等处，售于上游华阳、吴城、武穴等处，无引无票无照，是为暗贩。无论贼卡官卡，到处完厘，是谓抽散厘也。

何谓明贩收总税？去年官帅给票与商人"和意诚"号，本年乔公给票与商人"和骏发"号，目下余亦给票与"和骏发"，皆令其在泰州运盐，在运司纳课，用洋船拖过九洑洲，在于上游售卖。售于湖北者，在安庆收税，每斤十文半，在武昌收九文半。售于江西者，在安庆每斤收十四文，在吴城收八文。此所谓明贩收总税也。

弟前令刘履祥在大通开官盐店，小屯小卖，是暗贩之行径。今欲令二三商人赴乔公处领盐，驶上行销，是明贩之行径。若使照"和意诚""和骏发"之例，概不完厘，则有益于弟，有损于兄，殊不足以服众。

本年四月，刘履祥在下游运盐数船驶上，亦用洋船拖过贼境，被获港卡员王寿祺拦住。刘履祥寄函与王，请完厘释放，厥后过盐河，华阳，竟未完厘。此事人多不服，余亦恶之，拟即将刘履祥撤去，并将大通官盐店拆毁，盖所得无多，徒坏我名声，乱我纪纲也。弟亦不必与乔公谋盐，弟以后专管军事，莫管饷事可也。

同治元年六月二十三日

【译文】

沅弟左右：

　　张胜禄竟然因为轻伤而失去了性命，让人觉得可惜、心痛。我往年对塔智亭的去世感到悲痛，损失了一员有威望的大将，又哀悼毕印侯的去世，损失了一员骁悍的大将。张的声望虽然比不上塔，似乎已远远超过毕。一支队伍中，能有这样的人才很不易。灵柩过安庆时，我要到河中祭奠，厚厚抚恤他的家人。

　　李臣典当真完全能成为后起的贤才吗？凌有和、崔文田、李金洲三个人，我都不很熟。大概选择将才，以打仗坚忍为第一个条件，说话要有条理，私心不能太重，两者都是第二个条件。十六日那一仗，崔文田等人是不是冲出哨卡在大壕外面？刘南云等人是不是也冲出了哨卡在大壕外面？

　　洋枪和大炮、劈山炮，三种武器相比较，到底哪种的子弹射程最远？希望校正实验后告诉我。

弟两次抄乔鹤侪的信寄给我看，多数说法是无中生有。淮盐向来以江督为主。江督好比东家，运司好比佃户。弟要想从盐务中想办法生财，不找我想办法，而找乔鹤侪想办法，这是为什么？

盐务的好处与坏处，千言万语也难说以清楚，但要点也不过几句话。太平盛世时是两句话：出处防偷漏，售处防侵占。动荡之世也有两句话：暗贩抽散厘，明贩收总税。

什么是出处防偷漏？盐出产在海边的灶场，商贩到盐场买盐，每斤好盐的价钱是两三文钱，由灶丁收钱；纳官税五六文，交院司收。有的人交了灶丁钱而没有给院司缴纳官税，这就是所说的私盐，也就是偷漏。

什么是售处防侵占？比如湖南、湖北、江西都是应该销售淮盐的指定区域，主持淮盐政务的，就必须霸占住三省的地方，只准许百姓吃淮盐，不允许湖北民众吃四川私盐、湖南民众吃广东私盐、江西民众吃福建私盐，也不允许四川、广东、福建的盐贩子侵占我们淮盐的销售地区，这就是所说的防侵占。

什么是暗贩抽散厘？军兴以后，小民在下游贩盐，经过敌军占领的金陵、安庆等地，在上游的华阳、吴城、武穴等地方出售，没有凭证、票据、执照，叫作暗贩。无论敌人的关卡还是官方的关卡，到处完税，就是所说的抽散厘。

什么是明贩收总税？去年官帅给票号与商人"和意诚"号，今年乔公给票号与商人"和骏发"号，目前我也要给票号与"和骏发"号，都是让他在泰州运盐，在运司纳税，用洋船拖过九洑洲，好在上游售卖。在湖北销售的，在安庆收税，每斤十文半钱，在武昌收九文半钱。在江西销售的，在安庆收税每斤十四文钱，在吴城收八文钱。这就是明贩收总税。

弟前不久让刘履祥在大通开官盐店，小本经营，是暗贩的行为。现在想让两三个人去乔公那里领盐，运到上游销售，是明贩的行为。如果按照"和意诚""和骏发"的先例，也在运司纳税，也雇洋船拖过九洑洲，也在安徽和武昌交二十文税，安徽和吴城交二十二文的税，那么除此之外，获利就不多了。如果不按照"和意诚""和骏发"的先例，一律不交税，那么有益于兄弟你，却有损于为兄我，特别不足以使众人信服。

今年四月，刘履祥在下游运几船盐到上游，也用洋船拖过敌军的境内，被获港卡员王寿祺拦住。刘履祥寄信给王寿祺，请求完税后释放，后来过盐河、华阳，竟然没交税。这件事人们多不服气，我也厌恶此事，准备马上把刘履祥撤去，并把大通的官盐店拆毁，因为所得不多，白白坏我的名声，扰乱我的纲纪。弟也不用和乔公商量盐务的事情，弟以后专门管理军务，不要管军饷的事就可以了。

同治元年六月二十三日

交往总以谦谨为主

既爱其才，宜略其小节，甚是甚是。
然为兄者，总宜奖其所长，而兼规其短。

【原文】

澄弟左右：

沅弟金陵一军危险异常，伪忠王率悍贼十余万，昼夜猛扑，洋枪极多，又有西洋之落地开花炮，幸沅弟小心坚守，应可保全无虞。

鲍春霆至芜湖养病，宋国永代统宁国一军，分六营出剿，小挫一次。春霆力疾回营，凯章全军亦赶至宁国守城，虽病者极多，而鲍、张合力，此路或可保全。又闻贼于东坝抬船至宁郡诸湖之内，将图冲出大江，不知杨、彭能知之否？若水师安稳，则全局不至决裂耳。

来信言余于沅弟既爱其才，宜略其小节，甚是甚是。沅弟之才，不特吾族所少，即当世亦实不多见。然为兄者，总宜奖其所长，而兼规其短。若明知其错，而一概不说，则非特沅一人之错，而一家之错也。

吾家于本县父母官，不必力赞其贤，不可力诋其非，与之相处，宜在若远若近、不亲不疏之间。渠有庆吊，吾家必到；渠有公事，须绅士助力者，吾家不出头，亦不躲避。渠于前后任之交代，上司衙门之请托，则吾家丝毫不可与闻。弟既如此，并告子侄辈常常如此。子侄若与官相见，总以谦谨二字为主。

同治元年九月初四日

【译文】

澄弟左右：

沅弟在金陵的军队非常危险，伪忠王率领十余万人日夜进攻，他们的洋枪极多，又有西洋的落地开花炮。幸亏沅弟小心坚守，估计可以保全，也不需要太忧虑了。

鲍春霆到芜湖养病，宋国永代理统率宁国一军，分六营进攻，小败一次。春霆不顾病体，急速回营。凯章全军也赶到宁国守城，虽然病的官兵很多，而鲍、张联合作战，这一路或许可以保全。又听说敌人在东坝抬船到宁郡附近湖内，企图冲出大江，不知道杨、彭清楚不清楚？如果水师安稳，那么全局就不至于决裂。

你的来信中，谈及我对于沅弟的感情，说我既然爱他的才华，就无需过于计较他的小节，说得很有道理！沅弟的才能，不仅在我家族中罕见，在当今世上也是极少有的。然而，做兄长的，既要奖励他的长处，对他的短处也应该规劝。如果明知他错了，也不闻不问，什么也不说，那便不是沅弟一人之错，而成了一家之错了。

对于本县父母官，我家不必刻意去称赞他的贤良，也不可总是批评他的不是。与之相处，要亲疏有度，以保持若远若近、不亲不疏之间最为适宜。若有庆吊的事，我家决不缺席；若有公事，须要绅士帮助的，我家不要出头，但也无须躲避。对于前任后任的官职替换变化，上司衙门的请求委托等等，我家都不要参与其事。弟弟不仅自己要这样做，还要告诫子侄们都要遵守。若子侄与官员相见，总的来说还要以"谦谨"二字为主。

同治元年九月初四日

高明之地，唯倍增敬慎

古诗云"美服患人指，高明逼神怒"，吾兄弟皆处高明之地，此后惟倍增敬慎而已。

【原文】

沅弟左右：

十一二日连接初六、初九等日信，具悉一切。

南坡翁至弟处，吾意必盘桓终旬，何以仅住一日即行，岂议论偶有不合邪？吾十二日奏留南翁一片，措语极为平淡，不知何以上干谴责？南翁声名之坏，在浙江夷务、吉安军务之时，其在江苏州县并无所谓狼藉，而近日亦无所谓贪横。人言可畏，动彻天听。乃不发于寄云保三品卿之时，而发于余奏留之时，颇不可解。古诗云"美服患人指，高明逼神怒"，吾兄弟皆处高明之地，此后惟倍增敬慎而已。

湖熟、岔镇处处得手，高淳、东坝次第克复，广德亦有投诚之信，事机甚为顺利。而各省将帅似存意见，此中消息，恐终无灭贼之期。

皖岸盐务，即照弟所拟札刘履祥专办。惟每年四十三万二千串十八万两，必须销七万余引，殊无把握。

弟两次信称解到银钱感激涕零，措辞大为失当。万庆来此，所送之礼过厚。兄弟中无璧还之理，以后望弟莫多送，宜崇俭也。顺问近好。

兄国藩手草
同治二年十月十三日

【译文】

沅弟左右：

　　十一日、十二日连续收到初六、初九等几天的来信，尽知一切。

　　南坡翁到你那里，我想他一定要逗留几天，为什么仅仅住了一天就走了，难道是谈话偶然有不投机吗？我十二日上奏请南坡翁留下的一片奏折，措词语气极其平淡，不知怎么有那么多的谴责？南坡翁的坏名声，是在浙江对洋人的事务、在吉安处理军事事务的时候造成的。他在江苏各州县时并没有声名狼藉，而现在也不应有贪赃横气。人言可畏，能惊天动地。这件事没有发生在推荐寄云做三品官的时候，而发生在我上奏请南坡翁留下之时，实在是不可理解。古代诗中曾说："穿着漂亮鲜艳的衣服会被大家指笑，所处的位置太高太显眼就会被人指责，就是神仙在这个位置也会被逼得发怒。"咱们兄弟都处在这样的位置，从此以后只能加倍地敬重他人，慎重待人处事才行。

　　湖熟、岔镇处处得胜，高淳、东坝依次攻克，广德也有投诚的消息，事情发展非常顺利。但是各省将帅之间好像有分歧，消息如果属实，恐怕最终没有消灭敌人的日期了。

　　安徽两岸管理盐务的事情，就按照你拟定的公文由刘履祥专门办理。只是每年四十三万二千串十八万两，必须销掉七万多，实在是没有把握。

　　你两次来信声称对运去的银钱感激涕零，这种措辞非常不妥。万庆来到我这里，所送的礼物过于丰厚。兄弟间不要客气，希望你以后一定不要送得太多，应该崇尚节俭。顺问近好。

兄国藩手书
同治二年十月十三日

交友须择志趣远大者

> 择交是第一要事，须择志趣远大者。

【原文】

字谕纪鸿：

自尔还湘启行后，久未接尔来禀，殊不放心。今年天气奇热，尔在途次平安否？

余在金陵与沅叔相聚二十五日，二十日登舟还皖，体中尚适。

余与沅叔蒙恩晋封侯伯，门户太盛，深为祗惧。

尔在省以谦敬二字为主，事事请问意臣、芝生两姻叔，断不可送条子，致腾物议。十六日出闱，十七八拜客，十九日即可回家。九月初在家听榜信后，再起程来署可也。

择交是第一要事，须择志趣远大者。此嘱。

涤生手示（旧县舟次）
同治三年七月二十四日

【译文】

字谕纪鸿：

自从你起程回湖南之后，很久没有接到你的来信，心中总是放心不下。今年天气非常热，不知你一路上是否平安？

我在金陵与沅叔相聚了二十五天，二十日上船回安徽，身体还好。我与沅叔蒙受厚恩晋封了侯伯，门户太过兴盛了，心中深为恭敬惧怕。

你在省城要以"谦敬"二字为主，凡事都要请教意臣、芝生两位姻叔，千万不可送条子，招来别人的批评。你十六日出试场，十七八日去拜访客人，十九日就可回家。九月初在家听了榜上的信息后，再起程来官邸就行了。

选择朋友是人生的第一要事，务必选择志趣远大的人相交。此嘱。

涤生手示（旧县舟次）

同治三年七月二十四日

好而知其恶，恶而知其美

所贵好而知其恶，恶而知其美。

余所见将才杰出者极少，但有志气，即可予以美名而奖成之。

【原文】

字谕纪泽、纪鸿儿：

接泽儿八月十八日禀，具悉。择期九月二十日还湘。十月二十四日四女喜事，诸务想办妥矣。凡衣服首饰百物，只可照大女二女三女之例，不可再加。纪鸿于二十日送母之后，即可束装来营。自坐一轿，行李用小车，从人或车或马皆可，请沅叔派人送至罗山，余派人迎至罗山。

淮勇不足恃，余亦久闻此言，然物论悠悠，何足深信。所贵好而知其恶，恶而知其美。省三、琴轩均属有志之士，未可厚非。申夫好作识微之论，而实不能平心细察。余所见将才杰出者极少，但有志气，即可予以美名而奖成之。

余病虽已愈，而难于用心，拟于十二日续假一月，十月奏请开缺，但须沅叔无非常之举，吾乃可徐行吾志耳。否则别有波折，又须虚与委蛇也。此谕。

同治五年九月初九日

【译文】

字谕纪泽、纪鸿儿：

接到泽儿八月十八日的来信，知道了一切。你选定日子在九月二十日回湘乡，十月二十四日是四女出嫁的喜期，各种事务我想已备办停当了。大凡衣服、首饰等物，只能依照大女、二女、三女出嫁时的定例办，不要再增。纪鸿在二十日送过母亲后，就可以收拾行装来大营。自己坐一顶轿子，行李用小车搭载，跟从的人乘车骑马都行，请沅叔派人送到罗山处，我再派人到罗山那去迎接。

淮勇不能够依靠，我也早有耳闻，但人多嘴杂，哪值得相信？可贵之处在于喜好他能知其恶，厌恶他能知其美。刘省三、潘琴轩都是有志向的人才，不能过分批评。申夫好作一些洞察秋毫的议论，实际上却不能静下心来观察。我所见过的将才里面，杰出的极少，但只要有大志，就可以给他美名奖励他，成就他。

我的病虽已好，但难以用心，准备于十二日续假一个月，十月奏请去职，但必须沅弟没有不寻常的举动，我才能慢慢实现我的愿望。否则的话，另生波折，又要敷衍应付。此谕。

同治五年九月初九日

与他人交际，须省己之不是

天道忌巧，天道忌盈，天道忌贰。
即与他人交际，亦须略省己之不是。

【原文】

沅弟左右：

初四日接二十八日信，初五日又接三十夜信，具悉一切。

二十日之寄谕（令余入觐者），初二日之复奏，均于初三日交专差带去，想已收到。顷又得初一日寄谕，令回江督本任。余奏明病体不能用心阅文，不能见客多说，既不堪为星使，又岂可为江督？即日当具疏恭辞。余回任之说，系小泉疏中微露其意。兹将渠折片并来信抄寄弟，余回信亦抄阅。

弟信云"宠荣利禄利害计较甚深"，良为确论。然天下滔滔，当今疆吏中不信倚此等人，更有何人可信可倚？吾近年专以至诚待之，此次亦必以江督让之。余仍请以散员留营，或先开星使、江督二缺，而暂留协办治军亦可，乞归林泉亦非易易。

弟住家年余，值次山、筱泉皆系至好，故得优游如意。若地方大吏小有隔阂，则步步皆成荆棘。住京养病尤易招怨丛谤。余反复筹思，仍以散员留营为中下之策，此外皆下下也。

弟开罪于军机，凡有廷寄，皆不写寄弟处，概由官相转咨，亦殊可诧。若圣意于弟，则未见有薄处，弟惟诚心竭力做去。吾尝言"天道忌巧，天道忌盈，天道忌贰"，若甫在向用之际，而遽萌前却之见，是贰也。即与他人交际，亦须略省己之不是。弟向来不肯认半个错字，望力改之。顺问近好。

同治五年十一月初七日

【译文】

沅弟左右：

初四接到弟二十八日的来信，初五又接到三十夜的来信，得悉了一切情况。

二十日的寄谕（命我入朝觐见）、初二的复奏，都在初三日交由专差带去，估计应该已经收到了。刚刚又接到初一的寄谕，令我回两江总督署担任原职。我向朝廷奏明自己近来多病，无法用心阅文，更不能见客多说话，既然不能担任钦差大臣，又怎可担任两江总督呢？当日就写了奏章，推辞了这个职务。回到原任之事，在小泉的奏疏中稍有提及，现将他的折稿和来信抄寄给弟，我给他的回信也一并抄阅寄去。

弟弟在信中说"宠荣对利禄利害计较太深"，确是如此。但世上人物众多，事情也纷乱无章，当今的疆吏不信赖倚仗这样的人，还有什么人可以信赖倚仗的？我近年至诚待他，这次也必定要让他担任两江总督一职。我仍请求自己以散员的身份留在军营，或者先辞去钦差、江督二职，暂留军营协办治军也可以，但要解甲归乡就很难了。

弟在家住了一年多，适逢次山、筱泉都是好友至交，所以能够优游如意。如果地方大官与我们小有隔阂，就足以使我们阻碍丛生，寸步难行了。如果辞官住京养病，更容易招来怨恨，滋生谤议。我反复考虑仍以散员身份留在营为中下之策，其他都不是明智之举，乃下下策。

弟弟得罪了军机处，所以朝中凡有廷寄，都不写寄弟处，一概由官相转送公文于弟处，也很令人奇怪。皇上对于贤弟，也未见有减薄的表现，贤弟只要尽心竭力地做好自己的分内之事即可。我曾说过"天道忌恨伪诈，天道忌恨自满，天道忌恨不专一"，就像以前正受重用之时，即刻又萌发前却后退的想法一样，这就是"贰"了。与他人交往时，也必须反省自己不对的地方。弟向来不肯向别人认半个"错"字，希望以后能够用心改正这个毛病。顺问近好。

同治五年十一月初七日

于忍气二字加倍用功

即家中偶遇横逆之来，亦当再三隐忍，勿与计较。
吾近来在外，于忍气二字加倍用功。

【原文】

澄侯、温甫、子植、季洪足下：

凌问樵来，接澄弟信，知勇劫粮台事办有头绪，澄弟已归去矣，甚慰甚慰。

当此乱世，黑白颠倒，办事万难，贤弟宜藏深山，不宜轻出门一步。澄弟去年三月在省河告归之时，毅然决绝，吾意其戢影家园，足迹不履城市矣。此次一出，实不可解。以后务须隐遁，无论外间何事，一概不可与闻。即家中偶遇横逆之来，亦当再三隐忍，勿与计较。吾近来在外，于忍气二字加倍用功。若仗皇上天威，此事稍有了息之期，吾必杜门养疾，不愿闻官事也。

癣疾近日大发，懒于治事。自二十七日至吴城镇，迄今已满十日。罗山于二十一日克复弋阳，二十三日克复兴安，二十五六两获大胜，克复广信府城。智亭军门尚扎九江。水师前队扎南康府，李次青率陆军勇护之。后队扎吴城，均尚安吉，家中不必挂念。

莘田在营，甚为安雅，拟留二三月遣归。魏荫亭近日即当告归。余不一一，即候近好。

付去谕旨一本、奏章一本，幸好为收存。向来寄回家中之奏稿，不知收置一处否？以后望作箱存之为要，诸惟心照。

兄国藩手草
咸丰五年四月初八日

【译文】

澄侯、温甫、子植、季洪足下：

凌问樵来到这里，收到澄弟来信，知道士兵抢劫粮台的事已办理得有了头绪，澄弟已经回去了，甚慰甚慰。

在这乱世，黑白颠倒，办事很困难，贤弟应藏在深山中，不要轻易出门。澄弟去年三月在省河告归的时候，毅然决心断绝仕途，我以为澄弟会隐遁在家园，足迹不进入城市。这次出来，真不可理解。以后务必要隐遁，无论外间有什么事，一概不过问。就是家中偶然遇上蛮横无理的人，也要再三忍让，不要计较。我这些年在外面，在"忍气"两个字上加倍用功。如果仰仗皇上的天威，平乱之事稍微有了结束的头绪，我一定关门养病，不愿参与官场上的事。

癣病这几天大发作，懒于做事。从二十七日到吴城镇，至今已满十日。罗山在二十一日克复弋阳、二十三日克复兴安，二十五六日打了两次大胜仗，克复了广信府城。智亭军门还驻扎在九江。水军前队驻扎在南康府，李次青带领陆军保护着他们，后队驻扎在吴城，都算平安，家中不必挂念。

莘田在营中，十分安静、文雅，打算留两三个月再派他回去。魏荫亭这两天就要请假回去，其余不一一写了，即候近好。

寄去一本谕旨、一本奏章，希望好好保存。之前寄回家里的奏稿，不知是不是存放在一个地方？以后希望制作箱匣保存最好，彼此心照不宣。

兄国藩手书

咸丰五年四月初八日

交友切记"久而敬之"四字

"久而敬之"四字，不特处朋友为然，即凡事亦莫不然。

【原文】

沅甫九弟左右：

久未接弟安报，不知近况何如？余在兰溪发一信，由湖北寄左季翁转致，不知得到否也？

兰溪初九日与迪、希别，十一日至九江一祭塔公祠，十二日至湖口。厚庵近日体气稍逊。雪琴则神采奕奕，在湖口新修水师绍忠祠，土木之工，一一皆亲手经营，嘱余奏明。迪庵在九江修塔公祠，亦嘱余一奏。余拟会杨、李衔奏之。迪庵又欲与湘乡立忠义祠，亦将一会奏也。

胡中丞之太夫人（姓汤）于十一日辰刻仙逝。水陆数万人皆仗胡公以生以成，一旦失所依倚，关系甚重。余拟送幛一、联一、银二百，皆书余与温、沅名。玉班兄丁艰，弟如何致情？望速示。

顺问近好，余详日记中，不另。

> 兄国藩手具
> 咸丰八年七月十四日于湖口水营

再，兄于近日受暑，夜间又或受风露，体中小有不适。请焦听堂诊治，服药两帖，已愈矣。闻弟病症，不知痊愈否？罗逢元言尚未愈，韩升之兄言服成章鉴之方，已十愈八九。澄侯信言十六日全好，则尚未悉后有反复也。七月以来，不审全复元否？体气素弱，不宜多服克伐之剂，而有病在身，又不宜服补剂，殊为惦念，吉安克复尚无把握，千万不可焦急，日慎一日，以永其事之济，一怀焦忿之念，则恐无成耳。千万忍耐！千万忍耐！"久而敬之"四字，不特处朋友为然，即凡事亦莫不然，至嘱。

国藩再墨
咸丰八年七月十四日

【译文】

沅甫九弟左右：

很久未接到弟的平安信，不知近况如何？我在兰溪发过一封信，由湖北左季翁转送，不知是否收到？

初九在兰溪与迪、希告别，十一日到九江祭奠塔公祠，十二日到湖口。厚庵近来身体略有不适，而雪琴却是神采奕奕，在湖口新修水师昭忠祠，土木工程，全是他亲自经办，并嘱托我奏明朝廷。迪庵在九江修建塔公祠，也嘱托我上奏。我准备会同杨、李联名上奏。迪庵又要为湘乡立忠义祠，我也将一同上奏。

胡中丞的太夫人（姓汤）于十一日辰时仙逝。水陆军数万人全倚仗胡公支持，一旦失去依靠，关系甚重。我准备送祭幛一副、挽联一副、银二百两，都以我和温弟、沅弟署名。玉班兄丁艰，弟如何表示？望迅速告之。

顺问近好，其余详情见日记，不另再言。

兄国藩手具
咸丰八年七月十四日于湖口水营

再：兄于近日中暑，夜间又着凉，身体略有不适。请了焦听堂诊治，吃了两付药，已经痊愈。听说弟弟病了，不知痊愈没有？罗逢元说还没有好，韩升之兄说吃了两付药，已经十好八九。澄侯来信说十六日已全好，还不知以后会小有反复。七月以来，不知完全复原与否？你身体素来较弱，不宜多吃克伐之药，并且有病在身，又不宜服补药，甚是惦念。攻克吉安，还没有把握，千万不可焦急。日慎一日，为求事情得到成功，一旦心怀焦急的念头，恐怕反而不能成功。千万忍耐！千万忍耐！"久而敬之"四字，不只是交朋友这样，凡事都是如此，切记！

国藩再墨
咸丰八年七月十四日

保人荐贤宜谨慎

又近世保人，亦有多少为难之处：有保之而旁人不以为然，反累斯人者；有保之而本人不以为德，反成仇隙者。余阅世已深，即荐贤亦多顾忌，非昔厚而今薄也。

【原文】

沅弟左右：

初一日接弟七月二十四、二十六二信，具悉一切。

陈斌述及与鲍军门言改由七桥瓮（瓮桥）进孝陵卫，春霆欣然乐从，余已决从此策，日内即办公牍分别咨行。地道决不复开。七桥瓮（瓮桥）上流须用浮桥，容再由此间办竹木解去。前因花篱、地道均非要务，故未饬知潜山县耳。

左帅保筠仙，此间并无所闻。黄信之所谓季帅者，似即毛寄云也。毛密片余未得见，大约系保两郭、黄、李。筠公已擢粤抚，筱泉已擢粤臬，南翁有旨往粤办厘，惟意城保花翎三品卿未奉明文。

弟所保各员，均奉允准。惟金安清明谕不准调营，寄谕恐弟为人耸动。盖因金君经余两次纠参，朝廷恐余兄弟意见不合也。大抵清议所不容者，断非一口一疏所能挽回，只好徐徐以待其自定。

又近世保人，亦有多少为难之处：有保之而旁人不以为然，反累斯人者；有保之而本人不以为德，反成仇隙者。余阅世已深，即荐贤亦多顾忌，非昔厚而今薄也。

景、河、婺、乐四卡，左帅业已归还余处。上海四万，余志在必得，恐不免大有争论。霞仙升陕抚，先办汉中军务。闻李雨苍系多帅所勒也。

纪泽等今日往营省谒。父亲手泽六纸寄还。即问近好。

国藩手草
同治二年八月初二日

【译文】

沅弟左右：

初一接到七月二十四日、二十六日两封信，尽知一切。

陈斌讲到和鲍军改由七桥瓮（瓮桥）进攻孝陵卫，春霆欣然从命，我已决定依从这个计策，现在马上办理公文分别咨询商量。地道决不能重又开挖。七桥瓮（瓮桥）上游须搭建浮桥，给我一些时间从这里办理竹子木材送去。以前因为花篱、地道均不是紧要事务，所以没有通知潜山县。

左帅推荐筠仙，这里并没有人听说。黄信上提到所谓季帅的人，可能是指毛寄云。毛的密札我没有见到，大约是保荐两郭、黄、李。筠公已提升为广东巡抚，筱泉已提任广东道台，南翁有圣旨前往广东办理厘金之务，只有意城保荐花翎三品之官没有接到明文。

弟所推荐的各个官员，都已奉旨允许。只有金安清得谕旨明令不准调离军队，寄去谕旨恐怕你被他人挑动。因为金君受到我两次纠参弹劾，朝廷唯恐我兄弟之间意见不合。大约清议所不能容忍的人，绝不是一人或一封上疏就能挽回，只好慢慢地待以后自然发展。

还有如今保荐人才，也有不少为难之处：有时保荐，旁人不以为然，反而连累其人；有时被保荐的人不以被保感恩戴德反而酿成仇恨。我涉世已深，即使推荐贤才也有顾忌，并不是重视旧交而以新识为薄也。

景、河、婺、乐四处关卡，左帅已经归还我管理。上海四万，我是志在必得，恐怕不免会有激烈争论。霞仙升作陕西巡抚，先办理汉中军务，听说李雨苍是多帅弹劾的。

纪泽等人今天前往军营探视谒见。父亲亲手写的六幅字寄还。即问近好。

国藩手书
同治二年八月初二日

自身检点以杜小人之口

> 吾之常常欲弟检点者，即所以杜小人之谗口也。

【原文】

沅弟左右：

二十日接十五日酉刻信，二十一日接十七日信，具悉一切。弟于此等有畏而无怫郁，极慰极慰！老弟之意量远矣，先世之气脉长矣。

鲍军宜进东坝，二朱不宜进花津，均是均是。杜小舫文澜往年经郭雨三专函力保，去年又经晏彤甫函保，故余一见即器重之，许以驻汉口办督销局务。近日与南坡亦极水乳，南亦请以汉口督销局委之。南又与舫面订一切，虽未下札，然已不可反悔。其品望虽未必果惬舆论，非渠恐破面皮也。许之条陈多有可采，候与南坡商之。杨守炮船一事，弟之公牍甚为婉逊，即照弟所拟办理。

末世好以不肖之心待人，欲媒孽老弟之短者，必先说与阿兄不睦。吾之常常欲弟检点者，即所以杜小人之谗口也。

何铣罚款断不放松，幸毋听谣言而生疑。上海兵骄而贼多，余深以为忧。昨寄少荃信抄付弟阅。即问近好。

国藩手草
同治二年九月二十二日

【译文】

沅弟左右：

二十日接到十五日酉刻来信，二十一日收到十七日写的信，得知一切。

弟对这种事有畏慎之心而无抑郁不畅之感，极是安慰！老弟意量深远，我先世的气脉可长久了。

鲍军应该进兵到东坝，二朱不应该进到花津，是很正确的。杜小舫文澜以往经郭雨三次专函大力保举，去年又经晏彤甫来函保举，所以我一见就很器重他，答应任命他驻汉口办理督销局事务。近日与南坡也很水乳交融，南坡也请求以汉口督销局职务委任之。南坡又与舫当面约定一切，虽然还没有下札，但是已经不能反悔了。他的人品声望虽然未必果如众人所言，但也应当稍微优于金、许。这次不回泰州，则是我留下他来等候南坡，不是他怕拉破脸。许的条陈有很多可采纳的，等到南坡来后再商量。杨守卫炮船这件事，你的公文甚为婉转谦逊，即按照你所拟的办理。

末世喜欢以不肖之心对待他人，打算找寻老弟短处的话，必然首先说你与我不合。我之所以常常让你检点，就是要杜绝小人之口。

何铣罚款断不可放松，幸而没有听信谣言而生疑。上海的军队骄傲而敌人很多，我为此感到担忧。昨天寄给少荃的信抄给你看看，即问近好。

国藩手书
同治二年九月二十二日

第六章 理财之道

家中之债,
今虽不还,
后尚可还。
赠人之举,
今若不为,
后必悔之。

家和则福自生

夫家和则福自生。

【原文】

男国藩跪禀父母亲大人万福金安：

正月八日恭庆祖父母双寿，男去腊作寿屏二架，今年同乡送寿对者五人，拜寿来客四十人。早面四席，晚酒三席。未吃晚酒者，于十七日、二十日补请二席。又请人画《椿萱重荫图》，观者无不称羡。

男身体如常，新年应酬太繁，几至日不暇给。媳妇及孙儿女俱平安。

正月十五，接到四弟、六弟信。四弟欲偕季弟从汪觉庵师游，六弟欲偕九弟至省城读书。男思大人家事日烦，必不能常在家塾照管诸弟，且四弟天分平常，断不可一日无师，讲书改诗文，断不可一课耽搁。伏望堂上大人俯从男等之请，即命四弟、季弟从觉庵师。其束脩银，男于八月付回，两弟自必加倍发奋矣。

六弟实不羁之才，乡间孤陋寡闻，断不足以启其见识而坚其志向。且少年英锐之气，不可久挫，六弟不得入学，即挫之矣；欲进京而男阻之，再挫之矣；若又不许肄业省城，则毋乃太挫其锐气乎？伏望堂上大人俯从男等之请，即命六弟、九弟下省读书，其费用，男于二月间付银二十两，至金竺虔家。

夫家和则福自生。若一家中，兄有言弟无不从，弟有请兄无不应，和气蒸蒸而家不兴者，未之有也。反是而不败者，亦未之有也。伏望大人察男之志，即此敬禀叔父大人，恕不另具。六弟将来必为叔父克家之子，即为吾族光大门第，可喜也。谨述一二，余俟续禀。

道光二十三年正月十七日

【译文】

儿子国藩跪着禀告父母亲大人万福金安：

正月初八是祖父母的生日。为此，我去年腊月做了两架寿屏给他们祝寿。今年，祖父母生日那天，有五位同乡送来寿对，有四十人来我这里向两位老人拜寿。上午，我为他们做了四桌寿面，晚上设了三桌酒席招待他们。没有来赴席的，我准备在十七日和二十日补请他们。此外，我还请人画了一幅《椿萱重荫图》，看到的人无不交口称赞。

我的身体如常，新年应酬太多，整日里没有空闲。媳妇和孙子孙女都平安。

正月十五日，我收到四弟和六弟的来信。四弟想和季弟一起到汪觉庵先生家学习，六弟和九弟想到省城去读书。我想父亲的家务事已经很多，不可能天天在家塾管教他们，而且四弟的天分平常，不能一天没有老师给他讲书、批改诗文，一节功课都不可以耽搁。所以我想请父亲答应他们的要求，立刻叫四弟、季弟拜觉庵为师，他们的学费，儿子在八月汇款回来，两个弟弟一定会努力学习、奋发向上的。

六弟天资聪颖，很有前途，但乡下条件差、见识少，不可能对他有太多的启发，以促使他发奋上进。他现在年轻气盛，不能总受打击，上次没有考好，对他是个打击；随后想到京城来，被我阻止，对他又是个打击；如果这次再不许他到省城读书，定会大大挫伤他的锐气。请父亲答应他们吧。二月间我带二十两银子放在金竺虔家，作为他们的学习费用。

一家人如果和和气气，幸福生活便会如期而至。一家人若哥哥说话，弟弟都听，弟弟有什么要求，哥哥没有不答应的，这样和气的家，没有不兴旺的；反之，这个家就一定要败落。恳请父亲体谅我的这片心意，还请把我的意思转告叔叔，我就不另外给他写信了。六弟将来必定是继承叔叔家业的后代，也是使我们曾家兴旺发达的人，这实在是叫人感到高兴。暂且说到这儿吧，别的话容以后再禀告。

道光二十三年正月十七日

补品慎用，银两安排得当

格外之恩，非常之荣，将来何以报称！惟有时时惶悚，思有补于万一而已。

【原文】

诸位老弟足下：

正月间曾寄一信与诸弟，想已收到。二月发家信时甚匆忙，故无信与弟。三月初六巳刻，奉上谕于初十日大考翰詹。余心甚着急，缘写作俱生，恐不能完卷。不图十三日早见等第单，余名次二等第一，遂得仰荷天恩，赏擢不次，以翰林院侍讲升用。格外之恩，非常之荣，将来何以报称！惟有时时惶悚，思有补于万一而已。

兹因金竺虔南旋之便，付回五品补服四付、水晶顶二座、阿胶二封、鹿胶二封、母亲耳环一双。竺虔到省时，老弟照单查收。阿胶系毛寄云所赠，最为难得之物，家中须慎重用之。

竺虔曾借余银四十两，言定到省即还，其银以二十二两为六弟、九弟读书省城之资，以四两为弟买书笔之资，以六两为四弟、季弟衡阳从师束脩之资，以四两为买漆之费，即每岁漆一次之谓也，以四两为欧阳太岳母奠金，贤弟接到银后，各项照数分用可也。

此次竺虔到家，大约在五月节后，故一切不详写，待折差来时，另写一详明信付回，大约四月半可到。贤弟在省如有欠用之物，可写信到京，要我付回。

另付回大考名次及升降一单照收。余不具述。

兄国藩手草
道光二十三年三月十九日

【译文】

诸位老弟足下：

　　正月里给各位兄弟寄去了一封信，想必现在已经收到了。二月发家信的时候时间太匆忙，所以没有写信给各位兄弟。三月初六已经接到圣谕，要于初十大考翰林詹事，得知此事后我心里开始焦急万分，因为很久未动笔，写作都已生疏了，深恐无法完成试卷。没想到十三日早上，前去查看发榜的等第名单，我的名次竟然被列在第二等第一名，这样便仰仗皇上的恩典，又是赏赐又是擢升，升为翰林院侍讲。这种格外的恩惠和荣誉，真不知将来如何报答？只有时刻保持惶恐惊悚，以期报答万分之一而已。

　　最近金竺虔要回湖南，所以请他顺便带回家五品补服四付、水晶顶二座、阿胶二封、鹿胶二封、母亲耳环一双。竺虔回到省城之后，老弟照清单查收。阿胶是毛寄云送的，是最难得之物，家里要慎重使用。

　　竺虔曾经借我银子四十两，说好到省便归还。这四十两的用途：二十二两是六弟和九弟在省城读书的学费，四两是买书买笔的费用，六两是四弟季弟衡阳从师的酬金，四两是买漆的费用（就是每年漆一次寿材的费用），四两是给欧阳太岳母的祭奠礼金。贤弟接到银子后，可按以上分配数照付。

　　这次竺虔到家，大约在五月节后，所以一切不详细写了，等信差来时，另外写一封详细的信附回，大约四月半可以到。贤弟在省城，如有什么需要的东西，可以写信到京城，我想办法寄去。另外附寄大考名次及升降名单一份，记得查收，其余不一一写了。

兄国藩手书
道光二十三年三月十九日

赠人乃保持盈泰之道

家中之债，今虽不还，后尚可还；赠人之举，今若不为，后必悔之。

【原文】

孙国藩跪禀祖父母大人万福金安：

二月十四日孙发第二号信，不知已收到否？孙身体平安，孙妇及曾孙男女皆好。

孙去年腊月十八曾寄信到家，言寄家银一千两，以六百为家中还债之用，以四百为馈赠亲族之用。其分赠数目，另载寄弟信中，以明不敢自专之义也。后接家信，知兑啸山百三十千，则此银已亏空一百矣。顷闻曾受恬丁艰，其借银恐难遽完，则又亏空一百矣。所存仅八百，而家中旧债尚多，馈赠亲族之银，系孙一人愚见，不知祖父母、父亲、叔父以为可行否？伏乞裁夺。

孙所以汲汲馈赠者，盖有二故。一则我家气运太盛，不可不格外小心，以为持盈保泰之道。旧债尽清，则好处太全，恐盈极生亏；留债不清，则好中不足，亦处乐之法也。二则各亲戚家皆贫，而年老者，今不略为资助，则他日不知何如。自孙入都后，如彭满舅曾祖、彭王姑母、欧阳岳祖母、江通十舅，已死数人矣。再过数年，则意中所欲馈赠之人，正不保何若矣！家中之债，今虽不还，后尚可还；赠人之举，今若不为，后必悔之。此二者，孙之愚见如此。

然孙少不更事，未能远谋，一切求祖父、叔父做主，孙断不敢擅自专权。其银待欧阳小岑南归，孙寄一大箱，衣物银两概寄渠处，孙认一半车钱。彼时再有信回。

孙谨禀

道光二十四年三月初十日

【译文】

孙儿国藩跪禀祖父母大人万福金安：

二月十四日孙子所寄出的第二封家信，不知道祖父母是否已经收到？孙子现在身体平安，孙妻及曾孙子女们一切安好。

孙子去年腊月十八日曾寄信回家，说寄给家里银子一千两，其中六百两给家中还债，剩余四百两送给亲戚族人，分赠的数目另外写在给弟弟的信中，以示我不敢自作主张。后来接到家信得知给了啸山百三十千，这笔钱便亏空一百两了。刚才听说曾受恬家中有丧事，他借的钱恐怕不会很快就还，那不又亏空一百两吗？剩下的八百，家中的旧债还很多，恐怕就没有钱送给亲族了。把钱赠送亲族是我自己的愚见，不知祖父母大人、父亲、叔父认为这样做是不是可以？请你们斟酌后决定。

我之所以主张送钱给亲族，有两个原因：一是因为我家的气运太盛，不能不格外小心，这是保持盈泰的方法。旧账还尽，好处最全，恐怕盈极生亏，留点债不还清，这虽稍嫌美中不足，也是保持快乐心境的做法；二是因为各亲戚家都很穷困，而年老的，现在不略加资助，以后不知会怎样。自从我到京城以后，如彭满舅曾祖、彭王姑母、欧阳岳祖母、江通十舅，这几位都已经离世而去。再过几年，那些我们有心帮助的人，不知都会落得怎样的境遇。家中的债，今天虽不还，以后还可以还；帮助别人的事，今天不做，以后一定会后悔的！这两个说法，是孙儿的愚见。

我年轻不懂事，不会作长远的打算，请祖父、叔父做主，我决不敢自作主张。这笔钱等欧阳小岑回湖南时，请他带去，另外还有一大箱衣物，衣物、银两一概交他手里，孙儿我负担一半路费。那时，还会有信寄回。

孙儿谨禀

道光二十四年三月初十日

洗心涤虑力挽家运

然祸福由天主之,善恶由人主之。由天主者,无可如何,只得听之;由人主者,尽得一分算一分,撑得一日算一日。

勤者生动之气,俭者收敛之气。

【原文】

澄侯、沅甫、季洪老弟左右:

十三日专吉字营勇送信至家,十七日接澄弟初二日信,十八日接澄弟初五日信,敬悉一切。三河败挫之信,初五日家中尚无确耗,且县城之内毫无所闻,亦极奇矣。

九弟于二十二日在湖口发信,至今未再接信,实深悬系。幸接希庵信,言九弟至汉口后有书与渠,且专人至桐城、三河访寻下落,余始知沅甫弟安抵汉口,而久无来信,则不解何故。岂余近日别有过失,沅弟心不以为然耶?当此初闻三河凶报,手足急难之际,即有微失,亦当将皖中各事详细示我。

今年四月,刘昌储在我家请乩。乩初到,即判曰:"赋得偃武修文,得闲字(字谜败字)。"余方讶败字不知何指,乩判曰:"为九江言之也,不可喜也。"余又讶九江初克,气机正盛,不知何所为而云,然乩又判曰:"为天下,即为曾宅言之。"由今观之,三河之挫,六弟之变,正与"不可喜也"四字相应。岂非数皆前定耶?

然祸福由天主之,善恶由人主之。由天主者,无可如何,只得听之;由人主者,尽得一分算一分,撑得一日算一日。吾兄弟断不可不洗心涤虑,以求力挽家运。

第一,贵兄弟和睦。去年兄弟不和,以致今冬三河之变。嗣后兄弟当以去年为戒。凡吾有过失，澄、沅、洪三弟各进箴规之言，余必力为惩改；三弟有过，亦当互相箴规而惩改之。

第二，贵体孝道。推祖父母之爱以爱叔父，推父母之爱以爱温弟之妻妾儿女及兰、蕙二家。又父母坟域必须改葬，请沅弟做主，澄弟不可过执。

第三，要实行勤俭二字。内间妯娌不可多写铺帐，后辈诸儿须走路，不可坐轿骑马。诸女莫太懒，宜学烧茶煮菜。书、蔬、鱼、猪，一家之生气；少睡多做，一人之生气。勤者生动之气，俭者收敛之气。有此二字，家运断无不兴之理。余去年在家，未将此二字切实做工夫，至今愧恨，是以谆谆言之。余详日记中，不赘。

咸丰八年十一月二十三日

【译文】

澄侯、沅甫、季洪老弟左右：

十三日派吉字营士兵专程送信回家，十七日接到澄弟初二来信，十八日接到澄弟初五来信，知悉一切。三河失败的消息，初五家中还没有确切消息，而且县城内也没有听到一点消息，也真够奇怪的。

九弟二十二日在湖口发过信，到现在没有再接到来信，实在惦念。幸亏接到希庵来信，说九弟到汉口后有信给他，并且派了专人到桐城、三河寻找下落，我才知道沅甫弟已安全到达汉口，但这样长时间不来信，不知是何原因。难道是因为我近来另有过失，沅弟心中不以为然吗？当刚听到三河凶讯的时候，手足兄弟遭遇不测，即使有小的过失，也应该将安徽各种事情详细告诉我。

今年四月，刘昌储在我家扶乩。乩一到，就下判词说："赋得偃武修文，得闲字（字谜败字）。"我刚惊讶败事不知指什么。乩又继续下判词说："为九江言之也，不可喜也。"我又惊讶九江刚刚攻克，我军气势正盛，不知它说的是什么，乩又下判词说："为天下，即为曾宅言之。"现在看来，三河之败、六弟殉难，正同"不可喜也"四字相应，岂不是气数全是前定的吗？

然而祸福由上天主管，喜恶由人自己做主。由上天主管的，没什么办法，只得听它的。由人做主的，就应尽可能地得一分算一分，撑得一天算一天。我们兄弟决不能不慎重考虑，以图尽力挽救家运。

第一，贵在兄弟和睦。去年兄弟不和，以至于有今冬三河之变。以后兄弟应以去年为戒，凡是我有过失，澄、沅、洪三弟都应规劝，我一定尽力改正；三弟有过失，也应互相规劝而改正。

第二，贵在尽孝道。将对祖父母的爱推广，用来爱叔父；将对父母的爱推广，用来爱温弟的妻妾儿女及兰姐、蕙妹两家。另外，父母的坟墓必须改葬。请沅弟做主，澄弟不要固执。

第三，要实行"勤俭"二字，家里妯娌之间不要铺张，随意在店铺签单。后辈子侄要走路，不要坐轿骑马，几位女孩子别太懒，应学烧茶做饭。读书、种菜、喂猪、养鱼是一家的生气之所在，少睡觉多做事是一人的生气之所在。"勤"是生动之气，"俭"是收敛之气。有此二字，家运决无不兴盛的道理。我去年在家，未在这两个字上切实下功夫，现在很悔恨，所以谆谆言教。其余详记在日记中，不赘述。

咸丰八年十一月二十三日

诸事不可不尽心

惟书、蔬、鱼、猪及扫屋、种竹等事,系祖父以来相传家法,无论世界之兴衰,此数事不可不尽心。

【原文】

澄侯、沅甫、季洪三位老弟左右:

四月十四日王上国来,接澄、沅信各一件。

日来上游信息何如?闻东安之贼窜至新宁,江、刘两家被害,并有贼踞江忠烈之屋。信否?沅弟初六日果起行否?

此间诸事如常,景德镇久未开仗,凯章与铃峰洎难和协。所派屈见田带平江老中营于初八日到湖口,与雪琴至交。水陆得渠二人,湖口应可保全矣。下游张国梁在江北浦口小挫一次,胜帅保定远大营亦屡次挫败。各处军事皆不甚得手。幸雨泽沾足,天心尚顺,当有转机。

家中一切,自沅弟去冬归去,规模大备。惟书、蔬、鱼、猪及扫屋、种竹等事,系祖父以来相传家法,无论世界之兴衰,此数事不可不尽心。朱见四先生向来能早起,又好洁有恒,此数事应可认真经理也。

九弟所谓过厚之处,此后余更当留心。顺问近好。

兄国藩手草
咸丰九年四月二十三日

再,余此次再出,已满十个月。论寸心之沉毅愤发志在平贼,尚不如前次之坚。至于应酬周到,有信必复,公牍必于本日办毕,则远胜于前次。唯精神日衰,虽服参茸丸亦无大效。昨胡中丞又专使赠送丸药,服之亦无起色,目光昏花作疼，难于久视。因念我兄弟体气皆弱，澄弟、季弟二人近年劳苦尤甚，趁此年力未衰，不可不早用补药扶持。季弟过于劳苦，尤须节之。兹付回高丽参一斤，为两弟配药之用，查收。

沅弟想已启行矣。

藩又行

正封缄间，接沅甫弟十五日自省发信。萧浚川亦有信。知魏喻义等败挫，衡城危迫。不知吾乡近状若何？余意吾家居万山之中，贼踪难到，似可不必迁移。盖乱世保全身，家本非易事，若在本乡本土，纵然贼到，东山避一个，西屋寄一个，犹有可幸全之理。若徙至别处，反恐生意外之变。均听两弟临时斟酌。

沅甫信言五月初一二日可到抚州，届日再有专信。再问澄、季两弟近好。

国藩又行
咸丰九年四月二十三日夜

【译文】

澄侯、沅甫、季洪三位老弟左右：

四月十四日王上国抵达，收到了澄弟和沅弟的信各一封。

近日上游的战况如何？听说东安一带的敌人窜到新宁，江、刘两家被害，甚至有敌军占领江忠烈之屋，这些说法是否属实？沅弟果真于初六出发了吗？

我这里一切照旧，目前景德镇局面稳定，已久未有战事发生。凯章与铃峰向来难以共处。我已经派屈见田带领平江老中营队，于初八到湖口，他与雪琴是多年的至交。若水陆得到他二人协同作战，湖口必定可保无事。张国梁在下游江北浦口又遭失败，胜帅（胜保）定远大营队作战也屡次失利。可见各处军事似乎都不太顺利，幸好雨季已至，天意助我，定当有转机。

从沅弟去年冬天回去以后，家中需要办理的事情都变得有条有理，初具规模，让人十分放心。唯有读书、种菜、养鱼、喂猪和扫屋、种竹等事是从祖父那传下来的，无论世事兴衰，这些事都不可不尽心。朱见四先生向来有早起的习惯，而且喜好洁净，有恒心，毅力坚韧，我认为上面这些事可交给他，他应该能够认真负责地打理。

九弟在信中提到我有过于厚道之处，今后我要更加留心才是。顺问近好。

兄国藩手书
咸丰九年四月二十三日

另外，自我复出之日算起，到如今已满十个月了，一直以寸草之心沉毅奋发，志在平定敌寇，但是信心没有从前那般坚定。不过人际应酬周旋之事，还是做到了有信必回，公文也必在当天处理完毕，这些方面倒比前次做得好。只是最近精神状态不佳，虽然饮服参茸丸，但并不见大效。昨天胡中丞又赠送此丸药，服后也依旧无起色。近日眼睛也无法久视，有昏花疼痛之感。我们兄弟几人个个体质虚弱，尤其是澄弟、季弟二人，近年来过于劳累，趁如今还算年轻力壮，应及早用一些补药调养好自己的身体。季弟过于劳苦，尤其要注意劳逸有度。现托人带回一斤高丽参，以为两位弟弟配药之用。请按数查收。

想必沅弟已经起程了吧。

藩又行

信已写完打算封信时，恰巧接到沅甫弟十五日从省城发出的信，另外还有萧浚川寄来的信。从这两封信中得知魏喻义等出战不利，又吃了败仗，目前衡城正处于危急之中。不由担心起家乡近来的情况如何？我认为我们家群山环绕，敌兵很难到此，暂时不必考虑迁移。乱世之下，保全身家性命并非易事，如果在自己的地盘上，即使是敌兵来袭，东山躲一个，西屋藏一个，四处寻找隐蔽的栖身之地，想必还有可能侥幸存活；如果盲目迁移到别处，反倒会有意外的变化，无力控制。迁或不迁，要靠两位弟弟到时好好斟酌。

沅甫信中说五月初一、初二可到达抚州，到那天再写信来。再问候澄、季两弟近好。

国藩又行
咸丰九年四月二十三日夜

治家八事，缺一不可

> 凡亲族邻里来家，无不恭敬款接，有急必周济之，有讼必排解之，有喜必庆贺之，有疾必问，有丧必吊。

【原文】

字谕纪泽儿：

　　初一日接尔十六日禀，澄叔已移寓新居，则黄金堂老宅，尔为一家之主矣。昔吾祖星冈公最讲求治家之法，第一起早，第二打扫洁净，第三诚修祭祀，第四善待亲族邻里。凡亲族邻里来家，无不恭敬款接，有急必周济之，有讼必排解之，有喜必庆贺之，有疾必问，有丧必吊。此四事之外，于读书、种菜等事尤为刻刻留心，故余近写家信，常常提及书、蔬、鱼、猪四端者，盖祖父相传之家法也。尔现读书无暇，此八事，纵不能一一亲自经理，而不可不识得此意，请朱运四先生细心经理，八者缺一不可。其诚修祭祀一端，则必须尔母随时留心。凡器皿第一等好者留作祭祀之用，饮食第一等好者亦备祭祀之需。凡人家不讲究祭祀，纵然兴旺，亦不久长。至要至要。

　　尔所论看《文选》之法，不为无见。吾观汉魏文人，有二端最不可及：一曰训诂精确，二曰声调铿锵。《说文》训诂之学，自中唐以后人多不讲，宋以后说经尤不明故训，及至我朝巨儒始通小学。段茂堂、王怀祖两家，遂精研乎古人文字声音之本，乃知《文选》中古赋所用之字，无不典雅精当。尔若能熟读段王两家之书，则知眼前常见之字，凡唐宋文人误用者，惟"六经"不误，《文选》中汉赋亦不误也。即以尔禀中所论《三都赋》言之，如"蔚若相如，皭若君平"，以一蔚字该括相如之文章，以一皭字该括君平之道德，此虽不尽关乎训诂，亦足见其下字之不苟矣。至声调之铿锵，如"开高轩以临山，列绮窗而瞰江""碧出苌弘之血，鸟生杜宇之魄""洗兵海岛，刷马江洲""数军实乎桂林之苑，飨戎旅乎落星之楼"等句，音响节奏，皆后世所不能及。尔看《文选》，能从此二者用心，则渐有入理处矣。

作梅先生想已到家，尔宜恭敬款接。沅叔既已来营，则无人陪往益阳。闻胡宅专人至吾乡迎接，即请作梅独去可也。尔舅父牧云先生身体不甚耐劳，即请其无庸来营。吾此次无信，尔先致吾意，下次再行寄信。此嘱。

咸丰十年闰三月初四日

【译文】

字谕纪泽儿：

初一这天我收到你于十六日所写的来信，从信中得知澄叔已经乔迁新居了，如此一来，黄金堂的老房子就改由你掌管，你也算是一家之主了。从前我的祖父星冈公治家最讲究方法：第一是务必早起，第二是将屋宅打扫得干净整洁，第三是虔诚地祭祀，第四是善待亲族邻里。凡是亲戚邻居来到家中做客，无不恭恭敬敬地款待，有急事一定给以周济，有纠纷一定会去帮助排解，有喜庆的事一定前往庆贺，有丧事一定会去吊唁。除了上面所说的这四件事情之外，在读书、种菜这样的事上更是时刻留心，从不懈怠。因此近来我写的家信中，时常提到读书、种菜、养鱼、喂猪这四件事，这些都是我的祖父传给我们的家法，要世代承袭。你现在正在读书，时间并不是很充裕，所以这八件事不能事必躬亲，即使如此，也要理解这八件事的深刻含义。劳烦朱运四先生悉心打理，这八件事件件重要，缺一不可。特别是虔诚祭祀一事，也必须提醒你母亲时时放在心上。凡是最好的器皿必须留下来作为祭祀用，最好的食品也必须为祭祀准备。凡是不讲究祭祀的人家，即使兴旺，也不会很长久的。这一点至关重要。

你所论述的看《文选》的方法也不是没有见地。据我看来，汉魏时期的文人，有两点最不能望其项背：一是训诂精确，二是声调铿锵。《说文》是训诂的学问，中唐以后大多数人都不再讲究训诂之学，宋代以后讲经尤其不重视，直到我朝，巨儒才开始精通小学。段茂堂、王怀祖两家，就精心研究古人文字声音的根本，才知道《文选》中古赋所用的字，无不典雅精当。你若能熟读段王两家的书，就会发现如今文章中常用的字大都被唐宋的文人错用了。只有"六经"没有错，《文选》中的汉赋也基本无误。就拿你信中讲的《三都赋》来说，如"蔚若相如，皭若君平"，用一个"蔚"字概括司马相如的文章，用一个"皭"字概括君平的道德，这虽然不全部是有关训诂的，但至少可以说明他用字的态度是一丝不苟的。至于声调的铿锵，如"开高轩以临山，列绮窗而瞰江""碧出苌弘之血，鸟生杜宇之魄""洗兵海岛，刷马江洲""数军实乎桂林之苑，飨戎旅乎落星之楼"等句子，音调节奏，都是后世文人无法企及的。你研读《文选》应该从这两个方面下功夫，就能慢慢理解它的精深之处了。

估计作梅先生已经到我们家了，你应诚心恭敬地款待他。沅叔既然已经到达营中，那就无人陪他前去益阳了。不过我听说胡家会专门派人到我们家乡迎接，那就请作梅先生独自前往就行了。你舅父牧云先生身体不太好，就叫他不要到营中来了。我这次没给他写信，你代我向他转达这个意见，下次再给他写信。此嘱。

咸丰十年闰三月初四日

努力读书，不可积钱买田

银钱、田产最易长骄气逸气，我家中断不可积钱，断不可买田，尔兄弟努力读书，决不怕没饭吃。

【原文】

字谕纪泽、纪鸿儿：

泽儿在安庆所发各信及在黄石矶、湖口之信，均已接到。鸿儿所呈拟连珠体寿文，初七日收到。

余以初九日出营至黟县查阅各岭，十四日归营，一切平安。鲍超、张凯章二军，自二十九、初四获胜后不再开仗。杨军门带水陆三千余人至南陵，破贼四十余垒，拔出陈大富一军。此近日最可喜之事。

英夷业已就抚，余九月六日请带兵北援一疏，奉旨无庸前往，余得一意办东南之事，家中尽可放心。

泽儿看书天分高，而文笔不甚劲挺，又说话太易，举止太轻，此次在祁门为日过浅，未将一轻字之弊除尽，以后须于说话走路时刻刻留心。鸿儿文笔劲健，可慰可喜。此次连珠文，先生改者若干字？拟体系何人主意？再行详禀告我。

银钱、田产最易长骄气逸气，我家中断不可积钱，断不可买田，尔兄弟努力读书，决不怕没饭吃。至嘱。

澄叔处此次未写信，尔禀告之。闻邓世兄读书甚有长进，顷阅贺寿之单帖寿禀，书法清润，兹付银十两，为邓世兄（汪汇）买书之资。此次未写信寄寅阶先生，前有信留明年教书，仍收到矣。

咸丰十年十月十六日

【译文】

字谕纪泽、纪鸿儿：

　　为父已经收到了泽儿在安庆、黄石砚、湖口所寄出的每封信。鸿儿呈递的连珠体寿文也已于初七收到。

　　初九那天我自军营出发，到黟县巡查各岭的防务工作，于十四日回到营中，一切都很顺利，平安无事。鲍超、张凯章两军于二十九日、初四日打了两个胜仗，之后就没有再与敌军作战。杨军门率领水陆军兵三千多人开往南陵，攻破敌军营垒四十多座，并救出了陈大富一军。这是近日来最值得高兴的消息了。

　　英国人已经接受安抚，九月六日，我向朝廷呈交了带兵北上增援的奏疏，现已经奉旨不必前去，这使我得以一心操办东南军务，家里人可以完全放心了。

　　泽儿喜爱读书，而且天分很高，但文笔的功力却显弱，说话又太随便，举止太轻浮。这次在祁门度过的时间太短，还没有改掉轻浮的毛病，今后一定要在言行举止方面时时注意。鸿儿的文笔更显刚健，值得表扬，真是让我高兴和欣慰。这次寄来的连珠文，先生为你改了多少字？总的体系是谁的主意？来信时要再次详细向我禀告此事。

　　银钱、田产最容易滋长骄气和惰性，所以家里千万不能积存过多的银钱，也不要置办田产，你们兄弟只要专心努力地读书做学问，绝不怕没有饭吃。至嘱。

　　我这次没写信给澄叔，你们代我禀告他。听说邓世兄最近读书进步很大，刚才看了祝寿的单帖寿禀，书法很是清润。现在我送他十两银子，作为邓世兄（汪汇）买书的钱。这次没有写信给寅阶先生，上次有信给他，请他明年继续留在家中教书，估计已经收到了。

咸丰十年十月十六日

勤劳之家多兴旺

乡间早起之家，蔬菜茂盛之家，类多兴旺。晏起无蔬之家，类多衰弱。

【原文】

字谕纪泽儿：

　　三月三十日建德途次接澄侯弟在永丰所发一信，并尔将去省时在家所留之禀。尔到省后所寄一禀，却于二十八日先到也。

　　余于二十六日自祁门拔营起行，初一日至东流县。鲍军七千余人于二十五日自景德镇起行，三十日至下隅坂。因风雨阻滞，初三日始渡江，即日进援安庆，大约初八九可到。沅弟、季弟在安庆稳守十余日，极为平安。朱云岩带五百人，二十四自祁门起行，初二日已至安庆助守营濠，家中尽可放心。

　　此次贼救安庆，取势乃在千里以外，如湖北则破黄州，破德安，破孝感，破随州、云梦、黄梅、蕲州等属，江西则破吉安，破瑞州、吉水、新淦、永丰等属，皆所以分兵力，亟肆以疲我，多方以误我。贼之善于用兵，似较昔年更狡更悍。吾但求力破安庆一关，此外皆不遽与之争得失。转旋之机，只在一二月可决耳。

　　乡间早起之家，蔬菜茂盛之家，类多兴旺。晏起无蔬之家，类多衰弱。尔可于省城菜园中，用重价雇人至家种蔬，或二人亦可。其价若干，余由营中寄回，此嘱。涤生手示（东流县）。

　　此次未写信与澄叔，尔禀告之。

咸丰十一年四月初四日

【译文】

字谕纪泽儿：

我三月三十日前往建德，途中接到澄侯弟于永丰发出的一封信，还有你临去省城时在家中留下的禀文。你抵达省城后寄出的禀文，已经于二十八日提前收到。

二十六日，我从祁门拔营出发，初一全军开至东流县。二十五日，鲍军七千多人从景德镇出发，三十日到达下隅坂。因为遇上了狂风暴雨，无法前行，以致初三才得以渡江。当天军队就开往安庆增援，估计初八初九便可以到达。沅弟、季弟已经稳守了安庆十多天，极为平安。朱云岩带领五百人，二十四日从祁门出发，初二已到安庆，协助守卫营寨壕沟，家中尽可放心。

此次敌人表面上是援救安庆，实际的攻取之势却在千里之外，如在湖北破黄州、德安、孝感、随州、云梦、黄梅、蕲州等地，在江西破吉安、瑞州、吉水、新淦、永丰等地，其所以分散兵力（四处攻城略地），目的无非是想分散我军的兵力，以使我军疲惫，想方设法地算计我们。敌人越来越精于用兵之道，似乎比前几年更为狡诈凶悍。现在我们只求能过安庆一关，其他的都不急于和他们争得失。估计战况的转机，在一两个月内即可决定。

乡里早起之家，蔬菜茂盛之家，大多兴旺，家中富足。晚起，又不种蔬菜的人家，则家境大多衰弱。你可到省城菜园中，用高价雇人到家里种菜，或许两人就可以了。用了多少钱，由我从营中寄回，此嘱。父涤生手示（于东流县）。

此次没有写信给澄叔，你可代我禀告此事。

咸丰十一年四月初四日

居家之道，唯崇俭可以长久

居家之道，惟崇俭可以长久，处乱世尤以戒奢侈为要义。

【原文】

字谕纪泽儿：

八月二十日胡必达、谢荣凤到，接尔母子及澄叔三信，具悉一切。

蔡迎五竟死于京口江中，可异可悯！兹将其口粮三两补去外，以银二十两赈恤其家。朱运四先生之母仙逝，兹寄去奠仪银八两。蕙姑娘之女一贞，于今冬发嫁，兹付去奁仪十两。家中可分别妥送。

大女儿择于十二月初三日发嫁，袁家已送期来否？余向定妆奁之资二百金，兹先寄百金回家，制备衣物，余百金俟下次再寄。

居家之道，惟崇俭可以长久，处乱世尤以戒奢侈为要义。衣服不宜多制，尤不宜大镶大滚，过于绚烂。尔教导诸妹，敬听父训，自有可久之理。

牧云舅氏书院一席，余已函托寄云中丞，沅叔告假回长沙，当面再一提及，当无不成。

余身体平安。二十一日成服哭临，现在三日已毕。疮尚未好，每夜搔痒不止，幸不甚为害。满叔近患疟疾，二十二日痊愈矣。此次未写澄叔信，尔将此呈阅。

咸丰十一年八月二十四日

【译文】

字谕纪泽儿：

胡必达、谢荣凤于八月二十日抵达营中，带来了你们母子及澄叔的三封信，尽知一切。

蔡迎五竟然死在了京口的江中，发生这样的事，真是奇怪又可怜！现在将他的三两口粮补上，此外为了赈恤家中，又另寄二十两银子。得知朱运四先生的母亲离世，现寄去银八两以作祭奠之用。蕙姑娘的女儿一贞，定于今年冬天出嫁，现送去嫁妆钱十两。家中可以分别将这些钱妥善地送到各处。

信中说大女儿的婚期已经定在十二月初三，不知道袁家的期约是否送到？我为女儿出嫁定下的嫁妆费向来都是二百金，现在先寄一百金回家，以作准备出嫁衣物之用，余下的一百金待下次再寄。

居家之道，只有崇尚节俭才可以长久，处于乱世，更应该以戒除奢侈为第一要义。日常的衣物不宜缝制太多，更不宜大镶大滚，过于华贵奢侈。关于这些事情，你要好好地教导妹妹们，谨听父亲的教育训诫，自有可以长久的道理。

牧云的舅舅想在书院里获得一个席位，我已寄信给云中丞，沅叔已经告假回长沙，正好可以趁机与他再当面商谈一下，估计一定会成功的。

近来我身体安康。二十一日穿丧服哭悼皇帝驾崩，现在三天已毕。只是我的癣病还不见好，每天夜里瘙痒难忍，幸好不是特别严重。满叔最近患疟疾，二十二天就痊愈了。这次没给澄叔写信，你将此信转交给他看一下就可以了。

咸丰十一年八月二十四日

勤俭乃持家之道

遭此乱世，虽大富大贵，亦靠不住，惟勤俭二字可以持久。

【原文】

字谕纪泽儿：

昨见尔所作《说文分韵解字凡例》，喜尔今年甚有长进，因请莫君指示错处。莫君名友芝，字子偲，号邵亭，贵州辛卯举人，学问淹雅。丁未年在琉璃厂与余相见，心敬其人，七月来营，复得邕谈。其学于考据、词章二者皆有本原，义理亦践修不苟。兹将渠批订尔所作之凡例寄去，余亦批示数处。

又寄银百五十两，合前寄之百金，均为大女儿于归之用。以二百金办奁具，以五十金为程仪，家中切不可另筹银钱，过于奢侈。遭此乱世，虽大富大贵，亦靠不住，惟勤俭二字可以持久。又寄丸药二小瓶，与尔母服食。

尔在家常能早起否？诸弟妹早起否？说话迟钝、行路厚重否？宜时时省记也。

涤生手示

咸丰十一年九月二十四日

【译文】

字谕纪泽儿：

昨天从来信中看到你所作的《说文分韵解字凡例》，对你今年这方面的学问能有这么大的长进，我心里很是欣慰，所以请莫君提出不足之处。莫君名友芝，字子偲，号邵亭，贵州省辛卯年的举人，他的学识博大精深。丁未年，我们曾在琉璃厂见过一次面，从那以后我对他的为人很是敬重，七月份他又来到营中，我又有幸与他促膝长谈。在亲切的交谈中，我发现他在考据和词章学方面都很有造诣，义理方面也认真修习过。现将他批订你所作的凡例寄去，我也批示了几处。

另外我还寄回家一百五十两银子，加上前次寄的一百两，都归大女儿出嫁所用。其中二百两用来置办嫁妆，剩下的五十两作程仪用，家中切不可另外再为此筹集银钱，以免过于奢侈。不幸遭逢乱世，即使能够大富大贵，也靠不住，只有"勤俭"二字可以使家道长盛不衰。随信寄去了两小瓶丸药，留给你母亲服用。

你在家常能早起吗？弟妹们是否也能以你为榜样？你说话稳妥、走路厚重吗？要时时反省自己，且要牢记。

父涤生手示
咸丰十一年九月二十四日

俭朴之风不可尽改

闻弟居家用费甚奢，务宜收啬，累世俭朴之风，不可尽改。

【原文】

澄弟左右：

接弟三月二十五日县城发信，知已由长沙归，带陈婿夫妇回门。希庵之病，不知近日何如？此间望之真如望岁矣。

六安州以初六日解围，闻伪忠王因太仓州为少荃中丞所克，遂率大股回援苏州，不复上犯湖北。鄂之幸，亦余之幸也。鲍军现由庐州进攻巢县，萧为则与彭杏南初九日攻破铜夸闸，毛竹丹、刘南云初七日攻破东关，北岸之事大有转机。苗沛霖复叛，攻围寿州已半月，尚能坚守。城中仅五百人，苗之伎俩实不足畏也。南岸芜湖、金柱关、宁国皆极平稳，徽州近日亦松，江西之北边亦不致被贼冲入，皆可喜之事。饷银虽极缺乏，然米粮充足，除度五、六、七荒月外，大约可剩谷二万余石。

余身体平安，入夏瞌睡甚多。欧阳凌云于初八日赴金陵，晓岑于十一日抵皖。泽儿果起行东来否？如其来营，必约金二外甥与袁婿同来。甥到此读书可豁眼界，婿亦可略就范围耳。闻弟居家用费甚奢，务宜收啬，累世俭朴之风，不可尽改。至嘱至嘱。即问近好。

兄国藩手草

同治二年四月十四日

【译文】

澄弟左右：

我已经收到你三月二十五日从县城发出的信，从信中得知你已从长沙回来，并带陈婿夫妇回门。希庵的病情，不知近日如何？我在这里日夜盼望他的消息，真是度日如年啊！

六安州于本月初六解围，听说伪忠王因为太仓州被少荃中丞攻克，于是率领大部兵力回救苏州，无力再向上游进犯湖北了。这是湖北的幸运，也是我的幸运。鲍军现在从庐州进攻巢县，本月初九，萧为则与彭杏南攻下了桐城闸，毛竹丹、刘南云在初七那天攻破东关，北岸的局势有了很大的转机。苗沛霖又再次叛变了，围攻寿州已半月有余，城中军兵还能够坚守。城中只有五百士兵，苗的伎俩根本不足为惧。南岸芜湖、金柱关、宁国都很平安，徽州近几天也可以稍稍松一口气了，江西的北边近期内不会被敌军攻占，这些都是让人高兴的事。目前饷银虽然十分短缺，但是粮食储备还很充足，除了可以度过五、六、七三个荒月之外，估计还可以剩下二万多石谷子。

我身体平安，入夏后瞌睡很重，总爱睡觉。本月初八，欧阳凌云到达金陵，十一日，晓岑到达安徽。泽儿是否确实起程向东而来？如果他果真要到营中来，务必让他约金二外甥与袁婿一同前来。外甥到这里来读书，可以扩展一下他的眼界，在这里袁婿也可以稍微规矩些。听说你现在日常家居的费用很是奢侈，一定要严加收敛。我们家世代承袭勤俭朴素的家风，无论何时也不能背离。再三嘱咐此事。即问近好。

兄国藩手书

同治二年四月十四日

凡事不可过于奢华

以此一事推之，凡事皆当存谨慎俭朴之见。

【原文】

澄弟左右：

接弟九日中旬信，具悉一切。

此间近事，自石埭、太平、旌德三城投诚后，又有高淳县投诚，于十月初二日收复，东坝于初七日克复，宁国、建平于初六、初九日收复，广德亦有投诚之信，皖南即可一律肃清。淮上苗逆虽甚猖獗，而附苗诸圩因其派粮派人诛求无厌，纷纷叛苗而助官兵，苗亦必不能成大气候矣。

近与儿女辈道述家中琐事，知吾弟辛苦异常，凡关孝友根本之事，弟无不竭力经营。惟各家规模总嫌过于奢华。即如四轿一事，家中坐者太多，闻纪泽亦坐四轿，此断不可。弟曷不严加教责？即弟亦只可偶一坐之，常坐则不可。篾结轿而远行，四抬则不可；呢轿而四抬则不可入县城、衡城，省城则尤不可。湖南现有总督四人，皆有子弟在家，皆与省城各署来往，未闻有坐四轿。余昔在省办团，亦未四抬也。以此一事推之，凡事皆当存谨慎俭朴之见。

八侄女发嫁，兹寄去奁仪百两、套料裙实各一件。科三盖新移居，闻费钱颇多。兹寄去银百两，略为次助。吾恐家中奢靡太惯，享受太过，故不肯多寄钱物回家，弟必久亮之矣。即问近好。

同治二年十月十四日

【译文】

澄弟左右：

收到你九月中旬的来信，一切都知道了。

这里最近发生的事较多，自从石壤、太平、旌德三城的敌人投降以后，又有高淳县投诚，在十月初二收复，本月初七收复东坝，宁国、建平也在初六和初九收复，广德也传来要投诚的消息，皖南一带的敌人可以全部肃清了。淮上苗沛霖率领的敌军虽然很猖獗，可附属于苗军的各圩由于他摊派粮草、人力没有止境，纷纷背叛苗军转而帮助官军，因此苗沛霖也肯定成不了大气候。

近来与儿女们谈论起家务事，知道你非常辛苦，所有关于孝道友爱这类的重大事情，你全都尽心尽力加以经营。只是各家的规模显得太奢华了。比如说四人抬的轿子，家中人坐得太多了，听说连纪泽也坐起了四人抬的大轿，这是万万不行的。你为什么不严加管教与责罚呢？就是你也只可偶而坐坐，长期乘坐就不可以。远行可以坐箆轿，坐四人抬的大轿却不许；坐四人抬的呢轿就不许进县城和衡阳城，更不许去省城。现在湖南籍的总督有四个，每家都有子弟留在家中，都与省城各衙门有来往，没有听说有坐四人抬的大轿的。我从前在省里办团练时，也从没坐四人抬的大轿。从这件事推论，做任何事都应该保存谨慎俭朴的作风。

八侄女出嫁，现在寄去一百两奁仪、套料一件、裙料一件。科三盖新房并迁居，听说花费了许多钱财。现也寄去一百两银子，略微帮助他一下。我担心家里人奢侈成了习惯，过分讲究享乐，所以不肯多寄银钱与财物回家，你必然早就明白这个道理了。即问近好。

同治二年十月十四日

时刻牢记"勤""俭"二字

勤字工夫,第一贵早起,第二贵有恒;俭字工夫,第一莫着华丽衣服,第二莫多用仆婢雇工。凡将相无种,圣贤豪杰亦无种,只要人肯立志,都可以做得到的。

【原文】

字寄纪瑞侄左右:

前接吾侄来信,字迹端秀,知近日大有长进。纪鸿奉母来此,询及一切,知侄身体业已长成,孝友谨慎,至以为慰。

吾家累世以来,孝悌勤俭。辅臣公以上吾不及见,竟希公、星冈公皆未明即起,竟日无片刻暇逸。竟希公少时在陈氏宗祠读书,正月上学,辅臣公给钱一百,为零用之需。五月归时,仅用去一文,尚余九十九文还其父。其俭如此。星冈公当孙入翰林之后,犹亲自种菜收粪。吾父竹亭公之勤俭,则尔等所及见也。今家中境地虽渐宽裕,侄与诸昆弟切不可忘却先世之艰难,有福不可享尽,有势不可使尽。勤字工夫,第一贵早起,第二贵有恒;俭字工夫,第一莫着华丽衣服,第二莫多用仆婢雇工。凡将相无种,圣贤豪杰亦无种,只要人肯立志,都可以做得到的。侄等处最顺之境,当最富之年,明年又从最贤之师,但须立定志向,何事不可成?何人不可作?愿吾侄早勉之也。

荫生尚算正途功名,可以考御史。待侄十八九岁,即与纪泽同进京应考。然侄此际专心读书,宜以八股试帖为要,不可专恃荫生为基,总以乡试会试能到榜前,益为门户之光。

纪官闻甚聪慧,侄亦以立志二字,兄弟互相劝勉,则日进无疆矣。顺问近好。

涤生手示
同治二年十二月十四日

【译文】

字寄纪瑞侄左右：

近日我收到了侄儿的来信，只见字体端庄清秀，可知近来你的学问有很大的进步。纪鸿护送他母亲来到这里，我向他询问了一切，得知侄儿已长大成人，孝友谨慎，我很是欣慰。

我家世世代代孝悌勤俭。辅臣公以上的老人我没见过，竟希公、星冈公都是天没亮就起床，一天到晚没有片刻闲暇。竟希公年少时在陈氏宗祠读书，正月里开学，辅臣公给他铜钱一百文作为零用钱，到五月份回家时，只用去一文钱，还剩九十九文又交还其父，可见他年幼时就是如此节俭。星冈公更是以身作则，在我已经入了翰林之后，他仍勤于家务，竟然依旧亲自种菜收粪。我父亲竹亭公的勤俭，则是你们已经看到的。如今我们家境虽然逐渐宽裕，侄儿和各位兄弟切不可忘记先人的艰难，有福不可享尽，有势不可使尽。"勤"字功夫，第一贵在早起，第二贵在有恒心；"俭"字功夫，第一不穿华丽的衣服，第二不多用仆婢雇工。凡将相都不是天生的，豪杰圣贤也不是天生的，只要立志奋斗，克己守身，都可以做得到的。侄儿们如今正身处顺遂之境，正值年轻有为之际，明年又要跟随最好的老师学习，若立定志向，还有什么事做不成？什么样的人做不到呢？希望侄儿早早努力。

荫生也还是正途功名，可以考御史。等侄儿十八九岁了，就与纪泽一同进京应考。但现在侄儿要专心读书，应以八股试帖为主要功课，虽不能专恃荫生的功名做基石，总要乡试、会试能名列榜上，更添门户光彩。

听说纪官天资聪颖，侄儿你也应该用"立志"二字与兄弟们互相勉励，以求互相学习，日日进步。顺问近好。

叔涤生手示
同治二年十二月十四日

惜福贵乎勤俭

未有钱多而子弟不骄者也。吾兄弟欲为先人留遗泽，为后人惜余福，除却勤俭二字，别无做法。

【原文】

澄弟左右：

正月四日接弟十二月二十日排递之函，初七日接弟二十函（由谢绍武等人带来者）。些许寄件，何足云谢。

吾不欲多寄银物至家，总恐老辈失之奢，后辈失之骄，未有钱多而子弟不骄者也。吾兄弟欲为先人留遗泽，为后人惜余福，除却勤俭二字，别无做法。弟与沅弟皆能勤而不能俭，余微俭而不甚俭；子侄看大眼吃大口，后来恐难挽回，弟须时时留心。

大雪五日，平地四尺，此间军士极苦。沅弟初二以后，尚无来信。安庆合家平安，足慰远念。顺问近好。

同治三年正月十四日

【译文】

澄弟左右：

正月四日收到贤弟十二月二十日寄来的信函，初七又收到二十日寄来的信函（由谢绍武等人捎带的信）。我只是寄去了一些小的物件而已，不值得道谢。

我不想多寄钱物回家，总是害怕老一辈会失之奢侈、后辈会失之骄纵，从来没有钱多的人家子弟不骄奢的。我们弟兄要为先辈保留些恩惠，为后人珍惜一些福分，除了"勤俭"二字，没有别的办法。你和沅弟都能做到勤，但做不到俭。我只是有点俭而不是很俭。子侄们眼界高，花销大，以后恐怕难以挽回，这一点你要时时留意啊！

这次大雪已经连下了五天，平地积雪达四尺之深，这几天士兵们吃尽了苦头。沅弟自初二之后，都没有来信。安庆家中平安无事，无须挂念。顺问近好。

同治三年正月十四日

俭而奢易，奢而俭难

由既奢之后，而返之于俭，若登天然。

【原文】

澄弟左右：

接弟信，知临三生子，兰姊可慰于九泉矣。兹付去银十两为贺。五十侄女生子，亦寄十两为贺。请弟妥交。

此间近状平安。上海李军于十二日克复常州。金陵之贼外援已绝，计瓜熟蒂落之期当亦不远。惟米粮昂贵，且无处可买，颇以为虑。江西之贼自席军在金溪获胜，大局不致糜烂。然穷寇觅食纷窜，闽广两湖均属可虑，不可以其为残败之匪而忽之。如省城、衡州有与弟商及贼情者，宜互相诫慎也。

俭之一字，弟言时时用功，极慰极慰，然此事殊不易易。由既奢之后，而返之于俭，若登天然。即如雇夫赴县，昔年仅轿夫二名，挑夫一名，今已增至十余名。欲挽回仅用七八名且不可得，况挽回三四名乎？随处留心，牢记有减无增四字，便极好耳。顺问近好。

国潘手草

同治三年二月二十四日

【译文】

澄弟左右：

接到弟弟来信，得知临三生了儿子，这下可以告慰兰姊于九泉了。现在寄去十两白银表示祝贺。五十侄女生孩子，也寄去十两白银表示祝贺。请弟弟代为转交。

这里近来诸事平安。上海李少荃军已于十二日收复常州。金陵城中的敌军外援已经断绝，估计距离瓜熟蒂落的时间不会很远了。只是粮食昂贵，且无处可买，很为此忧虑。江西的敌人，自从席砚香军在金溪获胜，大局不至于崩溃。但我以为敌军为求得粮食，四处乱窜，则福建、广东、湖南、湖北都是让人担心的地方，决不可因为这是残敌而忽视他们。如果省城、衡州有与你讨论敌情的，应该互相告诫，慎之又慎。

　　一个"俭"字，弟弟说要时时用功，很令我欣慰，但这绝不是容易的事。由奢侈回到俭朴，如登天一样困难。就像雇民夫到县上，往年只有轿夫两名，挑夫一名，现在已增至十多名。要回到只有七八个人都做不到，何况要恢复到只有三四个人呢？随时都要留心，牢记"有减无增"四个字，就很好了。顺问近好。

国潘手书
同治三年二月二十四日

勤俭自勉以长保盛美

> 吾家子侄，人人须以勤俭二字自勉，庶几长保盛美。

【原文】

澄弟左右：

前接弟信，知已由李家送葬归来，具悉一切。

此间近状平安。沅弟之肝疾未平，湿毒更炽，克城封爵之后而郁抑之气并未稍减。余在金陵住二十余日，自六月二十五至七月初八九，沅弟心神不怡，初十日至二十日，察沅心怀似稍开豁，病亦日减。近与余相隔二十余日，情复郁结，疾亦略增。余定于初一日起程，再赴金陵，家眷亦于初间同去，并于二十一日具折，为沅弟告病开缺回籍调理。沅见归期已近，或可速痊。然起行总在十月，但能归家过年，不能赶十一月初三也。

纪鸿想已抵家，在署一年，已沾染贵公子气习否？吾家子侄，人人须以勤俭二字自勉，庶几长保盛美。观《汉书·霍光传》，而知大家所以速败之故；观金日䃅、张安世二传，解示后辈可也。即问近好。

涤生手示
同治三年八月二十四日

【译文】

沅弟左右：

前日接到弟的来信，得知弟已从李家送葬归来，具体细节已从信中得知。

沅弟的肝病仍未痊愈，湿毒又日益严重了。攻克金陵封爵之后，九弟的抑郁有增无减。我在金陵住了二十多日，自六月二十五至七月初八九，沅弟一直情绪低落，显然并不快乐。初十到二十日，我才察觉沅弟心怀似乎稍稍开朗一些，病情也逐日减轻了些。只是近来他与我已有二十多天不见，他的情绪又重新忧闷郁结，病情又跟以前一样了。我原定初一起程，之后去金陵，家眷也在月初同去，并于二十一日呈递了奏折，向朝廷请示为沅弟告病开缺，回籍调理。沅弟若知道归期临近，或许会有利于他的病情。不过起行最早也只能在十月，只能赶得上回家过年，至于十一月初三之前是不能抵达的了。

想必纪鸿已回到家了，在官署一年，他是否已沾染上贵公子习气？我家子侄，人人须以"勤俭"二字自勉，也许可长保家门盛美。仔细研读《汉书·霍光传》，就会知道有些名门望族之所以迅速败落的原因；再看金日䃅、张安世二人的传记，并为后辈讲解，让他们有所警醒就可以了。即问近好。

涤生手示

同治三年八月二十四日

撑持门户，宜自端内教始

尔等奉母在寓，总以勤俭二字自惕，而接物出以谦慎。

【原文】

字谕纪泽、纪鸿儿：

余于初四日自邵伯开行后，初八日至清江浦。闻捻匪张、任、牛三股开至蒙、亳一带，英方伯雉河集营被围，易开俊在蒙城，亦两面皆贼，粮路难通。余商昌岐带水师由洪泽湖至临淮，而自留此待罗、刘率队至，乃赴徐州。

尔等奉母在寓，总以勤俭二字自惕，而接物出以谦慎。凡世家之不勤不俭者，验之于内眷而毕露。余在家深以妇女之奢逸为虑，尔二人立志撑持门户，亦宜自端内教始也。

余身尚安，癣略甚耳。

涤生手示

同治四年闰五月初九日

【译文】

字谕纪泽、纪鸿儿：

初四这天我从邵伯起程，初八抵达清江浦。近日听说捻军张、任、牛三支已经侵占了蒙城、亳县一带，英方伯雉河集营被围困，易开俊在蒙城也两面受敌，粮路难通。我与昌岐商量，决定由他带水师从洪泽湖开到临淮去，而我就留下来等罗、刘率军到来再赶赴徐州。

你们在家侍奉母亲，要用"勤俭"两个字自我警惕，待人接物尤其要谦和谨慎。凡是各大世家望族中，有不勤俭、不节约的，在女眷身上体现得尤为明显，轻易就会显露出来。我在家时就很担心府中的女眷会染上奢侈安逸的恶习。你们兄弟俩如今在家中立志撑持门户，也应当从端正家风家教做起。

我身体还好，只是癣疾日渐严重。

父涤生手示

同治四年闰五月初九日

有紧有松，有发有收

全杖名声好，乃扯得活；若名声不好，专靠自己收藏之银，则不过一年，即用尽矣。

【原文】

侄国藩谨启叔父母亲大人万福金安：

九月十八日发第十三号信，是呈叔父者，二十一日发十四号信，是寄九弟者，想俱收到。二十三日四弟、六弟到京，体气如常。

二十四日皇上御门，侄得升翰林院侍讲学士。每年御门不过四五次，在京各官出缺，此时未经放人者，则候御门之日简放，以示"爵人于朝，与众共之"之意。侄三次升官，皆御门时特擢。天恩高厚，不知所报。

侄合室平安。身上疮癣尚未尽净，惟面上于半月内全好，故谢恩召见，不至陨越以贻羞，此尤大幸也。

前次写信回家，内有寄家毅然宗丈一封，言由长沙金年伯家寄去。心斋之母奠仪三十金，此项本罗苏溪寄者，托侄转交，故侄兑与周辑瑞用，由周家递金家。顷闻四弟言，此项已作途费矣。则毅然伯家奠分，必须家中赶紧办出付去，万不可失信。谢兴岐曾借去银三十两，若还来甚好，若未还，求家中另行办去。又黄麓西借侄银二十两，亦闻家中已收。

侄在京借银与人颇多，若侄不写信告家中者，则家中不必收取。盖在外与居乡不同，居乡间紧守银钱，自可致富；在外者有紧有松，有发有收，所谓大门无出，二门亦无入。全杖名声好，乃扯得活；若名声不好，专靠自己收藏之银，则不过一年，即用尽矣。以后外人借侄银者，仍使送还京中，家中不必收取。去年蔡朝士曾借侄钱三十千，侄已应允作文昌阁捐项，家中亦不必收取。盖侄言不信，则日后虽有求于人，人谁肯应哉？侄于银钱之间，但求四处活动，望堂上大人谅之。

又闻四弟、六弟言父亲大人近来常到省城县城，曾为蒋市街曾家说坟山事、长寿庵和尚说命案事。此虽积德之举，然亦是干预公事。侄现在京四品，外放是臬司。凡乡绅管公事，地方官无不衔恨。无论有理无理，苟非己事，皆不宜与闻。地方官外面应酬，心实鄙薄。设或敢于侮慢，则侄腼然为官不能免亲之受辱，其负疚当何如耶？以后无论何事，望劝父亲总不到县，总不到事，虽纳税正供，使人至县。伏求堂上大人鉴此苦心，侄时时挂念独此耳。

侄谨启
道光二十五年十月初一日

【译文】

侄国藩谨启叔父母大人万福金安：

九月十八日发出第十三封家信，是呈给叔父的，二十一日发出第十四封家信，是寄给九弟的，想必都已经收到。二十三日四弟、六弟到了京城，身体气色都还好。

二十四日举行皇上御门典礼，侄儿得以升任翰林院侍讲学士。皇上每年御门不过四五次，在京的官职有了空缺，这时没有经补缺的，就得等到御门典礼那天任命，表示人员的任用在临朝时办理，与大臣们一起决定的意思。侄儿三次升官，都是御门典礼时特别提拔的。皇上的恩典太高太厚了，不知怎样报答。

侄儿全家平安。身上疮癣还没有全好，只有脸上在半月内全好了，所以谢恩召见，不至于陨越留下笑柄，这真是天大的幸运。

前次写信回家，里面有给本家毅然宗丈的一封信，说从长沙金年伯家寄去。心斋的母亲去世，送了三十两奠礼，这款项本是罗苏溪寄来的，委托侄儿转交，所以侄儿把它兑与周辑瑞用，由周家送给金家。才听四弟说，这笔钱已经用作路费。那么毅然伯家中的奠礼，必须由家中赶快寄出，千万不能失信。谢兴岐曾借去三十两银子，如果还来就好，如果没有还，希望家中另外想办法。另外，黄麓西借了侄儿二十两银子，也听说家中已收到。

侄儿在京借给别人的钱很多，如果侄儿不写信告诉家里的，那么家中就不必收取。大概在外面与在乡下不同，住在乡下坚守住银钱，自然可以致富，在外面就有紧有松，有借有还，就是平时说的，大门没有出的，小门也没入的。全是倚仗名声好，才能活动开；如果声名不好，专门靠自己积蓄银子，那么不到一年，就用完了，以后外人借了侄儿银钱的，仍然让他送还到京中，家中不必收取。去年蔡朝士曾经借了侄儿三十千，侄儿已经答应作为给文昌阁的捐款，家中也不要收取。如果侄儿没有信用，那么将来即使有求于人，谁人肯答应？侄儿对于银钱的往来，只求四处活动，希望堂上大人谅解。

又听四弟、六弟说父亲大人近来经常到省城、县城，曾为蒋市街曾家说坟山一事、为长寿庵和尚游说人命案子的事。这虽然是积德之举，然而也是干预公事。侄儿现在京为四品官，外放就是臬司。凡是乡绅插手公事，地方官没有不怀恨在心的。不管有没有道理，只要不是自己的事，都不适合参与。你去找他，地方官表面上应酬你，心里其实看不起你；假如他敢侮辱你，那么侄儿腆颜为官却不能使亲人免受辱，那内心多么惭愧？以后无论什么事情，希望劝父亲不要总去县城，不要管闲事，即使纳税交粮，也只派人去办。请求堂上大人理解我的一片苦心，侄儿时时挂念的就只有这件事。

侄谨启
道光二十五年十月初一日

爱惜器物，条理有序

以后宜收拾完整，可珍之物固应爱惜，即寻常器件亦当汇集品分，有条有理。

【原文】

澄、温、沅、季老弟左右：

初九日芝三到省，接奉父大人手谕及澄、季、芝生各信，具悉一切。余于初八日具折谢恩，并夹片三件，兹一并抄录付回。

凡谕旨、章奏等件付至家中者，务宜好为藏弆。我兄弟五人，无一人肯整齐好收拾者，亦不是勤俭人家气象。以后宜收拾完整，可珍之物固应爱惜，即寻常器件亦当汇集品分，有条有理。竹头木屑，皆为有用，则随处皆取携不穷也。温弟在此住旬余，心平气和，论事有识，以后可保家中兄弟无纷争之事，余在外大可放心。

李筱泉之家眷欲寄居湘乡。一则省城虽防守甚严，而时时有寇至之虑；一则寓公馆比之居乡，其奢俭相去甚远。渠托江采五在中沙等处，又托余在二十三四都等处寻觅住居（渠遣一人来乡同觅，先至江采五处，后至我家），澄弟等为之留心，或在离我家二三十里之区择一善地，以省俭为主，渠光景甚窘也。余再三辞之，言我家尚难自保，且迁徙而避，又焉能庇及他人？渠意总欲居乡，缓急尚可藏匿山穴；至土匪抢劫，渠本无可抢云云。余不能再辞，澄弟可一为照拂之。

鲍提督于初八日出省至辰州住，塔智亭初十拟至岳州。余不一一，即请近佳。

兄国藩手草

咸丰四年五月初九巳刻

【译文】

澄、温、沅、季老弟左右：

初九日芝三到省城，为兄接奉父亲大人手谕以及澄弟、季弟、芝生各信，一切尽知。我于初八备好折子谢恩，连并夹片三件，现一起抄录寄回。

凡是谕旨、奏章等件寄至家中，务必好好收藏。我兄弟五人，无一人肯整理家务好好收拾东西的，这也不是勤俭人家的气象，以后应收拾完整。可珍爱的东西本应爱惜，就是寻常器件也应当汇集品评区分，做到有条有理。竹头木屑，都是有用的东西，则随处都可取之不尽。温弟在这里住一旬有余，心平气和，论事很有见识，以后可保证家中兄弟没有纷争，我在外大可放心。

李筱泉的家眷想要寄居于湘乡：一则省城虽然防守十分森严，但时时有贼寇（注：太平军）来侵扰的忧虑；二则借住公馆比起居住在乡里的奢俭程度相差很远。他托江采五在中沙等处，又托我在二十三四都等处寻找住房（他派一人到乡间一同寻找，先至江采五处，后至我家）。澄弟为他留心寻找，或可在离我家二三十里的区域选择一处好地，以省俭为主，因他的光景也很窘困。我再三推辞，说我家自身尚难保，并且要迁徙远处避祸难，又怎能庇护他人？他的意思是总想居住在乡间，一旦有急还可藏匿于山洞中；至于土匪抢劫，他说他本无东西可抢。我不能再推辞，澄弟可为他照应一下。

鲍提督于初八离开省城到辰州去住，塔智亭准备在初十抵达岳州。其余不一一说了，即问近好。

兄国藩手书
咸丰四年五月初九巳时

第六章 理财之道

居家以习劳苦为第一要义

仕宦之家，不蓄积银钱，使子弟自觉一无可恃，一日不勤，则将有饥寒之患，则子弟渐渐勤劳，知谋所以自立矣。

【原文】

澄侯、温甫、子植、季洪老弟足下：

十四日良五、彭四回家，寄去一信，谅已收到。

嗣罗山于十六日回剿武汉，霞仙亦即同去。近接武昌信息，知李鹤人于八月初二日败挫，金口陆营被贼踏毁。胡润芝中丞于初八日被贼踏破夆山陆营，南北两岸陆军皆溃，势已万不可支。幸水师尚足自立，杨、彭扎沌口。计罗山一军可于九月初旬抵鄂，或者尚有转机。即鄂事难遽旋转，而罗与杨、彭水陆依护，防御于岳鄂之间，亦必可固湘省北路之藩篱也。

内湖水师，自初八日以后迄未开仗，日日操演。次青尚扎湖口，周凤山尚扎九江，俱属安谧。葛十一于初八日在湖口阵亡，现在寻购尸首，尚未觅得，已奏请照千总例赐恤。将来若购得尸骸，当为之送柩回里。如不可觅，亦必醵金寄恤其家。此君今年大病数月，甫经痊愈，尚未复元，即行出队开仗。人劝之勿出，坚不肯听，卒以力战捐躯，良可伤悯。可先告知其家也。去年腊月二十五夜之役，监印官潘兆奎与文生葛荣册（即元五）同坐一船，均报阵亡，已入奏请恤矣。顷潘兆奎竟回至江西，云是夜遇渔舟捞救得生，则葛元五或尚未死，亦不可知，不知其家人中有音耗否？

余癣疾稍愈，今年七八两月最甚，为数年之第一次。近日诸事废弛，故得略痊。余俟续布，顺问近好。

甲三、甲五等兄弟，总以习劳苦为第一要义。生当乱世，居家之道，不可有余财，多财则终为患害。又不要过于安逸偷惰。如由新宅至老宅，必宜常常走路，不可坐轿骑马。又常常登山，亦可以练习筋骸。仕宦之家，不蓄积银钱，使子弟自觉一无可恃，一日不勤，则将有饥寒之患，则子弟渐渐勤劳，知谋所以自立矣。

再，父亲大人于初九日大寿，此信到日，恐已在十二以后。余二十年来，仅在家拜寿一次。游子远离，日月如梭，喜惧之怀，寸心惴惴。又十一月初三日为母亲大人七旬晋一冥寿，欲设为道场，殊非儒者事亲之道；欲开筵觞客，又乏哀痛未忘之意。兹幸沅弟得进一阶，母亲必含笑于九泉。优贡匾额，可于初三日悬挂。祭礼须极丰腆，即以祭余宴客可也。

我家挂匾，俱不讲究。如举人即用横匾"文魁"二字，进士即用横匾"进士"二字，翰林即用直匾"翰林第"（或用院字）三字，诰封用直匾"诰封光禄大夫"等字，优贡即用横匾"优贡"二字。如礼部侍郎不可用匾，盖官阶所历定也。前此用"进士及第"直匾亦属未妥。

昨接上谕，补兵部右侍郎缺。此缺二十九年八月曾署理一次，日内当具折谢恩。

澄侯弟在县何日归家？办理外事，实不易易，徒讨烦恼。诸弟在家，吾意以不干预县府公事为妥，望细心察之。即问近好。

父亲大人前跪禀万福金安、叔父大人前敬请福安。

兄国藩
咸丰五年八月二十七日早草于南康军中

【译文】

澄侯、温甫、子植、季洪老兄足下：

十四日良五、彭四回家，我寄去一封信，想必已经收到。

等罗山在十六日回师攻剿武汉，霞仙也马上同去。近日接到武昌的消息，得知李鹤人在八月二日失败，金口陆军营被敌人踏毁。胡润芝中丞在八日被贼兵踏破崒山的陆军营，南北两岸的陆军都已溃败，局势已经万万不能支撑。幸好水师还能够自立，杨、彭屯扎在沌口。估计罗山一军可在九月上旬到达湖北，也许战局还能有转机。就算湖北的局势难以马上扭转，而罗与杨、彭水陆两军相互依护，在岳阳、武汉之间防御敌人，也必定能够巩固湖南省北路的防线。

内湖水军，从八日到现在没有打仗，天天在操练。次青还驻扎在湖口，周凤山还驻扎在九江，两军都安静无事。葛十一于初八在湖口阵亡，现正在寻购尸首，还没有寻得，已经奏请按照千总的规格赐予优恤。将来如果寻得尸骸，应当护送灵柩回故里。如不能找到，也必定要凑钱寄恤他的家室。他今年得了几个月的大病，刚刚痊愈，还没有恢复元气，就率领队伍打仗。别人劝他不要出战，他坚决不听，最终力战捐躯，实在令人悲伤悯惜。可以把这件事先通知他家里。去年腊月二十五夜里的战斗，监印官潘兆奎与文生葛荣册（即元五）同坐一条船，两人都被上报阵亡，已上奏申请抚恤了。不久潘兆奎竟然回到了江西，说是晚上遇到渔船，因而被捞起，得以生还，那么葛元五还有没有死也不一定，不知道他家人有没有消息？

我的癣病稍有好转，今年七八月最厉害，是这几年的第一次。近日许多事情都荒废了，所以才有所好转。其余的以后再说，顺问近好。

甲三、甲五等兄弟，总是要以习惯劳苦作为第一件大事。生在乱世，居家之道就是不可有多余的财产，财产多了最终会成为祸害。做人又不能过于安逸懒惰。比如从新屋到老屋，必要常常走路，不能够坐轿骑马。而且要经常登山，也能够锻炼筋骨。官宦人家，不积存银钱，使家中子弟感到自我一无所恃，一日不勤劳，就有挨饥受寒的担忧，那么家中子弟会渐渐勤劳，知道必须有谋划，才能够自立。

另外，父亲大人的大寿在九日，这封信寄到时，可能已经在十二日以后。我二十年来，只在家中拜过一次寿。游子远离，日月如梭，高兴之余，惴惴不安。十一月三日是母亲大人七旬冥寿，想设道场，这又不是读书人的事亲之道；想开席请客，又缺乏哀痛未忘的心情。现在幸好沅弟进升一阶，听到这一消息，母亲必会含笑于九泉。优贡匾额，可在初三悬挂。祭礼要丰盛，就用祭祀的余宴招待宾客。

我家挂匾，都不讲究。如举人就用横匾写"文魁"二字，进士就用横匾写"进士"二字，翰林就用直匾写"翰林第"（或用"院"字）三字，诰封用直匾"诰封光禄大夫"等字，优贡就用横匾写"优贡"二字。如礼部侍郎不能用匾，是因为官阶不确定。先前这里用"进士及第"的直匾，也属于不妥当。

昨天接到上谕，命我补兵部右侍郎的缺。这个空缺二十九年八月曾经署理过一次，近几日应当具折谢恩。

澄侯弟在县城哪天才回家？办理外面的事务，实在不容易，白白寻找烦恼。各位兄弟在家，我的意见是不要干预县府的公事最好，希望细心体察我的话。即问近好。

父亲大人前跪禀万福金安，叔父大人前敬请福安。

兄国藩

咸丰五年八月二十七日早草于南康军中

第七章 为政之道

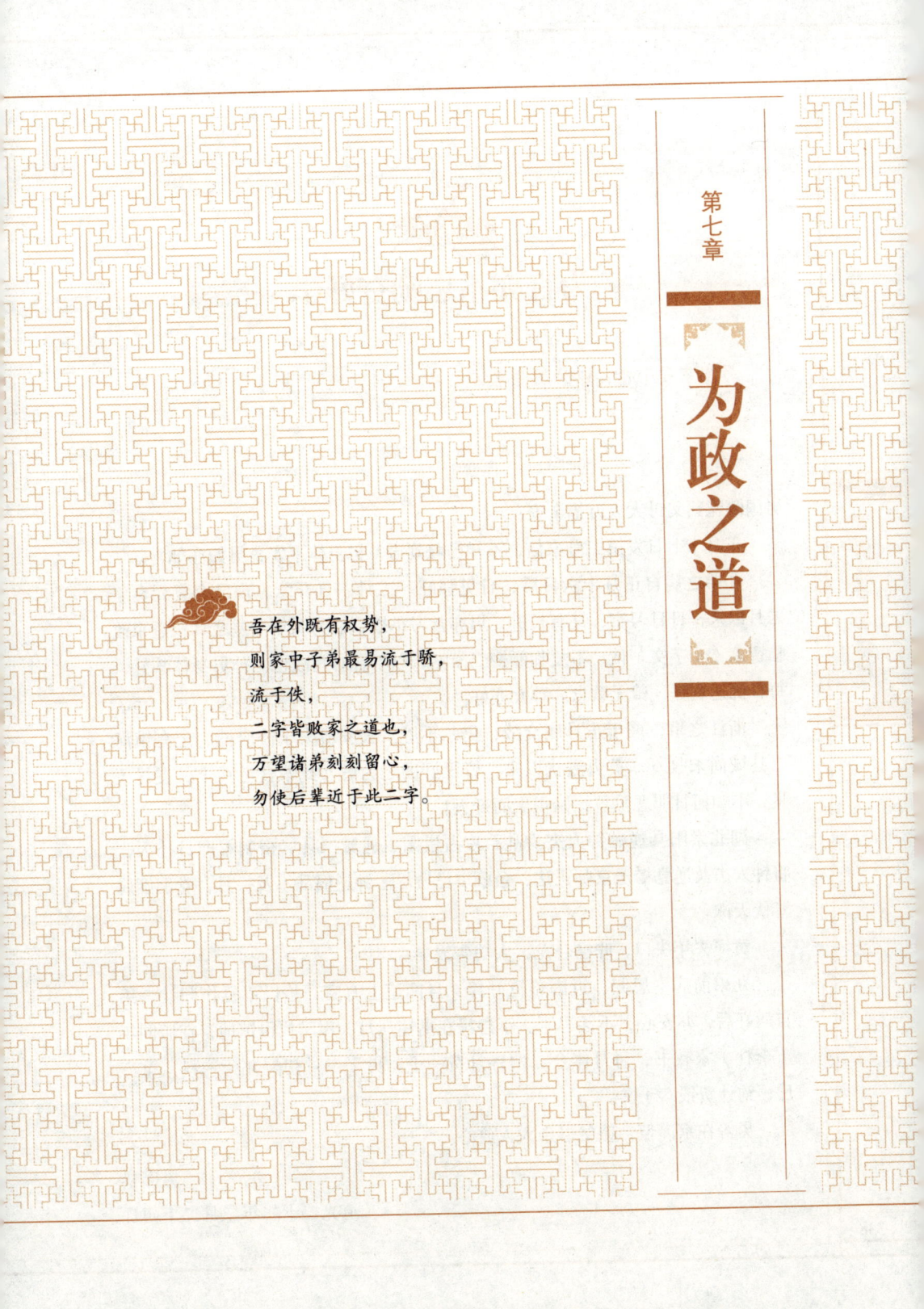

吾在外既有权势,
则家中子弟最易流于骄,
流于佚,
二字皆败家之道也,
万望诸弟刻刻留心,
勿使后辈近于此二字。

为官亦不忘勤奋好学

> 男亦常习小楷,以为明年考差之具。

【原文】

男国藩跪禀父母大人万福金安:

正月十七日发第二号家信,不知已收到否?男身体平安,男妇亦如常。

九弟之病自正月十六日后,日见强旺。二月一日开荤,现已全复元矣。二月以来,日日习字,甚有长进。男亦常习小楷,以为明年考差之具,近来改临智永《千字文》帖,不复临颜柳二家帖,以不合时宜故也。孙男身体甚好,每日佻达欢呼,曾无歇息。孙女亦好。

浙江之事,闻于正月底交战,仍尔不胜。去岁所失宁波府城、定海镇海二县城尚未收复。英夷滋扰以来,皆汉奸助之为虐。此辈食毛践土,丧尽天良,不知何日罪恶贯盈,始得聚而歼灭!

湖北崇阳县逆贼钟人杰为乱,攻占崇阳、通城二县。裕制军即日扑灭,将钟人杰及逆党槛送京师正法,余孽俱已搜尽。钟逆倡乱不及一月,党羽姻属皆伏天诛。

黄河去年决口,昨已合龙,大功告成矣。

九弟前病中思归,近因难觅好伴,且闻道上有虞,是以不复作归计。弟自病好后,亦安心,不甚思家。李碧峰在寓住三月,现已找得馆地,在唐同年(李杜)家教书,每月俸金二两,月费一千。男于二月初配丸药一料,重三斤,约计费钱六千文。

男等在京谨慎,望父母亲大人放心。

男谨禀
道光二十二年二月二十四日

【译文】

儿国藩跪禀父母亲大人万福金安：

正月十七发出第二封家信，不知家中可否收到？儿子最近身体平安，并无大碍，妻儿也都健康如常，安然无事。

九弟的病情已逐渐稳定，特别是自正月十六日之后，情况大为好转，身体也日渐强健。二月一日之后就可以吃荤腥了，现在已经全部康复了。自二月以来，九弟勤学苦练，字体大有长进。我最近也常抽出时间练习小楷，为明年的在职官员的考核作好充分的准备，只是近来改为临摹智永的《千字文》帖，而不再临摹颜柳二家的字帖了，儿子认为二人的字帖虽造诣颇深，但目前已经不合时宜。您的孙儿身体无恙，整日承欢膝下，打闹欢叫，不肯有一刻的停歇。孙女的身体也很好。

提起浙江的事，听说正月底与英国人交战，但结果却仍未获胜，而且去年失陷的宁波府城、定海镇海二县城仍在敌手，未得以收复。自英夷骚扰我大清以来，全靠汉奸走狗为他们出力相助，英夷才如此轻易得逞。这些汉奸辱没良心，丧尽天良，这些恶贯满盈的败类，不知要等到哪天才能受到应有的惩罚，得以聚而歼之！

湖北崇阳县反贼（当时的农民军）钟人杰等忤逆不道，犯上作乱，已经攻占了崇阳、通城二县。所幸裕制军即日就将这股势力消灭，并将钟人杰及其他主要案犯关进囚车，送达京城按律正法，余孽也被全部扫除。钟逆叛乱之后不到一个月的时间，他的党羽姻亲部属全被铲除，不留后患。

去年大雨不停，以致黄河决口，不过已于昨天合龙，大功告成。

九弟身在病中之时，时常想回家，近来病情好转，而且又难得找到合适的旅伴，又听说近日回家沿途并不太平，所以决计暂时不回南方了。自从九弟病好后，心意也逐渐安定下来，思家之心也不似从前迫切了。李碧峰寄居于儿子家里三个月，目前已经介绍在唐同年（李杜）家教书，每月薪金二两，月费一千，足可度日。儿子为治疗旧疾，于二月初配丸药一服，重三斤，共计花了约六千文钱。

儿等在京的一切事宜，自会小心谨慎地处理，父母亲大人尽可放心，不必因此劳神。

儿子谨禀
道光二十二年二月二十四日

第七章 为政之道

做官常存谦虚敬畏之心

而诸弟亦宜常存敬畏，勿谓家有人作官，而遂敢于侮人；勿谓己有文学，而遂敢于恃才傲人。

【原文】

四位老弟足下：

四月十六日，余寄第三号交折差，备述进场阅卷及收门生诸事，内附寄会试题名录一纸。十七日朱啸山南旋，余寄第四号信，外银一百两、书一包计九函，高丽参一斤半。二十五日冯树堂南旋，余寄第五号家信，外寿屏一架，鹿胶二斤一包、对联条幅扇子及笔共一布包。想此三信，皆于六月可接到。

树堂去后，余于五月初二日新请李竹坞先生（名如篪，永顺府龙山县人，丁酉拔贡，庚子举人）教书。其人端方和顺，有志性理之学，虽不能如树堂之笃诚照人，而已为同辈所最难得者。

初二早，皇上御门办事。余蒙天恩，得升詹事府右春坊右庶子。次日具折谢恩，蒙召见于勤政殿，天语垂问共四十余句。是日同升官者：李菡升都察院左副都御史，罗淳衍升通政司副使，及余共三人。余蒙祖父余泽，频叨非分之荣，此次升官，尤出意外，日夜恐惧修省，实无德足以当之。诸弟远隔数千里之外，必须匡我之不逮，时时寄书规我之过，务使累世积德不自我一人而堕。庶几持盈保泰，得免速致颠危。诸弟能常进箴规，则弟即吾之良师益友也。而诸弟亦宜常存敬畏，勿谓家有人作官，而遂敢于侮人；勿谓己有文学，而遂敢于恃才傲人。常存此心，则是载福之道也。

今年新进士善书者甚多，而湖南尤甚。萧史楼既得状元，而周荇农（寿昌）去岁中南元，孙芝房（鼎臣）又取朝元，可谓极盛。现在同乡诸人讲求词章之学者固多，讲求性理之学者亦不少，将来省运必大盛。

余身体平安，惟应酬太繁，目不暇给，自三月进闱以来，至今已满两月，未得看书。内人身体极弱，而无病痛。医者云必须服大补剂，乃可回元。现在所服之药与母亲大人十五年前所服之白术黑姜方略同，差有效验。儿女四人皆平顺如常。

去年寄家之银两，屡次写信求将分给戚族之数目详实告我，而至今无一字见示，殊不可解。以后务求四弟将账目开出寄京，以释我之疑。又余所欲问家乡之事甚多，兹另开一单，烦弟逐条对是祷！

兄国藩草
道光二十五年五月初五

【译文】

四位老弟左右：

四月十六日，我把第三封家信交给信差，信中详细叙述了进场阅卷及收门生等事的详情，信内还附有会试题名录一份。十七日朱啸山南归，我托他带回第四封家信，另外有一百两银子，书一包计九函，还有一斤半高丽参。二十五日冯树堂又回南方，我趁机托他带回第五封家信，外加一架寿屏，一包重两斤的鹿胶，对联条幅扇子及笔共一个布包。估计以上三封信，到六月份都可以收到。

自树堂离开之后，我于五月初二新请到李竹坞先生（名如笸，永顺府龙山县人，丁酉年的贡生，庚子年的举人）教书。此人仪表端庄，性情温顺和善，有志于性理之学，虽然不似树堂那样有笃朴诚实的品质来感染人，但在同辈中已算是非常难得的人了。

初二一大早，到皇上的御门办事，我蒙受天恩，得以升任詹事府右春坊右庶子。第二天写折子去谢恩，又蒙在勤政殿召见，皇上笑着问了我四十多句话。当日一同升官的还有：李菡升为都察院左副都御史；罗淳衍升为通政司副使。我蒙祖父余泽，多次得到超过我应得的荣耀，这次升官，尤其出乎意料，早晚恐惧反省，发现自己实在是没有什么德行能够让我接受这样的荣耀。弟弟们远隔几千里，要纠正我做得不好的地方，常常写信来规诫我的过错，务必使我家历代积累的德行，不从我这儿开始衰落。也许可以持盈保泰，得以免除颠覆的危险。诸弟若能常常规劝，那么弟弟们就是我的良师益友。而弟弟们也要时刻存有一种敬畏的心理，不要认为家里有人做官，就敢欺侮他人；不要认为自己有学问，就敢恃才傲物。常常谨记这一点才是获得福气之道。

今年的新进士，文章写得好的人很多，湖南的更多。萧史楼得了状元，周荇农（寿昌）去年中了南元，孙芝房（鼎臣）又得了朝元，可说是盛极一时了。现在同乡中很多人喜欢研究词章学问，研究性理的人也不少，将来湖南的气运一定还会更加兴盛。

我的身体健康，只是应酬太多，目不暇接，从三月进考场以来，到现在已经两个月，一直没有时间读书。你们嫂子的身体很弱，不过并没有什么大病。医生说："必须吃大补剂，才能复原。"现在吃的药，与母亲大人十五年前所吃的白术黑姜方大体相同，有点效果。儿女四人都平安。

去年寄到家里的钱，曾叫你们把分给戚族的数目详细地告诉我，而到如今没有一个字写来，实在不知道是为什么。请你们以后务必将账目寄来，以解除我的疑虑。还有，我很想知道家乡的事，已列出一个清单，烦请弟弟逐条解答，拜托了。

兄国藩书
道光二十五年五月初五

情愿吃亏，万不可与人构讼

我家既为乡绅，万不可入署说公事，致为官长所鄙薄。即本家有事，情愿吃亏，万不可与人构讼，令官长疑为倚势凌人。

【原文】

男国藩跪禀父母亲大人膝下：

五月初六日，男发第六号家信后，十七日接到诸弟四月二十二日在县所发信。欣悉九弟得取前列第三，余三弟皆取前二十名，欢慰之至。

诸弟前所付诗文到京，兹特请杨春皆改正付回。今年长进甚远，良可欣慰。向来六弟文笔最矫健，四弟笔颇笨滞，观其"为仁矣"一篇，则文笔大变，与六弟并称健者。九弟文笔清贵，近来更圆转如意。季弟诗笔亦秀雅。男再三审览，实堪怡悦。

男在京平安。十六七偶受暑，服药数帖，禁荤数日而愈，现已照常应酬。男妇服补剂已二十余帖，大有效验。医人云虚弱之症，能受补则易好。孙男女及合室下人皆清吉。

长沙馆于五月十二日演戏题名，状元南元朝元三匾，同日张挂，极为热闹，皆男总办，而人人乐从。头门对联云："同科十进士，庆榜三名元。"可谓盛矣。

同县邓铁松在京患吐血病，甚为危症，大约不可挽回。同乡有危急事，多有就男商量者，男效祖大人之法，银钱则量力资助，办事则竭力经营。

严丽生取九弟置前列，男理应写信谢他；因其平日官声不甚好，故不愿谢。不审大人意见如何？

我家既为乡绅，万不可入署说公事，致为官长所鄙薄。即本家有事，情愿吃亏，万不可与人构讼，令官长疑为倚势凌人，伏乞慈鉴。

男谨禀

道光二十五年五月二十九日

【译文】

儿国藩跪禀父母亲大人膝下：

五月六日，儿子发出第六封家信后，十七日接到弟弟们四月二十二日在县里发的信，得知九弟取得第三名，其他三位弟弟也都名列前二十名，心中十分欣慰。

弟弟们上次寄来的诗文，现在已经特地请杨春改正后寄回。今年弟弟们的进步都很快，令人欣慰。六弟向来文笔最矫健，四弟文笔很笨拙呆滞，最近看了四弟的"为仁矣"一篇，觉得他的文笔有了很大的转变，简直可与六弟媲美。九弟文笔清贵，近来更加圆转如意。季弟诗笔还是如此秀雅。儿将他们的文章审阅了几遍，实在是抑制不住内心的喜悦。

儿在京城很平安。十六七日偶尔中暑，吃了几服药，禁绝肉食，几天就好了，现在已经能照常进行工作应酬。儿妻服用二十余服补药，大有起色。医生说虚弱的症状，吃了补药能有效果就容易好。孙儿孙女及家中仆人也都好。

长沙馆在五月十二日演戏，题名状元、南元、朝元三匾，同一天张挂，很是热闹，都是儿子一手总办的，大家都乐于听从我的号令。头门的对联是："同拜十进士，庆榜三名元。"真可说是兴盛啊！

同县的邓铁松在京城近日大口吐血，状况十分危险，估计性命已经无法挽回了。同乡们遇上危急的事情，大多愿意来找我商量对策。儿仿效祖父大人的做事原则，钱财方面量力而行，给予帮助；办事方面，则竭尽全力。

严丽生将九弟列于前几名，儿理应写信谢谢他，但此人平日做官并无美名，影响不好，所以不愿谢。不知大人如何看待这件事？

我家既然是乡绅，万万不可到衙门里去谈论公事，那会招致当地官员的轻视。就是家中确实有事，也情愿自己吃亏，万万不可与人纠缠，惹上官司，那样即使我们有理，当地官员也会怀疑我们倚势欺人，恳乞父母亲大人明鉴。

儿子谨禀

道光二十五年五月二十九日

以做官发财为可耻

余自三十岁以来，即以作官发财为可耻，以官囊积金遗子孙为可羞可恨，故私心立誓，总不靠作官发财以遗后人。

至于兄弟之际，吾亦惟爱之以德，不欲爱之以姑息。

【原文】

澄侯、温甫、子植、季洪三弟足下：

正月初十发第一号家信，二月初八日发第二号家信，报升任礼部侍郎之喜，二十六日发第三号家信，皆由折差带寄。三月初一日由常德太守乔心农处寄第四号信，计托带银七十两、高丽参十余两、鹿胶二斤、一品顶戴三枚、礼服五副等件。渠由山西迂道转至湖南，大约需五月端午前后乃可到长沙。

余尚有寄兰姐、蕙妹及四位弟妇江绸棉外褂各一件，仿照去年寄呈母亲、叔母之样。前乔心农太守行时不能多带，兹因陈竹伯新放广西左江道，可于四月出京，拟即托渠带回。澄弟《岳阳楼记》，亦即托竹伯带回家中。

二月初四澄弟所发之信，三月十八日接到。正月十六七日之信，则至今未收到。据二月四日书云，前信着刘一送至省城，共二封，因欧阳家、邓星阶、曾厨子各有信云云。不知两次折弁何以未见带到？

温弟在省时，曾发一书与我，到家后未见一书，想亦在正月一封之中，此书遗失，我心终耿耿也。

温弟在省所发书，因闻澄弟之计，而我不为揭破，一时气忿，故语多激切不平之词。余正月复温弟一书，将前后所闻温弟之行，不得已禀告堂上，及澄弟、植弟不敢禀告而误用诡计之故一概揭破。温弟骤看此书，未免恨我，然兄弟之间，一言欺诈，终不可久。尽行揭破，虽目前嫌其太直，而日久终能相谅。

现在澄弟书来，言温弟鼎力办事，甚至一夜不寐，又不辞劳，又耐得烦云云。我闻之欢喜之至，感激之至。温弟天分本高，若能改去浪荡一路，归入勤俭一边，则兄弟之幸也，合家之福也。我待温弟似乎近于严刻。然我自问此心，尚觉无愧于兄弟者，盖有说焉。

大凡作官的人，往往厚于妻子而薄于兄弟，私肥于一家而刻薄于亲戚族党。余自三十岁以来，即以作官发财为可耻，以宦囊积金遗子孙为可羞可恨，故私心立誓，总不靠作官发财以遗后人。神明鉴临，余不食言。此时侍奉高堂，每年仅寄些须，以为甘旨之佐。族戚中之穷者，亦即每年各分少许，以尽吾区区之意。盖即多寄家中，而堂上所食所衣亦不能因而加丰，与其独肥一家，使戚族因怨我而并恨堂上，何如分润戚族，使戚族戴我堂上之德而更加一番钦敬乎？

将来若作外官，禄入较丰，自誓除廉俸之外，不取一钱。廉俸若日多，则周济亲戚族党者日广，断不蓄积银钱为儿子衣食之需。盖儿子若贤，则不靠宦囊，亦能自觅衣饭；儿子若不肖，则多积一钱，渠将多造一孽，后来淫逸作恶，必且大玷家声。故立定此志，决不肯以作官发财，决不肯留银钱与后人。若禄入较丰，除堂上甘旨之外，尽以周济亲戚族党之穷者。此我之素志也。

至于兄弟之际，吾亦惟爱之以德，不欲爱之以姑息。教之以勤俭，劝之以习劳守朴，爱兄弟以德也；丰衣美食，俯仰如意，爱兄弟以姑息也。姑息之爱，使兄弟惰肢体、长骄气，将来丧德亏行。是即我率兄弟以不孝也，吾不敢也。我仕宦十余年，现在京寓所有惟书籍、衣服二者。衣服则当差者必不可少，书籍则我生平嗜好在此，是以二物略多。将来我罢官归家，我夫妇所有之衣服，则与五兄弟拈阄均分。我所办之书籍，则存贮利见斋中，兄弟及后辈皆不得私取一本。除此二者，余断不别存一物以为宦囊，一丝一粟不以自私。此又我待兄弟之素志也。恐温弟不能深谅我之心，故将我终身大规模告与诸弟，惟诸弟体察而深思焉。

去年所寄亲戚各项，不知果照单分送否？杜兰溪为我买《皇清经解》，不知植弟已由省城搬至家中否？

京寓一切平安。纪泽《书经》读至《冏命》。二儿甚肥大。易南谷开复原官，来京引见，闻左青士亦开复矣。同乡官京中者，诸皆如常。余不一一。

兄国藩手草
道光二十九年三月二十一日

再者，九弟生子大喜，敬贺敬贺。自丙午冬葬祖妣大人于木兜冲之后，我家已添三男丁，我则升阁学，升侍郎，九弟则进学补廪。其地之吉，已有明效可验。我平日最不信风水，而于朱子所云"山环水抱""藏风聚气"二语，则笃信之。木兜冲之地，余平日不以为然，而葬后乃吉祥如此，可见福人自葬福地，绝非可以人力参与其间。家中买地，若出重价，则断断可以不必；若数十千，则买一二处无碍。

宋湘宾去年回家，腊月始到。山西之馆既失，而湖北一带又一无所得。今年因常南陔之约重来湖北，而南陔已迁官陕西矣。命运之穷如此！去年曾有书寄温弟，兹亦付去，上二次忘付也。

李笔峰代馆一月，又在寓抄书一月，现在已搬出矣。毫无道理之人，究竟难与相处。庞省三在我家教书，光景甚好。邹墨林来京捐复教官，在元通观住，日日来我家闲谈。长沙老馆，我今年大加修整，人人皆以为好。

琐事兼述，诸惟心照。

【译文】

澄侯、温甫、子植、季洪足下：

正月十日发第一封家信、二月八日发第二封家信，是告诉我升任礼部侍郎的喜讯，二十六日发第三封家信，都由折差带回。三月初一从常德太守乔心农那里寄第四封家信，共计托带银子五十两、十多两高丽参、两斤鹿胶、三枚一品顶戴、五件礼服等物品。他从山西绕道转到湖南，大约得在端午节前后才能到达长沙。

我还寄给兰姐、蕙妹以及四位弟妹江绸棉外褂各一件，仿照去年寄给母亲、叔母的样式。前次乔心农太守走时不能多带行李，现在因为陈竹伯外放任广西左江道，可以四月出京，打算委托他带回去。澄弟的《岳阳楼记》，也就托付竹伯带回家中。

二月初四澄弟所寄出的信，三月十八日收到。正月十六七的信，到今天也没有收到。根据二月初四信中所说，之前派刘一送到省城，共有两封，因为欧阳家、邓星阶、曾厨子各都有信等等。不知为什么两次都没有带到？

温弟在省城时，曾寄了一封信给我，到家后没有见到一封信，想来也在正月的那封信当中。这封信的遗失，总让我心中耿耿于怀。

温弟在省城所寄出的信，因为听说了澄弟的诡计，而我又不把他揭穿，一时气愤，所以话语多有激切不平之词。我正月回了温弟一封信，把前后听说的温弟的行为，和澄弟、植弟不敢禀告而误用诡计的缘故全部说出来，禀告了堂上大人。温弟看了此信，不免会恨我，然而兄弟之间，虽可一句话骗过，终不能长久。全部揭穿，虽然目前嫌我太直，而时间久了最终能互相谅解。

现在澄弟来信，说温弟尽力办事，甚至一夜不睡，又不辞劳苦，又很耐烦等等。我听到这十分欢喜，十分感激。温弟天分本来就高，若能改掉放荡一类的毛病，回到勤俭方面上来，那么是兄弟的幸运、全家的福气。我对待温弟似乎太苛刻、严厉，然而我扪心自问，仍然觉得无愧于兄弟之情，大概是有道理的。

大凡做官的人，往往对妻子宽厚而对兄弟刻薄，肥富自家而对亲戚族党刻薄。我从三十岁以来，就把靠做官来发财以为可耻，把宦囊积钱留给子孙当作可羞可恨，所以私下立誓，决不依靠做官发财，神明可鉴别，我不会食言。现在侍奉父母，每年也只寄少些，作为吃些好东西的费用。宗族亲戚中贫穷的，也是每年各分给少些，以尽到我一点心意。大概即使多寄钱给家中，但堂上大人吃的穿的也不能因此而丰厚，与其独自肥一家，而使宗族亲戚因为埋怨我而憎恨堂上大人，还不如分给宗族亲戚，使他们感谢我堂上大人的恩德而更多一些钦服敬重。

将来如果在外地做官，俸禄较为丰厚，自己发誓除廉俸之外，不拿一分钱。廉俸如果一天天增多，那么周济亲戚族人的范围越广，决不蓄积银钱作为儿子的衣食之需。儿子如果贤明，那么不靠官囊，也能够自己去找衣食；儿子如果不肖，那么多积一钱，他将多造一份孽，将来淫逸作恶，必定大坏家庭名声。所以下定了这个决心，决不肯靠做官来发财，决不肯留银钱给后人。如果俸禄收入较为丰厚，除供父母美味之外，尽量用来周济亲戚族人中的贫穷者。这是我一直的志向。

至于兄弟之间，我也用德去爱他们，不愿用姑息去爱他们。用勤劳俭朴教导他们，用习劳守朴来规劝他们，这是用德去爱护兄弟；丰衣美食，一切如意，这是用姑息去爱兄弟。姑息的溺爱，使兄弟肢体懒惰，骄气增长，将来丧失德行，这就是我用不孝来作兄弟们的表率，我不敢这么做。我为官十多年，现在京中寓所全部东西只是书籍、衣服两样。衣服是当差者必不可少的；书籍则是我生平的嗜好，所以这两样东西稍多。将来我罢官回家，我夫妇所有的衣服，就与五兄弟抓阄平分；我所置办的书籍，就贮存在利见斋中，兄弟和后辈都不得私取一本。除这两样，我决不另外存一物作为私财，一丝一粟不占为己有，这又是我对待兄弟的素来的志向。担心温弟不能深深理解我的心，所以将我一生大的打算告诉各位兄弟，只希望兄弟们体察而深思。

去年寄给亲戚的各种款项，不知是不是当真照单分送的？杜兰溪为我买的《皇清经解》，不知植弟是不是已经从省城搬到家中？

京中寓所一切平安。纪泽《书经》读到《同命》，两个儿都很肥胖。易南谷已经官复原职，来到京中引见，听说左青士亦官复原职。同乡在京城中为官的人，都如往常，余不一一。

兄国藩手书
道光二十九年三月二十一日

还有，九弟生得儿子是大喜之事，恭喜恭喜。从丙午年冬天埋葬祖妣大人于木兜冲之后，我家已经添了三个男孩，我则升任阁学、升任侍郎，九弟也进入学馆补了廪生。这块地的吉祥，已经有了明显的应验。我平日最不信风水，而对于朱子所说的"山环水抱"、"藏风聚气"两句话，则深深相信。木兜冲之地，我平日不以为然，而葬后是如此吉祥，可见福人自会葬入福地，绝不是人力能够参与其中的。家中要买地，对方出高价，则是绝对没有必要，如果只要几十千，那么买一两处无妨。

宋湘宾去年回家，腊月才到。山西学馆已经失掉，而在湖北一带又一无所得。今年因为常南陔的约定又来湖北，而南陔已经升官到陕西去了。他的命运如此穷困！去年曾有信寄给温弟，现在也附寄过去，上两次忘寄了。

李笔峰在馆中代教一个月，后又在寓所抄书一个月，现在又搬出去了。毫无道理的人，终究难以相处。庞省三在我家教书，光景很好。邹墨林来京捐复教官，住在元通观，天天到我家来闲谈。长沙老馆，我在今年大加修整，人人都认为好。

说了许多琐事，兄弟们心中自明。

凡行公事，须深谋远虑

凡行公事，须深谋远虑。

【原文】

澄侯、温甫、子植、季洪四位老弟足下：

八月十四日发第九号信，至十七日接到家信第七、第八二号，欣悉一切。

左光八为吾乡巨盗，能除其根株，扫其巢穴，则我境长享其利，自是莫大阴功。第湖南会匪所在勾结，往往牵一发而全身皆动。现在制军程公特至湖南，即是奉旨查办此事。盖恐粤西匪徒穷窜，一入湖南境内，则楚之会匪因而窃发也。左光八一伙，想尚非巨伙入会者流，然我境办之，亦不可过激而生变。现闻其请正绅保举，改行为良，且可捉贼自效，此是一好机会。万一不然，亦须相机图之，不可用力太猛，易发难收也。

公议粮饷一事，果出通邑之愿，则造福无量。至于帮钱垫官之亏空，则我家万不可出力。盖亏空万六千两，须大钱三万余千，每都畿须派千串。现在为此说者，不过数大绅士一时豪气，为此急公好义之言。将来各处分派，仍是巧者强者少出而讨好于官之前，拙者弱者多出而不免受人之勒。穷乡殷实小户，必有怨声载道者。且此风一开，则下次他官来此，既引师令之借钱办公为证，又引朱令之民帮垫亏为证，或亦分派民间出钱帮他，反觉无辞以谢。若相援为例，来一官帮一官，吾邑自此无安息之日。

凡行公事，须深谋远虑。此事若各绅有意，吾家不必拦阻；若吾家倡议，则万万不可。且官之补缺皆有保法，何缺出轮何班补，虽抚藩不能稍为变动。澄弟在外多年，岂此等亦未知耶？朱公若不轮到班，则虽帮垫亏空，通邑挽留，而格于成例，亦不可行。若已轮到班，则虽不垫亏空，亦自不能不补此缺。间有特为变通者，督抚专折奏请，亦不敢大违成例。季弟来书，若以朱公之实授与否，全视乎亏空之能垫与否，恐亦不尽然也。

曾仪斋若系革职，则不复能穿补子；若系大计休致，则尚可穿。

季弟有志于道义身心之学，余阅其书，不胜欣喜。凡人无不可为圣贤，绝不系乎读书之多寡。吾弟诚有志于此，须熟读《小学》及《五种遗规》二书。此外各书能读固佳，不读亦初无所损。可以为天地之完人，可以为父母之肖子，不必因读书而后有所加于毫末也。匪但四六古诗可以不看，即古文为吾弟所愿学者，而不看亦自无妨。但守《小学》《遗规》二书，行一句算一句，行十句算十句，贤于记诵词章之学万万矣。

季弟又言愿尽孝道，惟亲命是听。此尤足补我之缺憾。我在京十余年，定省有阙，色笑远违，寸心之疚，无刻或释。若诸弟在家能婉愉孝养，视无形，听无声，则余能尽忠，弟能尽孝，岂非一门之祥瑞哉？愿诸弟坚持此志，日日勿忘，则兄之疚可以稍释，幸甚幸甚。书不十一，余俟续具。

兄国藩手草
咸丰元年八月十九日

【译文】

澄侯、温甫、子植、季洪四位老弟足下：

八月十四日发出第九封家信，到十七日接到第七、第八两封家信，很高兴得知家中的一切情况。

左光八是我们乡里最大的盗匪，若能彻底将其铲除，扫平他的巢穴，那家乡的百姓就能长期过上和平安定的日子，这自然是莫大的阴功。不过湖南各地的会党帮匪狼狈为奸，互相勾结，所以一旦触及一处，往往牵一发而动全身。如今制军程公特地赶来湖南，就是奉圣旨查办此事。之所以如此重视，估计是害怕广西西部的匪徒途穷末路之时，抱头乱窜，一旦窜入湖南境内，则湖南地区的会党帮匪一定会伺机闹事。左光八这一股，我想还不是大团伙，不过若我们家乡去惩办他，不可以太过激了，使他发生变故。听说他们请了体面的绅士出面保举，去恶从善，而且可以为朝廷捉贼自救，这是一个极好的时机，万一不行，也要抓住机会采取措施，不可用力太猛，发动攻剿容易，收拾残局便难了。

关于公议粮饷一事，若果真是家乡父老的要求，那么带来的福利是极丰厚的。至于出钱出力垫支官府的亏空，则我们家万万不可盲目出力。官府的亏空大约有一万六千两银子，需垫付大钱三万余千，京城地区每户都要摊派千串才能填补。如今提出此项建议的，都是几个大绅士，不过是他们一时夸海口，以致说出这种急功好义的话。若将来真的到各家轮番分派，一定是投机取巧的富人家伺机弄诈，不肯出钱，反而在官府面前讨好；而老实的弱势者不仅要多出钱财，还不免要受奸诈者趁机勒索。如此一来，穷乡僻壤的小户人家，一定会怨声载道。况且这种风气一旦形成，则下任官员上任之后，便会引用这个借钱办公为例证，而且会援引朱县令在任之时百姓出钱垫付官府亏空为例证，也分派民间出钱帮他，那时反而没有话好拒绝人家，如果这样攀比起来，来一个官员，要帮一个官员，我们的家乡从此将永无宁日了。

凡是承办公家之事，都需要思虑成熟之后方可行事。此事如各位绅士都有意办，我家不必拦阻；如由我家倡议，则万万不可。况且历届官位的补缺，都有固定的规定，哪个官位缺空，轮到哪个班次的人去替补，这些事情即使是抚台也不能擅作主张稍为变动。澄弟在外多年，难道还不懂这个道理吗？朱公如果没有轮到班，那么虽说帮他垫付了亏空，全县的人挽留，仍因这种惯例的限制而行不通，如果已经轮到班，那虽说不垫付亏空，也自然不能不补这个缺，间或有特别变通办理的，要督抚专门写奏折请示，恐怕也不能依此成例。

曾仪斋如果是革职，那不能再穿补子，如果是因为吏部三年一次的考绩中改休的，还可以穿。

季弟有志于仁义道德、修身养性的学问，我看了信，心中很是欣慰。凡人只要有志，都可成为圣贤，绝不在于读书的多少。我弟若果真有志于此，则需要熟读《小学》和《五种遗规》两书。此外其他书能读固然好，不读也没有什么损害。可以做天地间的完人，可以做父母的孝子，不必因为读书而增加一丝一毫。不但四六文和古诗可以不看，就是古文这种我弟所愿学的，不看也无大碍。只要谨守《小学》《五种遗规》两书，实行一句算一句，实行十句算十句，比诵词章强万倍。

季弟又说愿意尽孝道，唯亲命是听，这尤其可以弥补我的缺憾。我在京城十多年，既不能定期省亲，又不能在身边逗笑取悦父母，内心十分惭愧，没有一天可以放下这桩心病。如弟弟们在家，能够委婉愉悦孝顺堂上大人，一点一滴，默默地实行，那么，我能尽忠，弟弟能尽孝，那难道不是我家的祥瑞之气象吗？唯愿弟弟们能坚守这个志向，日日谨记于心，那么为兄我的内疚就可以稍稍得以减轻，幸甚幸甚。其他就不一一再写了，容后再说吧。

兄国藩手书
咸丰元年八月十九日

不可以为有损架子而不为

凡一家之中，勤敬二字能守得几分，未有不兴；若全无一分，未有不败。和字能守得几分，未有不兴；不和未有不败者。

【原文】

澄侯、温甫、子植、季洪四弟足下：

久未遣人回家，家中自唐二、维五等到后亦无信来，想平安也。

余于二十九日自新堤移营，八月初一日至嘉鱼县。初五日自坐小舟至牌洲看阅地势，初七日即将大营移驻牌洲。水师前营、左营、中营自又七月二十三日驻扎金口。二十七日贼匪水陆上犯，我陆军未到，水军两路堵之，抢贼船二只，杀贼数十人，得一胜仗。罗山于十八、二十三、二十四、二十六等日得四胜仗。初四发折俱详述之，兹付回。

初三日接上谕廷寄，余得赏三品顶戴，现具折谢恩，寄谕并折寄回。余居母丧，并未在家守制，清夜自思，局促不安。若仗皇上天威，江面渐次肃清，即当奏明回籍，事父祭母，稍尽人子之心。

诸弟及儿侄辈务宜体我寸心，于父亲饮食起居十分检点，无稍疏忽；于母亲祭品礼仪，必洁必诚；于叔父处敬爱兼至，无稍隔阂。兄弟妯娌总不可有半点不和之气。凡一家之中，勤敬二字能守得几分，未有不兴；若全无一分，未有不败。和字能守得几分，未有不兴；不和未有不败者。诸弟试在乡间将此三字于族戚人家历历验之，必以吾言为不谬也。

诸弟不好收拾洁净，比我尤甚，此是败家气象。嗣后务宜细心收拾，即一纸一缕、竹头木屑，皆宜捡拾，以为儿侄之榜样。一代疏懒，二代淫佚，则必有昼睡夜坐、吸食鸦片之渐矣。四弟、九弟较勤，六弟、季弟较懒。以后勤者愈勤，懒者痛改，莫使子侄学得怠惰样子，至要至要。子侄除读书外，教之扫屋、抹桌凳、收粪、锄草，是极好之事，切不可以为有损架子而不为也。

前寄来报笋殊不佳，大约以盐菜蒸几次，又咸又苦，将笋味全夺去矣。往年寄京有报竹，今年寄营有报盐菜。此虽小事，亦足见我家妇职之不如老辈也，因便付及，一笑，烦禀堂上大人。余不一一。

坐小舟至京口看营，船太动摇，故不成字。

咸丰四年八月十一日

【译文】

澄侯、温甫、子植、季洪四弟足下：

我已经有很长时间没有派人回家了，自从家中唐二、维五等来京之后，也再没有信来，想必家中一切都平安吧。

二十九日，我从新堤移营，八月初一到嘉鱼县，初五坐小船到牌洲察看地势，初七便把在大营移驻牌洲。水师的前营、左营、中营，自闰七月二十三日驻扎金口，二十七日敌军分水陆两路进犯，我们的陆军没有到，由水师分两路堵击，抢到敌船两只，杀敌几十人，打了个胜仗，罗山在十八、二十三、二十四、二十六日等几天中，打了四个胜仗，初四发寄奏折，详细叙述此间的经过，现一并寄回。

八月初三接到皇上谕旨，赏赐我三品顶戴，现在已准备好谢恩的奏折，而且将廷寄、上谕连同奏折一并寄回。我正在服母丧，但因公务在身，并没有在家守丧。晚上独自反省之时，内心深感局促不安。如果仰仗皇上天威，江面上能够逐步肃清敌人，我便奏明皇上尽早回到家乡，以侍奉父亲，祭祀母亲，稍尽为人之子的一点孝心。

诸位弟弟和儿侄辈，务必体谅我这一份心意，在父亲饮食起居方面，要十分检点，不要有什么疏忽不到之处；对于我母亲的祭品、礼仪，一定要清洁，要诚心诚意；对叔父那边要做到敬爱双全，没有一点隔阂，兄弟姑嫂之间，总不可以有半点不和气。凡属一个家庭，"勤敬"两个字，能遵守到几分，没有不兴旺的；如果一分都没有遵守，没有不败落的。和字能遵守到几分，没有不兴旺的，不和没有不败落的。弟弟们试着在乡里把这三个字到家族亲戚中去逐一验证，就会觉得我所说的没有错。

弟弟们不爱干净，不爱收拾，比我还严重，这是败家的气象。以后务必要细心收拾，就连一纸一缕、竹头木屑，都应收拾干净，为子侄们树立榜样。第一代人懒散，第二代人便淫逸，则必定会有昼睡夜坐、吸食鸦片之类的败落迹象出现。四弟、九弟较勤，六弟、季弟较懒。以后勤快的要更勤快，懒的要痛改前非，不让子侄学坏样子，这十分重要。子侄们除了读书之外，教他们扫地、擦桌凳、收粪、锄草，都是极好的事，千万不要认为这有损所谓的架子而不愿躬身去做。

上次寄来的泡笋不如从前，大概是用盐菜蒸过几次，又咸又苦，把笋的味道全都掩住了。往年寄到京师的有泡竹，而今年寄到军营中的只有泡盐菜。这虽是小事，却足以显出我家妇女之功不如老一辈，渐渐懒散，技艺也不如往日。此事只是顺便提及，以资一笑。有烦弟弟们禀明父亲大人。其余的我不一一叙说。

由于写信时正坐小船到京口查看营地，船太摇晃，所以字体很不像样。

咸丰四年八月十一日

谨慎谦虚，时时省惕

吾在外既有权势，则家中子弟最易流于骄，流于佚，二字皆败家之道也。万望诸弟刻刻留心，勿使后辈近于此二字。

【原文】

澄、温、沅、季四位老弟左右：

二十五日着胡二等送家信，报收复武汉之喜。二十七日具折奏捷。初一日制台杨慰农（霈）到鄂相会，是日又奏二十四夜焚襄河贼舟之捷。初七日奏三路进兵之折，其日酉刻，杨载福、彭玉麟等率水师六十余船前往下游剿贼。初九日，前次谢恩折奉朱批到鄂。初十日，彭四、刘四等来营，进攻武汉三路进剿之折，奉朱批到鄂。

十一日，武汉克复之折奉朱批、廷寄、谕旨等件，兄署湖北巡抚，并赏戴花翎。兄意母丧未除，断不敢受官职。若一经受职，则二年来之苦心孤诣，似全为博取高官美职，何以对吾母于地下？何以对宗族乡党？方寸之地，何以自安？是以决计具折辞谢，想诸弟亦必以为然也。

功名之地，自古难居。兄以在籍之官，募勇造船，成此一番事业，名震一时，自不待言。人之好名，谁不如我？我有美名，则人必有受不美之名，与虽美而远不能及之名者。相形之际，盖难为情。兄惟谨慎谦虚，时时省惕而已。若仗圣主之威福，能速将江南肃清，荡平此贼，兄决意奏请回籍，事奉吾父，改葬吾母。久或三年，暂或一年，亦足稍慰区区之心，但未知圣意果能俯从否？

诸弟在家，总宜教子侄守勤敬。吾在外既有权势，则家中子弟最易流于骄，流于佚，二字皆败家之道也。万望诸弟刻刻留心，勿使后辈近于此二字。至要至要。

罗罗山于十二日拔营,智亭于十三日拔营,余十五六亦拔营东下也。余不一一。乞禀告父亲大人、叔父大人万福金安。

咸丰四年九月十三日

【译文】

澄、温、沅、季四位贤弟:

二十五日派胡二等送家信,报告收复武汉的喜讯。二十七日写奏折报捷。初一制台杨慰农到湖北相会,又报告了二十四日晚上烧掉襄河里敌船的胜利消息。初七上奏了三路进军的折子,当天酉时杨载福、彭玉麟等人率领水师六十多条船前往下游剿敌。初九在湖北接到前次谢恩信的朱批。初十,彭四、刘四他们来到军营,又接到三路进剿武汉的朱批。

十一日收复武汉的奏折送上去之后,接到的朱批和宫廷寄来的谕旨中,任命我出任湖北巡抚,赏戴花翎。我的意思是现在还在为母亲守孝,无论如何不能接受官职。如果我接受了,两年来我费尽心思去做的事,好像都是为了博取高官美职似的,那我还有何脸面去面对长眠于地下的母亲呢?又何以面对宗族乡党呢?又何以能够使自己心安呢?有鉴于此,我决定写个奏折向皇上辞谢,想来几位弟弟也会同意我这样做吧。

官场这个地方,自古难以久留。我以一个在任官员的名义,招募兵员,制造船舰,成就了一番事业,名震一时,自不必说。谁都喜好声名,有谁会不像我一样喜好声名呢?现在我有美名了,必定有人承受骂名,对比之下,更难为情。我只有谨慎谦虚,时时刻刻让自己警惕。倘若能够倚仗皇上的威望和福祉,尽快将江南的敌兵肃清、荡平,我就可以奏请皇上回到老家侍奉父亲,改葬母亲。多则三年,少则一年,这样也可以使我的心稍稍得到一点安慰。现在就不知道皇上是否会答应我这样做?

几位弟弟在家,最重要的是教育子侄要做到"勤敬"二字。我在外面有了权势,家里的子侄最容易骄傲奢侈、放荡不羁,"骄佚"二字是败家的根本原因。所以,万望几位弟弟每时每刻都要注意,不让后辈近于"骄佚"二字,这十分重要。

罗罗山十二日出发,智亭于十三日出发,我在十五六日也要出发,准备东下。别的就不说了。请禀告父亲大人、叔父大人,祝他们万福金安。

咸丰四年九月十三日

力尽人事，不存丝毫侥幸之心

> 我一人食此隆报，享此荣名，寸心兢兢，且愧且慎。
> 至军事之成败利钝，此关乎国家之福，吾惟力尽人事，不敢存丝毫侥幸之心。

【原文】

澄侯、温甫、子植、季洪四位老弟足下：

二十五日遣春二、维五归家，曾寄一函并谕旨、奏折二册。

二十六日，水师在九江开仗获胜。陆路塔、罗之军在江北蕲州之莲花桥大获胜仗，杀贼千余人。二十八日克复广济县城。初一日在大河埔大获胜仗，初四日在黄梅城外大获胜仗，初五日克复黄梅县城。该匪数万现屯踞江岸之小池口，与九江府城相对。塔、罗之军即日直至江岸，即可水陆夹击，能将北岸扫除，然后可渡江以剿九江府城之贼。自至九江后，即可专夫由武宁以达平江、长沙。

兹因魏荫亭亲家还乡之便，付去银一百两，为家中卒岁之资，以三分计之。新屋人多，取其二以供用；老屋人少，取其一以供用。外五十两一封，以送亲族各家，即往年在京寄回之旧例也。以后我家光景略好，此项断不可缺，家中却不可过于宽裕。因处乱世，愈穷愈好。

我现在军中声名极好，所过之处，百姓爆竹焚香跪迎，送钱米猪羊来犒军者络绎不绝。以祖宗累世之厚德，使我一人食此隆报，享此荣名，寸心兢兢，且愧且慎。现在但愿官阶不再进，虚名不再张，常葆此以无咎，即是持身守家之道。至军事之成败利钝，此关乎国家之福，吾惟力尽人事，不敢存丝毫侥幸之心。诸弟禀告堂上大人，不必悬念。

第七章 为政之道

冯树堂前有信来，要功牌百张，兹亦交荫亭带归。望澄弟专差送至宝庆，妥交树堂为要。衡州所捐之部照，已交朱峻明带去。外带照千张，交郭云仙，从原奏之所指也。朱于初二日起行，江隆三亦同归，给渠钱已四十千，今年送亲族者，不必送隆三可也。余不一一。

兄国藩书于武穴舟中
咸丰四年十一月初七日

【译文】

澄侯、温甫、子植、季洪四位老弟足下：

二十五日，我派春二、维五回家，曾经寄了一封信，另外还附寄了谕旨、奏折两册。

二十六日，水师在九江大获全胜。陆路塔齐布、罗山两军在江北蕲州的莲花桥也打了大胜仗，杀敌千余人。二十八日克复广济县城，初一在大河埔大获全胜，初四在黄梅县城外大获全胜，初五克复黄梅县城。敌军几万人，现屯踞江岸的小池口，和九江府城相对。塔、罗的军队，当日追到江岸，便可水陆同时进攻，可将北岸扫除，然后可以渡江进剿九江府之敌。自到九江后，便可有专人由武宁到达平江、长沙。

现因魏荫亭亲家近日回乡，我趁便让他捎带回去一百两银子，作为家中年终之用，这一百两银子可分三份使用。新屋人多，取其中两份；老屋人少，取其中一份。另外还有一封五十两的银子，用来送给亲戚族人各家，可按往年在京寄回的旧例分配。以后我家光景略好，这一项绝不可缺，家中不可以过于宽裕。因处在动乱年代，越穷越好。

如今我在军中很有威望，所过之处，百姓燃放爆竹，焚香跪拜，个个虔诚地迎接、恭送，还有送钱、米、猪、羊来犒劳军队的人，络绎不绝。因祖宗几代积累的厚德，而使我一个人享用如此丰厚的回报，享这么大的声誉，心里真是战战兢兢，谨慎而又心存惭愧。现在只愿官阶不再晋升，虚名不再扩大，能够谨守本分不出错，就是保身守家之道。至于军事上的成败胜负，关系到国家的荣辱祸福，我唯有尽力而为，不敢存丝毫的侥幸之心。请弟弟们如实禀告父亲大人，不必为我挂念。

冯树堂不久前来信说，要一百张功牌，现在也顺带交给荫亭带回去。希望澄弟派专差送到宝庆，妥善交给树堂为要。衡州所捐的部照，已交朱峻明带去。此外带照千张，交给郭云仙，这是遵从原奏的意旨。朱峻明已于初二出发，江隆三也一同回去，给他的钱已有四十千，今年送给亲戚宗族的钱，不必再给隆三。其余我不再一一叙说。

兄国藩书于武穴舟中
咸丰四年十一月初七日

居官以耐烦为第一要义

居官以耐烦为第一要义，带勇亦然。

【原文】

沅甫九弟左右：

十四日发第八号信，交春二等带往，并带璧还金、史两处银二百二十两，想将收到。是夕接弟初七夜信，得知一切。

贵溪紧急之说确否？近日消息何如？次青非常之才，带勇虽非所长，然亦有百折不回之气。其在兄处，尤为肝胆照人，始终可感。兄在外数年，独惭无以对渠，去腊遣韩升至李家，省视其家，略送仪物，又与次青约成婚姻，以申永好。目下两家儿女无相当者，将来渠或三索得男，弟之次女、三女可与之订婚，兄信已许之矣。

在吉安，望常常与之通信，专人往返，想十余日可归也。但得次青生还与兄相见，则同甘苦患难诸人中，尚不至留莫大之愧歉耳。

昔耿恭简公谓居官以耐烦为第一要义，带勇亦然。兄之短处在此，屡次谆谆教弟亦在此。二十七日来书有云"仰鼻息于傀儡膻腥之辈，又岂吾心之所乐"，此已露出不耐烦之端倪，将来恐不免于龃龉。去岁握别时，曾以惩余之短相箴，乞无忘也。

甲三《史》《汉》、"韩文"二月中可看毕，三月即看《近思录》《周易折中》《四书汇参》等书。一则使略知立身行己之大要，一则有益于制艺也。

李雨苍于十七日起行赴鄂。渠长处在精力坚强，聪明过人，短处在举止轻佻，言语伤易，恐咏公亦未能十分垂青。温甫弟于二十一日起程，大约三月半可至吉安也。

九弟妇日内痊愈，业在地下照料一切。辗转床褥已历弥月，亦由体气素弱之故。以后再服补剂，必有大裨，弟尽可放心。余不一一。

兄国藩手草
咸丰八年二月十七日

【译文】

沅甫九弟：

十四日寄出第八封家信，交春二等人带回来，并带回还给金、史二人的二百二十两银子，估计快要收到了。当天晚上就接到弟弟于初七晚上的信，从信中得知一切。

贵溪紧急的消息确实吗？现在的情况如何？次青是个了不起的人才，虽然不擅长带兵，但也有百折不挠的气概。他在我这里时，尤其是肝胆照人，始终让人感佩！我在外面这几年，仅对他一人感到内疚。去年腊月派韩升到李家去探望，稍微送了一点礼物，又和次青定下了亲事，以表明两家永远通好。眼下两家儿女没有相当的人，将来他第三个孩子是男孩，你的二女儿或三女儿可以和他家结亲，我把这个想法也对他说过了。

在吉安时，你要常常和他通信，派专人送去，往返十来天可以回来。只要次青能活着回来与我相见，那么和我同甘苦共患难的人当中，就不至于留下莫大的遗憾了。

过去耿恭简公说做官最重要的修养是耐烦，带兵也是如此。我的短处就在这一点上，多次恳切地教导你们的也是这一点。你在二十七日的来信中说"要我在那些傀儡腽腥们的手下做事，这哪里是我心里所乐意的"，这已露出了不耐烦的情绪，将来免不了会和人发生冲突。去年我们分别时，曾用我的短处劝诫于你，希望你不要忘了。

甲三在学习《史记》《汉书》、"韩文"，二月中旬可以看完，三月份就看《近思录》《周易折中》《四书汇参》等书。这些书一方面可以让他知道些立身处世的基本道理，一方面对他学习写八股文也有益处。

李雨苍十七日起程去湖北。他的长处是精力旺盛，聪明过人，短处是举止不庄重，言语容易伤人，恐怕咏公未必能看中他。温甫弟十一日起程，大约三月中旬可到吉安。

九弟妇由于身体历来较弱，这次生病卧床一个多月，近几天已经痊愈，可以下地照料一切事物了。以后再服些补药，一定会有好处的，弟弟尽管可以放心。其他的就不再一一说了。

兄国藩手书
咸丰八年二月十七日

戒骄傲、多言二弊

长傲、多言二弊，历观前世卿大夫兴衰及近日官场所以致祸福之由，未尝不视此二者为枢机。

【原文】

沅甫九弟左右：

二十日胡二等归，接弟十三夜书，具悉一切。所论兄之善处，虽未克当，然亦足以自怡。兄之郁郁不自得者，以生平行事有初鲜终，此次又草草去职，致失物望，不无内疚。

朱尧阶于初九日来家。刘霞仙侍其叔父镜湖于十三日来家，悉心诊视。先用开痰之剂，旋服解郁之方，日有效验。镜叟于十九日归去，以二十五日为季子完娶也，霞仙亦于二十三日归去。

长傲、多言二弊，历观前世卿大夫兴衰及近日官场所以致祸福之由，未尝不视此二者为枢机，故愿与诸弟共相鉴诫。弟能惩此二者，而不能勤奋以图自立，则仍无以兴家而立业。故又在乎振刷精神，力求有恒，以改我之旧辙而振家之丕基。弟在外数月，声望颇隆，总须始终如一，毋怠毋荒，庶几于弟为初旭之升，而于兄亦代为桑榆之补。至嘱至嘱。

次青奏赴浙江，以次青之坚忍，固宜有出头之一日，而咏公亦可谓天下之快人快事矣。

弟劝我与左季高通书问，此次暂未暇作，准于下次寄弟处转递。此亦兄长傲之一端。弟既有言，不敢遂非也。

家中四宅大小平安。纪泽尚未归，闻二十一日在省起行。韩升二十二日来家，渠二人当酌派一人前赴弟营。余不一一，顺问近好，统惟心照。

兄国藩手草
咸丰八年三月二十四日

【译文】

沅甫九弟左右：

二十日胡二等人回来之后，便接到弟弟十三日夜里所写的来信，一切情况我都已经知道。你在信中所说的为兄的优点，虽然我未必敢全部承担，但也足以使我高兴了。为兄近来之所以内心郁闷不平，是自忖自己平生做事有始无终，再加上这次又草草去职，致使很多人失望，心里感到内疚。

初九这天，朱尧阶来家。刘霞仙因服侍其叔父镜湖，于十三日来家，之后细心诊断治疗。先用化痰的药，再服解忧的药，效果日渐明显。镜叟十九日回去，准备二十五日为小儿子完婚。霞仙也于二十三日回去。

骄傲、多言是很难克服的两大弊病，历代卿大夫的兴衰和近代官场祸福起伏，无不与这两大弊病有关，所以愿意与各位弟弟一起鉴诫。弟弟能克服这两个弊病，却不能勤奋以图自立，仍然不能兴家立业。所以除了戒除两大弊病之外，还要振奋精神，持之以恒，以改变我家旧貌，重振我家基业。弟弟出门在外的这几个月，声望很高，应该始终如一，不懈怠、不荒废，也许弟弟的前途可以像太阳初升那样蒸蒸日上，这也是对为兄暮年不足的弥补。至嘱至嘱。

近日，次青上奏主动奔赴浙江，我相信以次青的坚韧之意志，总会有出头之日，而咏公所为也可以说是天下的大快人心之事。

弟弟提醒我写信问候左季高（左宗棠），这次暂时不得空，下次一定写好寄到弟弟处，由弟弟转递给左公。恐怕这也是我"傲"的一种表现吧。不过弟弟既然已经提出警示，我也不敢再继续错下去了。

家中四宅大小仍平安无事，无须挂念。只是纪泽还没有回来，听说二十一日在省城出发。韩升二十二日来家中拜访，我打算在他们两人中，选派一人到弟弟的营中供职。其他我不再一一说了，顺问近好，统唯心照。

兄国藩手书
咸丰八年三月二十四日

以勤字报君，以爱民报亲

吾惟以一勤字报吾君，以爱民二字报吾亲。

才识平常，断难立功，但守一勤字，终日劳苦，以少分宵旰之忧。

【原文】

沅弟、季弟左右：

十二早接弟贺信，系初七早所发，嫌到此太迟也。兄膺此巨任，深以为惧。若如陆、何二公之前辙，则贻我父母羞辱，即兄弟子侄亦将为人所侮。祸福倚伏之几，竟不知何者为可喜也。

默观近日之吏治人心，及各省之督抚将帅，天下似无戡定之理。吾惟以一勤字报吾君，以爱民二字报吾亲。才识平常，断难立功，但守一勤字，终日劳苦，以少分宵旰之忧。行军本扰民之事，但刻刻存爱民之心，不使先人之积累自我一人耗尽。此兄之所自矢者，不知两弟以为然否？愿我两弟亦常常存此念也。

沅弟"多置好官，遴选将才"二语，极为扼要。然好人实难多得，弟为留心采访，凡有一长一技者，兄断不敢轻视。

谢恩折今日拜发。宁国日内无信，闻池州杨七麻子将往攻宁，可危之至。

咸丰十年七月十二日

【译文】

沅弟、季弟左右：

十二日一早接到弟弟寄来的贺信，是初七一早发出的，我觉得到达的时间有些迟了。我担负着这么重大的任务，深感恐惧。如果我也走陆、何二人的老路，那会给父母带来羞辱，就是兄弟子侄也会被人看不起。祸和福联系得这样紧密，使人不知道什么是可喜的事。

细看近来官吏的管理之道、人心的动向，以及各省的督抚将帅的所作所为，天下似乎并没有一个固定不变的道理。我只有用一个"勤"字来报效皇上，用"爱民"二字来报答亲人。我这个人的才能和知识都很平常，肯定是难得立功的，但我能遵照勤字的要求，终日劳苦，大概能多少为皇上分一些忧虑。行军本来是骚扰百姓的事，如果时时刻刻能有爱民之心，不让祖先积累的德泽从我一人手中消耗殆尽。这是我自己的决心，不知你们认为对不对？希望你们也和我一样有这种想法。

沅弟"多置好官，遴选将才"两句话非常扼要。可是好人实在不容易多得，你帮我留心采访，凡有一技之长的都推荐给我，我定不会轻视。

谢恩的奏折今天发走了。宁国这两天没有消息，听说在池州的杨七麻子要攻打宁国，情势极其危险。

咸丰十年七月十二日

爱民必去害民之吏，治军必去蠹军之将

爱禾者必去稗，爱贤者必去邪，爱民必去害民之吏，治军必去蠹军之将，一定之理也。

【原文】

沅弟、季弟左右：

二十二日申刻接专丁二十日发缄，二十三日辰刻接马递十八、九两日发缄，得悉一切。应复各件，条列如左：

一、骆去文继，湖南局势不能不变。裕公赴粤，似难留。南公之局，且待文公莅任后，认准题目再行具奏。吾非怕硬也，恐难为南老耳。

一、建德二马业已到祁，尚有要证未到，难遽结案，一月后再说。

一、武明良改扎南岸甚好。添人之详，已照准矣。吾方欲另招一营以防南岸，添一哨岂不便益？

一、沈霍鸣已未令其当巡捕矣。渠好体面，保知县后即不愿当巡捕，例也，情也。咨回江西一切尚可略缓。

一、彭山屺因濠墙草率而摘顶，并革营务处，所以儆河溪兵也。现患疟未愈，迟当以中军位置之。

一、辛秉衡、李熙瑞均可留弟处当差。辛、李，卫、霍（西汉之名将）也，弟好待之。

一、细阅来图，办理真为妥善。战守既有把握，则皖城早迟终可成功。特守濠之法尚未详言及之，不知已定章程否？

一、纪泽以油纸摹欧字非其所愿，然古今书家实从欧公别开一大门径，厥后李北海及颜、柳诸家皆不能出其范围。学书者不可不一窥此宫墙也。弟作字大有心得，惜未窥此一重门户。如得有好帖，弟亦另用一番工夫，开一番眼界。纪泽笔乏刚劲之气，故令其勉强习之。

一、公牍之繁，深以为苦。节后少荃赴淮，仅余一手为之，则更苦矣。今日飞函去请意诚，不知其肯来否。

一、季弟错诸枉之道，极为当今要务。爱禾者必去稗，爱贤者必去邪，爱民必去害民之吏，治军必去蠹军之将，一定之理也。第所谓诸枉者何人？弟如有所闻，飞速告我。

日内闻广德收复，此心略为舒畅，然宁国尚未解围，焦灼仍深。字之忙乱，与九弟之忙相似。

咸丰十年七月二十三日

【译文】

沅弟、季弟左右：

我于本月二十二日申时接到了专丁二十日送来的信，二十三日辰时又接到驿马传来的十八、十九两日发来的信，现在信的内容我都已经知道了。信中提到的各项事情，现在都一一答复，排列如下：

一、骆已离职，现由文接任，如此一来，湖南的局势必然会发生变化。裕公打算前往广东，看来也很难挽留。关于南公的事情，暂且等到文公上任后，见机行事，再行奏明。这不是我欺软怕硬，而是不想让南公为难而已。

二、建德二马已经到达祁门，不过重要的证人尚未抵达，所以了结此案尚需时日，看来要等到一个月以后再说。

三、武明良改往南岸驻兵，这是件好事。增招兵勇的详细报告已被批准，所以我正准备另外招募一营兵勇，用以防守南岸，再增加一哨兵勇不是更方便吗？

四、我没有再让沈霍鸣当巡捕。这个人很爱面子，自从被保举做知县后就不愿再担任巡捕之职，不过这样的想法也是人之常情。我觉得回江西的一些相关事宜还可以再缓一缓，等等再说。

五、因草率修筑壕墙一事，彭山屺不仅被摘去顶戴花翎，而且革出营务处，原本的打算是儆戒河溪兵。如今他正患疟疾，尚未治愈，待痊愈之后，可以将他安置在中军的位置上。

六、辛秉衡、李熙瑞都可以留在你那儿效力。这两人并非一般的莽夫，都是如同西汉名将卫青、霍去病一样的俊才，你要好好提拔他们。

七、你寄来的军事形势图，我已经仔细审阅了，可见你将此事处理得非常稳妥。既然战与守都已经有把握，那么皖城之战迟早能取得胜利。防守壕沟的办法还没有具体详细说明，不知道是否已经定下了章程？

八、纪泽在来信中说不乐意用油纸临摹欧体字帖，但是纵观古今书法家的成就，可知他们其实都是在欧公的书法艺术的基础上另辟门径的，像后来的李北海与颜、柳等大家都没有脱离欧体的影响。但凡学习书法的人，一定要从欧体开始入门。你在书法习字方面很有心得，遗憾的是并没有真正领略到欧公书法中的神韵。如果有幸能找到好字帖，你也应该再下一番功夫练习一下，以开阔书法方面的眼界。纪泽下笔时，缺阳刚强劲之气，所以一定要督促他多多练习。

九、最近公文公务繁多，整日缠身，使我非常苦恼。过节后少荃赶赴淮地，只剩下我一个人处理那么多事，负担则更为繁重。今天我已经发出急信，请意诚前来相助，只是不知他是否愿意。

十、季弟认为现在要做的紧要之事，是学会如何处置各种小人。爱惜禾苗的人必然会尽量除去稗草，爱惜贤才的人必然会远离奸邪之徒，爱护百姓的人必然要惩治残害百姓的贪官污吏，要治理好军队就必须清除败坏军纪的将士，这些道理都是显而易见的。不过我还不知道你说的那些小人究竟是何人，你如果听到传闻，了解到实情后，请迅速来信告知。

近日听说广德已经收复，心中稍稍有些安慰，但是宁国的围困依然没有解除，这是我常常忧虑的事。因时间仓促，字写得匆忙杂乱，跟九弟的忙乱有些相似。

咸丰十年七月二十三日

愿死疆场，不愿死于牖下

读书以训诂为本，作诗文以声调为本，事亲以得欢心为本，养生以戒恼怒为本，立身以不妄语为本（即不扯谎也），治家以不晏起为本，居官以不要钱为本，行军以不扰民为本。

【原文】

澄侯四弟左右：

上次送家信者三十五日即到，此次专人，四十日未到。盖因乐平、饶州一带有贼，恐中途绕道也。

自十二日克复休宁后，左军分出八营在于甲路地方小挫，退扎景镇。贼幸未跟踪追犯，左公得以整顿数日，锐气尚未大减。目下左军进剿乐平、鄱阳之贼。鲍公一军，因抚、建吃紧，本调渠赴江西省，先顾根本，次援抚、建。因近日鄱阳有警，景镇可危，又暂留鲍军不遽赴省。胡宫保恐狗逆由黄州下犯安庆沅弟之军，又调鲍军救援北岸。其祁门附近各岭，二十三日又被贼破两处。数月以来，实属应接不暇，危险迭见。而洋鬼又纵横出入于安庆、湖口、湖北、江西等处，并有欲来祁门之说。看此光景，今年殆万难支持。然余自咸丰三年冬以来，久已以身许国。愿死疆场，不愿死牖下，本其素志。近年在军办事，尽心竭力，毫无愧怍，死即瞑目，毫无悔憾。

家中兄弟子侄，惟当记祖父之八个字，曰"考、宝、早、扫、书、蔬、鱼、猪"。又谨记祖父之三不信，曰"不信地仙，不信医药，不信僧巫"。

余日记册中又有八本之说，曰"读书以训诂为本，作诗文以声调为本，事亲以得欢心为本，养生以戒恼怒为本，立身以不妄语为本（即不扯谎也），治家以不晏起为本，居官以不要钱为本，行军以不扰民为本"。此八本者，皆余阅历而确有把握之论，弟亦当教诸子侄谨记之。无论世之治乱，家之贫富，但能守星冈公之八字与余之八本，总不失为上等人家。余每次写家信，必谆谆嘱咐，盖因军事危急，故预告一切也。

余身体平安。营中虽欠饷四月，而军心不甚涣散，或尚能支持亦未可知，家中不必悬念。顺问近好。

兄国藩手草

咸丰十一年二月二十四日

【译文】

澄侯四弟左右：

上次送家信的人三十五天就到了，这次派专人送信，已经四十天了却仍未送到。大概是乐平、饶州一带有盗贼出没，中途绕道而行的原因吧。

自十二日攻克休宁后，左公的军队分出的八个营在于甲路受到小挫，退到景德镇驻扎。幸好敌军没跟踪追击，左公才有时间整顿几日，军中锐气还没大减。现在左军进剿乐平、鄱阳的敌人。鲍公的部队，因为抚州、建州吃紧，原本要调他来江西省，先顾根本，再援救抚州、建州。因为近日鄱阳有警报，景德镇危险，所以又暂时留鲍军不动，不要他来省。胡宫保担心敌军从黄州向下攻击安庆沅弟之军，又调鲍军救援北岸。祁门附近各岭，二十三日被敌军攻破两处。数月以来，实在是应接不暇，危险一个接一个。而且洋鬼子又在安庆、湖口、湖北、江西等地方横冲直撞，并且有想要来祁门的说法。看这光景，今年恐怕很难支持了。但我从咸丰三年冬季以来，就已经以身许国。愿战死疆场，不愿老死窗下，这是我素来的志向。近年我在军中办事，尽心竭力，毫无惭愧，死也瞑目了，没有丝毫的后悔遗憾。

家里兄弟子侄们，应当谨记祖父留下的八字遗训：考、宝、早、扫、书、蔬、鱼、猪。又谨记祖父的三不信：不信地仙，不信医药，不信和尚、巫师。

我的日记里，还有八本的说法：读书以训诂为本，作诗文以声调为本，事亲以得欢心为本，养身以戒恼怒为本，立身以不妄语为本，治家以不晚起为本，居官以不要钱为本，行军以不扰民为本。这个八本，都是从我自己经历的事情中归纳出来很有把握的理论，弟弟也应当教子侄们谨记在心。不管世道是治是乱，家庭是富是贫，只要能够谨守星冈公的八个字和我的八本，总不会失掉上等人家的地位。我每次写家信，必然谆谆嘱咐，是因为战事危急，所以要提早告诉你们一切。

  我身体平安。营中虽然欠饷有四个多月了，但军心并不涣散，或许还可继续支持下去，也未可知，家中不必为此过于挂念。顺问近好。

兄国藩手书
咸丰十一年二月二十四日

怀见危授命之志

> 余自从军以来,即怀见危授命之志。

【原文】

字谕纪泽、纪鸿儿:

接二月二十三日信,知家中五宅平安,甚慰甚慰。

余以初三日至休宁县,即闻景德镇失守之信。初四日写家书,托九叔处寄湘,即言此间局势危急,恐难支持,然犹意力攻徽州,或可得手,即是一条生路。初五日进攻,强中、湘前等营在西门挫败一次。十二日再行进攻,未能诱贼出仗。是夜二更,贼匪偷营劫村,强中、湘前等营大溃。凡去二十二营,其挫败者八营(强中三营、老湘三营、湘前一、震字一),其幸而完全无恙者十四营(老湘六、霆三、礼二、亲兵一、峰二),与咸丰四年十二月十二夜贼偷湖口水营情形相仿。此次未挫之营较多,以寻常兵事言之,此尚为小挫,不甚伤元气。目下值局势万紧之际,四面梗塞,接济已断,加此一挫,军心尤大震动。所盼望者,左军能破景德镇、乐平之贼,鲍军能从湖口迅速来援,事或略有转机,否则不堪设想矣。

余自从军以来,即怀见危授命之志。丁戊年在家抱病,常恐溘逝牖下,渝我初志,失信于世。起复再出,意尤坚定。此次若遂不测,毫无牵恋。自念贫窭无知,官至一品,寿逾五十,薄有浮名,兼秉兵权,忝窃万分,夫复何憾!

惟古文与诗,二者用力颇深,探索颇苦,而未能介然用之,独辟康庄。古文尤确有依据,若遽先朝露,则寸心所得,遂成广陵之散。作字用功最浅,而近年亦略有入处。三者一无所成,不无耿耿。至行军本非余所长,兵贵奇而余太平，兵贵诈而余太直，岂能办此滔天之贼？即前此屡有克捷，已为侥幸，出于非望矣。

尔等长大之后，切不可涉历兵间，此事难于见功，易于造孽，尤易于贻万世口实。余久处行间，日日如坐针毡，所差不负吾心，不负所学者，未尝须臾忘爱民之意耳。近来阅历愈多，深谙督师之苦。尔曹惟当一意读书，不可从军，亦不必作官。

吾教子弟不离八本、三致祥。八者曰：读古书以训诂为本，作诗文以声调为本，养亲以得欢心为本，养生以少恼怒为本，立身以不妄语为本，治家以不晏起为本，居官以不要钱为本，行军以不扰民为本。三者曰：孝致祥，勤致祥，恕致祥。吾父竹亭公之教人，则专重孝字。其少壮敬亲，暮年爱亲，出于至诚，故吾纂墓志，仅叙一事。吾祖星冈公之教人，则有八字、三不信。八者曰：考、宝、早、扫、书、蔬、鱼、猪。三者曰僧巫，曰地仙，曰医药，皆不信也。

处兹乱世，银钱愈少，则愈可免祸；用度愈省，则愈可养福。尔兄弟奉母，除劳字俭字之外，别无安身之法。吾当军事极危，辄将此二字叮嘱一遍，此外亦别无遗训之语，尔可禀告诸叔及尔母无忘。

咸丰十一年三月十三日

【译文】

字谕纪泽、纪鸿儿：

我已经接到了二月二十三日寄来的信，得知家中五宅均平安无事，很是欣慰。

初三我抵达休宁县，就马上听说了景德镇失守的消息。初四我写了一封家信，并托付九叔寄回湖南。信中说这里的战况非常危急，恐怕难以支持，但仍然主张进攻徽州，因为若此举可以得手，就可以开辟一条生路。于是初五开始进攻，强中、湘前等营在西门出师不利，遭到一次挫败。十二日再次进攻，却没能引诱敌军出城交战。当天晚上二更之时，敌军却趁夜偷袭我军营地，强中、湘前等营损失惨重，一共去了二十二个营，遭挫败的有八个营（强中三营，老湘三营，湘前一营，震字一营），其中有幸完好无损的只有十四个营（老湘六营，霆三营，礼二营，亲兵一营，峰二营），这次的战况与咸丰四年十二月十二日夜敌人偷袭湖口水营的情况极其相似。不过这次没有受挫的部队较多，就总的情况来看，这只能算是一次小败，还不至于大伤元气。目前的战局，正值万分危急之时，四面受敌，给养接济也已经被切断，不幸又遭到这次的失败，难免军心震动。我现在最企盼的是左军能够尽快攻克景德镇、乐平之敌，鲍军能从湖口迅速赶来救援，只有这样，战况或许还能有所转变，否则后果之惨重将不堪设想。

自从军以来，我一直心怀临危受命的志向。丁戊年在家患病期间，我经常担心自己会就此死在家里，那我的志向将永远也无法得以实现，而失信于当世之人。待病愈再次为官之后，更坚定了自己最初的志向。若这次因作战而遭遇不测，我也毫无牵挂。我自认此生学识贫乏，竟能官至一品，而且现在已经活过了五十个年头，薄有浮名，手掌兵权，感到惭愧万分，即使命丧于此，还有什么值得遗憾的！

只是古文与诗这两个方面，我都下了很大的功夫，苦苦研究，但未能很好地利用它们另辟蹊径，成就一生的作为。尤其是在古文方面，我确实有自己独特的心得，如果承蒙先人的指点和润泽，将我心中所得展示出来，就会成为绝唱《广陵散》了。虽然早年在习字上所用的功最少，但近年来也渐渐有所领悟。如今三方面都没有什么建树，心中一直耿耿于怀。至于行军打仗，本来不是我所擅长的，兵贵为奇而我太直率，兵贵为狡诈而我太坦白，这样的我如何能对付那些强大而又奸诈的敌人？虽然以前也小胜过多次，不过是侥幸而已，那已经超出我的意料了。

你们成年立业之时，万万不可从军。从军不但难以建功立业，而且很容易造成罪孽，更易于给后世留下口实。我身在行军的队伍中已很久，每天仍是如坐针毡，幸好还不算辜负平生所学，时刻不忘记自己的爱民之心。近来阅历渐渐增多，深知指挥军队之苦。你们只当一心一意读书，不可从军，也不必做官。

我教育子弟要谨遵"八本""三致祥"。这八本是：读书要以训诂为本，作诗文要以声调为本，事亲要以得欢心为本，养生要以少恼怒为本，立身要以不妄语为本，治家要以不晚起为本，居官要以不要钱为本，行军要以不扰民为本。三致祥是：孝致祥，勤致祥，恕致祥。我父亲竹亭公教育后辈，则重点侧重于孝字，少壮时敬亲，暮年时爱亲，都是出于至诚的孝心，因此我撰写墓志，只是为了叙述一件事。我祖父星冈公教育人，则是八字、三不信。八个字是：考、宝、早、扫、书、蔬、鱼、猪，三不信是：不信僧巫、不信地仙、不信医药。

  身处乱世，银钱越少，越利于消灾免祸；用费越省，越利于修身养福。你兄弟侍奉母亲，除了"劳俭"二字以外，没有其他的安身方法。目前正处于军事危急的境地，生死难料，我只就此二字叮嘱一遍，此外也别无遗训之语，你们可禀告叔叔们和你的母亲，千万别忘记了。

咸丰十一年三月十三日

极盛之后应加倍小心

极盛之后，当加倍小心也。

【原文】

沅弟左右：

接丁家洲舟次信，具悉一切。

今日接官帅信，知余蒙恩赏加宫保，弟蒙恩赏穿黄马褂。一家沐非常之宠，感激惶悚。谕旨尚未接到，原信寄阅。多礼堂日内来信二次，原信及复信均寄弟阅。

东征局解饷四万，二十八起行。赣洲解饷三万，初六起行。大约日内可到。泥汊贼墙不破，陆兵断不可进；泥汊即破，进否尚宜详酌。极盛之后，当加倍小心也。下游水师请增兵，不知贼船果悍乎？抑我军怯乎？请弟细查。

季弟今日大呕吐，暂未写信，言明日必写信，诸弟放心。即问近好。

咸丰十一年九月十五日夜

【译文】

沅弟左右：

我已经收到了你在丁家洲船上寄来的信，从信中详细地知道了一切情况。

今天又收到官帅的信，得知我蒙受恩宠，被朝廷赏加宫保爵位，你也蒙恩被赐予黄马褂。一家人受到如此荣耀的恩宠，使我既感动不已又惶恐不安。皇上的旨意还没有正式下达，现把官帅的原信寄给你看。多礼堂这段日子写来两封信，我把原信与我的回信都寄给你看。

东征局发出四万饷银，二十八日起程。赣州解送饷银三万，本月六日起程。大概这几天内就可以送达。泥汊敌军堡垒尚未攻破，陆军切不要莽撞进军，即使攻破了泥汊，进军与否也需要详细地商讨之后再作决定。我军取得大胜之后，更需要加倍小心。下游水师请求增兵，难道敌军的水兵当真如此强悍吗？还是我军水师胆怯之故？请沅弟详查后来信告知。

　　季弟今日总是呕吐不止，病得很严重，所以暂时不能给你写信，他说明天一定写信给你，请弟弟放心。即问近好。

咸丰十一年九月十五日夜

投身到报国的大业中

望弟少服药饵,迅速来营,忘身报国。

【原文】

澄弟、沅弟左右:

日来未接家信,颇为悬念。沅弟腹泄,何以至今不愈?若云脾虚发泻,则八九月在此办事,宏毅周到,断非元气亏损之象。即到家后,寄来各信字迹精光圆湛,亦殊非积弱者所能为。弟平日服药太多,余心以为非。此次久泻,不知所服者系属何方?恐一味偏补,而于所以致泻之原未能清其根。万篪轩病疟五年,多服补剂,现在娇养太惯,动辄生疾,亦由当日致疟之原未清其根也。

望弟少服药饵,迅速来营,忘身报国。凡外间谤言无因而至者,余必能解之;凡险远之处,弟不愿往者,余亦不强之。但望弟早早来营。一则受恩太重,不宜久住家中;一则舫仙思归甚切,前敌今春必有战事,余甚不放心也。徽州危急,二十六日获一大胜,已将岩寺街打开。粮运既通,当无他虑。

同治元年正月初四日

【译文】

澄弟、沅弟左右:

近日未接到家中的来信,心中很是惦念。听说沅弟的腹泻依然没有起色,为什么至今还未痊愈呢?若腹泻是由脾脏虚弱引发,那么去年八九月份在这里办事时,事事照顾得周到细致,绝不是元气亏损之状。至于回家以后的情况也不至于如此,因为从沅弟寄来的信件中,可见字迹精湛、光亮、圆滑,哪里是积弱之人的手笔。弟弟平时服药太多，我认为这才是真正的症结所在。这次腹泻持续了这么长的时间，不知是如何治疗的？恐怕又是一味偏重于进补的药吧，这样根本不能根除腹泻的病根。万簴轩身患疟疾达五年之久，期间总是一味吃补药，如今把身体娇养惯了，虽无疟疾，但动不动就生病，原因就是当初未能清除疟疾的病根。

  我希望弟弟能尽量减少进服补药，尽早回营，投身到报国的大业中。若是外面生起恶意无来由的谣言，我一定能化解它；若是弟弟不愿去危险偏远的地方，我也不会勉强。我只是希望弟弟早些回到营中。一则是因为我们享受了朝廷太重的恩惠，不应长时间赋闲在家；一则是舫仙归家心切，今年春天前线必有战事，营中无人，我怎能放心得下。如今徽州危急，不过二十六日打了一场大胜仗，此战之后，岩寺街已被打开。这样一来，粮食运输的通道便通畅无阻，应当没有其他顾虑了。

同治元年正月初四日

责任重大，如履薄冰

惟圣眷太隆，责任太重，深以为危，知交有识者亦皆代我危之，只好刻刻谨慎，存一临深履薄之想而已。

【原文】

字谕纪泽儿：

二月十三日接正月二十三日来禀并澄侯叔一信，知五宅平安。二女正月二十日喜事诸凡顺遂，至以为慰。

此间军事如恒。徽州解围后贼退不远，亦未再来犯。左中丞进攻遂安，以为攻严州保衢州之计。鲍春霆顿兵青阳，近未开仗。洪叔在三山夹收降卒三千人，编成四营。沅叔初七日至汉口，十五后当可抵皖。李希帅初九日至安庆，三月初赴六安州。多礼堂进攻庐州，贼坚守不出。上海屡次被贼扑犯，洋人助守，尚幸无恙。

余身体平安。今岁间能成寐，为近年所仅见。惟圣眷太隆，责任太重，深以为危，知交有识者亦皆代我危之，只好刻刻谨慎，存一临深履薄之想而已。

今年县考在何时？鸿儿赴考，须请寅师往送。寅师父子一切盘费，皆我家供应也。共需若干，尔付信来，由营寄回。

七十侄女于归，寄去银百两、褂料一件并里裙料一件。尔所需笔墨等件付回，照单查收。

此信并呈澄叔一阅，不另具。

涤生手示
同治元年二月十四日

【译文】

字谕纪泽儿：

我于二月十三收到了你正月二十三寄来的信，同时收到的还有你澄侯叔的一封信，从信中得知家中五宅平安。二女儿正月二十日的喜事办得很顺利，我深感欣慰。

这里的战况一切如常。徽州的围困解除之后，敌军并未彻底退却，而是在不远的地界虎视眈眈，不过目前还没有再次进犯。左中丞进攻遂安，用这个计策来攻取严州保住衢州。鲍春霆屯兵青阳，近日并没有战事。你洪叔在三山夹收编降敌三千人，编成了四个营。你沅叔初七到达汉口，十五日后可到达安徽。李希帅初九到达安庆，三月初到六安州。多礼堂进攻庐州，敌人坚守不出战。上海已经屡遭敌人猛扑，幸亏洋人帮助防守，目前还没有危险。

我身体无恙。今年也能安然入睡了，这样的情况近年来很是少见。只是心中总觉得自己承恩太厚，责任压肩，时时自认为处在危境之中。知心朋友中有些有识之士也都替我分担，但还是要靠自己。因此只好时刻心存谨慎之心，如临渊履冰般小心翼翼。

今年县考何时举行？鸿儿若要前往赴考，必须请寅师送他一同去。寅师父子路途上所需的一切费用，都由我家提供。共需多少钱，你来信告诉我，我从营中如数寄去。

七十侄女出嫁，现在给家里寄去一百两银、一件袺料、一块裙料。你需要的笔墨等东西已经一并寄回去了，记得照单查收。

你把这封信拿给澄叔看看，我就不再另写了。

父涤生手示
同治元年二月十四日

推诚相与,吏治或可渐有起色

余亦推诚相与,毫无猜疑。皖省吏治,或可渐有起色。

【原文】

字谕纪泽儿:

日内未接家信,想五宅平安为慰。

此间近状如常。各军士卒多病,迄未少愈。甘子大至宁国一行,归即一病不起。许吉斋座师之世兄名敬身号藻卿者,远来访我,亦数日物故。幸杨、鲍两军门皆有转机,张凯章闻亦少瘥。三公无他故,则大局尚可为也。

沅叔营中病者亦多。沅意欲奏调多公一军回援金陵。多公在秦,正当紧急之际,焉能东旋?且沅、季共带二万余人,仅保营盘,亦无请援之理。惟祝病卒渐愈,禁得此次风浪,则此后普成坦途矣。

李希庵于闰八月二十三日安庆开行,奔丧回里。唐义渠即于是日到皖。两公于余处皆以长者之礼见待,公事毫无掣肘。余亦推诚相与,毫无猜疑。皖省吏治,或可渐有起色。

余近日癣疾复发,不似去秋之甚。眼蒙则逐日增剧,夜间几不复能看字。老态相催,固其理也。余不一一。此信可送澄叔一阅。

涤生手示
同治元年八月二十四日

【译文】

字谕纪泽儿:

日内没有接到家信,想来家中五宅都还平安吧。

我这里的情况一切如常。部队里的士兵患病的越来越多，至今仍没有转好的迹象。甘子大到宁国去了一趟，回来之后就一病不起了。许吉斋座师的世兄名敬身，号藻卿，从很远的地方来看我，也是几天就死了。幸亏杨、鲍两军都有转机，张凯章也已初愈。三位没有什么大的变故，大局还是可以有作为的。

　　沅叔营中生病的士兵很多，他的意思是要上奏，请求调回多公一军援助金陵。多公目前正在陕西作战，而且情势正处于紧急状态，怎么能调回东部呢？再说沅、季两人共带兵两万余人，而且仅仅负责坚守营盘，也没有请求援兵的道理。现在只能希望士卒们的病情能够逐渐好转，安全度过这次风浪，以后就可以步入坦途了。

　　闰八月二十三日李希庵从安庆起程，回家奔丧。今天唐义渠已抵达安徽。这两个人都受到长者般的礼遇和款待，而且公事丝毫没有耽搁。我对他们都是坦诚相待，没有任何的猜疑。照此发展下去，安徽的吏治，可能也会逐渐有起色了。

　　近日我的癣病复发，不过没有去年秋天那样严重。眼花却日益严重了，夜间几乎看不见字了。可见岁月不饶人，真是人力无法抗拒的真理。其余的不再一一写了，你可以将这封信送给你澄叔看看。

父涤生手示
同治元年八月二十四日

安危之际，不可为一己之身名计

盖安危之机，关系太大，不仅为一己之身名计也。

【原文】

字谕纪泽儿：

接尔闰月禀，知澄叔尚在衡州未归，家中五宅平安，至以为慰。

此间连日恶风惊浪。伪忠王在金陵苦攻十六昼夜，经沅叔多方坚守，得以保全。伪侍王初三四亦至，现在金陵之贼数近二十万，业经守二十日，或可化险为夷。兹将沅叔初九、十与我二信寄归，外又有大夫第信，一慰家人之心。

鲍春霆移扎距宁郡城二十里之高祖山，虽病弁太多，十分可危，然凯军在城主守，春霆在外主战，或足御之。惟宁国县城于初六日失守，恐贼猛扑徽州、旌德、祁门等城，又恐其由间道径窜江西，殊可深虑。

余近日忧灼，迥异寻常气象，与八年春间相类。盖安危之机，关系太大，不仅为一己之身名计也。但愿沅、霆两处幸保无恙，则他处尚可徐徐补救。此信送澄叔一阅，不详。

涤生手示
同治元年九月十四日

【译文】

字谕纪泽儿：

我已经收到了你闰八月写来的信，得知澄叔尚在衡州，还没有回去。家中五宅平安，心里十分欣慰。

这里连日恶风惊浪。伪忠王在金陵苦攻十六昼夜，经沅叔多方坚守，最终得以保全。初三四伪侍王也抵达金陵。如今金陵附近的敌人已有近二十万之多，不过我军已经坚守了二十天，或许能够化险为夷。现将沅叔初九、初十写给我的两封信寄回，另外还有大夫第（曾国荃的府第）的信，以宽慰家人的忧虑之心。

　　鲍春霆已经移营，目前驻扎在距宁郡城二十里的高祖山上，虽然生病的士兵很多，情势十分危险，但凯军在城内专注于防守，春霆军在城外专注于作战，估计已经足以抵御敌人的进攻了。只是初六那天，宁国县城失守，我担心敌人会趁此猛扑徽州、旌德、祁门等城，或者是由小路直接窜往江西，这些都很让人忧虑。

　　近来情势危急，以致内心忧虑焦灼，所以气色完全不同于往日，与咸丰八年春天有些相似。目前前线处于安危关头，关系太大，所以不仅仅是为自己的名利而考虑了。但愿沅、霆两地有幸能保无事，那么其他地方还可以慢慢补救。把这封信送给澄叔看看，不再详写了。

父涤生手示
同治元年九月十四日

为政以国事为重

劝慰老弟宽怀,专以国事为重。

不带勇则已,带勇则死于金陵,犹不失为志士。

【原文】

沅弟左右:

兹请峰山至金陵一行,劝慰老弟宽怀,专以国事为重。不带勇则已,带勇则死于金陵,犹不失为志士。弟以季之殁于金陵为悔为憾,则不可也。袁简斋诗云"男儿欲报君恩重,死到沙场是善终",当时以为名句。

季榇到安庆,余必加漆五次,大约停住两旬。峰山至金陵小住十日可也。

同治元年十一月二十四日

【译文】

沅弟左右:

劳烦峰山到金陵去一趟,劝慰老弟放宽胸怀,专以国家大事为重。若不带领军队则已,只要是带领军队作战,即使死于金陵,仍不失为有志之士。如果你因为季弟死在金陵而感到后悔和遗憾,就不太好了。袁简斋有诗说:"男儿欲报君恩重,死到沙场是善终。"当时人们都争相传诵,以为是名句。

季弟的灵柩运到安庆之后,我一定重加五遍漆,大概要停驻二十天才可下葬。峰山到金陵小住十天就可以了。

同治元年十一月二十四日

第七章 为政之道

服官以耐劳忍气为要

吾服官多年，亦常在"耐劳忍气"四字上做工夫也。

【原文】

字谕纪泽儿：

萧开二来，接尔正月初五日禀，得知家中平安。罗太亲翁仙逝，此间当寄奠仪五十金、祭幛一轴，下次付回。

罗婿性情乖戾，与袁婿同为可虑，然此无可如何之事。不知平日在三女儿之前亦或暴戾不近人情否？尔当谆嘱三妹柔顺恭谨，不可有片语违忤。三纲之道，君为臣纲，父为子纲，夫为妻纲，是地维所赖以立，天柱所赖以尊。故《传》曰：君，天也；父，天也；夫，天也。《仪礼》记曰：君至尊也，父至尊也，夫至尊也。君虽不仁，臣不可以不忠；父虽不慈，子不可以不孝；夫虽不贤，妻不可以不顺。

吾家读书居官，世守礼义，尔当诰戒大妹三妹忍耐顺受。吾于诸女妆奁甚薄，然使女果贫困，吾亦必周济而覆育之。目下陈家微窘，袁家、罗家并不忧贫。尔谆劝诸妹，以能耐劳忍气为要。吾服官多年，亦常在"耐劳忍气"四字上做工夫也。

此间近状平安。自鲍春霆正月初六日泾县一战后，各处未再开仗。春霆营士气复旺，米粮亦足，应可再振。伪忠王复派贼数万续渡江北，非希庵与江味根等来恐难得手。

余牙疼大愈，日内将至金陵一晤沅叔。此信送澄叔一阅，不另致。

涤生手示
同治二年正月二十四日

【译文】

字谕纪泽儿：

萧开二已经抵达，我也收到了你正月初五写来的信，从信中得知家中一切平安。罗太亲翁已经离世，我打算送去五十两奠礼、一轴祭幛，下次一并寄回。

罗婿生性乖张暴戾，与袁婿一样让人放不下心来，但这也是没有办法的事。平时他对三女儿是否也一样的暴戾、不近人情呢？你应时常叮嘱三妹要尽量温柔顺从，恭敬谨慎，不可轻易说一句顶撞违逆的话。三纲之道，君为臣纲，父为子纲，夫为妻纲，是地维所赖以而立，天柱所赖以为尊。所以《传》中说：君，天也；父，天也；夫，天也。《仪礼》也这样记载：君是至尊的，父是至尊的，夫是至尊的。即使君不仁义，臣也不得不忠于他；即使父不慈祥，子也不得不孝顺；即使夫不贤德，妻也不得不顺从。

我家乃读书做官之家，世代遵守三纲礼仪，你应当时刻提醒大妹三妹一定要忍耐顺从。虽然我给各个女儿的嫁妆都不是很丰裕，但如果女儿们的生活真的有难处，也一定会尽力接济的。目前陈家的家境很是窘迫，而袁家和罗家还勉强过得去。所以你要耐心劝导妹妹们，要切记吃苦耐劳、忍气吞声。我已为官多年，为人处世也常在"忍气耐劳"这四个字上下功夫。

最近这里平安无事，自鲍春霆正月初六在泾县打了一仗之后，各地没有再打仗。春霆的部队士气又高涨起来，粮食充足，想来可以就此振作起来。伪忠王（李秀成）又派兵几万名继续渡江到江北，希庵与江味根等军如不到来，恐怕我军近期内难以得手。

我的牙痛已逐渐减轻了，近几天将到金陵去见你沅叔。这封信也让澄叔看看，就不另写信了。

父涤生手示
同治二年正月二十四日

无形之功不宜形诸奏牍

> 然此等无形之功，吾辈不宜形诸奏牍，并不必腾诸口说、见诸书牍，此是谦字之真工夫。

【原文】

沅弟左右：

十五日接弟初六、初四、初十日三次信，十六日又接初八日信，具悉一切。所应复者，条列如左：

一、二浦既克，现依弟议，移韦守巢县、东关，梁、王、万三营守西梁山、桐城闸，腾出萧军分守二浦，刘军围攻九洑洲，鲍军南渡打东坝、二溧，另有公牍知会矣。

一、弟在湖南索取之药四万斤、银万两、绳十万，今日已到此间。除催令速行外，余又另解钱三万、米三千、子弹五万斤，又解还弟代济鲍营米一千九百石，均于日内成行。

一、陈氏即葬于安庆城外，已买得地一处，定于二十一日下殡。

一、靖毅公墓志，此时可写矣，日内当添数语寄去。

去年进兵雨花台，忠、侍以全力来援，俾浙沪皆大得手。今年攻克各石城，俾二浦速下，扬州、天、六之贼皆回南岸，此弟功之最大处。然此等无形之功，吾辈不宜形诸奏牍，并不必腾诸口说、见诸书牍，此是谦字之真工夫。所谓君子之所不可及，在人之所不见也。吾时时以和为殷鉴，望弟时时以和为殷鉴。比之向忠武，并不甚劣，弟不必郁郁也。顺问近好。

国藩手草

同治二年五月十六日

【译文】

沅弟左右：

　　我于十五日接到弟弟初六、初四、初十的三次来信，十六日又接到初八的来信，信中一切都已知道，现将应该答复的事情，条列如下：

　　一、既然二浦已经攻下，那就依照你的建议，派韦军转移至巢县、东关把守。梁、王、万三个营守卫西梁山、桐城闸，腾出萧军守卫二浦，刘军围攻九洑洲，鲍军向南渡江打东坝、二溧，这些会有公文另行通知。

　　二、弟弟在湖南索要的四万斤火药、一万两白银、十万丈绳子，现在运抵营中。我已催令迅速送到你那里，另外又解送了三万钱、三千石米、五万斤子弹，除了这些之外，又解还给弟弟代济鲍军的一千九百石大米。所有的东西今天都已经出发。

　　三、陈氏即将被安葬在安庆城外，坟地已经买下，并定于二十一日下葬。

　　四、为靖毅公所作的墓志铭，已经可以着手撰写了，近日我再添几句话即可寄去。

　　去年攻打雨花台时，敌忠王、侍王尽全力援救，才使得浙江、上海都获得大胜。今年攻克各石城之后，二浦又得以迅速攻下，扬州、天长、六安的敌军都已仓皇逃回南岸，这些都是弟弟莫大的功劳。然而这些无形的功劳，我们不应该在奏折上有所炫耀，也不要总放在嘴上、写在文章里，这样做才是谦字的真功夫。这是所谓的君子无法达到的境界，也是人们无法从表面上得知的。我经常以和为殷鉴，希望弟弟也常常以和为殷鉴。这些与过去的忠武相比，并没有什么根本的差别，弟弟不必因此抑郁愁闷。顺问近好。

国藩手书
同治二年五月十六日

不可惊动官长，烦人应酬

经过府县各城，可避者略为避开，不可惊动官长，烦人应酬也。

【原文】

字谕纪鸿儿：

尔于十九日自家起行，想九月初可自长沙挂帆东行矣。船上有大帅字旗，余未在船，不可误挂。经过府县各城，可避者略为避开，不可惊动官长，烦人应酬也。余日内平安。沅叔及纪泽等在金陵亦平安。此谕。

涤生手示

同治二年八月十二日

【译文】

字谕纪鸿儿：

你于十九日从家中出发，估计九月初就开始从长沙挂帆向东航行了。船上虽然有大帅字的旗帜，但是我并未在船上，所以不可以误挂。沿途会经过很多的府县，到时能避开的就尽量避开，以免惊动地方长官，给他们带去不必要的麻烦，进行一些不必要的应酬。我现在平安无事，沅叔及纪泽等人还在金陵，一样平安。此谕。

父涤生手示

同治二年八月十二日

构怨太多影响仕途

官员中自李少荃宫保而下，至大小文武各员，皆愿我久于斯任，不再疏辞；江南士民闻亦望之如岁。

【原文】

字谕纪泽儿：

正月初四日专人送信并书箱之式回家。旋于初六日自周家口起行，至十五日抵徐州府。一路平安，惟初十日阻雪一天，余均按程行走。定于十九日接印。官员中自李少荃宫保而下，至大小文武各员，皆愿我久于斯任，不再疏辞；江南士民闻亦望之如岁。自问素无德政，不知何以众心归向若此？

沅叔劾官相之事，此间平日相知者如少荃、雨生、眉生皆不以为然，其疏者亦复同辞。闻京师物论亦深责沅叔而共恕官相，八旗颇有根者（雨生云然）。尔当时何以全不谏阻？顷见邸抄，官相处分当不甚重，而沅叔构怨颇多，将来仕途易逢荆棘矣。

曾文煜尚未到营，而尔交彼带来之信却已先到。近两旬未接尔信，殊深悬系。嗣后除专勇到家接信外，须另写两次交李中丞排递来营。每月三信，不可再少。信中须详写几句，如长沙风气如何，吾县及吾都风俗如何，尔与何人交好，凡本家亲邻近状，皆宜述及，以慰远怀。此信呈澄叔一阅。

涤生手示（徐州考棚）

同治六年正月十七日

【译文】

字谕纪泽儿：

正月初四，我派专人送信和书箱图样回家。初六即自周家口起行，十五日抵达徐州府。这一路上还算平安，只是初十下了一场大雪，耽搁了一天，其他时间都到达了行程所指定的目的地。我决定十九日接掌印信。官员中从李少荃宫保到下层文武各官，都希望我久居此官，不要再上奏辞职。江南的绅士百姓听说这事之后，都很希望我能回任江督。我自问一直没有什么出色的政绩，不知为何众心归向竟到如此程度？

至于你沅叔参劾官文的事，平日交好的如李鸿章、丁日昌、金安清等人，都认为此事不妥，关系疏远的人，也持有同样的看法。听说京师舆论也深责沅甫而宽恕官相，八旗中对沅甫更是怀恨在心（据丁日昌所言）。你当时为何不提出建议，力阻你沅叔的行为呢？刚看到邸报，对官相的处分不是很严重，麻烦的是你沅叔在官场构怨太多了，他将来仕途必定是易逢荆棘了。

曾文煜还没来到军营，但你交由他带来的信却已提前收到。近两旬来都没接到你的来信，我心里很是放心不下，日日牵挂。以后除了派兵勇专人到家接送信外，你还要另写两次交给李中丞转递到军营来。这样就能达到每月三封信了，不可再少。信中要详写几句，如长沙的风气如何，我县和我乡的风俗如何，以及你与何人交往等等。只要是本家亲邻的近况，都要尽量多提及，以宽慰我身在远方的牵挂之心。这信可交由澄叔一阅。

父涤生手示（徐州考棚）
同治六年正月十七日

生平以享大名为忧

余生平最怕以势利相接，以机心相贸。
余生平以享大名为忧，若清廉之名尤恐折福也。

【原文】

字谕纪泽儿：

久未闻两江折差入京，是以未及写信。前接尔腊月二十六日禀，本日固安途次又接尔正月初七禀，具悉一切。余自十二月十七至除夕已载于日记中，兹付回。

正月灯节以前惟初三、五无宴席，余皆赴人之召。然每日仅吃一家，有重复者辄辞谢，不似李、马二公日或赴宴四五处。盖在京之日较久，又辈行较老，请者较少也。军机处及弘德殿诸公颇有相敬之意，较去冬初到时似加亲厚，九列中亦无违言。然余生平最怕以势利相接，以机心相贸，决计不作京官，亦不愿久作直督。约计履任一年即当引疾悬车，若到官有掣肘之处，并不待一年期满矣。

接眷北来，殊难定策，听尔与尔母熟商。或全眷今春即回湖南，或全家北来保定，明年与我同回湖南，均无不可。若全来保定，三月初即可起行。余于二十日出京，先行查勘永定河。二十七八日可到保定，接印后即派施占琦回金陵，二月二十日外可到。尔将书箱交施由沪运京，即可奉母北行耳。

余送别敬壹万四千余金，三江两湖五省全送，但不厚耳。合之捐款及杂费凡万六千上下，加以用度千余金，再带二千余金赴官，共用二万两。已写信寄应敏斋，由作梅于余所存缉私经费项下提出归款。阅该项存后路粮台者已有三万余金，余家于此二万外不可再取丝毫。尔密商之作梅先生、雨亭方伯，设法用去。凡散财最忌有名,总不可使一人知(一有名便有许多窒碍,或提作善后局之零用,或留作报销局之部费,不可捐为善举费)。至嘱至嘱。余生平以享大名为忧,若清廉之名尤恐折福也。

杜小舫所寄汇票二张,已令高列三涂销寄回。尔等进京,可至雨亭处取养廉数千金作为途费,余者仍寄雨亭处另款存库,余罢官后或取作终老之资,已极丰裕矣。纪鸿儿及幕府等未随余勘河,二十三日始出京赴保定也。此谕。

涤生手示(固安工次)
同治八年正月二十二日夜

【译文】

字谕纪泽儿:

已经很久没有两江的送奏折的人到北京的消息了,所以一直没有给你们写信。前些天收到你腊月二十六日的来信,今日在固安路上,又收到你正月初七的来信,信中的一切都知道了。我已经将十二月十七至除夕之间所发生的事情都写在日记中,最近就可以寄回。

正月灯节以前几乎日日应邀参加宴席,只有初三、初五两日没有宴请,但每日只到一家而已,有重复的就辞谢不去,而不像李、马二人,每日竟然要去四五家赴宴。估计是因为我在京为官已久,辈分又高,所以邀请的人较少。军机处和弘德殿的各位同僚对我很是敬重,比去年冬天我初到之时的交情更加笃厚亲近了。九卿中的诸位官员,对我也很少有批评的言语。只是我生平最不愿和权势利益有所沾染,更不习惯用诡诈的心机与人交往,所以我打算不再担任京官,也不愿久居直隶总督之位。大约履任一年我就称病辞职,如果到任后有掣肘之处,就不会等一年期满,自然会提前辞官。

接家眷北来的事,我很难决定,由你与你母亲好好商量一下决定。或者全家今年春天就回湖南,或者全家北来保定,明年和我一起回湖南,都可以。如果决定全家来保定,三月初就可以出发。我二十日出京,先去查勘永定河。二十七八日可到保定,接印后就派施占琦回金陵,他二月二十日后就能到金陵。你把书箱交给施占琦由他从上海运来京城,你就可奉侍母亲北行了。

我临别时馈赠的一万四千余两银子,三江两湖五省全送到了,但也不算丰厚。加上捐款和杂费共一万六千左右,加上用度一千余两,再带二千多余两赴任,一共二万两。我已写信给应敏斋,由作梅在我存下的私款中提出该款。

估计该项存在后路粮台的已有三万多两，我家在这二万两之外不可再取分毫了。你与作梅先生、雨亭方伯密商，设法把余项用去。凡是散财最忌有名，总之不能让任何人知道（一有名就会附带来许多障碍，把余项或做善后用度，或做报销局的部费，不可捐作善举费）。切记切记。我一生以享得大名声为忧虑，如果是清廉的美名更恐折损了自己的福气。

杜小舫寄来的两张汇票已令高列三涂销寄回去。你们进京，可到雨亭那里提取几千养廉银作为路费，其他的仍放在雨亭那里存起来存库，我罢官后可能会把它当作养老的费用，已是极丰裕的了。纪鸿和幕府等人都没跟随我查勘永定河，他们二十三日才出京到保定来。此谕。

父涤生手示（固安工次）
同治八年正月二十二日夜

公事馈赠宜节俭

为私家固宜少，即公事义举亦宜少，戚友馈赠亦宜少。人已虽微有别，其以公银作私用则一耳。

【原文】

沅弟左右：

接弟十月初三日信，具悉一切。

王开炳在此，既有老弟之信，又有牧云、蔼亭日日赞不绝口，目前虽未派差使，将来必重用之。顷已略送盘费二十金，令资日用矣。

东征局之得差委者，多黄、郭之族戚故旧，或并不到卡而得干支薪水优加保举，外间颇有违言，余亦颇有所闻。然黄、郭于此事实苦心经营而后办成，且黄受其怨而我享其利，不忍更责之也。

团山嘴桥告成，余只能出二百余，即日寄回。盖沅弟寄回银两太多，半为兄弟五家之私，半为宗族乡党之公，余不能不节俭少寄。为私家固宜少，即公事义举亦宜少，戚友馈赠亦宜少。人已虽微有别，其以公银作私用则一耳。

余九月初四日之信竟尔沉失。十七日曾寄一信，言十月初六日新祠尽可入主，托赵玉班转送。赵误，专人送至安庆。今沅弟又有甲子年入主之说，余概不遥制，听弟主持可也。顺问近好。

国藩手草

同治二年十月二十四日

【译文】

沅弟左右：

收到你十月初三的来信，尽知一切。

王开炳在我这里，既然有老弟的介绍信，又有牧云、蔼亭每天赞不绝口，虽然目前还没有安排工作，将来必定会重用他。刚才已送给他二十两银子，作为日常用费。

在东征局委以差任的，大多数是黄、郭的家族亲戚朋友，他们并不到岗位做事而白白地领取薪水，还要优先推荐升官，外面有很多微词，我也听到一些。但是，这件事是黄、郭苦心经营才办成功的，而且黄因此受到埋怨而我坐收渔翁之利，不忍心再责备了。

团山嘴桥已经竣工，我只能出二百两，今天就寄回去。主要是沅弟寄回太多，一半作为兄弟五家自己用，一半作为家族乡亲公用，所以我不能不节俭少寄一些。作为家中私用固然应节省，即使是公事仁义的事也应该节约。公私之用虽然稍有区别，如将军营的银子挪作湖南家乡用就一样了。本人自家用钱固然应节俭，馈赠亲戚朋友也应节俭。别人自己使用虽有细微区别，以公家的银子挪作私用还是一样的。

我九月初四的信竟如石沉大海。十七日曾寄一封信，说到十月初六新祠堂可以搬进神像，委托赵玉班转送。赵给耽误了，派专人送到安庆。现在沅弟又说甲子年入住神像，我一概不遥控，听从弟弟安排就行了。顺问近好。

国藩手书

同治二年十月二十四日

第八章 养生之道

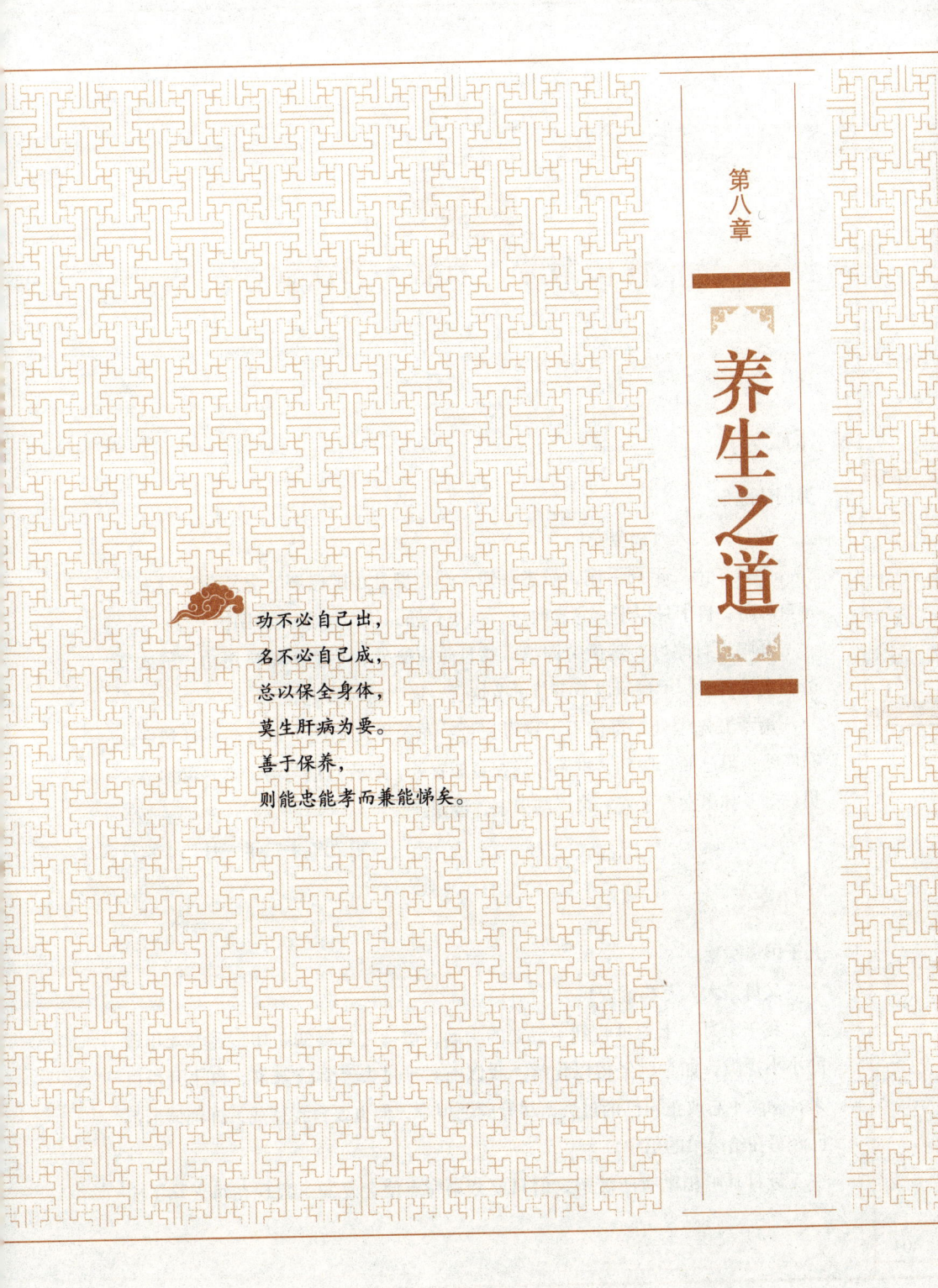

功不必自己出，
名不必自己成，
总以保全身体，
莫生肝病为要。
善于保养，
则能忠能孝而兼能悌矣。

谨记节劳、节欲、节饮食

节劳节欲节饮食,谨当时时省记。

【原文】

男国藩跪禀:

父母亲大人万福金安!

十月二十二奉到手谕,敬悉一切。郑小珊处小隙已解。男从前于过失,每自忽略。自十月以来,念念改过,虽小必惩,其详具载示弟书中。

耳鸣近日略好,然微劳即鸣。每日除应酬外,不能不略自用功,虽欲节劳,实难再节。手谕示以节劳节欲节饮食,谨当时时省记。

萧莘五先生处,寄信不识靠得住否?龙翰臣父子已于十月初一日到京,布匹线索俱已照单收到,惟茶叶尚在黄恕皆处。恕皆有信与男,本月可到也。男妇等及孙男女皆平安。余详与弟书,谨禀。

道光二十二年一月二十六日

【译文】

儿子国藩跪禀:

父母亲大人万福金安!

我于十月二十二日收到了二老的手谕,敬读之后得知一切。我与郑小珊的小小嫌隙,如今已经得以化解。我以前对于过失经常疏忽了。自十月份以来,念念不忘改正自己的过失,尽管问题很小,但也要自我惩戒,详细情形都已经写在给弟弟的信中。

近日耳鸣稍微有所缓解,但只要劳累一点便会复发。我现在每天除了应酬外，不能不多加用功，提升自己的修为。虽想节劳，但实在难以再节了。手谕训示儿子节劳，节欲，节饮食，我一定时刻谨记于心。

　　萧莘五先生那里，寄信不知是否可靠？龙翰臣父子已于十月初一到达。布匹、线索，都已照单子收到，只是茶叶还在黄恕皆那里。恕皆有信写给我，本月可以到。儿媳妇、孙儿、孙女都平安。其余的详细写在给弟弟的信中，谨此禀告。

道光二十二年一月二十六日

身体如常，即为如天之福

男此时不求疮癣遽好，但求脏腑无病，身体如常，即为如天之福。

【原文】

男国藩跪禀：

父母亲大人万福金安！

正月初三日发第一号家信。初七日彭棣楼太守出京，男寄补服四副、蓝顶二个，又寄欧阳沧溟先生江绸褂料一件、对联一副、高丽参二两、鹿胶一斤，又寄彭莘庵表叔鹿胶一斤。二月初寄第三号家信。想俱收到。

男等在京合室平安。男病尚未痊愈，二月初吃龙胆泻肝汤，甚为受累，始知病在肝虚。近来专服补肝之品，颇觉有效。以首乌为君，而加以蒺藜、淮山药、赤芍、兔丝诸味。男此时不求疮癣遽好，但求脏腑无病，身体如常，即为如天之福。今年虽不能得差，男亦毫无怨尤。

同乡张钟涟丁艰，男代为张罗一切，令之即日奔丧回里。黎樾乔于二月十四到京。

四弟近日读书，专以求解为急，每日摘疑义二条来问。为男煮药求医及纪泽教书，皆四弟独任其劳。六弟近日文思大进，每月作四书文六首、经文三首，同人无不击节称赏。

请封之事，大约六月可以用玺，秋冬可以寄家。余详四弟书中。

男谨禀

道光二十六年二月十六日

【译文】

男国藩跪禀：

父母亲大人万福金安！

儿子于正月初三寄出了第一封家信。彭棣楼太守于初七这一天离开京城前去任职，儿子便顺便托他带去补服四套、蓝顶两个；另外还有带给欧阳沧溟先生的一件江绸褂料、一副对联、二两高丽参和两斤鹿胶；又带给彭莘庵表叔一斤鹿胶。我于二月初又寄出了第三封家信。估计现在都已经收到了。

儿子全家人在京城平安无事。只是儿子的病目前尚未痊愈，二月初开始吃龙胆泻肝汤，感觉很是受累，后来才明白病根是肝虚。近段时间专门吃补肝的东西，觉得还很有成效。这种补肝的药方以首乌为主，再配上蒺藜、山药、赤芍、菟丝等各味药。我现在已经不奢求疮癣能够很快痊愈了，只求内脏正常无恙，身体健康无忧，就是我最大的愿望和福气了。即使今年无法担任任何官职，我也不会有一句怨言。

近日，同乡张仲涟家的老人不幸离世，儿子受他所托，代为办理京城的一切事宜，以使他当天就回家料理丧事。黎樾乔抵达京城之日是二月十四日。

最近四弟读书时，专门以求解为急务，每天都要摘抄两条不解的地方来问我。现在为儿煎药、请医生，还有教纪泽读书这些事，都是四弟一个人左右奔忙。近来，六弟的文思大有长进，每月都会作六篇四书文、三篇经文，身边的同事们看了，无不拍手表示赞赏。

最后再说请封的事，此事大概六月份能够得到皇上的恩准，估计秋冬之交便可以寄回家。其余诸事详见四弟所寄之信。

儿子谨禀

道光二十六年二月十六日

读书不求强记亦养身之道

吾谓读书不求强记，此亦养身之道。

【原文】

澄侯、温甫、子植、季洪四位老弟左右：

刘朝相来营，得植弟手书，具悉一切。

内湖水师自六月十五日开仗后，至今平安。本拟令李次青带平江勇渡鄱阳湖之东，与水师会攻湖口，奈自六月底至今，十日大风，不克东渡。初四日风力稍息，平勇登舟。甫经解缆，狂飙大作，旋即折回。弁勇衣被帐篷，寸缕皆湿。天意茫茫，正未可知，不知湖口之贼运数不宜遽灭乎？抑此勇渡湖宜致败挫，故特阻其行，以保全此军乎？现拟俟月半后，请塔军渡湖全剿。

罗山进攻义宁，闻初四日可至界上，初五六日当可开仗。湖南三面用兵，骆中丞请罗山带兵回湘，业经入奏。如义宁能攻破，恐罗山须回湖南保全桑梓，则此间又少一支劲旅矣。内湖水师，船炮俱精，特少得力营官，现调彭雪琴来江，当有起色。

盐务充饷是一大好事，惟浙中官商多思专其利。邵位西来江会议，已有头绪，不知渠回浙后，彼中作事人能允行否？舍此一筹，则饷源已竭，实有坐困之势。

东安土匪，不知近日如何？若不犯邵阳界，则吾邑尚可不至震惊。

带兵之事，千难万难。澄弟带勇至衡阳，温弟带勇至新桥，幸托平安，嗣后总以不带勇为妙。吾阅历二年，知此中构怨之事造孽之端，不一而足，恨不得与诸弟当面一一缕述之也。诸弟在家侍奉父亲，和睦族党，尽其力之所能为，至于练团带勇却不宜过于出头。澄弟在外已久，谅知吾言之具有苦衷也。

宽二弟去年下世，未寄奠分，至今歉然于心。兹付回银二十两为宽二奠金，望送交任尊叔夫妇手收。

植弟前信言身体不健。吾谓读书不求强记，此亦养身之道。凡求强记者，尚有好名之心横亘于方寸，故愈不能记；若全无名心，记亦可，不记亦可，此心宽然无累，反觉安舒，或反能记一二处亦未可知。此余阅历语也，植弟试一体验行之。余不一一，即问近安，并求禀呈父亲大人万福金安，叔父大人福安。

国藩手草
咸丰五年七月初八日

【译文】

澄侯、温甫、子植、季洪四位老弟左右：

刘朝相来营，接到植弟的亲笔信，已知道一切。

内湖水师自六月十五日开仗后，至今平安。本准备命令李次青带领平江兵渡到鄱阳湖的东边，与水军会合进攻湖口。无奈从六月底至今，连续十天大风，不能东渡。初四风力稍稍停歇，平江兵登上战船。刚刚解开缆绳，狂风大作，只好马上返回。士兵们的衣被帐篷，里外都已湿透。天意难测，正未可知，不知道是湖口的贼寇运数未尽，还是次青的部队渡过湖会遇挫败，因此特地阻止他出发以保全这支军队。现准备等到月中后请塔军渡湖会合剿贼。

罗山进攻义宁，听说初四就可到达该州境内，初五、初六应可开仗。湖南三面用兵，骆中丞请罗山带兵回湖南，已经上奏。如义宁能攻破，恐怕罗山得回湖南保卫家乡，那我这里又少了一支劲旅。内湖水军船炮都很精利，只是少得力的营官，现在调彭雪琴来江西，应该会有一些起色。

用盐务所得来充军饷是一件大好事，只是浙中官商多数想专有其利。邵位西来江，会议已有头绪，不知他回浙江后，那里管事的人能答应实行吗？如舍弃这一筹钱之法，则饷源已经枯竭，确实有坐以待毙之势。

东安的土匪，不知最近怎么样？如果不犯邵阳地界，那么我县还不至于到令人震惊的地步。

带兵的事，千难万难。澄弟带兵到衡阳，温弟带兵到新桥，幸好一路平安，但以后最好不带兵为妙。我带兵阅历二年，知道这中间得罪人的事、造孽的事不一而足，恨不得与各位兄弟当面一一细述。诸弟在家侍奉父亲、与族亲乡党和睦相处，已经尽了全力，至于操办团练、带领士兵，不宜去参与。澄弟在外已久，想来知道我的话真是有苦衷的。

宽二弟去年去世，为兄还未寄去奠份银，至今觉得抱歉。现寄回银二十两，作为宽二弟的奠银，希望送交任尊叔夫妇亲收。

植弟上次信中说身体不健康。我认为读书不求强记，这也是养身之道。凡是想要强记的，还有好名的想法横在心中，就更记不住；如完全没有爱好虚名的想法，记住也可，不记住也可，这种思想便很轻松，没有包袱，反倒觉得安心舒畅，倒能记住一二处，也未可知。这是我的经验之谈，植弟试着去体验看看。其余不一一写了，即问近好，希望禀呈父亲大人万福金安，叔父大人福安。

国藩手书

咸丰五年七月初八日

早起乃养生千金妙方

学射最足保养，起早尤千金妙方、长寿金丹也。

【原文】

澄侯、沅甫两弟左右：

二十二日接初七日所发家信，内澄弟一件、沅弟一件、纪泽一件。知叔父大人已于三月二日安厝马公塘，两弟于家中两代各位老人养病送死之事，皆备极诚敬，将来必食报于子孙。闻马公塘山势平衍，可决其无水蚁凶灾，尤以为慰。

澄弟服补剂而大愈，甚幸甚幸！丽参、鹿茸虽享福稍早，而体气本弱，亦属无可如何。吾生平颇讲求惜福二字之义，近来亦补药不断，且菜蔬亦比往年较奢，自愧享用太过，然亦体气太弱，不得不尔。胡润帅、李希庵常服辽参，则其享受更有过于余者。澄弟平日太劳伤精，唢呐伤气，多酒伤脾。以后戒此三事，而常服补剂，自可日就痊可。丽参、鹿茸服毕后，余可再寄，不可间断，亦不可过多，每早服二钱可也。家中后辈子弟个个体弱，唢呐、吃酒二事须早早戒之，不可开此风气。学射最足保养，起早尤千金妙方、长寿金丹也。

纪泽今年耽搁太多，此次宜静坐两个月。《汉魏六朝百三名家》，京中带回一部，江西带回一部，可付一部来营。纪鸿《通鉴》讲至何处？并问。即候日好。兄国藩手草。

再，抚州绅士刻余所书《拟岘台记》，共刷来八分，兹寄五分回家。澄弟一分，沅弟一分，纪泽一分，外二分送家中各位先生。暂不能遍送也。

咸丰十年三月二十四日

【译文】

澄侯、沅甫两弟左右：

　　二十二日收到家中于七日发出的信，内有三封，澄弟、沅弟、纪泽各一封。我从信中得知叔父大人已于三月二日安葬在马公塘，对于家中上两代各位老人养病送葬的事，两位弟弟办得尽心尽力，满怀诚敬，将来必然得到后代子孙的崇敬和厚报。听说马公塘山势平缓无碍，不会出现洪水泛滥之势，也无须担心白蚁之患，我心中很是欣慰。

　　澄弟近来服用了很多的补药，身体状况大为好转，实在是幸运之事。高丽参、鹿茸这些补药，虽然很早就开始服用，但体质本来虚弱，也是无可奈何。我平生很讲求"惜福"二字的意义，近来补药不断，食用蔬菜也比往常奢侈，自己感觉太过了，吃了很惭愧，然而体质中气也确实太弱，不得不吃得稍好一点。胡润帅、李希庵常常服用辽参，他们的享受更是超过了我。澄弟平时劳神伤精，唢呐伤气，多饮酒伤脾。以后戒除这三件事，常服补药，自然可以逐渐好转。高丽参、鹿茸服完之后，我可以再寄，不可以间断，也不可以过多，每早上服用二钱就可以了。家中后辈子弟个个身体都不是很健壮，唢呐、吃酒二事必须尽早戒除，不可开此风气。学习射箭最能锻炼身体，早起更是长寿的千金妙方。

　　今年以来，纪泽的功课耽误得太多，目前最应该做的就是静下心来坐上两个月。《汉魏六朝百三名家》这部书，我从京城带回一部，从江西带回一部，可以送一部来营中。随便问一下，纪鸿的《通鉴》已经讲到何处了？即候日好。兄国藩手草。

　　另外，近日抚州绅士命人刻下了我所书写的《拟岘台记》，一共给我拓来八份，现将其中五份寄回家中，澄弟、沅弟、纪泽各一份，还有两份送给家中的各位先生。暂时不能人人都送。

咸丰十年三月二十四日

宜戒酒、起早、勤洗脚

起早亦养身之法，且系保家之道，从来起早之人，无不寿高者。

【原文】

澄侯、沅甫两弟左右：

闰月一日彭芳四来，接两弟信并纪泽一禀，具悉一切。

澄弟移寓新居，闻光彩焕发，有王相气象，至慰至慰。沅弟新屋前闻不甚光明，近日长夫来者皆云极好。吾两对所祝者，将来必如愿矣。祭叔父文亦斐亹可诵，四字句本不易作，沅弟深于情者，故句法虽弱而韵尚长也。余办木器送澄弟，即请澄自为妥办，女家之钱已交盛四带归。即仿七年之例，由县城办就，至家中再漆可也。

此间自浙江克复，人心大定。太湖各营于二十四五日拔营，宿松吉中、吉左四营于二十六日拔营，均至右牌取齐，初五日将进围安庆。朱惟堂一营初二日至江边，距宿松仅七十里。营中一切平安，余身体亦好。惟饷项暂亏，若四川不速平，日亏一日，必穷窘耳。

澄弟之病日好，大慰大慰。此后总以戒酒为第一义。起早亦养身之法，且系保家之道，从来起早之人，无不寿高者。吾近有二事效法祖父，一曰起早，二曰勤洗脚，似于身体大有裨益。望澄弟于戒酒之外，添此二事，至嘱至嘱。顺问近好。

兄国藩手草

咸丰十年闰三月四日

【译文】

澄侯、沅甫两弟左右：

闰月一日彭芳四来，接到两位弟弟的信及纪泽的一封信，一切都知道了。

澄弟移居新居，听说光彩焕发，有王侯气象，很是欣慰。沅弟的新房以前听说不太光亮，近日来我这里的长夫都说极好。我那两副对联所祝愿的，将来必如愿以偿。祭叔父的文也是琅琅上口，四字句本来很不好作，沅弟情深，所以句法虽差些但韵味还好。我置办了一些木器送给澄弟，就请澄弟自己妥善办理，女方家的钱已交盛四带回。就仿照咸丰七年的先例，在县城里办好，到家后再刷漆就可以了。

这里自从浙江收复，人心很稳定。驻太湖的各营于二十四五日拔营，宿松的吉中、吉左四营于二十六日拔营，均到石牌会合，初五将进围安庆。朱唯堂一营初二到达江边，距宿松只有七十里了。营中一切平安，我身体也好。只是军饷短缺，如果四川不迅速平定，一天天缺亏下来，必然会十分窘迫。

澄弟的病已渐渐好转，非常欣慰。以后总应以戒酒为第一大事。早起也是养身之法，并且是保家之道，早起的人，向来没有不长寿的。我近来有两件事效法祖父：一是早起，二是勤洗脚，似乎对身体大有好处。希望澄弟于戒酒之外，再做到这两件事。切记切记，顺问近好。

兄国藩手书
咸丰十年闰三月四日

毋滥服药、饭后散步乃养生要诀

药能活人，亦能害人。
每日饭后走数千步，是养生家第一秘诀。

【原文】

字谕纪泽儿：

曾名琮来，接尔十一月二十五日禀，知十五、十七尚有两禀未到。

尔体甚弱，咳吐咸痰，吾尤以为虑，然总不宜服药。药能活人，亦能害人。良医则活人者十之七，害人者十之三；庸医则害人者十之七，活人者十之三。余在乡在外，凡目所见者，皆庸医也。余深恐其害人，故近三年来，决计不服医生所开之方药，亦不令尔服乡医所开之方药。见理极明，故言之极切，尔其敬听而遵行之。每日饭后走数千步，是养生家第一秘诀。尔每餐食毕，可至唐家铺一行，或至澄叔家一行，归来大约可三千余步。三个月后，必有大效矣。

尔看完《后汉书》，须将《通鉴》看一遍。即将京中带回之《通鉴》，仿照余法，用笔点过可也。尔走路近略重否？说话略钝否？千万留心，此谕。

涤生手示
咸丰十年十月二十四日

【译文】

字谕纪泽儿：

曾名琮已经抵达我这里，我刚收到你十一月二十五日的来信，从这封信中得知还有十五、十七日写的两封信至今没有收到。

听说你最近身体很弱，咳嗽时还有痰带出，我心里万分焦急。不过你一定不要总是吃药，药能救人，也能害人。良医救治病人，十分之七能够救活，不治而亡的人尚有十分之三；若是庸医，害死的人就是十分之七，而能救活的人不过十分之三而已。我无论是身在家乡，还是外出治军做官，亲眼所见的几乎尽是庸医。我很担心他们拙劣的医术会有害于人，所以近三年来从不吃医生所开的方药，也不让你们吃乡下医生所开的方药。因为道理是显而易见的，所以说起来也很恳切，你们必须认真遵从我的话，并依照着去做。每天饭后走上几千步，是养生的第一秘诀。你每顿饭后，可到唐家铺，或者到澄叔家走一走，这个过程的来回大约有三千多步。坚持三个月以后肯定会大有成效。

你通读《后汉书》之后，一定要把《通鉴》阅读一遍。按照我的做法，将我从京城里带回的《通鉴》，用笔圈点一遍。你最近走路是不是稳重些了？说话是否也略显深沉了？千万要注意这些事项。此谕。

父涤生手示

咸丰十年十月二十四日

保养之法在慎食节欲

泽儿虽体弱，而保养之法，亦惟在慎饮食节嗜欲，断不在多服药也。

【原文】

澄侯四弟左右：

十六日接弟十一月二十三日手书，并纪泽二十五日禀，具悉。弟病日就痊愈，至慰至幸。惟弟服药过多，又坚嘱泽儿请医调治，余颇不以为然。

吾祖星冈公在时，不信医药，不信僧巫，不信地仙。此三者，弟必能一一记忆。今我辈兄弟亦宜略法此意，以绍家风。今年白玉堂做道场一次，大夫第做道场二次，此外祷祀之事，闻亦常有，是不信僧巫一节，已失家风矣。买地至数千金之多，是不信地仙一节，又与家风相背。

至医药，则合家大小老幼，几乎无人不药，无药不贵。迨至补药吃出毛病，则又服凉药以攻伐之；阳药吃出毛病，则又服阴药以清润之，辗转差误，不至大病大弱不止。弟今年春间多服补剂，夏末多服凉剂，冬间又多服清润之剂。余意欲劝弟少停药物，专用饮食调养。泽儿虽体弱，而保养之法，亦惟在慎饮食节嗜欲，断不在多服药也。

洪家地契，洪秋浦未到场押字，将来恐仍有口舌。地仙、僧巫二者，弟向来不甚深信，近日亦不免为习俗所移。以后尚祈卓识坚定，略存祖父家风为要。天下信地、信僧之人，曾见有一家不败者乎？北果公屋，余无银可捐。己亥冬，余登山踏勘，觉其渺茫也。

此间军事平安。左、鲍二人在鄱阳尚未开仗。祁门、黟县之贼，日内并未动作。顺问近好，并贺新禧。

国藩手草

咸丰十年十二月二十四日

【译文】

澄侯四弟左右：

　　我于十六日收到弟弟写于十一月二十三日的亲笔信以及纪泽二十五日的禀帖，信中的一切都已知悉。得知弟弟的病日益痊愈，心中很是欣慰。只是弟弟服药太多，又坚持让泽儿为你请医调治，我认为这样做并不是好事。

　　祖父星冈公在世时，不信医药，不信僧巫，不信地仙。这"三不信"想必弟弟都一一记得吧。现在我们这一辈的兄弟也应遵守祖父的遗训，以承继家风。今年白玉堂做了一次道场，大夫第做了两次道场，此外祈祷祭祀的事，听说也常有，在不信僧巫这一点上，已失去家风了。买地花了几千两银子，在不信地仙这一点上，又与家风相违背了。

　　至于医药，全家大小老幼，几乎没有一个不吃药的，而且没有一剂药是便宜的。等到补药吃出毛病了，就又服凉药来攻伐减克；阳药吃出毛病了，就又服阴药来清润调和，像这样辗转差错失误，非要搞得身体大病大弱才肯停止。弟今年春间多吃补药，夏末多服凉药，冬间又多服清润的药。我的意思想劝弟还是停一下药，专用饮食来调养身体。泽儿虽然体质弱，而保养的方法，只有慎于饮食，节减嗜欲，绝不在于多服药。

　　洪家地契，洪秋浦没有到场押字，将来恐怕会有口舌之争。地仙、僧巫这两点，弟向来不很相信，近来也不免因习俗改变自己的观念了。以后还望弟对卓越的看法保持坚定的态度，保存祖父的家风，这是很重要的。天下信地、信僧的人，你见有哪一家不败亡的？北果公屋那里，我无钱可捐。己亥年冬天，我登山踏勘，觉得它很渺茫。

　　这里军事平安。左宗棠、鲍春霆两人在鄱阳还未开仗。祁门、黟县的敌人，近日内没有动作。顺问近好，并贺新禧。

国藩手书

咸丰十年十二月二十四日

读书作字陶写性情

尔既无志于科名禄位，但能多读古书，时时吟诗作字，以陶写性情，则一生受用不尽。

【原文】

字谕纪泽儿：

曾代四、王飞四先后来营，接尔二十日、二十六日两禀，具悉五宅平安。

和张邑侯诗，音节近古，可慰可慰。五言诗，若能学到陶潜、谢朓一种冲淡之味和谐之音，亦天下之至乐，人间之奇福也。尔既无志于科名禄位，但能多读古书，时时吟诗作字，以陶写性情，则一生受用不尽。第宜束身圭璧，法王羲之、陶渊明之襟韵潇洒则可，法嵇、阮之放荡名教则不可耳。

希庵丁艰，余即在安庆送礼，写四兄弟之名，家中似可不另送礼。或鼎三侄另送礼物亦无不可，然只可送祭席挽幛之类，银钱则断不必送。尔与四叔父、六婶母商之。希庵到家之后，我家须有人往吊，或四叔，或尔去皆可，或目下先去亦可。

近年以来，尔兄弟读书，所以不甚耽搁者，全赖四叔照料大事，朱金权照料小事。兹寄回鹿茸一架、袍褂料一件，寄谢四叔。丽参三两、银十二两，寄谢金权。又袍褂料一件，补谢寅皆先生。尔一一妥送。家中贺喜之客，请金权恭敬款接，不可简慢，至要至要。

贤五先生请余作传，稍迟寄回。此次未写复信，尔先告之。

家中有殿板《职官表》一书，余欲一看，便中寄来。抄本《国史文苑》《儒林传》尚在否？查出禀知。此嘱。

涤生手草

同治元年七月十四日

【译文】

字谕纪泽儿：

曾代四、王飞四已先后抵达营中，我也收到了你二十日、二十六日捎来的两封信，从信中得知家中一切平安。

看了你作的和张邑侯的诗，音节已经与古诗近似，我感到很欣慰。作五言诗，若能领悟到陶潜、谢朓的诗中那种恬淡闲适的味道、和谐自然的音律，就是天下最快乐的事，人间难得的福分了。你既然无意于科举功名，若能多读古书，常常吟诗写字，陶冶性情，也是一生都受用不尽的财富。只是你应洁身自好，可以学习王羲之、陶渊明潇洒的胸襟，但不应效法嵇康、阮籍放荡的作风。

希庵亲人亡故，我在安庆给他们送去了丧礼，署名写的是四个兄弟的名字，所以家中可以不用再送了。如果要送，可以再由鼎三侄送一份礼物去，不过只能送祭席、挽幛之类的祭品，不可以再送银钱，你要与四叔父、六婶母商量一下这件事。希庵到家之后，必须专门有人前去吊唁，可以让四叔去，或者由你去也可以，最好是尽快去，收到信之后就去都可以。

近年以来，你们兄弟几个之所以没有耽误多少读书的时间，全靠四叔主管大事，朱金权照料小事。现在寄回鹿茸一架、袍褂料子一件，以答谢四叔的辛劳。另外还有高丽参三两、银二十两，送给金权作为感谢的礼物。又有袍褂料一件，用来补谢寅皆先生。这些东西你都要一一妥善送去。前来家中贺喜的客人，要叮嘱金权恭敬地接待，不可怠慢，这很重要。

贤五先生请我作传记，稍迟一段时间寄回去。这次没有给他写回信，你先告诉他一下。

我记得家中有殿版《职官表》一书，我想翻阅一下，下次寄信的时候如果方便的话，就随信寄来。《国史文苑》《儒林传》的抄本还能找得到吗？如果找到了就告诉我。此嘱。

父涤生手书
同治元年七月十四日

治身以不药二字为药

云治心以广大二字为药，治身以不药二字为药。

【原文】

沅弟、季弟左右：

季弟病似疟疾，近已痊愈否？吾不以季病之易发为虑，而以季好轻下药为虑。

吾在外日久，阅事日多，每劝人以不服药为上策。吴彤云近病极重，水米不进已十四日矣。十六夜四更，已将后事料理，手函托我，余一概应允，而始终劝其不服药。自初十日起，至今不服药十一天，昨夜竟大有转机，疟疾减去十之四，呃逆各症减去十之七八，大约保无它变。希庵五月之秒病势极重，余缄告之，云治心以广大二字为药，治身以不药二字为药，并言作梅医道不可恃。希庵乃断药月余，近日病已痊愈，咳嗽亦止。是二人者，皆不服药之明效大验。季弟信药太过，自信亦太深，故余所虑不在于病，而在于服药。兹谆谆以不服药为戒，望季曲从之，沅力劝之。至要至嘱。

季弟信中所商六条，皆可允行。回家之期，不如待金陵克后乃去，庶几一劳永逸。如营中难耐久劳，或来安庆闲散十日八日，待火轮船之便，复还金陵本营，亦无不可。若能耐劳耐烦，则在营久熬更好，与弟之名曰贞、号曰恒者，尤相符合。其余各条皆办得到，弟可放心。

上海四万尚未到，到时当全解沅处。东征局于七月三万之外，又有专解金陵五万，到时亦当全解沅处。东局保案，自可照准，弟保案亦日内赶办。雪琴今日来省，筱泉亦到。

同治元年七月二十日

【译文】

沅弟、季弟左右：

季弟的病颇似疟疾，近来已好了吗？我倒不担心季弟容易患病，而是为季弟喜欢轻率用药而忧虑。

我在外面日子久了，阅历也多了，每每劝别人以不吃药为上策。吴彤云近日病得极重，水米都不沾，已经十四天。十六日晚上四更，已把后事料理好，亲笔写信托我，我一概答应，而始终劝他不吃药。自初十起，到今天，十一天不吃药，昨天竟大有转机，疟疾减轻了十分之四，呕逆等症减去十分之七八，大约没有大的变故了。希庵五月末病情也很严重，我写信告诉他，"治心以广大二字为药，治身以不药二字为药"，并说作梅的医术不可依靠。希庵于是停药一个多月，近日病已好了，咳嗽也止住了。这两个人，都是不吃药收到了明显效果的例证。季弟太迷信药物，自信也太深，所以我忧虑他不在于病，而在于吃药。现在谆谆嘱咐以不吃药为戒，希望季弟能够听从我的意见，沅弟也要力劝。至要至嘱！

季弟信中提出来商量的六条，都可以同意。回家的日期，不如等金陵攻克之后，也许可以一劳永逸。如果在军营难以忍耐劳累过久，或者回安庆闲散十天八天，等轮船方便，再回金陵本营，也无不可。如果能耐劳耐烦，那么在军营久熬更好，与弟弟的名叫贞、号叫恒，意义尤相符合。其余各条都办得到，弟弟放心。

上海四万两军饷还没解送到，到时就全部解送到沅弟处。东征局在七月三万两之外，又专门解送金陵五万两，到时也解送到沅弟处。东局保举有功人员的文案，自可照准，弟弟的保案也将在日内赶办。雪琴今日来省，筱泉也到了。

同治元年七月二十日

以早起、务农、疏医、远巫为要

有病时断不可吃药，无病时可偶服补剂调理，亦不可多。

【原文】

沅、季弟左右：

久不接来信，不知季病痊愈否？各营平安否？

东征局专解沅饷五万，上海许解四万，至今尚未到皖。阅新闻纸，其中一条言何根云六月初七正法，读之悚惧惆怅。

余去岁腊尾买鹿茸一架，银百九十两，嫌其太贵。今年身体较好，未服补药，亦未吃丸药。兹将此茸药送至金陵，沅弟配制后，与季弟分食之。中秋凉后，或可渐服，但偶有伤风微恙，则不宜服。

余阅历已久，觉有病时断不可吃药，无病时可偶服补剂调理，亦不可多。吴彤云大病二十日，竟以不药而愈，邓寅皆终身多病，未尝服药一次。季弟病时好服药，且好易方，沅弟服补剂失之太多，故余切戒之，望弟牢记之。

弟营起极早，饭后始天明，甚为喜慰。吾辈仰法家训，惟早起、务农、疏医、远巫四者尤为切要。

同治元年七月二十五日

【译文】

沅、季弟左右：

很久没有收到你们的来信，不知季弟的病是否痊愈？各营是否平安？

东征局派专人解送给沅弟的五万军饷，还有上海许诺的四万军饷，至今还未送达安徽。近来看新闻纸上有一条消息说：何根云于六月七日被正法，读后令人悚然恐惧,惆怅不已。

我去年年底买了一架鹿茸,用去一百九十两银子,觉得有些贵了。今年身体状况还好,并未进服补药,丸药也很少服用。现将这架鹿茸送到金陵,待沅弟配制之后,与季弟分享吧。中秋节天气渐凉之后,可以慢慢服用,若偶尔有伤风小病,则不宜服用。

我在这方面的经历颇丰,我认为,患病之时,绝不可以随便滥服药物,倒是没病时可以偶尔服些补剂调理身体,不过也不可太多。吴彤云二十天身患重疾,竟然不吃药就康复了;邓寅皆一辈子多病,却没有吃过一次药。季弟生病时总爱吃药,并且经常更换药方,沅弟进服的补药也有些过量,因此我规劝你们少服药品,望弟弟们能牢记在心。

听说弟弟在营中起床极早,吃过早饭才天亮,这一点让我十分欣慰。我们兄弟应该效法家训,其中早起、务农、疏医、远巫四者最为重要。

同治元年七月二十五日

放心静养，不可怀忿悒气

必须放心静养，不可怀忿悒气，不可提心吊胆，总以能睡觉安稳为主。

【原文】

沅弟左右：

二十六日接弟二十三日信。二十七日傍夕兰泉归来，备述弟款接之厚，才力之大，十倍竺虔旧仆。而言弟疾颇不轻，深为忧灼，闻系肝气之故。

吾日内甚郁郁，何况弟之劳苦百倍于我？此心无刻不提起，故火上炎，而血不养肝。此断非药所能为力，必须放心静养，不可怀忿悒气，不可提心吊胆，总以能睡觉安稳为主。

今日接到寄谕，江西厘金之讼，仍是督抚各半。然官司虽输，而总理衙门奏拨五十万两专解金陵大营，未必尽靠得住，而其中有二十一万实系立刻可提者，弟军四五两月不致哗溃。六月以后，则淮北盐厘每月可得八万，故余转恼为喜。向使官司全赢，则目下江西糜烂，厘金大减，反受虚名而无实际，想弟亦以得此为喜也。兹将恭王咨文付阅，廷寄俟明后日咨去，即问近好。

国藩顿首

同治三年三月二十七日

【译文】

沅弟左右：

二十六日收到弟二十三日的来信。二十七日傍晚兰泉回到这里，详细讲述老弟款待他十分热情，才力之大简直比竺虔过去那位随从大十倍。又提到老弟的病很不轻，深感忧虑焦灼，据说是肝火上升的缘故。

我这几天很郁闷，何况老弟之劳累辛苦比我重百倍呢？心时时刻刻放不下，所以火气上升，而血脉不能保养肝气。这绝不是药物所能起作用的，必须放下心来，安静调养，不能心怀忿懑，自己生气，不能提心吊胆，总是以能安稳睡觉为最重要。

今天接到寄来的谕旨，关于江西厘金的争议，还是两江总督与江西巡抚各分一半。然而这场官司虽然输了，但总理衙门奏准另拨款五十万两专门解往金陵大营。虽未必完全靠得住，但其中有二十一万两实际上是马上就能提取的，所以老弟一军四月、五月两月之内不至于哗变溃散。六月以后，则淮北盐厘每月可收入八万两，所以我转恼怒为欣喜。假使官司全赢下来，眼下江西还乱成一锅粥，厘金收入大减，我辈反而徒有占江西全省厘金之虚名而并没有实际收益。我想老弟也会为此次输掉官司而高兴吧。现将恭王发来的咨文给你看看。寄来的谕旨则等明后天以咨文发去。即问近好。

国藩顿首
同治三年三月二十七日

恼怒如蝮蛇，去之不可不勇

此病非药饵所能为力，必须将万事看空，毋恼毋怒，乃可渐渐减轻。蝮蛇螫手，则壮士断其手，所以全生也。吾兄弟欲全其生，亦当视恼怒如蝮蛇，去之不可不勇。

【原文】

沅弟左右：

适闻常州克复、丹阳克复之信，正深欣慰，而弟之信中有云"肝病已深，痼疾已成，逢人辄怒，遇事辄忧"等语，读之不胜焦虑！

今年以来，苏浙克城甚多，独金陵迟迟尚无把握，又饷项奇绌，不如意之事机、不入耳之言语纷纷迭乘。余尚温郁成疾，况弟之劳苦过甚百倍阿兄，心血久亏数倍于阿兄乎？

余自春来，常恐弟发肝病，而弟信每含糊言之，此四句乃露实情。此病非药饵所能为力，必须将万事看空，毋恼毋怒，乃可渐渐减轻。蝮蛇螫手，则壮士断其手，所以全生也。吾兄弟欲全其生，亦当视恼怒如蝮蛇，去之不可不勇，至嘱至嘱！

余年来愧对老弟之事，惟调拨程学启一名将，将有损于阿弟。然有损于家，有益于国，弟不必过郁，兄亦不必过悔。顷见少荃为程学启请恤一疏，立言公允，兹特寄弟一阅，请弟抄后寄还。

李世忠事，十二日奏结，又饷绌情形一片，即为将来兄弟引退之张本。余病假于四月二十五日满期，余意再请续假，幕友皆劝销假，弟意以为何如？

淮北票盐、课厘两项，每岁共得八十万串，拟概供弟一军。此亦巨款，而弟尚嫌其无几。余于咸丰四、五、六、七、八、九等年，从无一年收过八十万者，再筹此等巨款，万不可得矣。

同治三年四月十三日

【译文】

沅弟左右：

刚刚得到常州克复、丹阳克复的捷报，正在为此事高兴之际，却看到弟弟在信中说"肝病已经愈加严重，痛苦的疾病已经形成，逢人便发怒，遇事便忧愁"，读了之后，心中不胜焦急。

今年以来，苏浙攻下很多城池，独金陵迟迟没有攻下，再加上军饷奇缺等等，这些不如意的事情、不堪入耳的议论，纷至沓来。连我都要积郁成疾了，更何况弟弟在军中整日辛苦，要胜过我百倍！心血久亏的情形，自然要数倍于为兄。

自从入春以来，我经常害怕弟弟的肝病复发，而弟弟每次来信均含糊其辞，这次信中的四句话终于暴露了实情。这病却非药物所能治愈，为人处世必须胸怀广阔，遇事不恼不怒，疾病才可渐渐痊愈。蝮蛇咬手，则壮士断然斩断其手，这才能得以保全生命。沅弟若要保全生命，应把恼怒当作蝮蛇看待，下决心戒恼怒，不可犹豫不决，没有勇气，至嘱至嘱！

这一年来，我愧对老弟的事，只是调走了程学启，这显然有损阿弟。然而，有损于家，却有益于国，弟弟不必过于抑郁，为兄也不必后悔。刚看到少荃为程学启请恤的疏折，立言公允，现特寄给你看看，请弟弟抄后再寄还给我。

李世忠的事，已经于十二日奏结。至于严重的缺饷一事，就是将来我们兄弟引退的伏笔。我的病假于四月二十五日满期，我想再续假，幕友都劝我销假，不知你的意见如何？

淮北票盐、课厘两项，每年共得八十万串，准备一概供给弟弟这一军。这也是巨款，而弟弟还嫌少了。我在咸丰四、五、六、七、八、九等几年，从来没有一年收过八十万串的，今后若再想筹集这么大的巨款，万万做不到了。

同治三年四月十三日

保养以莫生肝病为要

功不必自己出,名不必自己成,总以保全身体,莫生肝病为要。善于保养,则能忠能孝而兼能悌矣。

【原文】

沅弟左右:

得弟十三日信,具悉一切。常、丹之克,此闻已先得报。

各城皆得,仅余金陵。城之坚而大,贼之悍而多,实非他处可比,弟切勿焦灼致疾,听其自然而已。如奉旨饬少荃中丞前来会攻金陵,弟亦不必多心,但求了毕兹役。独克固佳,会克亦妙。功不必自己出,名不必自己成,总以保全身体,莫生肝病为要。善于保养,则能忠能孝而兼能悌矣。

泽儿近日痊愈,望勿记念。昨得沈中丞信,寄去一阅。上海头批十五万已到否?春霆之九万已另咨商少荃矣。顺问近好。

兄国藩手草

同治三年四月十六日

【译文】

沅弟左右:

收到弟十三日的来信,尽知一切。常州、丹阳的攻克,我这里早已得到报告。

各城都收复了,只剩下金陵。城墙坚固又庞大,敌人凶悍,数量又多,绝非其他地方可比,弟弟绝不要焦虑,以至于生病,顺其自然最好。如果接到谕旨令李鸿章前来一起攻打金陵城,你也不必多心,只是为了尽快结束这个战役。你单独攻克固然好，联合攻克也很好。功劳不必一人全占，名望不必一人享尽，总要以保全身体，不生肝病为要。善于保养身体，才能做到能忠能孝而且能友爱兄弟。

　　泽儿近来已痊愈，不要挂念。昨天收到沈中丞一信，寄给你看看。上海头批十五万已到了吗？春霆的九万已另写文与少荃商量。顺问近好。

兄国藩手书
同治三年四月十六日

不可过劳，须心平气和

> 惟夜不成寐，却是要紧之症，须用重心和平之法医之。

【原文】

澄弟左右：

九月十七日接弟八月二十九日信，系在县城所发者。二十二三日连接弟九月初七八日两缄，具悉一切。

弟为送科一之考两次晋省，实觉过于勤劳，兄闻之深抱不安。且弟于家庭骨肉之间，劳心劳力，已历三十余年，今年力渐老，亦宜自知爱惜保养，不特为家庭之际，不可过劳也。

吾入金陵署中已半月，大小平安。隔日至沅弟处看病。沅之湿毒未愈，尚尔病痛，而肝郁少减，大约十月初登舟起行。其湿毒与我二十五六年之病相似，而我之病似更重。余劝沅不必吃药敷药，此等皮肤之疾，终可不治自愈。惟夜不成寐，却是要紧之症，须用养心和平之法医之。

褚一帆事，不能请谒。盐局之事，全依次帅与黄、郭之言，断不掣肘。顺问近好。

同治三年九月二十四日

【译文】

澄弟左右：

九月十七日收到老弟八月二十九日的来信，是从县城寄出的。二十二、二十三两天连续收到九月初七、初八寄来的两封信，一切尽知。

老弟为了送纪鸿参加考试而两次上省城，实在觉得弟过于辛苦劳累，我得知以后深感不安。而且老弟你为全家人费心尽力已三十多年，现年纪、精力都渐入老境，也该知道爱护身体，保养身心，不仅为了家族，就是为了你自己也不能过于劳累了。

我搬进金陵官署里已有半个月，家中大小都平安无事，隔天到沅弟那里看望病情。沅弟湿毒还没痊愈，还感疼痛，而肝气郁结之症稍见减轻，大概十月初乘船启程。沅弟湿毒之症与我道光二十五六年时的病有相似之处，而我的病似乎更重一些。我劝说沅弟没必要吃药、敷药，这类皮肤病，终究能够不用医治而自行痊愈。只是夜间睡不着觉，是很重要的症状，要用养心、保持平和的办法来治疗。

褚一帆的事，不能请求谥号。盐局的事，完全听从次帅以及黄、郭等人的意见，决不从旁掣肘。顺问近好。

同治三年九月二十四日

食蔬亦养生之宜

后辈则夜饭不荤，专食蔬而不用肉汤，亦养生之宜，且崇俭之道也。

【原文】

字谕纪泽儿：

接尔十一、十五日两次安禀，具悉一切。尔母病已痊愈，罗外孙亦好，慰慰。

余到清江已十一日，因刘松山未到，皖南各军闹饷，故尔迟迟未发。雉河、蒙城等处日内亦无警信。罗茂堂等今日开行，由陆路赴临淮。余俟刘松山到后，拟于二十一日由水路赴临淮。身体平安。惟廑念湘勇闹饷，有弗戢自焚之惧，竟日忧灼。蒋之纯一军在湖北业已叛变，恐各处相煽，即湘乡亦难安居。思所以痛惩之之法，尚无善策。

杨见山之五十金，已函复小岑在于伊卿处致送。邵世兄及各处月送之款，已有一札，由伊卿长送矣。惟壬叔向按季送，偶未入单，刘伯山书局撤后，再代谋一安砚之所。该局何时可撤，尚无闻也。

寓中绝不酬应，计每月用钱若干？儿妇诸女，果每日纺绩有常课否？下次禀复。

吾近夜饭不用荤菜，以肉汤炖蔬菜一二种，令其烂如泥，味美无比，必可以咨培养（菜不必贵，适口则足养人），试炖与尔母食之（星冈公好于日入时手摘鲜蔬，以供夜餐。吾当时侍食，实觉津津有味，今则加以肉汤，而味尚不逮于昔时）。后辈则夜饭不荤，专食蔬而不用肉汤，亦养生之宜，且崇俭之道也。

颜黄门（之推）《颜氏家训》作于乱离之世，张文端（英）《聪训斋语》作于承平之世,所以教家者极精。尔兄弟各觅一册,常常阅习,则日进矣。

涤生手草(清江浦)
同治四年闰五月十九日

【译文】

字谕纪泽儿:

近日已经接到了你十一、十五日的两次禀帖,从中得悉一切。听说你母亲病已痊愈,罗氏外孙也安好无恙,心中很是欣慰。

我抵达清江浦至今已经有十一天的时间了,因刘松山的部队至今还没有行进到这里,再加上皖南各部为军饷生事,所以迟迟没有发兵。雉河、蒙城等地这几天情势稍缓,没有告急。罗茂堂等人今天出发,由陆路到临淮。我准备等刘松山到了以后,于二十一日走水路去临淮。我身体平安,只是挂念湖南士兵闹饷的事,怕他们无力及时平息此事,以致引火烧身,整日为此焦虑不已。蒋之纯一军在湖北已经叛变,我担心各地恶势力趁机互相煽动,若果真如此,恐怕湖南也难以安居乐业。我现在正在想如何彻底解决这件事,只是目前还没有想出妥善处理的办法。

至于杨见山的五十两,我已经在给小岑回信中作了答复,可通过伊卿送去给他。邵世兄以及各处按月送去的钱,已有一道札文,都由伊卿按期送达。只是壬叔处一向按季送的,没有列入名单。刘伯山书局撤销以后,可再为他找一个以文谋生的差事。至于这个书局什么时候才会被撤销,如今还没有确切的消息。

金陵的寓所中绝对不要搞应酬活动,一个月共计要有多少的花费?儿媳、女儿们,每天从事纺织劳作有定额工作量吗?下次回信望一一告知。

我近来吃晚饭不沾荤菜,只用肉汤炖一两种蔬菜,炖到烂如泥的程度,味道无与伦比,而且有利于养护身体(菜不一定要价格昂贵的,吃起来适口就足以养护自己的身体),你可以试着炖给你母亲吃(星冈公惯于太阳落山时亲手采摘新鲜蔬菜,供晚饭食用。我当时同星冈公一起吃饭,真是津津有味,现在加上肉汤炖菜,而味道却无法与当年相比)。年轻人晚饭不宜吃荤腥,专吃蔬菜,不用配肉汤熬炖,这样的吃法也适合于养生,而且也是节俭之道。

颜之推的《颜氏家训》一书作于离乱之世,张英的《聪训斋语》著于太平之时，两部家训教导家人都有精到独特的见解。你们兄弟要每人各去找一册来放在身边，常常拿来阅读，就会天天进步不断了。

涤生手草（于清江浦）
同治四年闰五月十九日

第八章 养生之道

养生以少恼怒为本

胸中不宜太苦,须活泼泼地,养得一段生机,亦去恼怒之义也。
既戒恼怒,又知节啬,养生之道,已尽其在我者矣。

【原文】

字谕纪泽儿:

三十日成鸿纲到,接尔八月十六日禀。具悉尔十一后连日患病,十六日尚神倦头眩,不知近已痊愈否?

吾于凡事皆守"尽其在我,听其在天"二语,即养生之道亦然。体强者,如富人因戒奢而益富;体弱者,如贫人因节啬而自全。节啬非独食色之性也,即读书用心,亦宜检约,不使太过。余八本匾中,言养生以少恼怒为本。又尝教尔胸中不宜太苦,须活泼泼地,养得一段生机,亦去恼怒之义也。

既戒恼怒,又知节啬,养生之道,已尽其在我者矣。此外,寿之长短,病之有无,一概听其在天,不必多生妄想去计较他。凡多服药饵,求祷神祇,皆妄想也。吾于药医、祷祀等事,皆记星冈公之遗训,而稍加推闸,教示后辈。尔可常常与家中内外言之。

尔今冬若回湘,不必来徐省问,徐去金陵太远也。朱金权拟于初十内外回金陵,欲伴尔回湘。近日贼犯山东,余之调度,概咨少荃宫保处。澄沅两叔信附去查阅,不须寄来矣,此嘱。

同治四年九月初一

【译文】

字谕纪泽儿：

三十日成鸿纲到我这里，接到你八月十六日的禀帖。知道你十一日以后连续几天患病，十六日还感到精神怠倦，头晕目眩，不知近日痊愈了没有？

我遇事都遵守"尽我个人努力，听凭天意命运"两句话，就是养生之道也是如此。身体强健的人，如同富有的人力戒奢侈而更加富有；体质虚弱的人，如同贫穷的人因节俭而得以自我保全。节俭不光是在饮食、美色上，就是读书用心，也应节约俭省不能太过分。我的八本匾内，讲养生以少恼怒为本。又曾经教导你心中不要太苦，要活泼，培养心中的一片生机，这也是去除恼怒的办法。

既要力戒恼怒，又要知道节俭，于是养生之道中自己能做的就都做到了。除此以外，像年寿长短、得不得病，一概听凭天意，没有必要多生妄想去计较这些。大凡多吃药，求神保佑，都属于妄想。我对医药、祈祷等事，都牢记星冈公的遗训，而稍微加以阐述，用来教育后辈。你可以时常对家里家外的人说一说。

今年冬天如果你回湖南，就不必来徐州见我，徐州离金陵太远了。朱金权将于初十前后回金陵，想与你结伴回湖南。近日敌军进犯山东，我调度兵马的公文，一概以咨文发到李少荃宫保处。澄、沅两叔的信附去查阅，不要寄来了。此嘱。

同治四年九月初一

体弱宜清静调养

尔虽体弱多病,然只宜清静调养,不宜妄施攻治。

余教尔从眠食二端用功,看似粗浅,却得自然之妙。

【原文】

字谕纪泽纪鸿儿:

二十日接纪泽在清江浦所发之信。二十二日李鼎荣来,又接一信。二十四日又接尔至金陵十九日所发之信。舟行甚速,病亦大愈,为慰。

老年来始知圣人教孟武伯问孝一节之真切。尔虽体弱多病,然只宜清静调养,不宜妄施攻治。庄生云:"闻在宥天下,不闻治天下也。"东坡取此二语,以为养生之法。尔熟于小学,试取"在宥"二字之训诂体味一番,则知庄、苏皆有顺其自然之意。养生亦然,治天下亦然。若服药而日更数方,无故而终峻补,疾轻而妄施攻伐强求发汗,则如商君治秦、荆公治宋,全失自然之妙。柳子厚所谓"名为爱之,其实害之",陆务观所谓"天下本无事,庸人自扰之",皆此义也。东坡游罗浮诗云:"小儿少年有奇志,中宵起坐存黄庭。"下一"存"字,正合庄子"在宥"二字之意。盖苏氏兄弟父子皆讲养生,窃取黄老微旨,故称其子为有奇志。以尔之聪明,岂不能窥透此旨?余教尔从眠食二端用功,看似粗浅,却得自然之妙。尔以后不轻服药,自然日就壮健矣。

余以十九日至济宁,即闻河南贼匪图窜山东,故暂驻此间,不遽赴豫。贼于二十二日已入山东曹县境,余调朱星槛三营来济护卫,腾出潘军赴曹攻剿。须俟贼出齐境,余乃移营西行也。

尔侍母而行,宜作还里之计,不宜流连鄂中。仁宦之家,往往贪恋外省，轻弃其乡，目前之快意甚少，将来之受累甚大，吾家宜力矫此弊。余不悉。

涤生手示。

李眉生于二十四日到济宁相见矣。四叔、九叔寄余信二件寄阅。他人寄纪泽信四件、王成九信一件查收。

同治五年二月二十五日

【译文】

字谕纪泽、纪鸿儿：

二十日接到纪泽在清江浦发出的信。二十二日李鼎荣来，又接到一封信。二十四日又接到你到金陵后十九日发出的信。船走得很快，你的病也好多了，我很欣慰。

年老之后才知道《论语》中孔圣人答复孟武伯请教孝道一节所讲的真切。你体弱多病，只适宜于清静调养，不适宜随便用药物治疗。庄子说过："只听说要让天下的人自在宽裕，没有听说要统治天下的。"苏东坡就取这两句话作为养生的办法。你对小学很熟悉，可取"自在宽裕"几个字体验回味一番，就知道庄子、苏东坡都表达过顺其自然的意思。养生也是这样，治天下也是这样。比如吃药，每天变换几种方剂，无缘无故地整年猛烈进补，病不重而妄加药物求发汗，那就像商鞅治理秦国、王安石治理北宋，完全丧失了自然的妙处。柳宗元所说的"名义上是爱护其实是伤害"，陆游所说的"天下本无事，庸人自扰之"，说的都是这个意思。苏东坡《游罗浮》诗说："小儿少年有奇志，中宵起坐存黄庭。"下句一个"存"字，正合乎庄子"自在宽裕"的意思。因苏家父子兄弟都讲究养生，巧取黄老学说精微的宗旨，所以称赞他的儿子有奇志。以你的聪明，难道不能看透这一层旨意吗？我教你从睡眠、饮食两方面下功夫，看似粗浅，实际上却能得到自然的妙处。你以后不要轻易吃药，自然会越来越健壮。

我十九日到达济宁，听说河南的捻军图谋窜往山东，我就暂时驻在这里，不马上去河南。捻军于二十二日已进入山东曹县境内，我调朱星槛三个营来济宁守卫，腾出潘鼎新一军到曹县去攻剿捻军。等到捻军离开山东境内，我才能调动军队向西前进。

你侍奉母亲西行，应作回归乡里的计划，不要流连武昌等地。做官的人家，往往贪恋于外省的繁华，而轻易地放弃自己的家乡，相比之下目前的快乐很少，将来的害处很大。我家应力戒这种弊病。其余不多谈。

涤生手示。

李眉生于二十四日来济宁相见。四叔、九叔寄给我的两封信寄给你看看。别人寄给纪泽的四封信、寄给王成九的一封信，注意查收。

同治五年二月二十五日

养生家唯恐出汗

汗者，心之精液，古人以与精血并重。养生家惟恐出汗，有伤元气。

【原文】

字谕纪泽、纪鸿儿：

五月十八日接泽儿四月二十八日禀函，二十一日又接初七日信各一件并诗文，具悉一切。

尔母患头昏泄泻，自是阳亏脾虚之症，宜以扶阳补脾为主。近日高丽参易照浮火，辽参贵重不可多得，不如多服党参，亦有效验而无流弊。道光二十八年，尔母在京大病，脾虚发泻，即系重服参、术、耆而愈。以大锅熬党参膏为君，每次熬十斤汁。茚村身体最强，据云不服它药，惟每年以党参二十余斤熬膏常服，日益壮盛，并劝余常服此药。

纪泽于看书等事似有过人之聪明，而于医药等事似又有过人之愚蠢。即如汗者，心之精液，古人以与精血并重。养生家惟恐出汗，有伤元气。泽儿则伤风初至即求发汗，伤风将愈尚求大汗，屡汗元气焉得不伤？腠理焉得不疏？又如服药以达荣卫，有似送信以达军营。治标病者似送百里之信，隔日乃有回信；治本病者似送三五百里之信，经旬乃有回信。泽儿则日更数方，譬之辰刻送信百里，午刻未回又换一信，酉刻未回再换一令。号令数更，军营将安所适从？方剂屡改，脏腑安所听命？以后于己病母病宜切记此二事。即沅叔脚上湿毒，亦宜戒克伐之剂，禁屡换之方。余近年学祖父星冈公夜夜洗脚、不轻服药，日见康强。尔与沅叔及诸兄弟能学之否？

宋生香先生文笔圆熟，尽可从游。鸿儿文笔太平直，全无挂意。明年下场，深恐为同辈所笑。自六月以后，尔与纪瑞将各项工课渐停，专攻八股试帖，兼学经策。每月寄文六篇来营，不可少。但求诗文略有可观，不使人讥尔兄弟案首是送情的，则余心慰矣。

涤生手示

朱劭卿领批，须院试入学后乃可放心，深为悬系。常仪庵治齿方无处检寻。余不悉。

同治五年五月二十五日

【译文】

字谕纪泽、纪鸿儿：

五月十八日收到泽儿四月二十八日的信，二十一日又收到初七你俩的信各一封和诗文，一切尽知。

你母亲头昏腹泻，应该是阴亏脾虚，要以扶阳补脾为主。这段时间用的高丽参容易产生虚浮火气，辽东人参贵重不可多得，不如多服用党参，这是有益而无害的。道光二十八年，你母亲在京城也曾大病一场，脾虚泻得厉害，就是多服参、术、耆一类药物治好的。用大锅熬党参膏，每次熬十斤汤汁。苇村身体最强壮，据说并没吃什么别的药，就是每年用二十多斤党参熬成膏而经常服用，所以他的身体越来越强健，他还劝我也经常服这种药。

纪泽对于看书这类事好像有超过常人的聪明，但对于医药方面的事又似乎比一般人愚蠢。比如说汗液，这是心的精液，古人把它与精、血看得同等重要。养生家就怕出汗会伤及元气。而泽儿一得伤风就想发汗，伤风病就快治好了还要谋求发大汗，这样常出汗，元气怎么可能不受伤害呢？腠理怎么会不疏松呢？又比如说吃药来使身体强壮，就好比是送信到军营一样。治疗外在病好比往百里外开送信，隔一天才有回信；治疗根本大病就好比是往三五百里外送信，要等十天左右才会有回信。泽儿呢，每天换几个药方，好比是在辰时送信到百里外，到午时没见到回信便又换一封信送出，酉时没见回信再换发一信。一天当中就几次更改号令，军营的官兵们该听从哪道命令呢？多次改动药剂，脏腑又该接受哪种药性的命令呢？以后对自己的病、母亲的病都要记住这两点。沅叔脚上的湿毒，也不要吃药性猛烈的药，不要专门更换药方。我这几年学你祖父星冈公，每晚坚持洗脚，不轻易吃药，身体越来越好。你和沅叔、你的兄弟们能学学这法子吗？

宋生香先生文笔非常好，完全可以跟着他学习，也可多与他交往。鸿儿的文笔过于平直，一点也没注意。明年参加乡试，很担心被他的同辈考生讥笑。六月以后，你与纪瑞把各项功课停下，专攻八股、试帖，另学一些经策。每个月寄六篇文章到我营中，决不能少。只要你们的诗有点看头，不落于俗套，不让别人讥笑你们的案首功名是别人送人情得来的，我就感到很满意，很高兴了。

涤生手示

朱劭卿领批，要等到院试入学后才能够放心，我深感惦念。常仪庵治牙的药方无处可查。其余的事情下次再说。

同治五年五月二十五日

养身之法有五事

养生之法,约有五事:一曰眠食有恒,二曰惩忿,三曰节欲,四曰每夜临睡洗脚,五曰每日两饭后各行三千步。

【原文】

澄弟左右:

五月十八日接弟四月八日信,具悉一切。七十侄女移居县城,长与娘家人见面,或可稍解郁郁之怀。乡间谷价日贱,禾豆畅茂,尤是升平景象,极慰极慰。

此间军事,贼自三月下旬退出曹、郓之境,幸保山东运河以东各属,而仍蹂躏于曹、宋、徐、泗、凤、淮诸府,彼剿此窜,倏往忽来。直至五月下旬,张、牛各股始窜至周家口以西,任、赖各股始窜至太和以西。大约夏秋数月,山东、江苏可以高枕无忧,河南、皖、鄂又必手忙脚乱。

余拟于数日内至宿迁、桃源一带察看堤墙,即由水路上临淮而至周家口。盛暑而坐小船,是一极苦之事,因陆路多被水淹,雇车又甚不易,不得不改由水程。余老境日逼,勉强支持一年半载,实不能久当大任矣。因思吾兄弟体气皆不甚健,后辈子侄尤多虚弱,宜于平日请求养生之法,不可于临时乱投药剂。

养生之法,约有五事:一曰眠食有恒,二曰惩忿,三曰节欲,四曰每夜临睡洗脚,五曰每日两饭后各行三千步。惩忿,即余匾中所谓"养生以少恼怒为本"也。眠食有恒及洗脚二事,星冈公行之四十年,余亦学行七年矣。饭后三千步近日试行,自矢永不间断。弟从前劳苦太久,年近五十,愿将此五事立志行之,并劝沅弟与诸子侄行之。

余与沅弟同时封爵开府,门庭可谓极盛,然非可常恃之道。记得己亥正月,星冈公训竹亭公曰:"宽一虽点翰林,我家仍靠作田为业,不可靠他吃饭。"此语最有道理,今亦当守此二语为命脉。望吾弟专在作田上用些工夫,辅之以"书、蔬、鱼、猪、早、扫、考、宝"八字,任凭家中如何贵盛,切莫全改道光初年之规模。

凡家道所以可久者,不恃一时之官爵,而恃长远之家规;不恃一二人之骤发,而恃大众之维持。我若有福罢官回家,当与弟竭力维持。老亲旧眷,贫贱族党,不可怠慢,待贫者亦与富者一般,当盛时预作衰时之想,自有深固之基矣。

同治五年六月初五日

【译文】

澄弟左右:

五月十八日接到你四月八日的来信,一切尽知。七十侄女搬到县城居住,经常可与娘家人见面,或许可稍稍消除心中的郁闷。乡里谷价越来越低,田里的禾苗豆苗还是异常茂盛,俨然一派升平气象,实在心中快慰。

这段时间,敌人自三月下旬退出曹、郓境内,幸而保住了山东运河以东所属各县,但仍然侵扰了曹、宋、徐、泗、凤、淮等州府,此处清剿,彼处逃窜,就这样忽来忽去,流窜四地。直到五月下旬,张宗禹、牛宏升等的队伍开始流窜到周家口以西。任柱、赖文光等的队伍开始流窜到太和以西。大约夏秋的几个月,山东、江苏可以平安无事。河南、安徽、湖北,又必会情势紧张,地方官自然又要手忙脚乱了。

我准备在几天内到宿迁、桃源一带视察堤墙,顺便从水路去临淮而到周家口。盛暑时节,乘坐小船,是很苦的差事。因为陆路多被水淹,雇车又很不容易,不得不改由水路;我岁数越来越大,勉强支持一年半载,实在不能再久担大任了。我想我们兄弟身体都不太好,后辈子侄尤其虚弱,要在平日讲求养生的方法,不可病急乱投医,更不能胡乱吃药。

养生之法,大约有五个方面:一是睡眠饮食有规律,二是制怒,三是节欲,四是每日临睡前洗脚,五是两餐饭后各走三千步。制怒就是我在匾里所写的"养生以少恼怒为本"。眠食有恒、临睡洗脚二事,星冈公坚持了四十年,我也学习了七年,至于饭后三千步一事,我从近日起开始试行,并打算从此永不间断。弟弟年轻时太过劳苦,现也年近五十了,希望你能切实把这五个方面的事实践起来,并劝沅弟和子侄们实行。

我与沅弟同时封爵开府担任督抚,可说是门庭极盛一时,然而,这些虚名是不能长久倚仗的。记得己亥正月,星冈公训竹亭公说:"宽一虽点翰林,我家仍然靠作田为业,不可靠他为生。"这话很有道理,今天也应当谨遵这句遗训并以此为治家命脉。希望弟弟在作田上多加用心,辅以"书、蔬、鱼、猪、早、扫、考、宝"八个字,不管家里如何富贵兴盛,切不要改变道光初年的规模。

若要使家道长久兴盛,不可倚仗一时的官爵,而要以长远的家规为根本;不能倚仗一两个人的骤然发迹,而要以大众的维持为基础。我若有福苟活残年,待罢官回家之后,定当与弟弟同心竭力维持家道。家里的老旧亲戚、贫困的族人,千万不可怠慢,无论贫困、富有,都要同等相待。兴盛之际也要想到衰落之时,这样自然可以为我曾家奠定深厚坚实的基础了。

同治五年六月初五日

切记养生六事

养生六事：一曰饭后千步；一曰将睡洗脚；一曰胸无恼怒；一曰静坐有常时；一曰习射有常时；一曰黎明吃白饭一碗，不沾点菜。

养生与为学，二者兼营并进，则志强而身亦不弱，或是家中振兴之象。

【原文】

澄、沅两弟左右：

屡接弟信，并阅弟给纪泽等谕帖，具悉一切。兄以八月十三出省，十月十五日归署。在外匆匆，未得常寄函与弟，深以为歉。小澄生子，岳松入学，是家中近日可庆之事。沅弟夫妇病而速痊，亦属可慰。

吾见家中后辈体皆虚弱，读书不甚长进，曾以养生六事勖儿辈：一曰饭后千步；一曰将睡洗脚；一曰胸无恼怒；一曰静坐有常时；一曰习射有常时；一曰黎明吃白饭一碗，不沾点菜。此皆闻诸老人，累试毫无流弊者，今亦望家中诸侄试行之。又曾以为学四字勖儿辈：一曰看生书宜求速，不多阅则太陋；一曰温旧书宜求熟，不背诵则易忘；一曰习字宜有恒，不善写则如身之无衣、山之无木；一曰作文宜苦思，不善作则如人之哑不能言、马之跛不能行。四者缺一不可，盖阅历一生，而深知之深悔之者，今亦望家中诸侄力行之。

养生与为学，二者兼营并进，则志强而身亦不弱，或是家中振兴之象。两弟如以为然，望以此教诫子侄为要。

兄在外两月有余，应酬极繁，眩晕、疝气等症，幸未复发，脚肿亦愈。惟目蒙日甚，小便太数，衰老相逼，时势当然，无足异也。

聂一峰信来，言其子须明春乃来，又商及送女至粤成婚一层。余复信仍以招赘为定，但许迟至春间耳。

章合才果为庸才，其军断难得力。刘毅斋则无美不备，将来事业正未可量。其欠饷，余心竭力助之。王辅臣亦庸庸，颇难寻一相宜之差。

东台山为合邑之公地，众人瞩目，且距城太近，即系佳壤，余亦不愿求之已有，信复树堂矣。

茶叶、蛏干、川笋、酱油均已领到，谢谢。阿兄尚未有一味之甘分与老弟，而弟频致珍鲜，愧甚愧甚。川笋似不及少年乡味，并不及沅六年所送，不知何故？

鸣原堂文，余竟忘所选之为何篇，请弟将目录抄来，兄当选足百篇，以践宿诺。祖父墓表即日必寄去，请沅弟大笔一挥，但求如张石卿壁上所悬之大楷屏（似沅七年所书）足矣，不必谦也。顺问近好。

国藩手具
同治十年十月二十三日

【译文】

澄、沅两弟左右：

连续接到弟弟的来信，并且看了弟弟给纪泽等的谕贴，一切已经知道。为兄八月十三出省，十月十五日回到衙门。在外很匆忙，没能够经常给弟弟写信，深表歉意。小澄生了个儿子，岳松上学读书，是家中最近可喜可庆之事。沅弟夫妇生病好得很快，也令人欣慰。

我见家中晚辈体质都虚弱，读书长进不大，曾经以养生六事勉励子侄辈：一是饭后千步走；二是睡前洗脚；三是胸无恼怒；四是固定时间按时静坐；五是固定时间按时练习射箭；六是黎明吃白饭一碗，不沾一点菜。这些都是听各位老人说的，经多次尝试没有一点弊端，现在也希望家中子侄们尝试去做。又曾经用作学问的四个字勉励晚辈：一是看生书应讲求快，如果不博览就会孤陋寡闻；二是温习旧书要讲求熟，不背诵则容易忘记；三是习字要有恒心，不擅长书写就如同身上无衣服，山上不生树一样；四是写文章应当多思考，不会写文章就如同人哑了不能说话，马瘸了不能走一样。四者缺一不可。这些都是我经历了一辈子所深刻认识到而又有所懊悔的东西，现在希望家中子侄们能努力去做。

养生与学习，二者齐头并进，就会意志坚强并且身体也不虚弱，也许是门庭振兴的气象。两位兄弟如果认为我的话有道理，希望要经常以此教育子侄辈。

我在外面两个多月了，应酬很多，眩晕、疝气等病症幸好没有发作，脚肿也好了。只是老眼昏花，一天天厉害了，小便太过频繁，衰弱和年老逼人，是自然之理，没有什么奇怪的。

聂一峰有信来，说他的孩子要明年春天才来，又商量送女儿去广东成婚一事。我回信仍坚持定为招赘，但也许要推迟到春天了。

章合才果然是庸才，他的部队很难取胜。刘毅斋则是个尽善尽美的人，前程不可估量。他所欠的饷银，我必定尽力相助他。王辅臣也是平庸之辈，很难找一个适合的职差。

东台山是合邑的公地，众人瞩目，况且距离城里太近，都是肥沃之地，我也不愿意占为己有，已经写信回复树堂了。

茶叶、蛏干、川笋、酱油都已领到，谢谢。为兄还没有一味好吃的分给老弟，而弟却常送来山珍野味，十分惭愧。川笋好像不如少年时家乡的好，也不如沅弟六年前所送，不知是什么原因？

"鸣原堂文"，我竟然忘了选的是哪篇了，请你将目录抄来，我一定选足百篇，实现旧日诺言。祖父墓表马上就寄去，请沅弟大笔一挥，只希望和张石卿壁上所选的大楷屏（似沅七年所书）一样就成了，不必自谦。顺问近好。

国藩手具
同治十年十月二十三日

中华传统文化核心读本书目

【处世经典】

《论语全集》
享有"半部《论语》治天下"美誉的儒家圣典
传世悠久的中国人修身养性安身立命的智慧箴言

《大学全集》
阐述诚意正心修身的儒家道德名篇
构建齐家治国平天下体系的重要典籍

《中庸全集》
倡导诚敬忠恕之道修养心性的平民哲学
讲求至仁至善经世致用的儒家经典

《孟子全集》
论理雄辩气势充沛的语录体哲学巨著
深刻影响中华民族精神与性格的儒家经典

《礼记精粹》
首倡中庸之道与修齐治平的儒家经典
研究中国古代社会情况、典章制度的必读之书

《道德经全集》
中国历史上最伟大的哲学名著,被誉为"万经之王"
影响中国思想文化史数千年的道家经典

中华传统文化核心读本书目

《菜根谭全集》
旷古稀世的中国人修身养性的奇珍宝训
集儒释道三家智慧安顿身心的处世哲学

《曾国藩家书精粹》
风靡华夏近两百年的教子圣典
影响数代国人身心的处世之道

《挺经全集》
曾国藩生前的一部"压案之作"
总结为人为官成功秘诀的处世哲学

《孝经全集》
倡导以"孝"立身治国的伦理名篇
世人奉为准则的中华孝文化经典

【 成功谋略 】

《孙子兵法全集》
中国现存最早的兵书，享有"兵学圣典"之誉
浓缩大战略、大智慧，是全球公认的成功宝典

《三十六计全集》
历代军事家政治家企业家潜心研读之作
中华智圣的谋略经典，风靡全球的制胜宝鉴

中华传统文化核心读本书目

《鬼谷子全集》
风靡华夏两千多年的谋略学巨著
成大事谋大略者必读的旷世奇书

《韩非子精粹》
法术势相结合的先秦法家集大成之作
蕴涵君主道德修养与政治策略的帝王宝典

《管子精粹》
融合先秦时期诸家思想的恢弘之作
解密政治家齐家治国平天下的大经大法

《贞观政要全集》
彰显大唐盛世政通人和的政论性史书
阐述治国安民知人善任的管理学经典

《尚书全集》
中国现存最早的政治文献汇编类史书
帝王将相视为经时济世的哲学经典

《周易全集》
八八六十四卦,上测天下测地中测人事
睥睨三千余年,被后世尊为"群经之首"

中华传统文化核心读本书目

《素书全集》
阐发修身处世治国统军之法的神秘谋略奇书
以道家为宗集儒法兵思想于一体的智慧圣典

《智囊精粹》
比通鉴有生活，比通鉴有血肉，堪称平民版通鉴
修身可借鉴，齐家可借鉴，古今智慧尽收此囊中

【文史精华】

《左传全集》
中国现存的第一部叙事详细的编年体史书
在"春秋三传"中影响最大，被誉为"文史双巨著"

《史记·本纪精粹》
中国第一部贯通古今、网罗百代的纪传体通史
享有"史家之绝唱，无韵之离骚"赞誉的史学典范

《庄子全集》
道家圣典，兼具思想性与启发性的哲学宝库
汪洋恣肆的传世奇书，中国寓言文学的鼻祖

《容斋随笔精粹》
宋代最具学术价值的三大笔记体著作之一
历史学家公认的研究宋代历史必读之书

中华传统文化核心读本书目

《世说新语精粹》
记言则玄远冷隽,记行则高简瑰奇
名士的教科书,志人小说的代表作

《古文观止精粹》
囊括古文精华,代表我国古代散文的最高水准
与《唐诗三百首》并称中国传统文学通俗读物之双璧

《诗经全集》
中国第一部具有浓郁现实主义风格的诗歌总集
被称为"纯文学之祖",开启中国数千年来文学之先河

《山海经全集》
内容怪诞包罗万象,位列上古三大奇书之首
山怪水怪物怪,实为先秦神话地理开山之作

《黄帝内经精粹》
中国现存最早、地位最高的中医理论巨著
讲求天人合一、辨证论治的"医之始祖"

《百喻经全集》
古印度原生民间故事之中国本土化版本
大乘法中少数平民化大众化的佛教经典